蒋筱波·编

中国将帅传

【卷一】

陕西新华出版　三秦出版社

图书在版编目（ＣＩＰ）数据

中国将帅传 / 蒋筱波编 . -- 西安 ： 三秦出版社，
2008.04（2024.1 重印）
（国学百部文库）
ISBN 978-7-80736-375-0

Ⅰ . ①中… Ⅱ . ①蒋… Ⅲ . ①军事家－列传－中国－
古代 Ⅳ . ① K825.2

中国版本图书馆 CIP 数据核字（2008）第 027058 号

书　　名	中国将帅传
作　　者	蒋筱波 编
责　　编	陈景群
封面设计	新华智品

出版发行	三秦出版社
社　　址	西安市雁塔区曲江新区登高路 1388 号
电　　话	（029）81205236
邮政编码	710061
印　　刷	北京一鑫印务有限责任公司
开　　本	680×1020　1/16
印　　张	18
字　　数	300 千字
版　　次	2008 年 4 月第 2 版
印　　次	2024 年 1 月第 2 次印刷
标准书号	ISBN 978-7-80736-375-0

| 定　　价 | 69.80 元（全二册） |
| 网　　址 | http://www.sqcbs.cn |

前　言

在历史发展的长河中，战争往往成为解决阶级矛盾和民族矛盾的重要手段，同时，战争也造就了千千万万叱咤风云的将帅。他们运筹帷幄、驰骋疆场、南征北战，以其卓越的军事才能和丰富的战争实践，创造了彪炳史册的不朽业绩。

我们脚下的锦绣河山，并非自古皆然、与生俱来。国土的形成过程与中华民族发展的过程，差不多是一样的。它伴随着征服、被征服，入侵、反入侵。如果没有李广、卫青、霍去病、郭子仪等运筹帷幄，决胜千里，哪里有辉煌的汉疆和唐土？试想，如果没有白起、廉颇、乐毅、韩信等人的赫赫战功，当时的中华大地，该不知有几人称帝，几人称王。

《中国将帅传》选取了中国古代上起春秋时期的司马穰苴，下迄清代的冯子材，在历史上影响较大且具有代表性的将帅百余位，为之立传。中国古代的将帅之多，不可数计，所选取的是其中最著名、最具代表性的。虽然管窥锥指，不能全部囊括，但读者可以窥一斑而想见全豹。

本书按朝代先后顺序编排，有详有略。对于各个朝代著名的将帅记叙较为详尽，篇幅较多，行文有致；对于事迹了了、乏善可陈的将帅则以简笔勾勒，点到即止。由于有许多历史人物出将入相、将相一身，为了丛书的系统性、避免重复，《中国将帅传》与《中国宰相传》两书在处理这类人物时做了有所侧重的安排。

历代将帅有的智勇双全，胸怀大志，驰骋疆场，所向披靡；有的精通战略战术，指挥千军万马，临敌不乱，运筹帷幄，决胜千里；有的忠心耿耿，保家卫国，马革裹尸，无怨无悔；有的怀才不遇，报国无门，命运多舛，几经沉浮；有的无勇无谋，畏敌如虎，屡战屡败，贻笑大方；有的变节投敌，屈节卖国，为后人所不耻……总之，中国的将坛，群星璀璨，灿烂辉煌。今天的读者，站在新的历史高度，应该辩证地看待这些将帅，不能以偏概全，不能将其绝对化。

本书每篇小传的内容包括历代将帅的家庭情况、军事行动、日常作为、性格嗜好、趣闻轶事以及死亡原因等，均基于史实，以政事为主，兼及经济、文化、生活，熔知识性、思想性、趣味性于一炉，对于今人从政、经商、求知等， 都不无启迪和教益。

　　由于水平有限，书中不免有值得商榷及错讹之处，欢迎广大读者批评指正。

编　者

2008 年 8 月

目 录

中国将帅传

司 马 穰 苴

司马穰苴(生卒不详),原名田穰苴,田完的后裔。春秋后期著名军事家。因官至大司马,故称司马穰苴。著有《司马穰苴兵法》传世。

出身寒门　临危拜将

春秋时期是我国历史上一个急剧变化的时代,各种社会矛盾十分尖锐。由于东周王室日益衰弱,已无力控制全国的形势,周天子也只是一个地位和王权的象征,根本无法控制那些势力逐渐强大起来的诸侯。他们为了争夺土地人口,争夺对其他诸侯国的支配权,相互进攻,互相侵吞,兼并战争激烈而频繁。

司马穰苴便出生在这个时期的齐国。当年,姜尚由于辅佐周文王、周武王灭商有功,周成王时被封为齐侯,建都营丘(今山东淄博东),享有代表天子征伐有罪诸侯的特权,地位在各封国之上。

司马穰苴

到春秋时,齐国凭借自身的强大力量,吞并了十个小国,成为春秋五霸之一。到齐桓公时,又经春秋第一名相管仲的治理,已成为九合诸侯,一匡天下,强冠华夏的东方大国,齐桓公因此也成了五霸之首。齐国称霸后,曾救过邢、卫、北燕等国,阻止过戎狄的侵扰,公元前567年,它又灭了东夷族大国莱国,灭莱之后,齐国地盘扩大了一倍以上,成了真正的滨海大国。但是打江山容易,守江山难,齐桓公之后,经孝公、昭公、懿公、惠公、顷公、灵公、庄公至景公,已是一代不如一代。

齐景公即位后,政治腐败,民不聊生,对外软弱无力,对内却无比强硬,横征暴敛,严刑峻法之下,人民内部矛盾不断加深。邻国纷纷乘机加兵于齐。公元前531年,晋国发兵从西面进攻齐国的阿东及鄄城(今山东阳谷、甄城一带);燕国也乘机从北面侵入河上地区(今沧州、德州北界),齐军腹背受敌,屡遭败绩,举国上下笼罩在一片忧虑之中。齐景公愁得像热锅上的蚂蚁,可手下尽是些虾兵蟹将,没有一个能够担当重任,统帅兵马以御外敌。

当时担任相国的晏婴,对司马穰苴的军事才能素有了解,深知在这国难当头的关键时刻，只有司马穰苴出来才能挽回败局，解除齐国的危机。但是，司马穰苴姓田，而当时齐国的田氏家族正是齐桓公的最大危胁，其领袖人物田文子正用施惠于民的办法在竭力争取民心。他借粮于民时，用自制的比通行的容量大得多的量器；而收税收债时，还用通行的量器，使民众从中得到实惠。因此，百姓大都投靠到田氏门下，因此，晏婴不敢让司马穰苴掌握军权，担心姜氏的齐国政权将来要为田氏所篡夺。但后来考虑再三，为保全大局，于是就向齐景公推荐了司马穰苴。他说："穰苴虽然是田氏的庶孽，然而其人文能附众，武能威敌，愿君试之。"齐景公一听有此能才，便立刻召见了司马穰苴，和他讨论了治军、用兵的方略。司马穰苴在军事上的卓越见解赢得了齐景公的赞赏，遂被拜为大将，命他率兵抵抗燕、晋的军队。

斩庄立信　威震燕晋

司马穰苴受命以后，担心自己人微言轻，无法服众，因为他并不像其他的将帅要么出身名门，要么征战多年，因此他请求齐景公说："我本来是个出身卑微的普通百姓，承蒙大王看重，一下子就选入军旅之中，委以重任，当了大将，恐怕士兵未必能够服从，希望大王能派一个信得过而又有众望的大臣做监军。"齐景公满足了司马穰苴的要求，派自己的亲信大夫庄贾去当监军。

司马穰苴与庄贾约定："明日中午在营门会齐。"第二天穰苴先到军营，设立计时表木、漏壶，等待庄贾到来。然这庄贾素来依仗景公宠信骄横傲慢惯了，根本就没有把司马穰苴的话放在心里，再加上又有亲友送行留饮，到了中午仍不见踪影。穰苴放倒表木，独自进营整顿兵马。将近日落，庄贾才姗姗而来，还酒气熏天。穰苴要求按军法处置，庄贾恐惧万分，立即派人飞驰报告景公，请求解救。报信人还未及返回，司马穰苴已将庄贾斩首于三军之前。三军将士无不为之震慑。不久，景公使者前来传达赦免命令，驱车直入军中。穰苴说："将在外，君令有所不受。"并依法斩了擅自在营中驱车的景公使者的仆人，并折断了车辐，杀了左骖，只以"国君的使者不能随便斩首"为由，留了使者一条性命。由此全军肃然，无不听命。

司马穰苴派使者回报景公，率军出征。严明的军纪使齐军焕然一新。同时，司马穰苴还深入到士兵的生活之中，对士兵食宿、卫生、医疗状况都一一慰问，他还把将军才能得到的钱和粮拿出来与士兵分享，自己则领取普通士兵的口粮，其份额和身体最弱的人差不多。对于有病的士兵，他更是问病送药，亲自照顾，无比关怀。经过三天的行军，司马穰苴与士兵建立了深厚的感情，大家都愿意在他的指挥下奋力作战，英勇杀敌，为国效命。甚至那些生病的士兵也都纷纷要求一同参加战斗，为国建功立业。由于齐军上下一心，团结一致且军纪严明，所以齐军士气高昂，誓与燕晋军队决一雌雄。入侵的晋国军队得到这方面的情况，自知不是对手，撤兵而去。入侵的燕国军队听说晋军已退，更是不敢与齐军正面交锋，也匆忙北渡黄河撤兵回国。于是，司马穰苴率军乘胜追击，未经交战就收复了被晋、燕侵占的全部国土。

司马穰苴没有动一兵一卒就令敌军撤退，凯旋之时，齐景公喜出望外，亲自率领满朝文武大臣到郊外迎接，而后又专门召见了司马穰苴，授予他"大司马"之职，让他掌管全国的军事。从此大家就称他为"司马穰苴"。他与推荐自己的晏婴一直保持着良好的关系。两人一文一武，分别成为景公手下职权最高的文武官员。同时因为穰苴担任了大司马，掌管全国的军事，田氏在齐国的势力更加强大了。

含冤而死　兵法传世

所谓"树大招风"，随着穰苴不断地受到齐景公的重用，许多的人就开始妒嫉他，因而没过多久，他就被卷入了齐国统治集团内部钩心斗角的权力斗争之中。当时，齐国的大家族国氏、高氏、田氏等卿大夫之间争权夺利、相互倾轧的斗争非常尖锐。

在穰苴未被举荐之前，田氏为了笼络人心，扩大自己的势力范围，采取了一系列的措施。在经济上，他们通过施惠于民的方式使老百姓纷纷流向自己的采邑中。在军事上，他们联合鲍氏，先发制人，击败了齐惠公的后代栾、高二氏。现在，田氏中的穰苴又当了掌管全国军事的大司马，使得田氏一族一下子成了齐国最大的贵族。面对这一切，不但一向与田氏对立的高氏、国氏不能容忍，就是原来与田氏联合的鲍氏，也非常有压力。为了抑制和排挤田氏的势力，高氏、国氏和鲍氏结成了联盟。他们首先要除掉的就是对自己最具威胁的司马穰苴。为此，他们开始不择手段地对司马穰苴进行迫害。他们在齐景公面前竭尽造谣、诬蔑之能事。而齐景公本人，早已经就对田氏的崛起感到担忧，当时用司马穰苴只是因兵临城下，无将可用。现在外敌已退，边关已固，当然不能把他还留在大司马的位置上，于是便将他革职罢官，赶出宫廷，贬为庶民。

政治上的失势以及对国家前途的忧虑，使司马穰苴的健康状况不断恶化，终于病入膏肓，不治而亡，享年仅40多岁。

后来田氏得势，杀了齐王，自立为齐王；同时也继承了司马穰苴的军事思想，用兵于诸侯，诸侯臣服于齐。齐威王使人整理古代《司马兵法》，将司马穰苴的军事理论附述其中，名叫《司马穰苴兵法》。今本《司马兵法》虽然只有5篇，总共不到4000字，但内容极为丰富，书中所阐述的内容和观点，对后世兵家，特别是孙武、孙膑影响很大。

《司马兵法》除了具有重要的理论价值之外，更具有重要的史料价值，它保存着许多古代已经失传的方阵、兵法。此外,《司马兵法》关于三代的军赋、军法等军制资料也被许多史家和兵家所征引；它关于战争的许多锦言妙语广为流传，已成为军事上的至理名言。

孙　武

孙武，字长卿，春秋末期齐国人。我国著名军事家。一生淡泊功名，专事兵法理论研究。后被举荐，以《兵法》13篇见吴王阖庐，被任命为将，曾与伍子胥一道率兵伐楚，连战连捷，所向披靡，使吴国威名大振。

投身吴国　研兵著书

孙　武

上古时，姓是表示血统，氏是表示所居的地方。齐国是姜太公的封国，所以姜姓就是齐国的"王族"。田氏是舜的后裔，姓妫，在齐属于外来的家族。起初，势力远逊于公族。为了在齐国立足，田氏的祖先既努力争取齐国君主的支持，又对百姓实行怀柔政策。这样，田氏在齐国的声望提高，但同时，也因此与齐国旧贵族的矛盾加深。孙武的祖父因有战功而受封赐姓孙，而不再姓田，但与田氏终究是同族。在田氏与王族矛盾加剧的情势下，孙武只能把自己的命运与田氏绑在一起。但为何孙武没有在齐国为自己的家族效力，而是离开了故土，到了南方的吴国，这个原因一直无人揭晓。

吴国东靠大海，南同越国接壤，西与强楚为邻，北与齐、晋各国相望。在东周列国中，它立国很早，但由于远离中原，所以开化很晚。直到公元前584年，晋国为了牵制楚国，在楚国后院点火，才派大夫巫臣出使吴国，教吴乘车，教吴战阵，教吴叛楚。这样，吴国才开始同中原各国有了交往。

那时候，孙武在边关小镇过着隐居的日子，他一边下地耕种，一边苦读兵书，写作兵法。他的父祖既是卿大夫，又是有名的将领，这些都是他能够写出兵法的有利条件。孙武是一个喜欢研究战史的人。在他少年的时候，每当遇见老一辈的人，他总是要打听一下往日的战争情形。如果遇到打过仗、参加过实战的人，一定请他讲一些实战的经验。时间长了，孙武渐渐认识到战争的胜利与失败是由于一定的原因所导致，并非像人们传说的那样，一切都是命中注定，个人无能为力。

孙武常常把研究的心得记下来，由于那时还没有纸张，所以就在竹片或木片上以小刀刻字或者用漆书写，然后再连在一起。如果是作战地图，他则绘在大张的帛布上，注明军队或车船的配置及移动情况，标出战争的原因、经过和结果，有时还要加上自己的评语。

除了听他人讲述评论之外，他还亲自前往战场实地进行勘察和研究。这项工作在交通条件相当落后的春秋时代是相当艰巨而困难的。然而他却乐此不疲，前后竟持续了20年之久。经过多年的潜心研究，渐渐形成了他独特的军事思想。

吴宫教战　小试锋芒

公元前516年，吴公子光刺杀吴王僚，自立为王，称阖庐。阖庐是一个野心很大的人，他上台以后，重用伍子胥等人，励精图治，发展生产，使吴国迅速强盛起来。在这种情况下，阖庐意欲同楚国一决雌雄，但朝中却缺一位统帅三军的将才，因此他一直不敢轻易发兵。伍子胥深知吴王的心思，就向他推荐了孙武。一开始吴王并不在意，后经伍子胥多次推荐，吴王决定亲自召见孙武，看看他到底有什么高深之处。

阖庐在与孙武长谈后，就很有兴趣地将孙武交与他的《孙武兵法》看了一遍。这书虽只有13篇，5000字左右的小论述，却给了阖庐极深的印象。但孙武是否只会纸上谈兵呢？阖庐决定要对孙武进行考察。他说："可以就近调我宫中的美女进行操练吗？"孙武毫不迟疑地接受了任务。他迅速将180位美女编为两队，还让吴王最宠爱的二位美女分任队长。编队完毕后，孙武即向这些持戟娇嗔的美女讲解队列规则。待她们表示掌握了规则后，孙武又向她们声明军纪。军纪也讲解清楚后，孙武就要求妇女们依从自己的口令，展开队列。可是这些持戟娇嗔的女子，闻令后却一个个笑得前仰后合。于是，孙武表示责任在将兵者。随即重新向她们讲解队列规则，声明军纪的严肃性。待众女子敛笑表示都已明白了，孙武再次发令，展开队列。美女们再次大笑。孙武发怒说："纪律清楚，号令熟悉，却不依照口令去做，这就是队长和士兵的过错了！"他认为队长应对军纪不整负责，并根据军法，下令将队长斩首。在旁观看的阖庐，慌忙请求赦免队长。孙武说："臣既已受命为将，将在外，君命有所不受。"拒绝了吴王的请求，将吴王最心爱的两个妃子给斩了，同时又任命了新的队长，再次击鼓操练。先前闻令前仰后合的美女们，片刻间就成了服畏军法的士卒。向左向右，上前退后，跪下起立，无不符合命令和纪律要求。全体肃然，没有一个敢出声。孙武便向吴王报告说：请您来检验，这些兵可以被驱赶着赴汤蹈火了。吴王虽然对于孙武斩其妃子的事很不高兴，却由此知

吴王光鉴

道孙武有实际经验，便任命孙武为将军。

在伍子胥、孙武的精心治理下，吴国的内政和军事都大有起色。吴王极为倚重二人，把他们视为自己的左膀右臂，经常在一起谋划经国治军的大计，议论古往今来帝王治国平天下的经验教训，分析当时各国政事的利弊与得失。同时，吴王又接受了孙武的意见，对内励精图治，富国强兵，对外积极活动，离间楚国上层及楚与其附庸国之间的关系，为灭掉楚国打下良好的基础和创造有利的条件。

西破强楚　南服越人

孙武与伍子胥二人还合力为吴国制定了发展的战略，即以破楚为首要任务，继而使南面的越国臣服，而后进图中原的争霸方略；并实施分师扰楚、疲楚的作战方针，使吴取得与楚争雄的主动权。

吴王阖庐三年（前512），吴王准备攻楚，孙武认为吴国的百姓目前还久于疲惫贫苦的状态之中，不宜兴兵，请再等待。伍子胥则建议使用"疲楚"的办法对付楚国。具体的方法是：把部队分为三军，每次用一军去袭击楚国的边境，当楚军出来抵挡我们就撤退，当楚军撤回我们就再去袭击，用这种"亟肆以疲之，多方以误之"的战法来疲惫楚军，消耗楚国的实力。阖庐采纳了这个意见，反复袭扰楚国达6年之久，使楚军疲于奔命，为大举攻楚创造了条件。孙武和伍子胥还利用楚与唐、蔡两国之间的矛盾，联合唐、蔡袭击楚国。当年楚国与蔡、唐两国交战，楚国令尹子常便借蔡、唐两国战败而要求巨额贿赂，蔡、唐两国拒绝了他的要求，楚国便盛气凌人地拘留了这两国的国君，因此，蔡、唐两国对楚国可谓是恨之入骨。蔡、唐虽是小国，但居于楚的侧背，这就为吴军避开楚军正面，从其侧背作深远战略迂回提供了有利条件。

吴王阖庐九年（前506），孙武与伍子胥辅佐阖庐大举攻楚，吴军乘船沿淮河西进，过洲来（今安徽凤台）之后便在淮汭（今河南潢川西北）舍舟登陆，沿淮河以南继续前进，利用蔡、唐军队作先导，迅速通过楚国北部直向汉水挺进。这一年十一月十九日，吴楚两国列阵于柏举，吴王的弟弟夫概看出楚军毫无斗志，于是率领部卒5000人马，突然杀入楚军营中。楚军猝不及防，率军仓皇溃逃。

孙武得知夫概前军突袭成功，即令伍子胥、伯嚭率部前去助战，自己则和吴王率大军接应。吴军势如破竹，一路穷追猛打。楚军死伤无数，就连统帅囊瓦都中箭负伤，险些丧命。

孙　武

为了不给楚军以喘息之机，孙武指挥吴军迅速抢渡汉水，直捣郢都，终于在十一月二十八日将其攻陷。创造了春秋时期千里进军，攻占大国首都的战例。楚昭王见大势已去，只好带着妹妹和几个亲信，逃到随国（今湖北随县）避难去了。

按照当初孙武与伍子胥定来的争雄战略，解决了楚国，接下来的便是越国。

公元前496年，阖庐听说越王允常去世，新即位的越王勾践年轻且稚弱，就想借此出兵，趁越国新君即位，政局不稳之际一举攻下越国。越王勾践知道吴国将对越国出兵，便出兵抵御，两军在吴越边境遭遇。

然而，事情并不像吴王想象的那样轻松，不仅没有攻下越国，自己反而被越将重伤。越将灵姑浮以戈击阖庐，把阖庐的大脚趾斩伤。无法走路的阖庐后竟因伤势过重，不治而亡。实际上，吴王阖庐病逝，正是越国进取吴国的良机，但越王勾践认为，此战虽胜但自家的兵力却不足以灭吴，不宜穷追猛打，所以在击退吴军的进犯后，就罢兵回国了。

阖庐去世后，太子夫差继位，他念念不忘父亲临终的遗言，立志要报仇雪恨。为加强军事力量，夫差在孙武、伍子胥等大臣的辅佐下，日日厉兵秣马，操练士兵。同时，他还努力积蓄钱粮，充实府库，制造武器，扩充军队，进行战争准备。

越王勾践见夫差如此，便想来个先发制人。公元前494年春天，他调集军队，乘船从水上向吴国进发。面对越军来犯，吴王夫差马上调集精兵10万前往抵御。两军相遇于夫椒（今江苏吴县西南太湖边），吴军由伍子胥、孙武指挥，兵分两路，向越军袭来。越军抵挡不住，仓皇南撤。吴军紧迫不舍，在浙江（今钱塘江）边，再一次大败越军。

由此，越军陷入了一片混乱之中。勾践见越兵已无力抵挡吴军，便带着5000残兵，跑到会稽山（今浙江绍兴市东南）上的一个小城中，企图依山凭险，固守山城。结果，吴军此时正是群情激愤，他们将会稽山围了个水泄不通。后来粮尽水竭。在走投无路的情况下，勾践只好委屈求全，忍辱媾和。至此，夫差终于报了当年的杀父之仇。

在取得吴越之战胜利之后，孙武辞官归隐。

孙武在练兵、作战的间隙，对自己当年呈献给阖庐的兵书进行修订，在退隐之后的有生之年，将自己的理论与这些年的实际经验进行比较，作理论性的反思。因此，《孙子兵法》虽成书于孙武见阖庐之前，但书中内容在后来多有增改，是孙武毕生对军事学进行思考与实践的结晶。故孙武在退隐后，有许多青年士人前去求学，并传抄兵书。这样，《孙子兵法》就传到了各诸侯国。

伍　员

　　伍员（？－前484），字子胥，春秋末期楚国人，中国先秦时期著名的军事将领及军事谋略家。与孙武共同辅佐吴王，西破强楚，南服越人，使吴国一跃而为诸侯中的军事强国。

伍　员

　　伍员出生于楚国显赫的贵族家庭。伍员之祖伍举，曾历庄、共、康、灵数王，以敢于直谏著名。伍员之父伍奢，为楚平王太子熊建的太傅；其兄伍尚为棠（江苏六合北）尹。在这样的一个家庭中生活，伍员自小就受到了贵族式的教育和熏陶。

　　楚平王二年（前527），平王熊居（原名弃疾，即位时改为居）命太子少傅费无忌去秦国为太子熊建娶亲。结果费无忌见秦女貌美，竟劝熊居自己娶了做妃子，而另为熊建娶了齐女。但是，费无忌担心太子熊建将来继位后会报复自己，便经常在熊居面前诋毁熊建，熊居遂令熊建守城父（河南平顶山北），以备边防。后来又诬陷熊建“外交诸侯，将人为乱”。熊居于是召回太子建的老师伍奢进行严加拷问，对于子虚乌有的事情，伍奢当然矢口否认，于是被熊居给关押了起来。后来又派人去杀熊建，熊建闻讯逃奔宋国。熊居听信费无忌谗言，再派使诏伍尚、伍员回朝，并告知：如不奉诏，即杀伍奢。伍尚准备遵命回朝，伍员劝阻说：“我们不能回去，即使回去也不能救了父亲，现在平王劝我们回去，只不过是为了斩草除根。”伍尚不听，伍员只能一人逃跑，历经千辛万苦，伍员逃至吴国。

　　伍员至吴后，经过一番审时度势地分析，他认为公子光有大志，将来定可帮助他伐楚，于是将勇士专诸推荐给公子光，自己与带着熊建的儿子熊胜暂居田野耕种。吴王僚十一年（前516），楚平王熊居病死，昭王熊珍（亦称轸）继位。姬僚乘楚丧之际，出兵攻楚，以至国内空虚，公子光在伍员的建议下使专诸乘机刺杀了吴王姬僚，自立为王，即为吴王阖庐，并任命伍员为“行人”。阖庐问伍员“安君治民”之术，伍员说：“凡欲安君治民，兴霸成王，从近治远者，必先立城郭，设守备，实仓廪，治兵库，斯则其术也。”阖庐采纳了伍员的建议，于是让伍员参与国家政事。伍员帮助吴王阖庐修明政治，发展生产，振军经武，加强国力。

　　吴王阖庐三年（前512），伍员向阖庐推荐了精通兵法的孙武。阖庐任用孙武为将，与伍员共同辅佐自己，以对付当前的主要敌人——楚国。由于伍员原本就是楚国人，因此对楚国的国情最为了解，他提出了先疲惫楚军，再大举进攻的战略方针。阖庐采纳了伍员的建议，四年(前511)秋，派军攻楚边邑夷(今城父)、潜(安徽霍山南)、六(安徽六安北)等地。楚军赶往抵制吴军，吴军便立马撤退；楚军一看吴军都逃跑了，就撤军回城，结果吴军又攻弦(河南息县南)，楚军再去增援，结果吴军又撤，此后年年如此袭扰楚境，以致自楚昭王即位，吴军每年无一不对楚境进行骚扰。

吴王阖庐七年(前508)，楚国的属国桐(安徽桐城北)背叛楚国，依附了吴国。伍员为达到"多方以误之"的目的，借机唆使楚附庸舒鸠氏(安徽舒城)诱楚来攻。楚昭王熊珍派大将囊瓦率军来攻打吴国。吴王阖庐派伍员等率军迎击于豫章(大别山东，巢湖以西，淮南、江北地区)。伍员将大量船只部署于豫章地区南部的江面上，故意表现出防守的阵势。而将主力潜伏于巢(安徽桐城、安庆之间)邑附近。囊瓦果然中计，以为吴军的全部兵力都在江面上，遂对陆上警戒松懈。伍员乘其不备，由侧背突然发起进攻，楚军大败。吴军乘胜攻占巢城，俘楚大夫公子繁。

吴王阖庐九年(前506)，楚军围困蔡国，蔡国向吴国求援。阖庐认为楚国这时已是疲惫之师，兵力自然大不如前，准备乘机发起总攻，询问伍员时机是否成熟。伍员分析了敌情，提出建议说："楚将囊瓦贪，而唐、蔡皆怨之，王必欲大伐之，必先得唐、蔡乃可。"伍员的这一席话，不仅揭露出了楚与邻国间的矛盾，这便在一定程度上增强了吴国的力量，唐、蔡为楚国北方门户，位处楚国侧背，战略价值极大，从这里进攻，可以避开楚军防备较严的正面战场豫章地区，直趋楚都郢(湖北江陵西北)，能起到战略突袭的作用。阖庐采纳了伍员的建议，与孙武等共同研究，决定由水路乘船沿淮水西进，至蔡国附近地区后，弃船登岸，然后与蔡、唐军联合，由陆上经三关向郢进攻。阖庐自为统帅，以伍员、孙武为副，率主力按预定计划向楚进攻。由于吴军早已准备多时，士气高昂，且进攻路线选择准确，沿途楚军防备薄弱，几乎未遇坚强抵抗，即长驱直入地进至汉水。两军在柏举(湖北麻城东)交战，结果楚军大败，吴军乘势追击，在清发水(湖北浸水)、雍滋(湖北京山西)等地五战五捷。接着渡过水而攻占楚都郢城，迫使楚昭王熊珍仓皇逃走。这是整个春秋时期千里进军迅速攻占大国都城的第一个，因而使中原各国大为震惊，不得不重新估价这个过去一向视为蛮夷之邦的新兴吴国。

由于伍员在攻楚作战中，带有强烈的个人复仇愿望，所以在占领楚都后竟放纵吴军大肆掳掠人民，凌辱贵族家属，伍员自己竟然还鞭平王之尸，这都激起楚国上下的愤怒及反对。同时，当吴军主力在楚国肆无忌惮之时，越军乘吴国空虚，发兵攻吴；秦国也出兵助楚，与楚军联合抵制在楚吴军，并数次取胜；阖庐之弟夫概又乘机返国自立为王。阖庐被迫于吴王阖庐十年(前505)九月，下令撤军。

吴军撤退后，楚国虽得到了恢复的机会，但因战争中国力损失惨重，暂时无力对吴国造成重大威胁。制服西方的强敌之后，处于吴国东方近邻的越国兴盛了起来。根据孙武当初为吴国制定的争霸方针"西破强楚，北威齐晋，南服越人"，越国便成为了吴国新的攻击目标。吴王阖庐十九年(前496)，越王允常病逝，其子勾践继位。阖庐、伍员等认为越国新君刚立，政局未稳，便发兵攻越，双方在槜李(浙江嘉兴西南)交战，结果吴军失败，阖庐且身负重伤而归，最终竟因此不治而亡。其子夫差，在伍员的拥戴下继位为王。夫差为报父仇，命伍员积极战备，企图消灭越国。正当吴军准备完毕，即将进军攻越时，越王勾践竟先发制人，于吴王夫差二年(前494)，发兵攻吴，双方水军大战于夫椒(江苏吴县太湖中之西山)附近水上。越军大败，退回本国。吴军乘胜追击，攻陷了越都会稽(浙江绍兴)。勾践率5000人逃至会稽山(绍兴东南)，派大夫文种买通了吴国太宰伯嚭，并献厚礼向吴求和。夫差认为越已衰微，不足成为威胁，遂准备答应与越国讲和。伍员认为不可，但由于伯嚭受贿为勾践说情，夫差终于同意越国求和之举而下令撤军。伍员对此极为悲愤，他哀叹说："越十年生聚，而十年教训，二十年之后，吴其为沼乎！"

吴王夫差十一年(前485)，夫差闻齐景公死而国内政局不稳，准备举兵攻齐，伍员极力反对，但夫差仍派大夫徐承率水军渡海攻齐，结果因出师不利而退军。夫差准备亲率主力北进。伍员再度劝阻夫差不听，执意北进。吴王夫差十二年(前484)，吴军大败齐军于艾陵(山东莱芜东北)，夫差这下更加骄傲自负，也越发疏远与冷落伍员，并在准备再次大举攻齐前，派伍员为使臣去齐。伍员认为近期内越国必然会攻打吴国，为避祸他将儿子一同带去了齐国，并将儿子留于齐国鲍氏家。伯嚭乘机诬陷伍员里通外国，夫差大怒，赐剑伍员自杀。伍员被迫含恨而死。死后不久，越王勾践果然出军攻吴，由于吴军数次北进攻齐，国力损耗极大，战败被围姑苏山，夫差像当年勾践请求自己一样请求与越国讲和，然而勾践不允，只得自杀。临死说："吾悔不用子胥之言，自令陷此。"

吴　起

吴起(？－前381)，战国初期著名军事家和政治革新家。卫国左氏(今山东定陶，一说曹县东北)人。后世把他和孙武连称"孙吴"，著有《吴子兵法》。

去鲁仕魏　战功显赫

吴起少时家中殷实，但由于吴起本人不好读书所以仕途不顺，再加上又喜好浪荡，不务家业，所以家境日渐衰落。因此有人讥笑吴起无能，吴起一怒之下就杀死了诽谤之人。也正因此，他不得不逃离家乡卫国。临行，他咬破自己手臂对着母亲发誓说："吴起将来不做卿相，便不会回到卫国来。"

吴起

离开卫国后，吴起投奔到孔子的弟子曾子门下，拜曾子为师，学习儒术。不久，吴起母亲去世，他没有回去奔丧，为母亲送终、守孝。曾子作为大孝之人，不仅力倡孝道，而且要求实践孝道。因而认为吴起是不忠不孝、大逆不道之人，而与吴起断绝了师生关系。

吴起离开曾子之门后，便开始熟读兵书，研究兵法，探索韬略，希望将来有一日能够侍奉鲁国君主，为鲁国出力。当时适逢齐国进攻鲁国，吴起以兵法说服鲁君。鲁君想用吴起为将率兵抵抗齐国军队入侵。因为吴起的妻子是齐国人，因此便有人对鲁君进谗言道："吴起的妻子为齐国人，他怎么会为鲁国着想呢？"鲁君开始怀疑吴起的用心。吴起为了表明自己的忠心并进而取得鲁君的信任，于是杀死了自己的妻子，鲁君终于任命吴起为将，吴起率领鲁国军队打败了齐国，取得了胜利，从而声名显赫。

鲁君本想重用吴起，但又有人以恶语攻击吴起说："鲁国是小国，而现在因重用吴起却有了好战之名，则其他诸侯国必然要来攻打。且鲁、卫为兄弟之国，而君用起，是弃卫也。况且吴起为残忍之人也，用之必多事。"鲁君对吴起又产生了疑心，便罢免了吴起。

吴起由于在鲁国得不到重用，便离开了鲁国。他听说魏文侯贤明，便想到魏文侯手下做事。魏文侯问李克说："吴起这个人怎么样？"李克回答说："吴起这个人贪财而好色，人品有许多缺陷；然而却善于用兵，其指挥作战，司马穰苴也不能超过他。"于是魏文侯用吴起为将，统率魏军抗击秦国，连拔五城，大胜而还。

公元前406年，吴起率军越过赵国，进攻中山国，经过三年战争，将其灭亡。接着，吴起又率领魏军，与韩赵联军一起，东伐齐国，一直打到灵丘（今山东滕县东），取得了辉煌的胜利。

由于吴起善于用兵，功勋卓著，所以在魏国深得人心，在相国翟璜推荐下，吴起被魏文侯任命为西河郡守。在镇守西河期间，吴起与士兵们一起生活，衣食和最低等的士卒一样。一次，军中有一个士兵生了疽疮，红肿溃烂，恶臭熏人。吴起得知后，就亲自去为他吸吮脓血，洗伤敷药，像对待同胞兄弟一般关怀备至。这件事情一传十，十传百，很快吴起爱兵如子的行动，就传遍了全军上下，将士们无不深受感动。后来，这件事传到那位士兵的家中，其母竟放声大哭起来。人们觉得奇怪，便问道："吴将军亲自为你儿子吸吮脓血，治好恶疮，你不但毫无感激之情，却反而痛哭流涕，是何道理？"老妇人回答说："诸位有所不知，当年吴将军也为我的丈夫吸吮过脓血，治愈过恶疮。为了报答将军的深情厚义，因此他作战时总是一往无前，视死如归，不久即战死了。现在我儿子受恩图报，不知又将死于何处了，这怎能不叫我伤心落泪呢？"这段故事，颇具传奇色彩，但不论细节是否属实，吴起能够与士兵同甘共苦，同衣同食，因而深得人心，是可以肯定的。吴起"爱兵"，是他治军的一个方面；另一个方面，则是严刑峻法。有一次作战，一个士兵未奉命就奋勇进击，斩获敌首两级而还，吴起不但不赏，反而命令立即斩首。军吏劝谏说："此材士也，不可斩。"吴起说："有勇有谋也许不假，但是军人行军打战，讲究的就是纪律，否则要军法何用？所以必须处死。"

吴起任西河守将，从而有力地抗击了秦、韩两国对魏国的侵入，所以威信极高。而魏国选相时却选了田文，这引起了吴起的不满。所以他就去找田文理论，说："我和你比比功劳，怎么样？"田文说："可以呀！"吴起说："指挥三军，使士兵乐于为国捐躯，敌人不敢侵犯，我俩谁行？"田文说："我不如你。"吴起说："管理各级官员，亲附人民，使财力充裕，我俩谁行？"田文说："我不如你。"吴起说："守西河，使秦军不敢向东扩张，韩国、赵国都屈从于我们，我俩谁行？"田文说："我不如你。"吴起说："这三方面，你都不如我，而职位却在我之上，这是何道理？"田文说："因为国君还年轻，大臣未心服，百姓不信任。在这种时候，要领导群臣百姓团结一致，是要靠你，还是要靠我？"吴起沉默了良久之后说："靠你。"田文说："这就是我的职务之所以比你高的原因。"吴起这下心服口服。

田文死后，公叔接替了相国的职务。公叔娶了魏武侯之女为妻，才能不及田文和吴起，他唯恐吴起看不起自己，所以就对吴起起了谋害之心，因此就在魏武侯面前屡进谗言，说："吴起虽才干出众但却看重功名，魏国太小且又与强秦为邻，恐怕他自恃才高，没有久留事魏之心，我们不能不早加防范。"起初，魏武侯还没有在意，但"众口铄金，积毁销骨"，天长日久，魏武侯就产生了戒心。为了试探吴起，武侯依公叔之计，将另一位公主许配给吴起，看吴起态度如何。公叔深知吴起为人有气节、重声誉，就事先故意邀吴起到自己府上，让自己的夫人做出种种骄横的举动和侮慢的态度，吴起见公主如此难以伺侯，就辞谢了武侯的一番美意。武侯因此就以为吴起真的没有"久留事魏之心"，便不再对吴起信任，并撤了他西河郡守的职务。在这种情况下，吴起也生怕武侯会进一步降罪，公叔、王错会继而设谋陷害，便于公元前383年离开了魏国。

去魏仕楚　改革亡身

吴起离开魏国后来到了楚国。楚悼王熊类早就对吴起仰慕不已，又正值谋求改革图强之际，遂任命吴起为北部边防要地苑（河南南阳）守。一年后，又升为楚国最高军政长官的令尹，辅佐熊类进行政治、军事改革。吴起改革的中心，是从政治、经济上打击、限制旧贵族势力，加强军队建设，厉兵秣马，以图将来争雄天下。其具体措施：彰明法制，审定律令，裁减冗员和无能官吏，废除公族疏远者的爵禄用来抚养战斗之士，以增强战斗力。同时斥逐高谈阔论的游说者，用以统一国家的舆论和集中大众的思想。在吴起的锐意改革下，楚国渐渐强盛起来，南平扬、越，北并陈、蔡，退三晋之兵，西伐强秦，势如破竹，威慑周边的诸侯国。

吴起的改革损害和威胁了楚国贵戚的既得利益，他们都想杀了吴起。也就是在这众愤难平的时候，全力支持吴起的楚悼王熊类突然病死。这便给了旧贵族以借口，他们乘机作乱，向进宫治丧的吴起发动攻击。吴起自知此劫难逃，便逃到楚王灵前，伏在悼王的尸体上，想着这样便可以使作乱者有所顾忌，不敢乱来。没想到，这些贵族竟非杀吴起不可，箭头不仅射中了吴起，亦射中了王尸。楚国法律有"丽兵于王尸者，尽加重罪，逮三族"的规定。楚肃王熊臧即位后，因射吴起并中悼王尸而获罪致死者达70余家。但吴起的尸体，也终被车裂肢解，吴起死时约60岁，在楚共约4年。

吴起一生为鲁、魏、楚三国建立了巨大的功勋，但由于他是一个站在变法前列的改革者，所以在三国都遭到旧贵族的强烈反对和迫害，并为此而献身。这亦表明了新旧贵族之间的斗争是多么的激烈。吴起虽然"身败"而死，但并未因此"名裂"。他在政治、军事上的业绩，一直为后人所景仰。作为军事家，与孙武并称。他的军事理论名著《吴起兵法》，也和《孙子兵法》一样为历代军事家们所推崇。

孙　膑

孙膑（生卒不详），战国时期齐国军师，著名军事策略家。本名不传，因其受过膑刑（剔去膝盖骨），故名孙膑。孙武的后人，生于齐国阿、鄄之间（今山东阳谷阿城镇、鄄城北一带）。著有《孙膑兵法》传世。

受害入齐　赛马谈兵

战国时代的齐国，地处东方。南有泰山，与楚、鲁、宋接壤；北隔渤海，与燕相望；西有清河，与赵、魏为邻；东滨大海。经济文化比较发达，封建制的出现也比较早。孙膑便出生于这里。

政治上的变革，经济文化的发展，频繁而激烈的战争，直接而深刻地影响和推动着军事思想的发展，也影响着孙膑的成长。

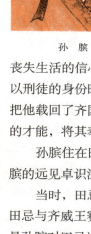

孙膑

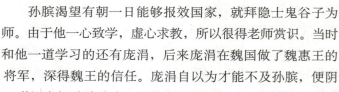

中国将帅传

孙膑渴望有朝一日能够报效国家，就拜隐士鬼谷子为师。由于他一心致学，虚心求教，所以很得老师赏识。当时和他一道学习的还有庞涓，后来庞涓在魏国做了魏惠王的将军，深得魏王的信任。庞涓自以为才能不及孙膑，便阴谋派人把孙膑骗来。孙膑到了魏国之后，经过一段时间的相处，庞涓更加确认孙膑比自己优秀许多，所以更加地嫉恨他，于是蓄意用计陷害孙膑，假借法令割去他的膝盖骨，并在其额头刺字。但孙膑并未因自己受刑罚而丧失生活的信心和勇气，而是待机奋起。不久，有位齐国使者来到魏国大梁，孙膑以刑徒的身份暗中与之相见，说动齐使。齐国使者觉得孙膑是个奇才，便偷偷用车把他载回了齐国，并引荐给了齐国的大将田忌。经过一番深谈，田忌非常佩服孙膑的才能，将其奉为上宾。

孙膑住在田忌府中，使田忌有机会与孙膑朝夕相处，经常谈论兵法。田忌对孙膑的远见卓识深为敬佩，常以师礼事之，每有所言，无不信从。

当时，田忌经常和齐宗室公子们赌赛马，但赢的次数不多。有一次，孙膑去看田忌与齐威王赛马。孙膑发现双方的马脚力相差无几，但田忌却赛三场输三场。于是孙膑对田忌说："下次赛马，您只管下大赌注好了，我负责有办法让您取胜。"

田忌虽然不知道孙膑有什么妙计，但对孙膑的话深信不疑。到了再次赛马的时候，田忌就下了3000两黄金的大赌注，每场赌1000两。临赛，孙膑对田忌说："今天赛马，第一场先用下等马对国君的上等马；第二场再用上等马对他的中等马；第三场用中等马对他的下等马。"田忌按照孙膑的计策行事，结果，第一场输了，第二、第三场都赢了。三局二胜，田忌赢了齐威王千两黄金。

由于以前都是田忌输，这次却是田忌赢，这使齐威王十分惊讶。因为齐威王觉得，他的马实力比田忌的强，怎么会赢一局而输两局呢？就问田忌取胜的原因。田忌便把孙膑替他出主意的事情，原原本本地告诉了齐威王。齐威王听了，很想见见这个不按牌理出牌的孙膑，就传令召见了他。齐威王同他谈兵法，深感孙膑在军事上有过人之处。于是，齐威王更加敬重他了。

两败魏国　显名诸侯

魏国出兵攻打赵国，赵国向齐求救。齐威王准备以孙膑为将，孙膑辞谢说："受刑之人，身体残损，有辱君威，不宜担任主帅。"于是齐王派田忌为将军，孙膑做军师，坐在军车之中筹谋策划。

当时田忌建议直接出兵赵国以解赵国之围，孙膑劝阻道："避实就虚，在形势上阻遏制止住敌方，自然就可以解围。现在魏国攻打赵国，其精兵强将自然全部赴往前线，老弱残兵留守国内，如果您此时引兵围攻魏国的国都大梁，魏军自然回撤，因为它不会看着自己的都城失守而还在外谋求利益。这样我们就一举解了赵国的围，又收到了攻击魏国弊弱的效果。"田忌听从了孙膑的意见，邯郸之围果然迎刃而解，魏将庞涓引兵回撤进行自救。然而，这时孙膑又建议田忌将齐军主力埋伏在魏军必经的桂陵，准备与魏军决战。庞涓日夜兼程，急奔大梁，人困马乏；齐军以逸待劳，准备充分，围歼魏军。庞涓果然中计大败，齐军大胜。这就是中国历史上有名的"围魏救赵"。

桂陵之战过去13年后，魏国联合赵国攻打韩国。韩国告急，向齐国求救。齐威王认为救韩败魏有利于图霸大业，所以想出兵救韩，便召集群臣谋划出兵救韩的策略。齐相邹忌生怕田忌、孙膑再立大功，名位高于自己，因此反对出兵；田忌主张尽快出兵，救韩迟缓，韩国降魏，对齐国不利；孙膑提出"深结韩之亲而晚承魏之弊"的策略，即出兵救韩，但不宜过早，先叫韩与魏交战，到双方都有大量消耗、损伤后，再出兵救韩，这样不仅可以不用消耗大量兵力就可救下面临危亡的韩国，使齐有恩于韩，同时又可以趁魏国疲惫之际，给其重创。齐宣王采纳了孙膑的策略，再次任命田忌为主将，孙膑为军师，齐军直奔大梁，威逼魏都。魏惠王闻讯，立即下令停止进攻韩国，调回庞涓，命太子申为上将军，率兵10万迎击齐军，要与齐决一雌雄。庞涓本来就对孙膑恨得咬牙切齿，加上又想报桂陵失败之仇，所以有备而来，来势凶猛，准备一举打败齐军。

孙膑详细地考察、分析齐、魏两军的战略形势和各自特点，从而采取了自己的战略战术。他没有直接迎击魏军，而是采取了当魏军回师大梁之际，齐军向西进发。当庞涓赶回大梁时，齐军已经越过西部边境进入了魏国。

接着，孙膑又向田忌建议：利用三晋士兵向来骁勇剽悍、轻视齐军的心理，示之以弱，透敌追击，然后乘隙给予致命的打击。孙膑还提出了诱敌的方法：即一和魏军交战，便立刻率军向东撤退，途中逐日减少宿营地所筑的军灶数目，让敌人以为齐军每天都有大量的士兵逃跑，从而助长他们的轻敌情绪，引诱其冒险深入；然后，选择有利的时间、地点，采用伏击的方法，集中力量，一举将他们歼灭。

而后来的结果确实如孙膑所料，庞涓领军自韩国回到魏国，见齐军已经撤走，便以为齐军胆小，不敢与之交战，就下令魏军全速追击。第一天庞涓赶到齐军的宿营地，发现齐军留下的军灶到处都是，足可供10万人使用。但是第二天，庞涓率魏军追到齐军的宿营地，发现军灶减少了一半，只够5万人用了。到了第三天，庞涓发现齐军宿营地的军灶更少了，仅够3万人用了。一向自以为是的庞涓被这种假象所迷惑，兴奋地对部下说："早知齐军怯阵，不敢同我作战。没想到才3天，人就跑了一多半，这次非将其全歼不可。"于是，丢下步兵、辎重，只率领一支轻装精锐部队，连夜追赶齐军。

当时正值十月下旬，天上没有月亮，夜色异常昏暗。魏军的前锋刚进入马陵道，就被横七竖八的树枝挡住去路。庞涓知道这个情况后，便亲自前往察看。他向前走不多远，便发现道旁有一棵大树，树被刮干净了皮，且上面隐隐约约似乎写着什么，只是看不清写的是什么，于是就叫士兵点起火把来照着看。

火把点着了，在漆黑的夜晚，火光显得格外明亮。庞涓看到"庞涓死此树下"六个大字，不由得大吃一惊，连说："不好！不好！"但是他的话还没有说完。埋伏在两旁的齐兵，却已经万弩齐发，箭如骤雨，冲着火光射来。魏军顿时大乱，纷纷死在乱箭之下。齐军伏兵乘势冲杀过来，喊声震天。庞涓知道，这次自己是真的败了，遂自刎而死。

齐军乘胜追击，全歼魏军，并俘虏了魏国太子申。孙膑因此也名扬天下。后世看到的《孙膑兵法》是孙膑及其后代所著，它不仅继承了《孙子兵法》的光辉军事思想，同时又结合战国时期的战争特点，有所发展和创新，是先秦战争经验的总结，是我国古代军事理论的珍贵遗产。

廉　颇

廉颇，生卒不详，战国时期赵国大将。一生光明磊落，百战百胜，使赵国成为东方强国。其"将相和"的故事流芳千古。然而，耿直磊落的廉颇，老当益壮，却遭到小人陷害，终不复用。

负荆请罪　长平固守

赵惠文王十六年（前283），廉颇作为赵国的大将领兵伐齐，攻下了齐国的阳晋城，战功显赫，被赵王拜为上卿。后来，秦军伐赵，占领了石城。并以此为威胁，秦王要求与赵王在渑池这个地方举行会盟，赵王非常害怕不敢前往。廉颇和蔺相如磋商之后，认为此行非去不可，它关系到赵国在诸侯间的声誉和赵王本人的颜面，由于廉颇的大将风度与周密地安排保证了赵王的安全，同时由于蔺相如渑池会上不卑不亢地与秦王周旋，使得秦王不仅没有占到半点便宜，而且还提高了赵国在诸侯间的影响力。

渑池会盟，蔺相如居头功，拜为上卿，位在廉颇之上。廉颇不满，认为自己有攻城略地、扩大疆土的大功，而蔺相如却只靠动动嘴皮子就位高于自己，实在不能容忍。他公然扬言要当众羞辱蔺相如。蔺相如听说后，为避免正面的冲突，便尽量回避着廉颇，并且还称病不去上朝，有时看到廉颇也要绕道而行。廉颇得知蔺相如的良苦用心之后，深受感动，负荆来到蔺相如门前请罪，从此两人结为刎颈之交。

其后，廉颇向东攻打齐国，歼灭他们的一支部队。赵惠文王二十三年（前276）又征伐齐国，又连取齐国9座城池。次年攻打魏国，攻破防陵、安阳城。正是由于廉、蔺二人合心，使得赵国内部团结一致，尽心报国，赵国从而一度强盛，成为东方诸侯阻挡秦兵东进的屏障。

公元前266年，赵惠文王卒，孝成王立。赵孝成王六年（前260），秦国派重兵攻打赵国。这时，赵国大将赵奢已死，蔺相如病重，只有廉颇率赵军采用坚壁固守的策略，意在消耗秦军，使其不战而退。纵使秦军多次挑衅，廉颇亦坚持不应战，使得秦在此用兵三年亦无所获。所以，双方一直在长平这一地区相持不下。秦王素知廉颇智勇双全，战无不胜，又知道廉颇与赵孝成王有隙，所以派使臣带着重金和宝物去贿赂赵王的近臣，又派间谍到赵国，利用反间之计，使间谍到处散布：秦国所害怕的只有赵奢的儿子赵括，廉颇已经上了年纪，不能领兵作战，所以不敢与秦军交战，只能坚守不战。

赵孝成王早就对廉颇坚守不战不满意，现在又听到朝廷内外，街谈巷议的种种流言飞语，便愈对廉颇的积极防守战略有看法，于是便命令廉颇迅速出击，尽快与秦军决战。廉颇熟知军情，计策已定，认为决战时机不到，所以依然坚持自己的防守战略，不出兵与秦军决战。

由于赵孝成王不了解廉颇的战略战术，所以对廉颇的不出战极为恼怒，认为廉颇拒不执行命令，便下令撤掉廉颇的军职，以赵括代替廉颇为赵国大将，指挥赵军与秦军决战，最终导致长平兵败，赵国元气大伤。

老骥伏枥　志在千里

长平之战后的第5年，燕王见赵国在长平遭受重创至今未恢复，且大将廉颇又上了年纪，就让大将栗腹率领燕国10万大军攻击赵国。

面对强敌赵孝成王只好再次任命廉颇为大将，统率赵国军队抗击燕国大军。廉颇运筹谋划精密，战斗指挥得当，在都城（今洞北高邑县一带）大破燕军，擒杀栗腹。燕军大败，四处溃逃，廉颇乘胜追击，攻入燕国境内，对燕国实施包围。燕王见势不妙，急派使臣到赵国求和，愿意割让5座城邑给赵国，请求讲和，赵国同意。赵孝成王十分高兴，封廉颇为信平君，并代理相国。

赵孝成王二十一年（前245），赵孝成王去世，其子悼襄王即位。悼襄王与廉颇不和，廉颇作为赵国元老重臣，常常劝告赵王之失，使襄王更加不满。不久，赵悼襄王就任命乐乘为赵军统帅，取代廉颇。廉颇一怒之下，率军攻打乐乘，乐乘自知不是对手，逃走。廉颇于是带着自己的亲信，投奔魏国，在大梁(今河南开封)住下。然而廉颇在大梁住了很长时间，魏国都没有予以任用。廉颇心中非常不悦。

而自从廉颇被赵王赶走后，秦军多次围攻赵国，赵国时时受到威胁。赵悼襄王这时便想重新召回廉颇统领赵军，抗击秦兵；而廉颇自己也思念赵国，想回赵国统兵御敌。赵王便派使臣去探视廉颇是否可用。廉颇的仇人郭开便以重金贿赂使臣，令他诋毁廉颇，使廉颇不得回赵国。

廉颇见到赵国使臣十分高兴，为了表示自己老当益壮，还能统兵打仗。廉颇在他面前一顿饭吃了一斗米，10斤肉，还披上战甲，跨上战马。然而，赵国使臣却回国报告赵王说："廉将军虽然老了，但饭量还是很好，可是和我坐在一起时，没多大一会就上了三趟厕所。"赵王认为廉颇老了，便没有任用他。

楚国听到这消息后，便派人到了魏国，秘密把廉颇接到楚国，并任命廉颇为楚国大将。然而廉颇虽人在楚国，心却在赵国，时时刻刻想着为赵国统兵作战。最后，廉颇殁于楚国都城寿春(今安徽寿县西南)。

白　起

白起(？-前257)，郿(今陕西眉县东)人，战国后期秦国杰出将领。以深通韬略著称，其一生征战为秦国夺得大片土地，为秦统一奠定了基础。

南征北战　屡立战功

白起自早年起就因善于用兵颇得秦昭王嬴稷的赏识。然史籍关于他的记载是从他任左庶长时开始的，时间是秦昭王十三年(前294)正是嬴稷改用魏冉为相，实行交好齐、楚，打击韩、魏的战略之际。白起奉嬴稷之命，率军攻韩，一举夺取了新城(河南伊川西南)，因功晋升左更。秦昭王十四年(前293)，韩、魏联合进行反击，白起率军与韩、魏联军战于伊阙(河南洛阳南龙门附近)，他采用避实击虚，各个击破的战法，歼敌24万，夺取5城，杀魏将犀武，俘韩将公孙喜。白起因为这次作战有大功，而被提升为国尉。伊阙之战，魏、韩两国损失惨重，元气大伤，国力衰弱。接着，白起率秦军渡过黄河，攻取了闻喜县东北的乾河口以东地区，直取韩国安邑。

秦昭王十五年(前292)，秦王又派白起为大将向魏国发起进攻，结果占据大小城池61座。第二年，白起攻占了魏国垣城（今山西垣曲县东南）。就这样，白起又被升为大良造。

白　起

后来，白起又率秦军攻占了韩国的冶铁工业基地宛（今河南南阳），宛是中原地区的重镇，损失了它对韩国来说是失去了一道重要的屏障。同时由司马错率领秦国的另一支大军攻占了韩国的另一个冶铁基地邓（今河南孟县西）。占领宛、邓对秦国来说是莫大的收获，大大增强了秦国的实力。

到秦昭王十七年（前290），魏、韩两国在以白起为主将率领的秦军的不断打击之下，连失数城，兵力日损，国力日渐衰弱，只好被迫割地献土以求苟安暂存。

秦昭王二十七年（前280），昭王命白起率军攻打赵国，结果赵军大败，秦军占领了赵国光狼城（今山西高平县西）。第二年，秦国为了集中主要兵力进攻楚国，避免赵国以侧翼进攻，分散兵力，故在胜利的情况下，秦昭王约赵惠文王在渑池（今河南渑池县西）相会，主动提出与赵国停战，签订协约。但由于赵惠文王有名相蔺相如、名将廉颇的辅佐，秦国并未占到多大便宜，所以两国修好，结成联盟。当然，这种联盟只是暂时的，一旦形势变化，双方都有自己的盘算。

秦昭王二十八年（前279），昭王命白起为将领兵大举进攻楚国。秦军连拔鄢（今湖北宣城南）、邓（今河南邓县）、西陵（今湖北宜昌西）等5城。鄢是楚国的别都，为楚国都城的西大门，鄢城失守，都城郢（今湖北江陵北）将难保，楚国危急。秦、楚双方都深知鄢的重要性，所以两国都投入大量的兵力，在此展开了一场你死我活的搏斗。

白起命令秦军全力攻击鄢城，楚军死命防守，顽强抵抗。秦军久攻不克，白起于是改变了作战方法，他认真地考察了鄢城的地理位置，命令秦军在鄢城以西百里之外筑起堤坝，然后拦截西山长谷水，等水越积越多，深得成了一片汪洋时，白起下令决堤。千仞洪水，奔流而下，直淹鄢城，洪水从城西灌入，从城东溃出，城中百姓无法逃脱，被淹死者数十万人，尸体漂浮，城东皆臭。鄢城沦陷。白起乘胜追击，攻取安陆（今湖北安陆），直逼楚国都城郢。秦昭王二十九年（前278），秦军攻破楚都郢。楚军节节败退，秦军不断进击，火烧西陵，东进竟陵（今湖北潜江西北），南进至洞庭湖一带。迫使楚王逃离郢，向东迁都于陈（今河南淮阳）。秦国由于白起攻取楚都，而在江南设置南郡，其势力发展到南方。白起因为这些大战的胜利，立了大功，而被封为武安君。

此后的20年间，秦昭王横扫六国，白起亦为其南征北战，因其攻无不克，战无不胜，而一再晋升。

功在长平　威震六国

秦昭王四十一年(前266)，嬴稷改用范雎为相，开始正式推行"远交近攻"的战略方针，决定首先以韩作为主要打击对象。秦昭王四十二年(前265)，秦军攻占了韩少曲、高平(河南济原一带)。次年，白起又夺占了陉城(山西曲沃北)等汾水沿岸5城，斩获韩兵5万。秦昭王四十四年(前263)，再占南阳，次年占野王(河南沁阳)。至此，太行山以南的整个南阳地区，全部为秦军占领，完全切断了韩北部上党地区和韩都的联系。韩国上党太守冯亭于是投靠了赵国。秦昭王四十六年(前261)，嬴稷调遣了一支军队去攻打韩缑氏(河南偃师东南)，以威胁荥阳，牵制韩军；又命左庶长王龁率主力攻上党，上党守军退至长平(山西高平北)。秦昭五四十七年(前260)，嬴稷任命白起为大将军，指挥秦军进攻长平。

赵国派廉颇为主将率兵抗秦。秦军多次打败赵军，但赵国却不断加强防御，固守营垒，即便秦军多次挑战赵军仍坚持不应战。秦国一看速胜不行，于是使用反间计，使赵军更换了主将，任赵国已故大将赵奢之子赵括为新的统帅。

赵括一到，就改变了原廉颇采用的防御坚守战略，并且废除一切防御工事，准备出击秦军。赵军出击，秦军败退。赵括不知白起用兵之计，反以为自己进攻得手因而穷追不舍，一直追到秦军固守的防守区域。秦军靠坚固堡垒，严密防守，赵军无法攻入，此时赵国40万大军已进入白起设计的包围圈内。于是白起急令25000秦国骑兵断绝赵军后路，以秦军主力与赵军对阵，发起猛攻，同时以秦军5000精锐骑兵杀入赵军中，将赵军拦腰截断，赵军分割为二，首尾不能相救，而粮道已被断绝。赵括虽指挥多次冲杀，企图突破包围，但却被秦军击败，秦军还不断地出轻兵打击。赵括屡战不利，只好筑壁坚守，等待援兵来救。

到了是年九月，赵军已断绝粮草46天，军队内部人心涣散，毫无战斗力。甚至已经到了互相残杀，彼此相食的地步。赵括把军队分为4队，不断攻击秦军壁垒，一心想突出重围，然而均遭失败。赵括无奈，只好自己亲率精锐部队搏杀突围。结果，突围不成反被秦军乱箭射杀。赵军群龙无首，全线溃败，40万大军全部向白起投降。

当天夜里，秦军接到白起的紧急命令，将投降的40万赵军将士，全部坑杀掉。只让240名小兵生还赵国，让他们回去报告战争的结局和秦军的英勇无敌。秦军前后斩首、坑杀赵军45万人。赵国上下，无不大震。

秦兵俑·跪射俑

以病拒命　受谗遭死

长平之战使白起的名声与威望更高，这让秦相范雎觉得非常不安，他担心总有一天白起会威胁到他的权势地位，所以在白起继续组织进攻，准备一举消灭赵国时，他却以秦军在外日久，应进行休整为理由，奏请嬴稷下令撤军，要求韩、赵割地谈和。

白起作为秦军统帅，他比任何人都明白，长平大战之后，秦军虽大胜，但也兵力大不如前。只是由于秦国大胜，人人沉浸在这种胜利的气氛之中，国家拿出大量钱财厚葬死者，厚养伤者，慰劳生者，但实际上国库早已空虚，民力亦早就困乏。而赵国虽大败，但是人人惊恐秦兵再次来袭，对死者不能葬，伤者不能治疗，所以全国上下沉浸在一片悲痛的哀伤之中，因此民众更加努力生产，多打粮食、增加财富，以求恢复国力，报仇雪耻。两国形势与长平大战时相比，发生了重大的变化。如果以加倍的力量攻打赵国，夺取邯郸，赵国人则会以十倍的力量加以防备和反击的，此时攻赵不会成功，所以白起称病而拒绝挂帅出征。

昭王改派王龁为大将围攻邯郸，久攻不下。楚国派春申君同魏公子率兵10万攻打秦军，秦军伤亡惨重。白起听到后说："当初秦王不听我的计谋，现在如何？"昭王听后大怒，强令白起出兵。白起自称病重，即使范雎来请求出战，仍称病不起。于是昭王免去白起官职，降为士兵，迁居阴密（今甘肃灵台西）。

由于秦军缺乏白起这一灵魂人物统帅，各诸侯纷纷向秦军发起进攻，秦军节节退却，告急者接踵而至。秦王派人遣送白起，令他不得留在咸阳，并且还与范雎等人准备将白起处死。白起离开咸阳到杜邮时，昭王派使者拿了宝剑，令其自裁。白起伏剑自刎时说："我做错什么了，老天竟如此惩罚于我？"良久又说："我原本该死，长平之战，赵国降卒数十万人，我骗了他们而后坑杀掉，这就足以死了。"于是自杀。

李　　牧

李牧（？－前229），战国末年赵国名将。长期驻守在赵国北部边疆，以御匈奴。屡立战功，深得人心。

驻兵塞北　示弱胜敌

战国末期，赵国大将李牧率军驻守在赵国北部边境的雁门郡以防御匈奴的入侵。他根据实际需要，设置了各级官吏，并将收来的赋税作为军费。他经常杀牛犒赏士兵，并让士兵苦练骑马和射箭，时刻警惕着烽火台。他给将士订下制度：如果匈奴入侵，所有人马一律退入军营中固守，胆敢迎敌出战者立即斩首。这样匈奴每次来袭，赵军都不与匈奴交战，这样过了好几年。在这几年当中，虽有匈奴数次入侵，赵军也没什么伤亡损失。但是匈奴因此认定李牧胆小怯战，连赵军将士也误以为李牧是怕死的懦夫。赵王得知后，责备李牧不迎敌出战，但李牧仍我行我素，结果此举激怒了赵王，把他召回另派将领替代。

从此以后，每当匈奴入侵时，赵军便出战迎敌，但每次出战皆失利，死伤惨重，边境上的老百姓吓得怕被匈奴劫走了羊群，都不敢放牧了，人民的生产、生活受到很大影响。于是赵王只好请李牧再次出马，李牧却称病一再推辞。在赵王再三的请求下，李牧只好赴任，但对赵王提出了一个要求：即出任后仍像以前那样固守，只有这样他才会接受命令。赵王答应了他的要求。

李牧到边境后，依旧像从前那样行事。匈奴几经入侵都无功而返，却加深了对李牧胆小怯战的印象。而戍边的将士日日受到犒赏而不被使用，都盼望能打一仗。所以，不断向李牧请求与匈奴大战一场。李牧见时机成熟，便开始部署迎战。他挑选了精锐的战车1300辆、战马13000万匹和勇猛的将士5万人，以及优秀的射手10万人兵进行军事操练，同时让百姓到城外四处去放牧。匈奴的小股军队入侵，李牧就令赵军假装战败，给敌人丢下几千人而不顾。匈奴单于听说后，率大军入侵赵地。李牧布下奇兵，采用两翼迂回包抄的战术打得匈奴溃不成军，死伤10多万人，只有单于率少数残兵败将逃回匈奴。此后十多年赵国边境稳固，匈奴再也不敢侵犯。

屡败秦军　遭谗被杀

赵王迁二年（前234），秦王嬴政派桓齮率军攻赵，两军遭遇于平阳（河北磁县东南）一带，赵将扈辄战死，赵军被歼10万。次年（前233）初，桓齮又率军由上党东进，攻占宜安（河北藁城西南），深入至赵国后方，形成对邯郸包围的局面。面对来势汹汹的敌军，赵王命李牧主持抗秦战事。

李牧率边防军主力与邯郸派出的赵军会合后，在宜安附近与秦军对峙。李牧认为秦军连续获胜，士气甚高，如仓促进行决战，难以取胜，于是决定来取坚守壁垒的防御阵势，避免决战，等秦军锐气有所消耗后，再图反攻之计。同时还用对付匈奴的战术，拒不出战，并抓紧时间进行训练。秦将桓齮企图用白起之法，在赵军脱离营垒工

虎　符

事后，将其消灭于运动之中。李牧对桓齮的企图，非常清楚，李牧认为秦军主将往攻肥下，带走的必然都是秦军的主力，而营中此时必然只留些老弱病残。况赵军多日来只坚守不出战，秦军业已习以为常，肯定对赵军没有防备，于是决定将计就计，乘虚进袭秦军大营。李牧这一行动，完全出乎秦军意料之外，在毫无准备的情况下，秦军大营迅速为赵军占领，留守官兵及军实辎重，全部被赵军俘获。桓齮进攻肥下尚未得手，而大营已被赵军攻破，急忙撤军回救。这时李牧部署的另一支部队开始行动，从正面阻击敌人，而将主力配置于两翼，当正面赵军与撤回秦军接触后，立即指挥两翼赵军向秦军实施钳攻。经过激烈战斗，秦军主力10余万人，全部被歼。桓齮仅率少量亲兵冲出重围，逃往燕国。这是战国末期秦军遭到的一次最大的歼灭性打击。

赵王迁四年（前232），秦军又发动了对赵国的第二次进攻，且兵分南北两路向邯郸进迫。李牧认为邯郸之南，有漳水及赵长城为依托，秦军不可能迅速攻破，遂决心将主要防御方向放在北面，然后集中兵力各个击破。于是部署司马尚军在邯郸以南据守长城之线，而自率主力北上，结果与秦军所率部队在番吾附近交战。李牧指挥赵军向秦军猛攻，大败秦军；而后即回师邯郸，与司马尚军会师后，向南路秦军反击，又获得胜利。这样，秦军第一次大举攻赵的计划，又一次被李牧粉碎了，同时李牧也使得秦军三年内未再攻赵。

赵王迁七年（前229），秦王嬴政于灭韩之后，向赵国发动了第三次大规模的进攻，命王翦、杨端分兵南北两路向邯郸进迫。李牧仍采用一贯战法，筑垒固守，避免仓促决战。秦军多次进攻，但都被李牧给逼了回去而不能有所获，从而陷入劳师无功的地步。王翦利用赵王迁庸碌无知，其宠臣郭开贪财好利和嫉贤妒能的弱点，实施反间计：一方面停止进攻，保持对峙，派使者去赵营见李牧和谈；一方面派间谍带重金潜入赵都，买通郭开，散布流言并向赵王迁告密，说"李牧和秦私自讲和，相约破赵之日，分地代郡"。愚蠢的赵王在奸臣的谗言下任命赵葱为大将军，接替李牧的指挥权。正在前线督战的李牧得到被贬的消息后，悲愤交集，不肯受命。赵王竟下令将李牧斩首。李牧死后，秦军乘势猛攻，很快歼灭赵军，占领邯郸，俘虏赵王。

王 翦

王翦，秦始皇时著名战将。频阳东乡（今陕西富平东北）人。与其子王贲在辅助秦始皇统一六国的战争中立有大功，除韩之外，其余五国均为王翦父子所灭。

攻城掠地　平定北方

王翦从小就喜欢读兵书，谈兵事。他在秦国任将军时，正是秦王嬴政亲政，展开一场轰轰烈烈的统一六国战争的时期。

秦王政十一年（前236），赵同燕国发生战争，赵国夺取了燕国的狸（今河北任丘东北）、阳城（今河北唐县东）。秦国以救燕国为名，乘机派王翦、桓齮、杨端和率军攻打此刻国内兵力正虚弱的赵国。王翦等攻取了赵国的军事要地阏与后，顺势又取橑阳，结果，连拔9城。

秦王政十三年（前234），嬴政派桓齮攻赵，破赵军于平阳（今河北磁县东南），杀赵将扈辄，斩赵军10余万。次年，桓齮率秦军出上党，攻占了赵国的宜安（今河北石家庄东南），深入至赵国后方，对邯郸形成包围的局面。赵王任李牧为将，主持抗秦之事。在李牧的正确指挥之下，邯郸之围迎刃而解。秦、赵两国军队大战于肥下（今河北藁城西南），秦军被歼10余万众，桓齮逃奔燕国。

秦王嬴政十八年（前229），嬴政派王翦率秦军攻破井陉（今河北井陉县西）。杨端和率秦军围攻邯郸，邯郸危急。赵王再次派李牧、司马尚率兵抵御，多次打退秦军的进攻。两军相持一年多的时间，秦军久攻不胜。王翦深知兵贵神速的道理，如果再这样耗下去，秦军势必人困马乏，别说攻占赵国，就是全身而退也是万幸。于是王翦便策划了反间之计，用重金贿略了当年曾经诬陷过廉颇的赵王宠臣郭开。郭开是个见利忘义的奸佞小人，他向昏聩的赵王诬告李牧、司马尚阴谋造反。愚昧无知的赵王听信郭开之言，不仅罢免了他们，还杀了李牧、司马尚。

王翦听说李牧等已死，赵国临战换将，立即调集兵力，猛攻赵军。由于李牧一直是抗秦的主帅，这下遇害，对全军造成了重要的影响，一时人心涣散，不堪一击。秦军势如破竹，很快攻进邯郸，北路赵将赵葱被擒杀，而从齐国借来代替司马尚督战南面防务的将领颜聚又逃跑。秦王政十九年（前228），王翦率秦军进入邯郸，俘虏了赵王迁，赵国灭亡。

秦王政二十年（前227），秦王以燕国太子丹派荆轲入秦谋刺一事为借口派大将王翦、辛剧等率兵，大举进攻燕国。燕王派兵抵抗，王翦所率领的秦军，以强大的优势，在易水以西大败燕军。次年十月，王翦率秦军攻入燕国都城蓟(今北京市)，迫使燕杀太子丹，燕王喜逃到辽东(今辽宁辽阳市西北)，燕国灭亡。

南下平楚　功成身退

秦王政二十二年(前225)，王翦之子王贲领兵攻打楚国，打败楚国后，回兵路上攻击魏国，决水灌魏国大梁，三个月后魏国都城城墙不攻自破，魏王投降，魏国灭亡。

秦王政在灭掉赵、魏、韩、燕之后，准备挥师南下，发起对楚国的战役。战前，秦王召问大将李信："吾欲攻取荆，于将军度用几何而足？"李信说："20万人足够。"他曾领兵数千追击燕太子丹于衍水，终破燕军，擒获太子丹，所以秦王以为李信贤勇。秦王又问王翦，王翦回答："非60万人不可。"秦王听到李信、王翦二人的不同回答后，说："王将军老了吧！为何如此胆怯呢？李将军果断壮勇，他的话才正确啊！"于是命令李信和蒙恬率领20万大军南下攻打楚国。王翦看到自己的战策不被采用，以年老有病为由，辞谢秦王，回到频阳老家居住。

秦王在李信的率领下攻平与，蒙恬攻寝丘，大破楚军。李信又乘机攻鄢、郢，都大败楚军。于是李信引兵向西与蒙恬在城父(今安徽亳县东南)会合。面对20万大军来袭的楚国派出大将项燕抗击秦军。实际上，在秦军攻城掠地的时候，项燕就一直尾随其后，当秦军会师城父，立足未稳之时，项燕率领楚军经过三天三夜的急行军，出其不意，从背后发起攻击，秦军大败，死伤惨重。项燕乘胜追击，攻破秦军两座壁垒，杀死7个将领，秦军败退。

秦王见李信果然战败，追悔莫及，不过同时也认识到了王翦的料事如神。他亲自到频阳向王翦谢罪，要求王翦领兵。王翦说："若非要用老臣，必给我60万大军。"秦王只好答应王翦的要求，让他同蒙武率60万人攻楚。并亲自送至灞上。王翦行前多求良田屋宅园地，秦王说："将军既已出兵，何患贫穷？"王翦说："为大王部将，虽立战功却终不得封侯，所以趁大王亲近臣下之时，多求良田屋宅园地，为子孙置业。"秦王大笑。王翦的军队行至关口后，又五度派使者回朝求良田。有人对王翦说："将军，向大王这样乞求赏赐，未免太过分了吧？"王翦解释说："秦王粗暴又不信任人，如今倾全国兵力交付给我，我只有以多请田宅作为子

秦军俑·兵车俑

孙基业的方法来稳固自家，方可打消秦王对我的怀疑。"

楚王知道王翦率60万秦军压境，也倾全国之兵由项燕率领，准备与之决战。王翦见楚军来势凶猛，于是构筑坚固的营垒坚守不战，长时期没有出兵与楚军交战的意思。任凭楚军挑战，始终闭营不出，王翦每天只让将士洗浴休息、吃好喝好，并且还常常深入卒伍之间，关心战士们的疾苦，同他们一起吃住。

这时，楚军因寻不到战机，斗志松懈，遂向东转移。王翦觉得秦军经过长期休整，战斗力强大，而楚军长期挑战不应，锐气衰落，人马疲惫，到了出击的时候了，便挥师追击楚军。秦军锐气正旺，而楚军毫无防备。所以一经交战，楚军便被秦军打得大败而逃，项燕也被秦军杀死。秦军乘胜前进，一年之后，攻占了楚国的土地，俘虏了楚王负刍，灭亡了楚国。

王翦因作战有功，故被秦王封为武成侯。后来，在他助秦始皇嬴政统一六国后，遂向秦始皇告老还乡，功成身退，安享晚年，保住了荣誉，得以寿终。

蒙　恬

蒙恬（？－前210），秦始皇时期的著名将领。祖先本来是齐国人，后在祖父那一代迁至秦国，并为秦王室效力。其父为秦统一中原立过大功，他自己也曾多次立功，深受秦始皇宠爱。为防止匈奴的侵扰，他北筑长城，戍守边疆，功在不朽。但最终被赵高矫旨害死。

将门虎子　大秦名将

蒙恬年少之时曾学狱法，后为狱官，并负责掌管有关文件和狱讼档案。公元前221年，蒙恬被秦始皇封为将军，开始了他的军事生涯，后来因为破齐立功升任内史，其弟蒙毅也位至上卿，从此他的才华开始得到秦始皇的真正认可。

当时，六国被灭天下一统于秦，中原的战事虽然沉寂，但秦朝北部边疆却仍然没有安宁。战国时经常袭击燕、赵、秦三国的北方少数民族匈奴，依然对秦朝北部边境构成着严重的威胁。公元前215年，蒙恬奉秦始皇之命，率军30万北上反击匈奴。匈奴是我国北方的一个古老民族，他们主要从事游牧生产，强悍勇猛，以骑射著称。蒙恬针对匈奴军队作战的特点，采取了非常审慎的态度和正确的作战方针。首先以强大攻势挫敌凶焰，抢占要地，控制边塞；然后筑城固守，以主待客，以守制攻。通过一系列的军事行动和手段，最终收复河南地区（今内蒙古河套地区），匈奴因受到秦军的沉重打击，北走遥遥，民不敢南下而牧马，士不敢弯弓而抱怨，蒙恬从此威震匈奴。秦始皇又命他将原来的秦、赵、燕三段长城联为一体，利用地形，设立关塞。长城西起临洮，东迄辽东，延绵万余里，对防御北方的匈奴骚扰起了积极作用。

矛　秦·兵器。出土于陕西西安秦始皇兵马俑坑。

此后，蒙恬一直领兵驻扎在上郡，对边防开始治理。经过十多年的努力，这一地区经济开始由原来的牧业渐渐转变为农牧业，这些卓有成效地治理使蒙恬深得始皇的信任。秦始皇三十四年（前213），始皇长子扶苏因谏说"坑儒"一事，被贬至上郡，监蒙恬军。

蒙恬的弟弟蒙毅因善于谋划，受到始皇的格外宠信，后来官至上卿。始皇外出，蒙毅陪同与始皇共乘一车，在朝时又侍从始皇的左右。蒙氏兄弟二人，一个负责对外军事，一个谋划国内政事，在当时有"忠信为国"的美名。

蒙毅法治严明，从不偏袒私己，从不畏惧权贵，满朝文武，无人敢与争锋。一次，内侍赵高犯有大罪，蒙毅依法判其死罪，后被秦始皇赦免了。但从此时起，蒙氏兄弟便成了赵高的眼中钉、肉中刺。

奸臣作逆　兄弟受诛

公元前210年，秦始皇巡游会稽途中患病，于是派身边的蒙毅去祭祀山川祈福，以求龙体早日康复。不久，秦始皇病死，死讯被封锁。中车府令赵高这时得宠于公子胡亥，为了一己之私欲，于是联合了宰相李斯，矫诏立胡亥为太子。胡亥即位，便遣使者以捏造的罪名赐公子扶苏、蒙恬死。扶苏自杀，蒙恬不服，要求面见二世胡亥。使者把蒙恬交给了官吏，派李斯舍人来代替蒙恬掌兵，囚禁蒙恬于阳周。

其实胡亥并没有杀蒙恬之心，准备要放了他，但赵高却早已恨透蒙氏，唯恐蒙氏再次受宠任事，执意要消灭蒙氏。于是，散布谣言，说在始皇准备立太子之时，蒙毅曾在始皇面前毁谤胡亥，胡亥于是又囚禁了蒙毅。子婴力谏，认为不可诛杀蒙氏兄弟。胡亥不听，杀了蒙毅。又派人前往阳周去杀蒙恬。

使者对蒙恬说："你罪过太多，况且蒙毅已死，按法当连坐于你。"蒙恬说："自我先人直到子孙，为秦国出生入死已有三代。我蒙家对君王忠心无二，如今却反遭斩杀，这一定是有邪臣作逆谋乱、内部倾轧的缘故。周成王犯了错误而能改过自新，终于使周朝昌盛；商纣诛杀王叔比干而不后悔，最终身死国亡。所以我认为犯了过错可以改正，听从劝谏可以觉醒，反复考虑是圣君治国的法则。如今我说这些，并不是求皇上赦免，而是希望陛下为天下万民着想，不要为奸臣所利用。"使者说:"我也只是奉命而来,实在,不敢把将军的话传报皇上。"蒙恬喟然长叹道:"我怎么得罪了上天?竟无罪而被处死?"沉默良久,又说:"我的罪过本该受死啦,起临洮,到辽东筑长城,挖沟渠一万余里,这其间不可能没挖断地脉,这便是我的罪过呀!"于是吞药自杀。

韩 信

　　韩信(?－前196),汉初著名将领。淮阴(今江苏淮阴西南)人。原为项羽帐下,由于不被重用而投刘邦,亦不被重用。后经萧何推荐,被刘邦拜为大将。此后,韩信为汉朝的建立立下了汗马功劳。建汉以后,韩信因功而骄,又心存不轨,终被吕后设计所害。

忍辱负重　终拜汉将

韩信

　　韩信出身寒门,自幼丧父,所以与母亲两人相依为命,过着清苦的生活。但是苦难的环境并没有磨灭他的意志,他一心学习兵法,渴望有朝一日能够在沙场上披荆斩棘,建立一番功业。母亲去世后,常常依靠别人糊口度日,所以被许多人都瞧不起。一次,韩信在城下钓鱼,同在河边漂洗丝絮的一位老妇见韩信饿得可怜,便将自己带的饭分给他吃。一连数日都是如此。韩信便对这位老妇表示,自己以后一定会重重报答他。当时,淮阴城里的年轻人多看不起韩信,经常当面侮辱他。有一天,一个青年见韩信身佩宝剑走来,便故意侮辱他说:"你虽然身高体大,喜欢挎刀带剑,其实不过是个胆小鬼!"周围的人听了哈哈大笑,弄得韩信很难堪。这个青年越发得意,当众指着韩信说:"你要是好样的,不怕死,就拿剑来刺我;要是怕死,就从我的胯下爬过去。"说着,便又开两腿。韩信注视了对方良久,慢慢低下身来,从他的胯下爬了出去。在场的人哄堂大笑。

　　项梁渡过淮河北上时,韩信带着宝剑投奔他,在军中做了一个小官,但默默无闻。项梁败死后,韩信又归属项羽,屡次向项羽献策,都不被重视。刘邦入蜀,韩信离楚归汉,官职也不大,竟犯了法,论罪当斩。同犯14个人,13人都已斩首。轮到他时,他仰望监刑官夏侯婴将军,大声说:"汉王不是要得天下么?何以要斩壮士！"婴见他出言不凡，相貌也算轩昂，便把他释放。并推荐他当了治粟都尉，管理军粮。也正是因此，韩信和萧何有了几次接触，言谈之中，韩信所表现出的远见卓识，令萧何非常赏识。汉王军队到了南郑，将士们不惯陕南的地瘠民贫，纷纷逃亡，韩信也因为久居军中得不到重用而夹杂在其中逃亡。萧何闻之，来不及向刘邦报告，亲自去追赶。刘邦还以为连萧何都逃了，大怒。等到萧何把韩信追回来，萧何说明原由，并乘此极力推荐韩信，认为汉王欲东向取天下，非用韩信不可。刘邦答应用韩为将，萧何说必用为上将方可，且必须慎重授命。于是刘邦选择吉日，沐浴斋戒，设坛拜韩信为上将军。到这时韩信的坎坷命运总算奇峰陡转，从此扶摇直上，一帆风顺。

平定三秦　偷渡破魏

　　韩信被拜为上将以后，就自己对项羽的认识和刘邦作了一番比较，他因为项羽有勇无谋、吝啬赏赐、蹂躏百姓、坑杀降卒等特点，断定其必定落败。而刘邦具有任人唯贤、赏罚分明、严明军纪、约法三章等优点，因此，他到任不久，他就向刘邦提出了"还定三秦，东向以争天下"的方略。

　　汉高祖元年（前206）八月，刘邦趁项羽忙于镇压东方诸侯叛乱，无暇西顾之机，举兵东出，用韩信之计，明修栈道、暗度陈仓，平定三秦之地。揭开了楚汉战争的序幕。

　　当时，要想进入关中，必须越过险峻的秦岭山，而通过秦岭的三条通道，由三秦王分兵把守，极不利于大军通行。因此，韩信特制定出"引兵从故道（今陕西宝鸡市南）出袭雍"的战略方针，以声东击西来力图达成战略进攻的突发性，确保首战成功。于是，韩信公开派出兵力，抢修四个月前汉王出关时烧毁的子午谷栈道，把三秦王的注意力引向秦岭的东段。子午谷的修复使三秦王放松了警惕和防备。汉主力部队则远远绕开子午谷栈道，西出故道，潜越秦岭，出散关，突袭并攻占了陈仓（今陕西宝鸡市东）。雍王章邯慌忙领兵对阵，经反复激战，雍王兵败在废丘（陕西兴平）自杀。翟王董翳和塞王司马欣见势相继迫降。韩信指挥汉军，势如破竹，连克数城，很快占领了关中大片土地，一举平定三秦，初战告捷，为下一步东进以争天下，创造了有利的态势。

　　汉王二年（前205）刘邦出关，收服魏王魏豹、河南王申阳、韩王郑昌，殷王司马卬降汉；联合齐王田荣、赵王歇共同击楚。四月袭取彭城，当时项羽得知彭城失陷，立即自率3万精兵回救。而刘邦此时竟被胜利冲昏了头

项　羽

脑，在彭城过起沉迷酒色的生活，对项羽不加戒备，从而导致10万人马被项羽歼灭，就连妻子与父亲也被项羽给俘房了。

刘邦兵败彭城之后，魏王豹以探母病为由回到封国后，封锁河关，切断汉军退路，叛汉与楚约和。刘邦派郦生说服魏王豹不成，任命韩信为左丞相，率兵击魏。

公元前205年八月，汉军进入魏境。魏王豹得到汉军进攻的消息，加强了各地的守备，并派大将柏直将主力部署在黄河东岸的蒲坂(今山西永济县蒲州镇)，封锁黄河渡口临晋关，企图阻止汉军渡河。韩信故技重施，用了声东击西、避实击虚的战术，增加佯动部队，集中船只摆出要从临晋关渡河的架势。而在暗中却调动军队，向北进发到夏阳(今陕西韩城南)，作为主渡地段。当时，韩信筹集和制作了简易的渡河器材——木罂缶。这是一种口小腹大的木桶，泗渡时缚在士兵身上，借以增加浮力。就这样汉军神不知鬼不觉地越过黄河，奔袭魏军的后方安邑(今山西运城东)。魏王豹得到消息，仓皇回师迎战，被汉军杀得大败，被迫率残兵向东退却。汉军急追至曲阳(今山西安邑、垣曲间)，又败魏军。九月，魏王豹在东垣(今山西垣曲西)被俘，韩信兵不血刃进入魏都平阳(今山西临汾市)。然后，韩信又分兵攻占河东52县，将它改建为河东郡，并将被俘的魏军精锐送往荥阳增援守备。

背水破赵　沉沙败齐

灭魏以后，黄河以北尚有代、赵、燕及山东的田齐四个割据势力。他们依附项羽，对抗刘邦。韩信针对这种情况，向刘邦提出："北举燕、赵，东击齐，南绝楚之粮道，两与大王会与楚阳"的计划。刘帮表示赞同。

公元前205年，汉高祖刘邦派韩信和张耳率领几十万大军准备突破井陉口(今河北井陉西北)攻打赵国。赵王和成安君陈余听说汉军来袭，便在井陉口部署了重兵，号称20万大军迎战。广武君李左车建议成安君采取断其粮道、深沟固守的战略，但成安君笃信儒学，宣称作战不能使用阴谋诡计，拒不采纳李左车的计谋。

韩信得知李左车的计谋未被采纳，大胆引兵前来，在距井陉口30里处扎寨。随后命令2000精兵每人拿一面红旗，到赵军营垒附近的山上埋伏。行前告诫他们说：赵军若见我军退败，必然会倾巢出动追击，你们则趁机攻取赵营，拔旗易帜。

正面，韩信以万军进至绵蔓水(井陉西)东岸，背水列阵。韩信命令三军说："今天打败赵军，正式会餐！"诸将闻言，都不相信。要知道：背水作战在当时可谓兵家大忌，而韩信一反常规，铤而走险。就连赵军纷纷嘲笑韩信不会用兵布阵时，韩信派出一部汉军打着大旗前进，赵军马上发兵迎击。汉军交战后佯败，抛旗后撤到河边阵地。赵军见状，倾巢出动向汉军展开攻击。

这时韩信派出的2000精兵趁机攻入赵军空虚的营垒，将赵军的旗帜全部换为汉军的红旗。阵前的赵军与汉军交战后，发现汉军个个英勇无敌，视死如归，虽只有10000余人但与强大的赵军比起来，亦是不相上下。交战时间一久，赵军不能取胜，准备回师但一回头却发现营垒插满了汉军的旗帜，以为汉军已经破赵，军心大乱，纷纷溃逃。于是汉军前后夹击，彻底击败赵军，并俘虏了赵王歇。

汉高祖四年（前203）十月，韩信又指挥汉军，大破齐都。十一月，齐汉潍水之战时，韩信成功地运用沉沙断流，半渡而击的战法，借抽掉上游阻隔的沙袋而形成的河水冲击力，分割、消灭援战的楚军，并一举击败双倍于己的齐楚联军20万，齐王逃跑，齐将龙且战死。这次战役，重创楚军主力，阻断了楚军的粮道，使项羽在战争中完全丧失了优势和主动地位，在荥阳前线处于进退维谷的窘境。

垓下灭楚　荣归报恩

韩信连克魏、代、赵、燕、齐五国，战领了长城以南、黄河以北和山东的大部分地区，如此辉煌的战绩使得霸王项羽十分担忧，他派盱眙人武涉前去游说韩信反汉联楚，三分天下，但被韩信拒绝了。齐人蒯通知道天下大局举足轻重的关键在韩信手中，于是用相人术劝说韩信，认为他虽居臣子之位，却有震主之功，名高天下，所以很危险。韩信虽然对蒯通的看法表示认同，但却不忍背叛汉王；同时又认为自己为刘邦立马汗功劳，他不会来夺取自己的齐国，于是没听蒯通的计谋。

公元前202年，汉王刘邦在固陵（今河南太康南）兵败，用张良的计谋，把陈以东至傅海（靠近大海）之地割给韩信，睢阳以北至毂城之地封给彭越，征召韩信、彭越率兵会师垓下，与项羽决战。

项羽率楚军在垓下修筑营垒与汉军对峙，但因粮道被阻，粮草接应不上，形势岌岌可危。韩信率领着30万大军独当正面，孔将军居右翼，曹将军居左翼，刘邦领兵在后，周勃、刘武跟在刘邦的后面。韩信首先交锋，不利，向后退却，孔将军、曹将军纵兵夹击，楚军难以招架。韩信乘势反攻，楚军大败。为了进一步瓦解楚军，刘邦让四面包围着楚军的汉军在深夜里一起吟唱楚国的歌谣，勾起楚军将士无限乡思之情。听到歌谣后，楚军感到大势已去，纷纷逃离。

项羽率麾下800余精锐趁夜突围南下。汉军发现后令灌婴带领5000骑兵紧紧追赶。当项羽逃至乌江边时，只剩下为数不多的数十人。又与追兵奋力拼杀，杀死汉军几百人，身受10余处伤，便举剑自刎而死。

刘邦统一天下，在洛阳登帝位，封赏群臣之时，韩信被封为楚王，都下邳。下邳离韩信故乡淮阴不远，韩信衣

汉高祖刘邦

锦荣归，找到施食的漂母，赠以千金以报当年她施舍之恩。又找到侮辱过他的恶少，竟拜他为中尉。有人问他，为何还要将此人提拔任用，韩信说："当年他羞辱我，我可以杀他，但杀之无名，不值得，隐忍下来才至发愤图强，乃有今日，实在应该感激他。"

成败萧何　冤屈而死

萧何

项羽兵败后，他的亡将领钟离眛因为素来与韩信关系很好，于是投靠了韩信。这引起汉帝刘邦的疑心，同时，又有人诬告韩信，说其有谋反之心。其实，那是韩信初到楚国，到各乡邑巡察进出都派军队戒严，这也为好事者落下了口实。于是，刘邦就认为他有造反的嫌疑。汉帝乃采陈平之计，在一次巡游云梦会见诸侯的场合中，把韩信擒拿，立刻绑在车后载回洛阳。韩信高喊："果然如人们所说，狡兔死，走狗烹，飞鸟尽，良弓藏，敌国灭，谋臣亡。"到了洛阳，刘邦查无实据，就释放了他，贬他为淮阴侯。后来一同到了长安，韩信心灰意冷，常称病不朝，见到周勃、夏侯婴、樊哙等小心翼翼伺候皇帝，常露不屑之色。

汉高祖十一年(前196)，代地相国陈豨造反，自立为王，刘邦亲率大军北征平叛。这时，吕后闻报韩信欲勾结陈豨谋反，于是和丞相萧何定计将韩信诱骗至吕后所居的长乐宫，将其束手而擒，遂以勾结陈豨谋反罪名，立斩于宫中的钟室内，并被夷灭三族。

可惜韩信，这位军事奇才、建有盖世功绩、年轻的杰出将领，在功成之后，竟屈死于吕后之手。临死他悔恨万分地说："我真后悔当年没有听蒯通之言，不然也不会落入这小儿女子的圈套！

李　广

李广(?－前179)，西汉名将。陕西成纪(今甘肃静宁南)人。一生抗击匈奴，英勇善战，屡建战功。其治兵宽缓不苛，与士卒同饥渴，深得军心。他是一位被誉为"才气天下无双"的将军，被匈奴称为"飞将军"。

将门虎子　治军宽仁

　　李广，出生于一个将门之家，他的先祖是秦国名将李信，自李信后李家就一直保有将门家风，并世世都接受家传射法的训练。李广除了按规定接受这种世传弓法的训练外，加之本人自幼便喜欢骑马射箭，在玩耍时也以骑射作游戏，跟别人比赛胜负，时间长了，自然射得一手好箭。说实话李氏子弟个个射技精湛，但能够与他比肩的竟无一人。

李广射石

　　李广身材高大，臂长如猿，有善射天赋。他不善言辞，一生都以射箭为消遣，与人闲居时也以射箭来赌酒为乐。有一次李广出猎，看到草丛中的一块石头，以为是老虎，张弓搭箭，一射箭去，把整个箭头都射了进去。仔细看去，原来是块石头，再射，就怎么也射不进去了。李广射杀敌人时，要求自己箭无虚发，所以非在数十步之内不射，常常是箭一离弦，敌人应声而亡。李广也由此多次被敌人围追，射猛兽时也由于距离太近而几次受伤，但李广从未有过畏惧。汉文帝曾慨叹："可惜李广生不逢时，若赶上高祖打天下的时代，定会成为万户侯的。"

　　汉景帝即位后，李广由都尉升为骑郎将。吴楚七国之乱时，李广任为骁骑都尉，跟随周亚夫抗击吴楚叛军，因在昌邑城下夺取敌人帅旗而显名。后来被派上谷做太守，常与匈奴交战，以打硬仗著称。景帝恐伤将才，听从公孙昆邪的建议迁他为上郡太守。

　　汉武帝登基后，由于众臣的推荐，李广被召入朝担任未央宫卫尉（侍卫长官）。另一位守边的名将程不识也被召入朝，任长乐宫卫尉。李、程二人的治军，大有不同。李广带兵宽缓不苛，凡事做表面文章，行军时队伍不一定要求整齐如一，安营扎寨，各听军马自便。晚上不设刁斗警戒，只在远处派兵士严格注意动静。他对待士兵就像自己的兄弟子侄，凡事身先士卒，行军遇到缺水断食之时，士兵不全喝到水，不全吃上饭，他就不近水边、不尝饭食。皇帝的赏赐，也交给了副官用来犒赏兵士。军中文书账册，求其简略，可见他是不好舞文弄墨专门向上面报功的。程不识则不然，他治军非常严格，纪律森明，文书详尽。程不识曾批评李广："治军过于宽厚，万一遭受敌人袭击，有全军覆没的危险。"李广因为赤心待士卒，所以士兵们都甘愿为他效死力。同时他仗其骑射功夫，非到敌人逼近身他不发射，既射则一定射中目标。因此他的部属也都喜欢用接近敌人箭无虚发的战术，这和他好亲手格杀猛兽一般，往往使自己或自己的部属陷在危险的境地。因此，只要一提到李广，匈奴兵人人惧怕。

中国将帅传

威震边塞　脱险而逃

　　有一次，朝廷派到李广军中的宦官带着几十个骑兵出去欣赏大漠风光。结果遇到三个匈奴人，于是就与他们打了起来。没想到这三人却不能小觑。不仅射伤了宦官，还几乎杀光了他带去的那些骑兵。宦官逃回到李广那里。李广说："这一定是匈奴的射雕能手。"李广于是就带上100名骑兵去追赶那三个匈奴人。由于那三个人徒步而行，走出了几十里。李广命令他的骑兵左右散开。射死了两个匈奴人，活捉了另一人，一审问果然是匈奴的射雕手。他们刚把那个人捆绑在马上，便看见远处有几千名匈奴骑兵驰来。

　　匈奴人这时亦发现了李广等人。误以为是汉军诱敌的骑兵，吓了一跳，于是赶紧跑到山上摆好了阵势，做好战斗的准备。李广所率骑兵也都十分惊恐，因为他们毫无思想准备，要与匈奴交战，但双方力量对比悬殊，都想回马逃跑。

　　李广便命令骑兵前进，进到离匈奴军阵地不到两里的地方，停了下来，又命令部属都下马解鞍。李广说："一旦我们逃跑那些匈奴人肯定会追袭，可现在我们却都解下马鞍表示不跑，他们也就不取轻举妄动了。"见此情景，匈奴的骑兵果然不敢来攻击。这时有一个骑白马的匈奴将领在指挥士兵，李广立即上马，与10多名骑兵奔驰过去，射死了匈奴将领，然后又回到自己的骑兵队伍中，解下马鞍，让士兵都把马放开，躺下休息。直到临近黄昏，匈奴人始终摸不清他们的底细，不敢进攻。半夜，匈奴人以为在附近有汉朝埋伏的部队，要乘夜晚袭击他们，便全部撤退了。第二天清晨，李广他们才回到大本营。众人都不知道他们是虎口脱险归来。

　　武帝元光六年（前129），匈奴进攻上谷，李广奉命率兵，从雁门出塞迎击匈奴。这时，匈奴单于久仰李广的威名，决定不惜代价将其生擒，于是沿途设伏，因此李广一出雁门，便遭包围，经过一番激战，李广终因寡不敌众而受伤被俘。匈奴骑兵把李广放在用绳索结成的网里，让两匹马一左一右扯着押回营地。李广装死静卧，眼睛却偷偷地寻找可能脱身的机会。走了十几里路后，他瞥见有个匈奴少年骑着匹高头大马，从边经过，于是便乘其不备，腾身跃到马上，那匈奴少年还没会过神来就被李广推下马去，弓箭也被夺走。李广快速调转马头，加鞭催马向南疾驰，几百名匈奴骑兵从惊呆之间醒悟，立即发数百骑兵紧追不放，李广边逃边返身射杀，匈奴骑兵纷纷中箭落马。这样，李广一气跑了几十里，终于脱离了险境，回到了雁门，收集余部回到了京师。由于这次出军损失惨重，本人也被匈奴生擒，依汉法李广被削去官职，降为庶人。

终不得封　愤恨自刎

李广闲居家中那几年，常在蓝田山中射猎。一次和乡民们饮酒失时，在霸陵关卡，被守卡军官阻止不让通行。李广的从骑说："这位是前李将军。"军官说："今将军尚且不得夜行，何况前将军？"李广忍受委屈，只好在关亭下守候一宵。后来匈奴入辽西，武帝又起用李广，任他为右北平太守。李广随即前求武帝，准许派遣霸陵亭尉一同前去，武帝准奏。到了军中竟把亭尉杀了，然后上书皇帝谢罪，武帝正在用人之际，自然未加追究，不过，从这件事情上也反映出李广心胸狭窄的缺点。

李广前后与匈奴作战40多年，却始终得不到封侯，这使他甚为抑郁不快。尤其看到从弟李蔡，人品及才能都不及自己，却连连得封，官至宰相。就连他的许多部下都得到了封侯，而自己未得爵邑。曾请人看相，看相的问他心中有无愧疚之事，李广说前在陇西时曾诈杀羌人降卒800人，心中时感有愧，相士说："将军不得侯者，莫过于杀已降之人。"

后来卫青第六次出征，李广虽已年逾花甲，白发苍苍，但壮心不已，请求出征。武帝见他年事已高，初不应允，经李广再三请求，才勉强答应。于是，让他做前将军，归卫青指挥。但在临行时，又暗中嘱咐卫青，说李广年老又命数不好，不要让他与单于正面对阵。卫青出塞后，得知了单于的驻扎地，遂决定亲自率精锐部队袭击单于，这时候，卫青想起了武帝临行时说的话，再加之好友公孙敖新失掉侯爵，担任中将军一职。卫青想给他立功机会，所以决定让李广和右将军赵食其出东道堵截，让公孙敖与自己一同与单于对阵。

李广知道后，坚决拒绝调动。卫青不接受他的请求，命令长史下文书说："赶快到所在部队去，照文书说的办。"李广没有向卫青告辞就动身了，内心极其恼怒地回到营中，领兵与右将军会合，从东路出发。部队因无向导，迷失了道路，没能等卫青到后攻击单于，失了战机。卫青的部队因单于逃跑也毫无收获。

班师回来之后，大将军卫青派长史拿了干粮酒食送给李广，顺便问起迷路的情况，李广不予回答。卫青又派长史紧催李广的幕府人员前去听候审问，李广说："众校尉无罪，是我自己迷失了道路。现在我亲自去上供状听候审问。"

李广回到军部，对他的部下说："我李广从年轻时就与匈奴作战，大小战役也有70多次了。这次有幸能跟随大将军迎战单于的主力，而大将军却命我绕道远行，军队偏又迷了路，难道不是天意吗？我李广已经60

李　广

多岁了，绝不能再面对那刀笔之吏了！"说罢便拔刀自刎了。这个戎马一生威震敌胆的老将就这样死去，全军将士均为他哀痛哭泣不已。百姓听到这件事的，无论年老的、年轻的、认识他的、不认识他的，都为他流下了热泪。

卫　青

卫青(？—前102)，西汉著名大将，字仲卿，平阳(今山西临汾)人。一生七次与匈奴作战。用兵敢于深入，奇正兼擅；为将号令平明，与士卒同甘苦。作战常常奋勇争先，深得众将士爱戴。

出身贫微　因姊身荣

卫　青

西汉大将卫青出身于社会底层，他的母亲卫媪原是平阳侯曹寿家婢女，因与在平阳公主家做事的县吏郑季私通，生下卫青。

卫青从小随父亲郑季生活。可是郑家根本瞧不起卫青这个私生子，于是让他上山放羊。郑家的几个儿子也不把卫青看成手足兄弟，经常欺辱他。卫青在这样备受歧视的环境下生活，受尽了苦难，这亦锻炼了他坚强的性格。

卫青长大后，做了平阳公主的骑奴，经常随同平阳公主出行。渐渐地，卫青在平阳公主身边学会了许多上层阶级礼节，同时也掌握了一些文化知识。

建元二年(前139)春，卫青的同母异父的姐姐卫子夫被汉武帝看中，选入宫中，卫青也随姐姐到了长安，开始接近汉武帝。不久，卫子夫身怀龙种。当时身为皇后的陈阿娇一直未孕，她得知卫子夫得宠并怀有身孕之后，不仅非常嫉妒，而且担心自己的地位不保，但卫子夫受宠正浓她无没报复，只能将所有怨恨全撒到了卫子夫的弟弟卫青的身上。她暗暗派几名打手，趁卫青不备把他抓了起来，准备处死。正巧卫青的好友公孙敖得知，及时将他从虎口救了出来。武帝知道此事，非常生气，于是将卫青提升为建章宫的侍卫长。不久，卫子夫被封为夫人，卫青又升为太中大夫。从此，摆脱了奴隶地位。后来，陈皇后在巫蛊事件后被废，卫子夫又一跃成为皇后，这下可成了真正的皇亲国戚。

连胜匈奴　奉行法令

由于卫子夫得宠，卫青贵为外戚，卫青"善骑射，材力绝人"，深得武帝青睐。元光五年(前130)，卫青由侍中一跃而为车骑将军，从此开始了他驰逐大漠的军事生涯。元光六年(前129)冬天，匈奴骑兵袭击上谷，杀掠吏民，汉武帝派卫青同公孙贺、公孙敖及李广各帅弓骑分四路北击匈奴，这次作战，公孙敖折兵7000，李广被俘，公孙贺无功而返。唯卫青出上谷，直捣龙城。充分显示了卫青的将才，使他初露锋芒。卫青也因此受封关内侯。

元朔二年(前127)，匈奴入侵，杀辽西太守，虏掠渔阳2000多人，大败韩国安的大军。 卫青率部出云中以西，至高阙，实行了进军2000余里的一侧大圈转包围，聚歼了河南匈奴军，仅跑掉白羊、楼烦二王。这是一次远距离的侧敌进军，随时有受到右贤王侧击的可能，所经大部分是从未到过的沙漠、草原，要从一侧压迫河南匈奴军于河套而歼灭之，更需行动迅速，组织周详。卫青对如何封锁消息，秘密行动，捕捉匈奴暗哨巡骑，寻找可靠的向导，了解水草位置，以及解决大军供给等等，都计划得很周到，从而达到了收复河南、聚歼白羊、楼烦王所部的战役目的。这次作战，卫青以巧妙的战略战术克敌制胜。收回了大片的失地，解除了匈奴对长安的威胁，功劳巨大，被封为长平侯。

元朔五年(前124)春，汉武帝命令卫青率3万骑兵出高阙，与苏建等六将军所率军队共击匈奴。在卫青的指挥下，汉军进行了一次非常出色的远程奔袭。10万余骑的大军，出塞六七百里，秘密迅速，完全做到了出其不意，而且情况摸得很准，真可谓"神兵天将"。到达目的地后，卫青又十分果断和迅捷的展开兵力，四面合围，除右贤王仅率数百骑得以突围逃走外，其余右贤王所部、包括裨王十余人，全部被歼。

大军凯旋至边塞，武帝派使者捧着大将军印，授卫青以内朝最高的职位大将军，诸将皆受大将军节制。

元朔六年(前123)春，大将军卫青出定襄，统率公孙敖、公孙贺、苏建、赵信等几位将领，歼灭匈奴军几千人而还。一个月后复击匈奴，歼灭敌军10000人。而苏建和赵信两军3000余人独遇单于大军，苦战一天，汉兵死伤将尽。赵信原为胡人，降汉封侯，现在时局危急，加之匈奴引诱，便率残部800骑兵奔降单于。苏建军全军覆没，只身逃归大将军。大将军卫青询问手下官员：苏将军应如何处置？议郎周霸说："应该斩首以显示将军的威严。"

卫青一向善良仁爱、谦虚谨慎。他沉思半晌说："我卫青有幸以皇亲身份受皇上的宠信，在军中任职不怕没威严。周霸劝我建立威严，这样就大失人臣应有的本分。即使我有权斩杀将领，也不应以我现在的地位和皇上给的宠信来诛杀将领，还是送到天子面前，让天子亲自裁夺吧！ 由此可以看出做人臣的不敢专权恣纵，不是也很好吗?"

逐胡漠北　居功不骄

元朔六年(前123)，大将军卫青与众将军向匈奴发动了河西之战，并取得了这场战役的胜利。这样经过数年的激战，匈奴奴隶主贵族势力受到严重挫伤。无力再主动进犯汉境，又得退居漠北。同时，在这场战役中，前将军赵信叛逃了匈奴，常给匈奴出谋划策。他认为汉兵无力越过沙漠，更不会轻易留戍漠北，所以放松了对汉军的戒备。然而，汉武帝为乘胜扩张战果，毅然决定深入漠北(大漠以北)，寻求同匈奴作战，以求彻底打败匈奴军队。

元狩四年(前119)，武帝命大将军卫青、骠骑将军霍去病各率5万骑兵、步兵及运输队有数十万人，分两路越过沙漠出击匈奴。霍去病率精锐兵马5万为主攻，出代郡，与匈奴主力决战。卫青率前将军李广、左将军公孙贺、右将军赵食其、后将军曹襄四部兵马出定襄，配合东路霍去病作战。赵信向单于献计说："汉兵已经越过沙漠，人困马疲，匈奴可坐收汉兵俘虏了。"单于于是把他的物资全部运到大漠以北，带着精兵在漠北等待汉兵。大将军卫青主力军队出塞1000余里，李广、赵食其两部由东侧出兵堵截，实则两面夹攻。当卫青穿过沙漠，抵达赵信附近时，见单于列阵而待，按原计划，这次卫青主要任配合霍去病作战，所以携带的辎重物资较多，所率部队也不如东路军精干。面对突然变化的情况，卫青毫不畏惧，沉着指挥。鉴于汉军长途行军，将士疲惫，不能立即投入作战。卫青下令用武装车围成圆形营栅，派5000骑兵前去诱惑敌人。匈奴不知是计，出动万骑进击汉军。当时正赶上太阳落山之时，狂风大起，飞沙扑面，两军都看不清对方。卫青乘机派两

汉武帝刘彻

支部队，从左右两翼迂回，包围了匈奴军，斩俘敌万余。单于看见汉兵众多且人马尚强，再战下去恐怕于己不利，而时间又已迫近黄昏，于是乘6匹骡子拉的车子，带精兵几百人，冲出汉军包围圈，向西北飞奔而去。

卫青当即派百轻骑连夜追击，自己率主力紧紧跟随。汉军追击200余里未获单于，斩杀了敌军19000人。 同时，攻占了寘颜山信城，得到了匈奴的大批屯粮，补充了军队，凯旋漠南。与此同时，霍去病的东路军也度过大沙漠，深入2000余里，大败左贤王军队，得胜而回。这次漠北之战，汉军两路

共歼敌9万余人，获得了决定性胜利。一时"匈奴远遁，而幕南无王庭"。

战后，卫青与霍去病同被封为大司马。但由于功劳不如霍去病，没有增加封邑。随着骠骑将军霍去病的日益显贵，卫青权势渐落，他的门客和老朋友也大多投奔了骠骑将军。

太初三年（前102），卫青去世。谥"烈侯"。

霍 去 病

霍去病（前145－前117），西汉著名将领。河东平阳（今山西临汾）人。大将军卫青的外甥。少年得志，果敢有为，屡建奇功，深受武帝赏识。但他身上有贵族习气，不恤士卒，一生瑕瑜互见。

传奇身世　勇冠三军

霍去病是汉武帝时大将军卫青的外甥，乃卫青的姐姐卫少儿与平阳县吏霍仲孺私通所生。霍去病出生之时，其母还是平阳公主家的侍婢。后因为他的姨母卫子夫被汉武帝看中，后被立为皇后，舅父卫青亦深受汉武帝宠信。霍去病因此也到了汉武帝的身边。霍去病从小喜爱骑马、射箭、击刺等各种武艺，在他18岁那年，汉武帝见他英俊骁勇、胆气绝人，而且善于骑射，便提拔他做了侍中。

霍去病

公元前123年春，汉武帝再次组织对匈奴的反击战争，年仅18岁的霍去病被汉武帝任命为剽姚校尉，随卫青出征作战。霍去病凭着一腔血气骁勇，率领800精骑，在茫茫大漠里奔驰数百里寻找敌人踪迹，结果他独创的"长途奔袭"战首战告捷，以少胜多斩杀匈奴兵2000余人，俘获了匈奴的相国和当户，并杀死匈奴单于的祖父和季父，而霍去病的800骑兵则全身而返。霍去病初战告捷，显示了他卓越的军事才能，武帝特封他为"冠军侯"，赞叹他的勇冠三军。元狩二年（前121）三月，汉武帝封霍去病为骠骑将军，令他率领万余骑兵进军河西。他率兵从河东经过，河东太守一面迎接霍去病至平阳客舍，一面派小吏接来霍仲孺。霍仲孺抵达平阳客舍时，小步而进，拜见骠骑将军霍去病。霍去病连忙上前迎拜，跪着说："我以前不知道自己是您的儿子。"霍仲孺匍匐在地叩头说道："我能将后半生托付给将军，这已是托老天的洪福。"霍去病为霍仲孺买了很多田宅、奴婢后，返回时将弟霍光带到了长安。

平击河西　决战漠北

汉文帝四年（前176），匈奴从居延泽沿弱水（今额济纳河流域）进入河西走廊，灭月氏定楼兰、乌孙、呼揭等26国，从而占领了整个河西地区。不仅控制了西域各民族，断绝了内地与西域的交通，而且向南与羌族结成了军事同盟，向北与单于王庭达成掎角之势，这对西汉的统治形成莫大的威胁。

元狩二年（前121），汉武帝在结束了河南之战以后，决定实施第二阶段的战略任务，即组成强有力的骑兵部队，进攻河西匈奴军。以打通通往西域的商路，解除长安侧翼威胁，巩固已收复的河南地区。二月间，命20岁的霍去病率万骑出陇西击河西匈奴。

进攻河西匈奴比收复河南之战困难更大。不仅因为匈奴右贤王有十几万凶悍的骑兵，而且地形复杂，征途遥远，孤军作战，供给困难。但是英勇无惧的霍去病，面对困难，毫无胆怯，他满怀信心地接受了任务，领兵出发，开始了第一次收复河西之战。霍去病率部经5个匈奴王国，转战6日，进到焉支山（甘肃山丹东南）千余里处，斩折兰王、卢侯王及相国、都尉以下8900余级，并俘获了休屠王的祭天金人，给河西匈奴以惨重的打击。

为了扩大战果，彻底消灭河西匈奴，同年四月，汉武帝命霍去病与公孙贺率数万骑出北地（今甘肃环县东南）再击河西匈奴。霍去病在公孙敖失道，未能会合的情况下，单独率军渡黄河，越贺兰山，跨过千余里大沙漠，绕过居延泽，从侧背突袭河西，击败浑邪王、休屠王所部。最后利用南有祁连，北有沙漠的地障，在祁连山与合黎山之间的黑河流域聚歼了两王的主力，斩获3万余级，俘王、王母、单于阏氏、王子、相国、将军、当户、都尉等百余人。单桓王、酋涂王率相国、都尉以下2500人投降，河西匈奴残部只剩十分之三。这次作战，霍去病以惊人的胆略，在后方无支援和其他部队无配合的情况下，充分发挥了骑兵作战的特点，突飞猛进，灵活机动。取得河西之战的重要胜利，从此河西平定，西域路通，匈奴与西羌隔绝。

在霍去病的多次袭击之下，河西匈奴损失精兵数万，无力再战。浑邪王惧怕单于问罪，劝说休屠王共同降汉，于是他们先遣使者到汉边关传信息。这时大将李息正在黄河边上筑城，得讯立即上奏汉武帝，武帝恐二王有诈、乘机袭边，命霍去病率军前往受降。对于降汉，休屠王狐疑不决，最终变卦反悔，被浑邪王杀死。霍去病领兵渡过黄河，与浑邪遥遥相望。浑邪王的裨将见汉军来，多不愿降，纷纷逃走。霍去病见情势危急，恐其有变，当机立断，亲率精骑驰入匈奴营中，与浑邪王相见，以坚定他投降的诚意。并下命立斩想逃的8000人，稳住了局势，余众4万余悉降。霍去病为防止再发生变故，先派驿车送浑邪王去朝见汉武帝，自己率领降军逐次渡河。汉武帝封浑邪王为漯阴侯，食邑万户。将降众分别安置在陇西、北地、上郡、朔方，云中五郡的塞外，称为"五属国"。

彩绘兵马俑

　　河西之战的胜利，斩断了匈奴单于的右臂，摧毁了单于王庭的右翼屏障。自此，匈奴主力已转移到漠北。但匈奴仍不甘心失败，时常举兵南下，侵扰汉朝边境。为了不给匈奴以喘息的机会、彻底消灭匈奴。元狩四年（前119）春天，汉武帝调集10万骑兵，随军战马14万匹，步兵数10万人，任命霍去病和卫青各领骑兵5万，从东西两路向漠北挺进。这次作战汉武帝以霍去病为右翼主将，并且还特给霍去病配备久经戎马生涯的勇将如右北平太守路博德、北地郡都尉邢山、校尉李敢和徐自为等。卫青则率左翼军北定襄，霍去病率部队从代郡（今山西代县）出兵千余里，翻越离侯山，渡过弓卢河，与匈奴左贤王相遇展开激战。霍去病军斩将夺旗，杀得匈奴人仰马翻，大败左贤王。这次战役汉军捕获屯头王、韩王等3人，将军、相国、当户、都尉83人，斩虏70443人。左贤王带少量将领仓皇而逃。霍去病率兵追至狼居胥山（今蒙古人民共和国德尔山），最后大军在瀚海（今贝加尔湖）会师。这次作战，霍去病所率军队仅损失了十分之二，可以说是以较小的代价，取得了辉煌的战果。此战亦基本上解除了匈奴对汉朝的威胁。汉武帝以5800户嘉奖霍去病。不久，升霍去病为大司马，俸禄与大将军等同。

　　霍去病在短短的军事生涯中，6次率兵出击匈奴兵，共斩俘奴军10万余人，开辟了河西酒泉地区，对巩固西汉建立了巨大功绩。但是，他从未以家事为念。有一次，汉武帝为霍去病修造了一座豪华的府第，叫霍去病去看看，霍去病却对武帝说："匈奴未灭，何以家为？"由此汉武帝越发爱重霍去病。

　　元狩六年（前117），霍去病因病不幸去世，年仅24岁。汉武帝痛失爱将，特地把他的陵墓安置在自己寝宫茂陵的近旁。并为他修筑了一座形似祁连山的墓冢，墓前还竖着一块巨大的墓碑，上刻着："汉骠骑将军大司马冠军侯霍去病墓。"并且墓的四周陈列着各种石雕像。其中有一座"马踏匈奴"的石雕，犹为雄伟壮观，以此来纪念他的赫赫战功。为了表示对霍去病的沉痛哀悼，汉武帝发动了陇西、北地等五郡的匈奴人民，身穿黑甲，排列着长长的队伍，把霍去病的灵柩从长安护送到茂陵墓地，为他举行隆重的葬礼，并合勇武与扩疆之意赐给他"景桓侯"谥号。

耿弇

耿弇(3－58)，字伯昭。扶风茂陵(今陕西兴平东北)人，东汉中兴名将，"云台二十八将"之一。刘秀称帝后，任建威大将军，封好畤侯。

说父降刘　因功封侯

　　耿弇的父亲是王莽新政时期的上谷太守，耿弇随父在上谷既习诗、礼，也练枪弄棒，他经常观看郡尉布兵列阵，时间长了，不仅学会了用兵打仗的本领，也培养了锐敏的政治观察能力。地皇四年(23)，王莽政权被绿林、赤眉这起义推翻，刘玄被农民起义军拥立为皇帝，号更始帝。推翻王莽，刘秀功不可没，被刘玄封为破虏大将军，领兵统一河北。中原的翻天覆地使得耿况父子不得不改易旗帜，向更始帝称臣。耿弇奉更始诏令离开上谷南下，当他刚到宋子(河北赵县)时，河北王郎假冒汉成帝的儿子在邯郸称帝，跟随耿弇一起上路的从吏孙仓和卫包，认为王郎称帝将成正统，应该投靠。耿弇一听按剑厉声答曰："王郎诈称刘氏宗子，此乃乌合之众，投之将有灭族之祸。"孙仓和卫包不听劝阻投靠了王郎。

　　耿弇听说刘秀在卢奴(今河北定县)，立即北上去见刘秀。刘秀出于汉室正宗，有名君气度，是众心所归。刘秀是个知人善任的统帅。他见耿弇才高志大，毫不犹豫地收留了他。耿弇向刘秀建议，在王郎兵北向之时，应该争取上谷、渔阳的地方力量与王郎对抗。并指出彭宠是刘秀的同乡，上谷又有其父耿况驻守，两郡联合共助刘秀创建基业是可能的。刘秀称赞耿弇"是我北道主人也"，刘秀和耿弇在蓟城正赶上城中扰乱，刘秀冲出南门，耿弇不得出城，将骑马送给守门长才得以混出城门。耿况被儿子说服，他派人联络彭宠，同时令耿弇与上谷功曹寇恂等，率上谷、渔阳两郡人马，向南出发。一路之上，斩杀王郎大将、九卿、校尉等各级官员有400多人，缴获印绶125个，王郎称帝诏节二个，斩杀3万多人，平定了涿郡、中山、钜鹿、清河、河间等22个县。他们直抵广阿城(今河北隆尧东)与刘秀军会师。当时，刘秀正与王郎交战，急需耿弇和寇恂相助一臂之力。耿弇等人的到来使刘秀军心大振。因此，刘秀特加封耿况为大将军，兴义侯，有权自置偏将。不久，刘秀迅速地攻陷邯

耿弇

郸，灭掉称帝的王郎。这样，耿弇不仅助刘秀平定了河北最大的割据势力王郎，而且还带上上谷、渔阳数千人马，成为刘秀最倚重的将领之一。

但是，刘秀灭王郎，统一河北大部地区，势力得到了壮大，这使更始帝刘玄紧张起来。更始二年(24)正月，刘玄恐刘秀在河北坐大，难以遥制，于是派使者宣诏，立刘秀为萧王，召其回师长安。当时，刘秀正在邯郸宫温明殿昼寝。耿弇到刘秀床前，说切不可罢兵，自己愿回幽州，调发精兵，以成大事。刘秀听了耿弇的话，正中下怀，于是以"河北未平"为借口，拒绝了更始帝的召令，当下任命耿弇为大将军，和吴汉一起到幽州去调发所属十郡的兵力。耿弇到上谷，收斩韦顺、蔡充，吴汉杀掉苗曾。然后，耿弇与吴汉一起调发幽州兵马，引军南下。两人跟随刘秀击破铜马、高湖、赤眉、青犊等农民军，又追击尤来、大枪、五幡等部，直到元氏(常山郡治所，今河北元氏西北)。在战斗中，耿弇经常披坚执锐，率领精锐骑兵作先锋奋勇杀敌，一马当先，敌兵当者辟易，望风披靡。刘秀乘胜与敌战于顺水(今满城西北)，大破敌军。刘秀回驻蓟县，又派耿弇和吴汉等13名将领赶赴潞县东部追击敌军。在平谷，两军大战，汉军斩杀敌军13000多人，并乘胜在无终(今天津蓟县)、土垠(今河北丰润东)穷追猛打，直到俊靡(今河北遵化西北)。敌众溃散，进入辽西、辽东一带。

更始三年(25)，刘秀羽翼丰满，在洛阳正式即位称帝，是为光武帝，建立起了东汉政权。光武帝刘秀即位，任命耿弇为建威大将军。建武二年(26)，受封好畤侯。

大败张步　功成身退

东汉建武三年(27)，刘秀基本上镇压了西汉末年爆发的绿林、赤眉农民起义军，并消灭了一部分地主割据武装后，成为了当时兵力最强、势力最大的武装集团。但是，刘秀的周围依然还有十几个地主豪强势力。但他们却立不统属，各自为政，极便于分而治之，各个击破。于是刘秀采取了先关东，后陇属，由近及远、各个击破的战略。29年，汉光武帝派大将耿弇攻打割据青州十二郡的张步。耿弇收集降卒安排部曲，选派将士，率骑都尉刘歆，太山太守陈俊引兵东进。耿弇传令军中说，不得擅自去向张步挑战，要等张步到我军驻地临淄再把他打败，以此激怒张步。张步听说后大笑着说："尤来、大彤的10多万部队都被打败，耿弇的兵单力薄，而且又疲劳不堪，更不是我的对手。"于是带着他的3个弟弟张蓝、张弘、张寿以及降将重异等人率大军进抵临淄(今山东临淄)城外，准备与耿弇决一死战。

耿弇率军出淄水，与敌军重异部相遇，部下请求立刻对张步发动进攻，但耿弇认为这样会暴露实力，使张步不敢发起攻击，于是下令汉军装出怯弱不敢迎战的样子，向后撤回到临淄的小城中，以求骄纵敌军，诱敌深入。张步果然中计，以为汉军怕他，便挥军直攻耿弇的军营，与耿弇的部将刘歆展开恶战。

耿弇从小城的制高点观战，见敌军已与其部下交战，便亲自率领精兵从侧面向张步阵营展开猛攻，大破张步军。激战之中，一支敌箭射中了耿弇的大腿。为了稳定军心，他悄悄抽刀将箭斩断，从容镇定地继续指挥作战，终于重创张步之军。第二天双方继续激战，耿弇再胜张步。这时，光武帝刘秀闻张步以大军攻耿弇，遂亲自率军往救。耿弇知道刘秀要来亲征，更是奋勇杀敌。激战数日，张步大败，军中死伤无数。

东汉·执戟骑士俑

耿弇料定张步连吃败仗必定会撤退，于是在张步营垒两翼预先布置伏兵。夜深人静时，张步果然率军撤走。遭到汉军的伏击，死伤惨重。张步率余部侥幸逃回剧县（今山东昌乐西）。数日后，光武帝到临淄带军，对耿弇赞叹有加，不久，耿弇继续率军追击张步残兵，逼迫张步拱手投降。

建武六年(30)，耿弇西出抵拒隗嚣。建武八年，随刘秀征陇。第二年，与中郎将来歙巡行安定、北地。

建武十三年(37)，刘秀增加耿弇的封邑，令他交回大将军印绶，以列侯奉朝请。但国家一有疑难，仍然召其入朝咨询筹划，甚见倚重。

永平元年(58)，耿弇去世，享年56岁。谥"愍侯"。

冯　异

冯异(? － 34)，字公孙。颍川父城(今河南宝丰东)人。东汉期著名将领，作战勇敢，治军严明，为人谦退，从不居功自傲，实为一代良将。

忠诚仕主　谦和礼让

冯异从小就喜欢读书，特别是《左氏春秋》，百读不厌，对《孙子兵法》也有研究。刘縯、刘秀兄弟起兵之时，冯异以颍川郡郡掾(行政督察员之类官职)的身份监管五个县。当刘秀在昆阳打败王莽主力后，就往颍川一带经略。攻父城不下，屯兵在巾车乡，冯异正好巡视到附近，被汉兵捉拿。有人在刘秀前推举他，刘秀召见之后，要留他为用。他却以老母在城中，请求放归，并许诺刘秀会说服五城来归附刘秀。后来刘秀去宛城，更始帝刘玄前后派了十几名将领来攻打父城十余次，冯异坚守不降。等到刘秀被任司隶校尉，再过父城时，他才和县令一齐归降。刘秀任命冯异为主簿，父城县令苗萌为从事。同时，冯异又推荐壮士姚期等数人，一同随赴洛阳。刘秀因为长兄刘縯在宛城被更始帝诛杀，表面虽装着无事，但内心哀痛，每逢独居，酒肉不沾，枕席间暗自涕泣。在那段时间里，经常宽慰刘秀的就是冯异。

冯异

后来更始帝让刘秀去河北规抚州郡，这无异放虎归山，也得力于冯异在更始廷中布置下说好话的人。到了河北，冯异劝刘秀乘机快点分派官属，巡行郡县，清理冤狱，布施恩泽，以使天下归心。刘秀派他和姚期乘宣慰车，到处理狱减刑除罪，存恤孤寡，使刘秀声誉鹊起。

后来王郎在邯郸称帝，追捕刘秀，刘秀一行从蓟城逃出时，是赖姚期力大，斧劈南门开道，才得以逃脱性命。到饶阳芜蒌亭时，天寒地冻，一行饥疲，冯异千方百计弄来豆粥一碗，让刘秀充饥。第二天早起，刘秀说："昨晚幸得公孙弄来豆粥，饥寒得以俱解。"后来走到南宫滹沱河地方，又遇到大风雨，一行人衣履俱湿。刘秀引车进入路旁荒屋，冯异赶紧弄来些许干柴，邓禹马上引火，护光武一人就灶烘衣。

冯异为人谦和礼让，从不居功自傲。他在军中，倘别人驾车与他相遇，他一定避道让路。在这一进一退之间，无不体现着不争不抢的美德。他在治军方面注重整齐，纪律非常严明。每到一地，安营完毕，将领们总是坐在一起论功请赏，唯独冯异总是静静地坐在大树之下，一声不响。因此军中都称他为"大树将军"。攻破王郎，刘秀整编部队，对将领也做了调整，使之各有统属。军中吏士纷纷愿从"大树将军"，足见其带兵深得军心。刘秀对他则更为欣赏重视。此后，冯异在北平击破铁胫军，并击降匈奴于林阆顿王，战功卓著。

书说李轶　乔装败乱

统一河北一带的地方割据以后，刘秀的势力得到了大大的增强。这亦使得刘秀拥有了与更始帝刘玄对抗的资本。更始帝派舞阴王李轶、大司马朱鲔等率领30万大军驻守洛阳，刘秀则任命冯异为孟津将军，与河内太守寇恂一起抵拒朱鲔等人。冯异本来就和李轶是旧交，于是写信给李轶，晓以利害形势，劝他早日归附刘秀。李轶表示愿意归附刘秀，并答应不对冯异在上党成皋一带采取的军事行动进行抵

邓禹

制。冯异借此机会北攻天井关，攻克上党两座城池，又南进攻克河南成皋以东13个县和各处兵营，收降十多万敌军。随后，冯异大败朱鲔，朱鲔败逃，冯异、寇恂二军乘胜渡过，耀武扬威绕城一周而归。

是年六月，河北铜马流民部队平定，诸将纷纷劝刘秀速登帝位。刘秀不能决断，于是自孟津召回冯异询问四方动静。冯异说："宜从众议，上为社稷，下为百姓。"于是，冯异便与众将一起，推戴刘秀在鄗（今河北柏乡）即皇帝位，建元建武，是为东汉光武皇帝。建武二年（26），光武帝封冯异为阳夏侯。

那时，赤眉部队暴乱于长安及三辅之地，大司徒邓禹屯兵枸邑（今陕西境内）不能进，汉光武帝刘秀于是任命冯异为征西大将军。冯异提出从东西两面夹击赤眉军。邓禹和邓弘不听，与赤眉军在回溪（今河南渑池南）交战。赤眉军佯装败退，抛弃了装着豆子的辎重车辆。汉军不知是计。再加上邓弘的士兵早已饥饿，见豆子就乱作一团，慌忙去抢着吃，赤眉军趁机杀回，邓弘军大败。冯异出兵救援，才将赤眉军击退。冯异认为士兵饥饿而且疲劳，士气低落，应养足精神再与赤眉军大战。但邓禹军坚决不同意，再次轻易出兵，又被赤眉军打败，邓禹和冯异择路逃走。

冯异逃到崤底（今渑池西南山脉），重整旗鼓，与赤眉军约定了重新交战的日期。同时他又挑选了许多精良的士兵，穿着赤眉军的服装，装扮成赤眉军，埋伏起来。第二天，赤眉军出动一万多人进攻冯异，冯异的部队便佯装出害怕的样子引诱赤眉军，双方打杀一整天却仍不分胜负。眼看双方已人困马乏，太阳亦将下山，冯异令装扮成赤眉军的伏兵出动，混入赤眉军中，假赤眉军砍杀毫无准备的真赤眉军。赤眉军因分不清敌我，惊慌逃散。而汉军一见敌阵乱作一团，顿时军心大振。作战更加勇猛，在崤底大败赤眉军。冯异乘胜追击，追至宜阳（今河南宜阳西），又迫使那里的10余万赤眉军投降。

深受信任　大破行巡

后来，冯异屯军上林苑，扫荡赤眉余部。因为连年战争，这一带生产惨遭破坏，人们早已无粮过活，只得交换相食，黄金一斤换米一升，道路破坏，军需运输不至，军士皆以枣果为粮。冯异在关中艰苦领军，为防止出乱子，不得不以专断手段治军，因此有人向光武告状，说冯异专利关中，威权至重，号称咸阳王，似有异志。光武帝把这奏章给冯异看。冯异十分惶恐，上表自明。刘秀见冯异惶急不安，下诏抚慰。

建武六年（30）正月，冯异入朝，光武帝赏识有加。此后，光武帝又数次召见冯异，设宴共饮，商讨攻蜀之事。冯异在京城呆了十多天，才回驻地。同时，光武帝命冯异妻子儿女随行，以表示自己对冯异的信任。

30年夏天，东汉光武帝刘秀派诸将讨伐公孙述、隗嚣叛汉，诸将与之交战，皆被隗军打败，刘秀下令冯异驻军栒邑(今陕西旬邑)，以扼制局势的发展。冯异率部尚未到达栒邑时，隗嚣乘胜派他的部下王元、行巡率领4万余人占据陇地，分派行巡进驻栒邑。冯异得知行巡此刻正赶往栒邑，立刻下令三军。日夜兼程赶往栒邑，必须在行巡之前占领栒邑。这时冯异的部将都说："敌军强大而且乘胜而来，斗志旺盛，不可与之争夺栒邑，应当停止前进，驻扎在便于进退的地方，慢慢再研讨进军方略。"冯异说："敌军逼近，为扩大战果，必然要占领栒邑。如果让他们占领，京城长安地区就会受到威胁，这是我非常担忧的啊！《孙子兵法》说：'攻者不足，守者有余。'现在如果我们抢先占领栒邑，就可以以逸待劳，养精蓄锐，为战胜敌人做好准备。并非只为了争夺此地啊！"于是命令官兵们加快行军速度，偷偷占领了栒邑，并偃旗息鼓，鸦雀无声。行巡不知冯异已占据城池，匆匆带兵赶到。冯异出其不意，敲响战鼓，竖起旌旗，率军冲出。行巡的兵马惊慌失措，乱作一团，望风而逃。冯异军追赶数十里，大败行巡。

建武九年(33)，祭遵去世，刘秀命冯异任征虏将军，并统领其营中将士。不久，刘秀又命冯异行天水太守事。此后，冯异军虽然有所斩获，但耗日持久，隗嚣之嗣子隗纯坚守城池，冯异等人始终难以攻下。有人提出要回军休兵，冯异不为所动，常常身先战阵，为诸军先锋。第二年夏天，冯异在军中病发去世。谥号"节侯"。

马　援

马援(前14－49)，字文渊。扶风茂陵(今陕西兴平)人。东汉名将，其知人善断，清谦有节，为国尽忠，老当益壮。其"马革裹尸"、"不死床箦"的风范，千古之下犹引人奋发。

名将之后　良禽择木

马援乃战国时期赵国名将赵奢的后裔。赵奢因大败秦军功勋卓著，而被赵惠文王赐号为"马服君"，自此，赵奢的后代便以马为姓。汉武帝时，马家从邯郸移居茂陵。

马 援

汉武帝时，马援的曾祖父马通因功被封为重合侯，但因为兄长马何罗谋反，马通受到牵累被杀，削去侯爵。所以到他的父亲这一代时，家道早已败落。马援12岁时，父亲就去世了。马援人虽小，但志向却很远大，几个哥哥都深以为奇，认定他将来必能成大器。马援常说："大丈夫立志，穷且益坚，老当益壮"。

后来，马援当了郡中的督邮。一次，他奉命押送囚犯到司命府去。那囚犯身有重罪，马援可怜他，私自将他放掉了，自己则逃往北地郡（今甘肃庆阳西北）。后来。皇帝大赦天下，马援就在当地畜养起牛羊来。时日一久，不断有人从四方赶来依附他，于是他手下就有了几百户人家，供他指挥役使，他带着这些人游牧于陇汉之间（今甘肃、宁夏、陕西一带）。

王莽末年，天下大乱，四方兵起。马援投到王莽从弟林广部下当了一名小官。后经林广举荐，马援被王莽任命为新城（今陕西安康）大尹。王莽失败，马援逃避到凉州（今甘肃一带），投奔割据于陇西（郡治在今甘肃临洮）的隗嚣。

当时，隗嚣占据天水，自称西州大将军，对马援非常器重，任命他为绥德将军，平时与他"共卧起"，遇事也一同商量对策。然而，马援投奔隗嚣亦只是一个权宜之策。他知道隗嚣是个"自狭奸心，盗憎主人"的小人，因而并没有长久辅佐隗嚣的打算。他在动乱之中观望寻求，渴望能够找到一个英明君主，以贡献自己的雄才伟略。公孙述据蜀称帝，隗嚣决定去跟从，派马援去探听虚实。马援与公孙述本为同乡，且交情很好。谁知公孙述却摆出一副十足的皇帝架子来接待他，马援认为他成不了大事。回陇后，他把自己的想法告诉了隗嚣。

建武四年(28)冬天，隗嚣欲归附刘秀。于是派马援持书信到洛阳接洽，刘秀听说"腾声三辅，遨游二帝"的马援来到洛阳，遂便服简从，热情接见他。刘秀笑着对马援说："您在两个皇帝间转来转去，今天见到您，真是斩愧！"马援行礼后，接着刘秀的话题说："如今这时代，不但君主选择臣子，臣子也在选择君主。我到公孙述那里，他盛陈卫士，警踔森严。如今我远道而来，您怎敢肯定我不是刺客奸人，就如此随便地接见我呢？"刘秀听了笑道："你不是刺客，倒像个说客。"马援说："天下翻覆无常，盗名欺世者数不胜数。如今我见到了您，发现您恢弘大度，跟当年高祖一样，这才知道世上自有真的帝王啊！"两个人大有相见恨晚之感。

刘秀对马援一见如故，非常信任。于是带着他西巡黎丘，东游东海，优礼有嘉。马援要回西州，刘秀派太中大夫来歙持节去送他。

马援回陇后，隗嚣问及洛阳和刘秀情况时，马援盛赞刘秀，隗嚣同意归汉，并派长子隗恂到洛阳去做人质，马援也就带领家属一起到了洛阳。马援到洛阳后，因无实际职务，他发现三辅地区土地肥沃，原野宽广，而自己带来的宾客又不少，于是便上书给光武帝，请求率领宾客到上林苑去屯田，光武帝答应了他的请求。

聚米为山　献策平陇

建武六年(30)，隗嚣听信了部将王元的挑拨，想占据陇西，称王称霸，因而对东汉存有二心，处事狐疑。马援听说此事，多次写信劝阻隗嚣。隗嚣不仅不听劝阻，反倒误会马援，认为他背离自己，以致后来竟然起兵抗拒汉朝。

于是，马援上书给光武帝刘秀，表明自己的心迹，信里说："我归身圣朝，奉事陛下，没有经人推荐，没人为我表功。所以，有些话，我不说，您就听不到了。

汉光武帝刘秀

我和隗嚣本来是互相信赖的朋友。当年隗嚣派我东来，对我说：'本想归附汉室，你先去看看，你认为行，我们就专心归附汉室。'等我返回西川，真诚地向他通报了情况，实在是想引导他向善，不敢有一点欺骗他的地方。想不到他心怀叵测，怨憎主人，致使怨毒之情尽归于我。"信中还表示希望面见皇帝力陈各种计策，以帮助汉室扫除隗嚣的叛乱。

光武帝览信后，当即召见马援。马援细述了对付隗嚣的办法。光武帝便派5000骑兵给马援，让他率领游说隗嚣的亲信和北面羌族，使他们脱离隗嚣，同时伺机配合主力作战。

马援还写信给隗嚣之将杨广，向他陈说利害，希望他能归附汉朝，并希望他能劝谏隗嚣，悬崖勒马。信写得言词恳切，合情入理。然而杨广却没有回音，隗嚣依然一意孤行。

建武八年(32)，光武帝刘秀亲自统大军征讨隗嚣。军队到了漆县(今陕西彬县)，不少将领认为胜负难卜，不宜深入，光武帝也犹豫不定，遂夜召马援问计。马援认为隗嚣的将领已有分崩离析之势，如果乘机进攻，定可大获全胜。他命人取些米来，当下在光武帝面前堆成山谷沟壑等地形地物，然后指点山川形势。标示各路部队进退往来的道路，其中曲折深隐无不毕见，对战局的分析也透彻明白。光武帝一看，恍然大悟，遂决意进军。

第二天，光武帝依照马援的谋略进军高平第一城(今宁夏固原)。隗嚣部大败，部众溃散。

安边定羌　忠勤国事

建武九年(33)，朝廷任命马援为太中大夫，协助大将来歙平定凉州。马援终于以其杰出的胆识和出色的军事才干，博得了汉武帝的信赖，跻身于东汉开国名将之列。后来塞外的西羌派兵袭掠边塞，抢夺财物，给安定多年的边郡人民带来了沉重的苦难。光武帝决定再次组织汉军进行反击。这时大将来歙推荐了马援并说：除马援，谁也平息不了。于是，光武帝任命马援为陇西郡郡守，令其率兵击羌。

建武十一年(35)夏天，马援受命后发步骑3000人，在临洮大破先零羌。但其他部落的羌兵数万人，仍在四处劫掠。马援探知羌族各部的家属辎重已移营于允吾谷(甘肃兰州四北)，于是便避开敌人，沿小道潜赴允吾袭其辎重。羌人仓皇退逃，马援跟踪追击，羌人退至唐翼谷，集中兵力聚守北山。马援陈军山前，秘密分遣数百骑绕袭其后，乘夜放火，击鼓叫噪，羌人惊溃，歼灭千余，战斗中马援中箭，贯穿小腿，但仍坚持指挥。这次作战，马援采取避实击虚，迂回侧袭等战术，以3000兵马击败数万敌军，收复了金城郡，建立了赫赫战功。

但是，当时朝廷许多大臣认为金城破羌(青海乐都东南)之西，路远多寇，提议放弃这些地方，马援得知后，上书反对说："破羌以西城多完牢，易可依固；其土地肥壤，灌溉流通。如令羌在湟中(湟水流域)，则为害不休，不可弃也"。光武帝认为马援说得对，遂诏命他为武威太守，驻守金城。

建武十三(37)年，武都(甘肃西和南)羌族参狼部与塞外诸部杀官反汉，劫掠地方。马援率兵4000进击。羌兵据守氐道(甘肃礼县西北)山区。马援以围而不攻的手段，断其水源粮食。羌兵迫于饥渴，大部逃出塞外，有万余人归降。

马援在陇西，攻抚兼施，所到之处，置长吏，修城廓，筑坞候(土堡)，导水开田，劝以耕牧，郡中乐业。并把小部分羌人迁到水土肥沃的天水、陇西、扶风三郡居住。又派友好的羌族贵族游说逃到塞处的羌民，劝他们消除旧怨，"和亲"修好。

武都羌族脱离公孙述来归者，马援奏准光武帝也都恢复他们首领的官职，给与印绶，经过数年的治理经营，金城郡中人民安居乐业。牲畜繁衍众多，呈现出一派和平安定的景象。6年后，马援被调入京城洛阳，封为虎贲中郎将。光武帝常召他去讨论兵略，每当他讲到眼前军事策略或古人用兵的故事时。从光武帝到太子、大臣、侍卫无不听得津津有味。

建武十六年(40)二月，交趾郡(越南河内地区)女子征侧及其妹征贰发动叛乱，攻陷交趾郡，九真(红河口以南，沿北部湾至顺化地区)、合浦(广东广州到广西北海一带)等郡皆

马援

有人响应，共略地65城，征侧自立为王，都麋冷（越南安浪）。交趾刺史及诸太守仅能自守，岭南受到严重威胁。

建武十七年(41)，刘秀任命马援为伏波将军，率领楼船将军段地等南击交趾。马援进至合浦（广西合浦东）后，乘船沿合浦、交趾两郡海岸南下，至麋水（红河）入海处，再下船沿河西北进，开山路千余里，建武十八年(42)春，马援率军到达浪泊，与敌大战，攻破其军，斩首几千人。击降一万多人。马援乘胜追击，沿途数败叛军。追至禁溪（越南永富省安朗西），叛军溃败。次年正月，出斩征侧、征贰姐妹，将首级运回洛阳。交趾平定后，马援又率军渡海南下，继续消灭九真郡二征余部，歼敌5000余人，九真亦平。

马援平定交趾和九真之后，朝廷封马援为新息侯，食邑3000户。

再立战功　马革裹尸

马援一生征战，攻无不克，战无不胜，为东汉王朝建立了汗马功劳，但他并不因此而居功自傲，他担心的只是自己无功受禄，才德不能称位，因而总想尽可能多地为国家出力。

一次马援凯旋回京，公卿故人多前往迎接。平陵人孟冀也在其中，孟冀素来以足智多谋著称，他在席间向马援祝贺。马援对他说："我还盼望您说点有用的话呢，您反倒和别人一样。过去的伏波将军路博德开辟了七郡疆土，仅赐封地数百户；我功劳微薄，却封了一个县的地方。功薄赏厚，怎能长久呢？请先生指教。"孟冀回答："我是下愚之人，没有这样的智慧。"马援又诚恳地说："目前，匈奴和乌桓尚在北部滋事扰边。我想向皇帝请缨，前往平复。男子汉死也要死在边疆，用马革裹尸还葬，哪能躺在床上，死在儿女手中呢？"孟冀点头说："真正的烈士，就该像您说的那样。"

建武二十四年(48)，南方武陵武溪蛮夷暴动。武威将军刘尚前去征剿，贸然深入，全军覆没。当时朝廷正是用人之际，马援请求出兵征讨。光武帝见他已是62岁的高龄，没有答应。马援不服地说："我还能披甲上马！"说着，令人牵过一匹战马，他抖擞精神，飞身而上。光武帝笑道："这个老翁好威风呀！"于是令马援率中郎将马武、耿舒、刘匡、孙永等将士4万人征讨五溪。行前马援对友人杜愔说："我马援一生深受国恩，现在老了，活不了几天了，常怕不能为国而死，今遂我愿，可以安心瞑

东汉·铜持矛骑士俑

目了"。决心以实际行动实践自己以身许国的誓言。

第二年春，马援进军到下隽(今湖北通城西北)后，与中郎将耿舒在进军路线上发生了分歧。从下隽有两条路可通五溪，一是从壶头(今湖南沅陵东北)，一是从充县(今湖南桑植)。耿舒认为，从壶头进军，路近但水险，坚持走充县；马援则认为，走充县不但绕远而且耗日费粮，若走壶头，如扼敌咽喉，敌人不攻自破。二人奏章送到朝廷，光武帝同意了马援的意见。

然而，当马援到达壶头时，蛮夷凭高据险，紧守关隘，水势湍急，汉军船只难以行进。再加上正值酷暑季节，许多士兵得了暑疫等传染病而最终致死。马援也身患重病。一时部队陷入被动，受困在壶头。马援多次抱病指挥部队攻坚，均不能胜，"左右哀其壮意，莫不为之流涕。"耿舒认为作战失利，责在马援，于是写信给其兄耿弇告马援的状。耿弇收到此信，遂报告皇上，光武帝就派中郎将梁松为监军赴前线，责备马援，并催促他立即进兵。但当梁松抵达前线时，马援已气绝身亡。但是监军梁松因马援生前批评过他，心怀宿怨，于时借口壶头之战进行诬陷，光武帝一怒之下取消了马援的一切封号，马援的尸体运回，也不敢埋入原来的墓地，只能在城西买了几亩地，草草埋葬。直到后来，马援夫人知道原委，先后6次上书申诉冤情，光武帝这才命令安葬马援。

班　　超

班超(32－102)，字仲升。扶风平陵(今陕西咸阳西北)人。东汉著名军事家和外交家。被封定远侯，世人多称"班定远"。他转侧边陲，驰骋万里，为开通西域、密切汉族和西域各民族的关系做出了重大贡献。

投笔从戎　斩使慑敌

班超是东汉著名史学家班彪之子，哥哥班固因撰《汉书》而名载史册，其妹班昭亦是巾帼不让须眉，是中国历史上有名的才女。出身文学世家的班超自然也博闻广识、明理善辩、孝敬恭谨，并且胸怀大志、不拘细节，很小时就常常在家帮助父母做一些体力活，从不叫苦叫累。

明帝永平五年(62)，班超的哥哥班固被召入京中任校书郎，班超与他的母亲也跟随着来到了洛阳。由于家境贫寒，班超以替官府抄写些文书来维持生计。班超每日伏案挥毫，总觉得难伸大的抱负，为此他郁结难平，有一天终于投笔而叹："大丈夫无他志略，犹当效傅介子、张骞立功异域，以取封侯，安能久事笔砚间乎？"当时在一旁抄书的人都嘲笑他，班超说："小子安知壮士志哉！"这就是班超投笔从戎的典故。

班 超

后来有一次，明帝问班固："你弟弟现在干什么？"班固如实以告。明帝当下任命班超为兰台令史，掌管奏章和文书，然而没过多久，班超又因为小过失被免了职。

永平十六年(73)，东汉奉车都尉窦固领兵攻打匈奴，班超从军北伐，在军中担任假司马之职。班超一到军旅之中，就显示出了与众不同的才能。他率部攻打伊吾(今新疆哈密)，与匈奴战于蒲类海(今新疆巴里坤湖)，牛刀小试却杀敌甚多。窦固很赏识班超，于是令班超与从事郭恂出使西域。

班超和郭恂率领36名部下向西域出发，第一站他们到了鄯善国(原楼兰，今新疆若羌县东米兰)后，鄯善王对班超等人先是嘘寒问暖，殷勤备至，而后忽然改变了态度。敏锐的班超一下子就从这一冷一热之间觉察出了不同的动静，他对下属说："你们没有感到鄯善王对我们的冷遇吗？这其间必定有匈奴的使者来此，劝其入盟。何去何从，鄯善王举棋不定。聪明人对事物处于萌发状态便已察觉，何况此事已经从他对我们的态度上明显地反映出来了。"于是班超召来伺候他们的胡人，诈唬说："匈奴的使者已来数日，现在在哪儿？"胡人误以为班超已经了解了一切，遂说出了实情。班超怕走露风声，便将其囚禁起来，遂邀众部属一起喝酒，饮至半酣，班超激动地对大家说："我们都在塞外异国，来此为国立功，以求荣华富贵。现在匈奴的使者才到几日，鄯善王就对我们改变了态度。如果鄯善王把我们捆绑起来送给匈奴讨好，那我们的尸骨就只能喂豺狼了。大家说怎么办？"官兵们都表示愿意听从班超指挥。班超说："不入虎穴，焉得虎子。现在只有一计可行，就是夜里以火攻杀匈奴使者，匈奴使者不知我们底细，必然惊慌失措，我们便可趁机杀掉匈奴使者，鄯善王必然胆颤心惊，不敢轻举妄动，那时大事必定可成。"当时有人建议此事应和郭恂商议后再定，班超愤怒地说："成败在此一举，郭恂缺乏胆识，听得此事必定狐疑不决，乃至泄密。我们死得毫无名节，这不是壮士所为！"官兵们答应说："那好吧！"

天黑以后，班超率领众将士直奔匈奴使者的驻地。正好赶上刮大风，班超命令10人带着鼓藏于房后，并约定以火为号，击鼓呐喊。其他人持刀剑和弓弩埋伏大门两侧。一切部署完成之后，班超便顺风纵火，火光一起，前后便鼓噪呐喊。匈奴使者不知发生了什么事情，在慌乱中全部被杀死或烧死。第二天班超才将此事告知郭恂。郭恂大吃一惊，同时又对班超擅自行事极为不满。班超明白他的意思，就举起手来抱歉地说："我应当向您请示，但事情紧急只得如此，并非我故意擅自做主。"听了班超的解释，郭恂才转怒为喜。

对于匈奴使者被杀之事，鄯善国举国震惊。班超对鄯善王和百姓们晓之以理，动之以情。好言抚慰一番之后，鄯善王表示愿意归附汉朝，并让自己的儿子随同班超回到汉朝做质子。班超完成使命，回到京师之后，将此事报告给奉车都尉窦固，窦固更加赏识班超，并上表朝廷为班超请功。

威服于阗　智擒胡王

明帝很赏识班超的勇敢和韬略，认为他是难得的人才，遂命他为军司马，让他再次出使西域，窦固认为班超手下人太少，想给他再增加一些。班超却说："我有原来36人就足够了。倘若遇到意外，人多反而误事。"

班超等人向西域进发，不久，他们到了于阗国。于阗属南疆，离玉门关3500里。国王广刚攻破莎车国，称雄西方。他和匈奴结好，匈奴人派使者驻在于阗，名为监护其国。实际上掌握着该国的大权。广德王与于阗人皆信神巫，班超到于阗后，国王对他们颇为冷淡，许多事情都还要请问神巫是何意见。神巫早与匈奴勾结，竟责备国王不该接待汉使，为了祭祀发怒的天神，神巫乃建议向汉使索骗马（一种毛色淡黑的骏马）以祭神，用意无非在故意轻蔑于汉使，以搅乱于阗和大汉的关系，而维持匈奴在当地的霸权。班超早知其中原委，爽快答应献马，但唯一条件是必须神巫亲自到营帐来取。神巫深信不疑，欣然来取马，班超立即命左右将神巫斩首，把头颅送到广德王座前，并晓以利害，责以道义。广德王以为神巫是法力无边的，竟在汉使面前不能保其首领，于是非常恐惧，主动杀掉匈奴使者，归附大汉。于阗以西诸国，闻风遣使奉表归顺者甚多。

88年，已身为京汉将军长吏的班超调发于阗等国士兵2万人，再次攻打莎车（今新疆莎车）。龟兹（今新疆库车县）王派遣其左将军发动温宿（今新疆乌什县）、姑墨（今新疆阿克苏）、尉头（今新疆阿合奇县东境）诸国等兵力5万人救援莎车。班超召集将校及于阗王商议说："敌强我弱，不宜硬拼，只能智取。分散兵力以调动敌人，于阗军可从这里向东运动，我军则从这里向西运动。大军在夜间出发，而且要击鼓以助声威。"同时，暗地里利用俘虏将分兵的消息透露出去。龟兹王获得这一情报，非常高兴，便亲自率领1万兵马在西境堵截班超，温宿王则率8000骑兵到东界追杀于阗王。班超侦知他们已经出兵，火速密令东西两路大军齐发，鸡鸣时分，直扑莎车大本营。龟兹王在途中得知班超偷袭大本营，回军已晚，大惊失色，胡乱奔逃。班超

东汉·马车像铜镜

在追杀过程中，杀敌 5000 余人，并缴获大量兵马财物，莎车国只得投降。龟兹王等人也只得自行散去，从此，班超威震西域。

壁垒败敌　生入玉门

当初，大月氏国曾助汉朝攻莎车有功，章和元年(87)，国王派使前来班超驻地，向汉朝进贡许多珍宝，同时提出要娶当朝公主为妻。班超拒绝了这个要求，大月氏国王非常恼怒。

永元二年(90)，大月氏国派遣其副王谢率兵 7 万，东越葱岭，攻打班超。当时班超的兵力远远少于月氏，因此官兵们都非常害怕。班超在分析了敌人情势的对比后，坚定地告诉官兵：“月氏兵虽然众多，但他们越千里而来，这时候肯定疲惫不堪，况且难以运输粮草。我们只要聚集粮食，坚守不战，月氏兵强攻不下，粮草绝尽时必然会自己投降，不过几十日便可以见分晓。”

班　超

月氏副王谢进攻班超，无法攻克，抢掠粮食又无所得，果然疲惫不堪。班超估计他们在粮草将尽之时必然要向邻近的龟兹国求援，就派遣几百士兵埋伏在通向龟兹国的要道上。果然，月氏兵带着金银珠宝向龟兹去求援。进入埋伏圈后，班超伏兵四起，将副王谢的求援使者及所带月氏兵全部消灭。于是班超派人提着使者的首级去给副王谢看。副王谢一看大惊失色，只好派使者去向班超请罪，希望给他一条生路。班超放他们回国。副王谢非常感激，回到月氏国后向国王报告了兵败的经过。国王十分震惊，终于臣服了汉朝，每年向汉朝进贡。

永元二年(91)，龟兹、姑墨、温宿等国家投降于汉朝。

永元六年(94)秋天。班超调发龟兹、鄯善等国部队 7 万人，进攻焉耆、危须、尉犁，班超大胜，到此为此，西域 50 多个国家都旧附了汉王朝，班超终于实现了立功异域的理想。永元七年朝廷封班超为定远侯，食邑千户。

和帝永元十二年，班超上书表示思归，但朝廷并没马上召回他，而是搁置了三年，后来其妹班昭也又上表章，希望和帝能垂怜，召班超生还。和帝览章感动，才下令召班超回汉。永元十四年八月班超返回洛阳，可惜才一个月就以积劳患胸胁之症而死，享年 71 岁。

虞 诩

虞诩（生卒不详），东汉将领。字升卿。陈国武平（今河南柘城南）人。其才智过人，忠勤国事，守志不屈，九谴三罚，不降其节，乃难得的将才与治才。

有胆有识　智勇双全

虞诩的祖父虞经，长期担任郡县狱吏，其执法断案，公正平允，且心存宽恕。他希望自己的孙子能升到九卿之位。于是便让虞诩以"升卿"为字，虞诩早年亡父，孝顺祖母，后来虞诩的祖母去世，虞诩服孝期满，被征召到太尉李修府中任郎中。当时邓太后临朝听政，其兄邓骘任车骑将军，在朝中权倾一时，遮手蔽日。永初初年，凉州陇西羌族人民起兵反汉，邓太后命邓骘率军5万前往镇压。结果在冀县、平襄被钟羌及行零羌大败，损失近万人，但回京后反而被封为大将军。而先零羌首领滇零则转移至北地，并在丁奚城（宁夏灵武南）建立了政权，自称天子，经常挥兵南下，侵扰三辅地区，当地百姓深以为患。

汉安帝永初四年(110)，羌人领兵进攻并州、凉州。边关告急，然而大将军邓骘认为军费太多，无法兼顾，想丢弃凉州，集中力量保守北边。为此，朝廷召集文武大臣开会议商讨如何应对此事，与会者大多同意他的看法。虞诩认为凉州地理地位重要，不能撒手不管；况且凉州人民又熟悉兵事，应该让四府九卿各从凉州征召几人，把凉州的州、郡、县长吏的子弟提拔为闲散官员，表面上酬其功勋，实际上防其奸邪。李修觉得虞诩分析得很有道理，召集四府会商后布置安排，任命西州豪强为掾吏，任命长吏子弟为郎，以示安抚。

但是虞诩的建议却得罪了邓骘，他对虞诩竟敢反对自己的意见大为不满，想方设法欲以加害。当时，正值朝歌（河南淇县）人宁季起事叛乱，他们有数千人马攻占官府，杀害官员，并且为害多年，州郡长官均不能平定。邓骘遂任命虞诩为朝歌县长。虞诩的好友都为他担忧，他自己却坦然对之。他说："志不求易，事不避难，臣之职也。不遇盘根错节，何以别利器乎。"

虞诩

虞诩一到任所，就去拜谒河内太守马陵，他认为宁季眼光短，无大志，成不了大事。他请求马陵给他一定的时间，能给他较多的自主权，慢慢来，不要操之过急，他自有权谋来消灭宁季。

虞诩上任以后，设立三个等级招募壮士，将曾经犯过抢劫，盗窃及从事其他不法行为的人征集起来，共百余，免其前罪。并命他们混入宁季军中为内线，蛊惑引诱叛乱者来抢掠劫夺。而虞诩则预先设下埋伏等待击杀。利用这个方法，结果击杀数百人，大挫宁季的锐气。虞诩又派会缝纫的贫苦百姓去宁季的军中做佣工，为其部众缝制衣服时暗中缝上记号。只要进入市镇，即被抓获。宁季部众惊骇而散，朝歌复安。

增灶惑兵　重创羌军

汉安帝元初二年(115)一月，羌族为反对东汉朝廷统治，进攻武都(今甘肃成县西)。邓太后听说虞诩有将帅之才，于是调任虞诩为武都太守，并且在皇宫嘉德殿接见他，赐给了丰厚的礼物，让他领军抵制羌人。虞诩出征，羌人率领数千人马，在陈仓道崤山山谷对其进行拦截。虞诩立即停止进军，放出消息说已上书皇帝请求援兵，待援兵一到再大举进攻。羌人得知消息，信以为真。就赶紧在邻近的县城掠夺财物。

虞诩见此乃攻伐羌敌的良机，于是日夜兼程200余里。同时又命令将士多做两个灶，逐日加倍。羌人见汉军增灶，以为虞诩的援军来了，不敢再逼近。有人问虞诩："孙膑减灶而将军却增灶，兵法上说每日行军不过30里，以防不测，而我们现在日夜行军200里，这是为什么？"虞诩回答说："羌人众多，而我军兵寡，行军过慢就会被敌军追上，加速前进羌人就无法预料我军的多少。他们见我军炉灶日益增多，以为是援兵赶到，援兵很多且行进迅速，羌人必定不敢追击我军。孙膑减灶示弱，而我军增灶示强，只是因为情势不同而采取了不同的策略。"

虞诩到了武都郡，发现郡中兵力不足3000，而敌军却有10000多，围攻赤亭城，一围就是几十天。为了迷惑羌兵，虞诩命令士兵不准使用强弩，只用小弓箭射击进攻的羌兵。羌人误以为汉军弓矢威力弱，射不到他们，便集合兵力，展开急攻。这时虞诩命令每20个强弩手齐射一人，每发必中，羌人非常震惊，连忙后退。虞诩领兵出城与羌人奋战，重创羌军。第二天，虞诩再次设计迷惑羌军。他让所有的官兵列成军阵，从东城门出，再从北城门入，改换衣服后再连续周转，走了好几圈。羌军以为汉军又增加了援兵，只是不知人多少，更加惊惧，军心动摇。虞诩估计敌人要退兵，便暗中派遣500余兵力在浅水处设下埋伏圈，等待他们。羌人果然逃走，汉军突然出击，一举击溃羌人，斩首敌人无数，羌人余部溃逃至益州境。

刚正不阿　忠直不屈

　　武都郡逐渐安定下来，同时虞诩又在此地采取了许多有益于民的政策、措施，他建垒营、救孤民、通航路等，使得武都郡的人口增加了一倍多，后来，虞诩因为犯了小过失被免职。

　　汉顺帝永建元年(126)，虞诩接替陈禅，任司隶校尉。司隶校尉位高权重，职责之一是督察百官。虞诩上任几个月，连续奏免太傅冯石、太尉刘熹，劾奏中常侍程璜、陈秉、孟生、李闰等人，百官为此个个心惊胆颤，就担心虞诩下一个弹劾的就是自己。三公上表，劾奏虞诩不顺天地长物之性，盛夏时节拘捕关押大量无辜之人，为害官吏百姓。虞诩上表自辩，汉顺帝自知虞诩忠心可表，所以没有加罪于他。

　　当时，中常侍张防弄权玩法，经常受人请托，收受贿赂。虞诩查办其案件，但屡次上书都被上司押下，不予批复。虞诩对此愤怒不已，他将自己绑起来，自投廷尉狱中，表示不愿与张防这等中饱私囊、贪赃枉法的人同朝为官。张防在皇帝面前流着眼泪解释，惺惺作态一番之后，虞诩被皇帝免官为徒，输作左校。但是张防却不肯善罢干休，两天之内派人连审虞诩四次，必欲置之死地而后快。狱吏劝虞诩自杀，以免凌虐，虞诩不肯。孙程、张贤因当初扶立顺帝有功，他们劝顺帝逮捕张防，赦免虞诩。顺帝征询尚书贾郎的意见，贾朗和张防一向私交甚密，力证虞诩有罪，顺帝犹豫不决。虞诩的儿子虞诩和门生100多人，在路上拦住中常侍高梵的车子，叩头流血，诉陈冤情。高梵入朝奏明，于是张防被流放边塞，虞诩被赦出狱。孙程又上书陈说虞诩有大功于国，言辞激切。顺帝感悟，便任命他为议郎。过了几天，又升任尚书仆射。

　　当时，宁阳主簿控诉县令枉法，可六七年过去了，他上奏的百来封奏章石沉大海。主簿愤而上书：“臣为陛下子，陛下为臣父。臣百上奏章，陛下您到现在还不闻不问，难道臣应该到北方去找单于，对他诉说冤情吗？”顺帝一看如此激烈而又有力的反诘，不禁大怒，将奏章甩到尚书面前。尚书弹劾主簿，说他大逆不道。虞诩驳斥说：“主簿所诉讼的是君父之怨，百官上奏章而不能达于帝听，那是主管官吏的过失。皇上不必如此大怒！”顺帝听了虞诩的话，只是责打了主簿，未加深责。此外，虞诩还有一些别的奏章建议，常常被采用。

　　虞诩一生刚正不阿、不畏权贵、举劾官吏，到死也不改其操守。

　　永初初年(107)，虞诩升任尚书令，后因公事离职。朝廷知他忠直耿介，再次召任，可惜的是他再也无力为朝廷效力，为万民请命了。

吕 布

吕布(? —198)，五原九原(今内蒙古包头西北)人。东汉末年豪强、著名将领。字奉先。吕布骁勇善战，一时无人能敌，有"人中吕布，马中赤兔"之誉，但有勇无谋，办事轻率，且唯利是图，不讲信义，所以最终失败。

武艺超群　诛杀董卓

吕布为人骁勇武猛，早年在并州任职，并州刺史丁原任骑都尉，屯驻河内，任吕布为主簿，一向把他作为自己的心腹，很是器重，

东汉末年，汉王室衰微，大权旁落，天下一时纷争四起。中平六年(189)，汉灵帝去世，士大夫与宦官之间旷日持久的权力之争即将有一个结果。士大夫的代表禁卫军官袁绍跟外戚何进密谋要铲除宦官，而何进的妹妹何太后不同意。于是两人商议：令驻屯在河东(今山西夏县)的董卓率军至洛阳，一路扬言要诛杀宦官，用以胁迫太后。当时，并州刺史丁原亦应召率兵赴洛阳。谁知，世上没有不透风的墙，宦官得到消息，先下手为强杀了何进，于是袁绍又带兵平了阉党，而丁原军此时因平乱有功被任为执金吾。这时董卓也率军到了洛阳，准备趁乱杀掉丁原，一是借此消灭一个阻碍，二是可以借机收编丁原的兵马以扩充自己单薄的势力。因此就诱劝丁原军中的部曲司马吕布杀丁原，而吕布原本就是一个重利益而轻情义的人，他在丁原不加防备的情况下将他杀掉。于是董卓收编其部众，从而势力大增，终于逼走袁绍、曹操，控制了洛阳城。

董卓任命吕布为骑都尉，对其非常信赖、喜爱，谊同父子。而且吕布膂力过人，号为"飞将军"。此后，他的官职渐渐升到中郎将，受封为都亭侯。

董卓依仗着强大的势力在洛阳骄横无恐、飞扬跋扈，因此树敌颇多，所以无论出行居停，都由吕布警卫。然董卓的心性暴躁，经常发起脾气来就无所顾忌。有一次，吕布侍应稍不如意，董卓顺手抄起手戟就投了过去，吕布迅速闪过，连连道歉，董卓这才消了怒气。从此，吕布在心中对董卓就有了警戒。董卓经常派吕布守卫中阁，吕布乘机与董卓的侍婢私通。

此前，司徒王允因为吕布是并州勇士，深相结纳。吕

正始二年造铜弩机　三国·魏。兵器，长11.9厘米。弩机是中国自先秦以来广泛使用的轻型兵器。

布拜见王允，叙说董卓差点杀了自己，并请指教。当时，王允正和仆射士孙瑞密谋诛杀董卓，见吕布也怨恨董卓，当即把自己的打算和盘托出，并请他做内应。吕布起初有点犹豫，说："我跟他约为父子，这样做不妥吧？"王允说："你当他是父，他当你是子吗？你们之间哪有父子之情。"吕布最终答应了王允的请求。

初平三年(192)四月，汉献帝病愈在未央殿大会朝臣，董卓身着朝服准备进宫朝见。为防意外，他在道路两旁陈列兵众，左面步兵，右面骑兵，从他的营帐排起，一直排到宫门，警备森严。同时还让吕布率亲信将领随身保护于自己身旁。这时，吕布接到王允的信件，说是让他乘机诛杀董卓，吕布便派骑都尉李肃和勇士秦谊、陈卫等十几个人，都换上卫士的衣服，把守在北掖门里等待董卓。董卓一进门，李肃举戟便刺，但由于董卓狡诈，还在朝服下面穿铠甲，所以李肃只刺伤了他的臂膀。董卓大惊，坠下车来，遂急呼吕布。吕布应声答曰："奉诏诛讨贼臣董卓！"抢步上前，挺矛刺杀董卓，命部众将董卓头颅斩下。董卓死去，国家去一大害。王允任命吕布为奋武将军，假节，仪比三司，并晋封温侯。

反复投奔　终占徐州

吕布杀了董卓，董卓的部将对吕布又畏又恨。随后不久，董卓的部将李傕攻打长安(今陕西西安西北)，吕布无法抵挡，遂率数百骑将董卓的头颅系在马鞍上，出武关(今陕西商州东)，奔南阳(今河南获嘉县北)，想去投靠袁术。但袁术知吕布此人薄情寡义，反复无常，所以拒而不纳。吕布又投奔河内的张杨。这时，李傕重金悬赏捉拿吕布。张杨的部下都想算计吕布，吕布见张杨处不能久留，遂奔逃归袁绍。

吕布与袁绍在常山(今河北曲阳西北)大战黑山起义军张燕。吕布因有能驰城飞堑的坐骑"赤兔"和健将成廉、魏越冲锋陷阵，所以斩将杀敌，破阵而回。这样交战十几天之后，张燕溃败。吕布自恃破敌有功，便向袁绍请求增兵，袁绍没有答应。同时吕布帐下将士又横暴无忌，毫无军法纪律。这使袁绍对吕布也更加不满。吕布自感无安身之处，便向袁绍请求回洛阳。袁绍答应了他，并给了他个司隶校尉的官职，然而暗中又嘱托送他的将士们找机会将吕布杀掉。吕布识破了袁绍的这一阴谋，于是巧做安排，派人在自己的军帐中弹筝，制造一个吕布在帐中取乐的假象，以迷惑袁绍然后悄悄逃出。夜里袁绍的士兵包围了吕布的军帐去袭杀吕布，吕布早已不见踪影。

陈留太守张邈在董卓之乱与曹操共起义兵，接纳了吕布，同时，又奉迎吕布为兖州牧，占据濮阳，郡县都望风影附，只有鄄城、东阿、范县坚守。曹操闻讯大惊，急忙回军进击吕布。两军相持了一百多天，曹操大胜，吕布向东奔逃，又归附了刘备。

当时，刘备与袁术正陈师于淮上，一场大战再所难免，然袁术自知吕布之本性，于是写了一封拍马屁的信送与吕布，并信誓旦旦地说如果吕布帮忙打败刘备，他袁术愿意奉以生死。先送军粮20万斛大米作酬资，并保证以后供给不断。吕布接信如获至宝，遂率兵水陆并下，直逼下邳，由于刘备部将许耽背叛，放吕布兵马进入下邳，张飞被吕布大败。同时，吕布又将刘备的老婆孩子一卷而空。无奈之下，刘备向吕布请降。吕布也恨袁术食言不如约继续送军粮，就接受刘备的请和，任命刘备为豫州刺史，而自称徐州牧。

辕门射戟　去就无常

袁术担心吕布与自己为敌，便为儿子向吕布的女儿求婚，吕布答应了他。袁术派大将纪灵等率兵3万进攻刘备，刘备向吕布请求派兵增援。部将劝吕布借袁术之手杀掉刘备，吕布却决定立即赴救。他说："袁术如果打败刘备，就会联合北方的将领们对我形成包围。我们不能不救！"纪灵等人听说吕布到来，都收束兵众，不敢再行进攻。

吕布在小沛西南一里远的地方安下营寨，派人请纪灵、刘备等一起宴饮。饮酒中间，吕布对纪灵说："刘备是我的弟弟，他被诸位围困，我来救他。我这人生来不喜欢交战争执，所以前来调解纷争。"说完，命令手下在营门竖起一把戟，弯弓搭箭，回过头来对众人说："我要射戟上的小枝，如果一箭射中，你们就应该和解释围，罢兵归去。如果射不中，那就任凭你们争个你死我活！"诸将凝神屏息，吕布一箭射去，正中戟上小枝，众从皆大赞他的射艺。第二天，各方均领兵归去。

然而，这时刘备已拥兵万余人，这又使吕布不安起来。于是，他又自己出兵进攻刘备，刘备不敌，投奔曹操。

建安二年(197)春，袁术在寿春称帝。为减轻政敌压力，同时争取有益的力量，五月，袁术派韩胤把称帝的事通告吕布，并提出为儿子迎娶吕布之女。

沛相陈珪担心袁术、吕布一旦联姻，徐州和扬州联合起来，为害国家，就去劝阻吕布。吕布这时又想起了当年落难之时投奔袁术，袁术不肯收容自己的旧恨，于是改变主意，追回已上路的女儿，断绝了和袁家的婚姻，把韩胤也带上镣铐，押到许都交给曹操。曹操杀了韩胤。

当时，汉献帝因流落河东曾亲笔命吕布迎驾，但吕布因部队缺乏军资无法迎驾而上报朝廷。献帝遂命吕布为平东将军，封平陶侯，但使者却丢了天子诏，后来，曹操又派奉车都尉王则为使者，携带诏书印绶来见吕布。使者还带来了曹操的一封亲笔信，信中希望吕布能够对付公孙瓒、袁术等人。当时陈珪想派儿子陈登去见曹操，吕布始终不答应。如今，吕布得诏高兴，就派陈登捧着表章去谢恩，表示自

神兽纹铜镜　　三国·魏。照面
用具，1987年河南省洛阳市出土。

己的感激之情及愿意效命之意。同时，用一条上好的绶带回赠曹操。

　　陈登见到曹操，说吕布有勇无谋，轻于去就，建议曹操尽早谋取他。曹操说："吕布狼子野心，确实难以久养。不是你，我还不了解他呢！"当即把陈珪的官阶升为二千石，任命陈登为广陵太守。临别，曹操握手叮咛："东方的事情，就交托给您了！"让陈登暗中聚合部众，以做内应。

　　袁术听说吕布将韩胤交给了曹操，并且曹操还杀了韩胤，大怒。遂派大将张勋、桥蕤和韩暹、杨奉等联合起来，大举出兵，分七路进攻吕布。当时众寡悬殊，吕布只有3000士卒400匹马，而敌军却有数万人。吕布担心无法抵御，对陈珪说："你招惹的是非，就由你负责解决。你说该怎么办？"陈珪不慌不忙地说："韩暹、杨奉和袁术，不过是乌合之众，没有一定的谋略，只要稍用计谋，就能不攻自破。"

　　吕布觉得他说得有理，就写信给韩暹、杨奉二人，信中说："二位将军亲自护卫车驾东来，而我亲手杀死董卓，我们都为汉室立了大功，应该永垂青史。如今袁术造逆，本应一起诛讨，为何却和他一起来攻打我呢？我们应该同心协力，击破袁术，建功天下才是！"他还答应攻破之后，军资辎重都归韩暹、杨奉。二人大喜，于是在下邳合兵大破张勋，生擒桥蕤。接着，吕布又与杨奉、韩暹进军寿春，水陆并进，所过掳掠，直到钟离，大获而还。

　　吕布性格武断轻率，做事变化无常，急冷忽热。对此，部将高顺常常进言劝谏，吕布明知他说的对却仍不听取。不久，吕布又背叛曹操，归附袁术。

困守孤城　　丧命白门

　　建安三年(198)，吕布派高顺和张辽进攻刘备，刘备求救于曹操，操派夏侯惇前往救援。然而，夏侯惇却被高顺打败，并且还俘获了刘备的家小。于是曹操决定亲征吕布。他来到下邳城下，吕布屡次率兵出战，但连连失利。退守城邑，不敢出战，于是曹操写信给吕布，剖析利弊，劝布投降。吕布本来就没什么谋略。实在是一介莽夫，所以曹操没几句话就把他说心动了。但他的谋士陈宫因以前得罪过曹操，害怕被杀，就劝吕布说："曹老头远道而来，粮马支持难以长久。将军你可率步骑驻扎于外，我就率余众闭门守内。曹操若攻将军，臣就引兵而攻其后背。曹操若攻城，则将军可以从外救城。这样坚持不过旬月，等曹军军粮吃完，我们就能一举击破曹军。"吕布觉得很有道理，欣然接受。

中国将帅传

于是吕布派陈宫、高顺守城，自己率兵出城隔断曹操粮道。可吕布的妻子却坚决反对，他认为陈宫和高顺一向不和，吕布一旦出城，陈、高二人若不能同心守城，那整个徐州城就危在旦夕了。江山可以不爱，美人可不能不疼，无奈之下，吕布只好向袁术求救。

袁术对于吕布悔婚一事，一直耿耿于怀，所以对于求援之事，予以拒绝。后经王楷、许汜晓以利害，袁术这才整顿兵马，为吕布作声援。吕布知袁术不发兵的缘故是因为悔婚一事，便将女儿用帛缠身，用甲包裹，捆在马上，乘夜亲自送她出城。无奈曹兵围困太严，箭已搭在弦上，只要有人出城，立即万箭齐发，所以吕布只好退回。

曹操挖掘战壕，包围下邳。然而下邳久攻不下，不仅众将士心生疲惫，就连曹操也渐生退兵之意。荀攸、郭嘉劝他再坚持一下。过了一个多月，吕布越发困窘，打算投降，为陈登劝止。双方就这样僵持着。然而这本来就是一场心理战，谁能坚持到最后，谁就是胜者。可是时间一长，总有人沉不住气了，一沉不住气就注定失败。吕布军中有几位坐不住了，侯成、宋宪、魏续便押着陈宫率众投降了。吕布闻变，与部下登上白门楼抗拒敌军。曹军一阵急攻，吕布有些招架不住，不忍身边亲兵枉死，就让左右取下他的首级投降曹操，左右不忍心，也不敢。然而，时势已不能挽回，吕布只得下楼请降。

吕布见到曹操说："从今往后，天下可定了。"曹操不解地问："何以见得？"吕布说："天下间，最令明公顾忌的人就是我吕布，如今我已折服。以后我为明公领骑兵，明公率步兵，不愁天下不定啊！"回头又对刘备说："玄德老弟，你现在是坐上宾，我是阶下囚，看我被捆得这么紧，怎么也不替为兄的说句话呀？"曹操闻言，解嘲一笑，说："缚虎哪能不紧呢？"一边说话，一边就让人为吕布松绑。谁知久久不语的刘备这时却说了一句："明公，您不记得吕布是怎么侍奉丁建阳(丁原)、董太师(董卓)的吗？"

曹操一听连连点头，吕布则怒视刘备，骂道："这个大耳朵小子，最不可信！"不久，吕布被缢死。

张　辽

张辽(169－222)，字文远。雁门马邑(今山西朔县)人。三国时魏国名将，他早年颠沛多方，但随后终得雄主，奋其勇武，有胆有识，实乃曹操帐下最得力的虎将。

终归明主　处变不惊

　　张辽，字文远，雁门马邑（今山西朔州）人。他本是马邑富户聂壹的后代，聂壹乃汉武帝时力主抗击匈奴的名士，后来因避难而改姓张。张辽年轻时，做过郡吏。因为武力过人，被并州刺史丁原召为从事。大将军何进诛杀宦官，丁原被召入京，张辽也就跟着到了洛阳。何进成事不足，反被宦官害死，军阀董卓并吞了丁原的部众，张辽便又成了董卓的部下。然而没多久，董卓又被吕布所杀，张辽从此也就跟了吕布。在吕布手下，他渐渐受到重视，先是被封为骑都尉，吕布被李傕打败逃往徐州，他也跟随前往，被升为鲁相。但吕布也并不是理想的明主，他虽然勇猛，但却勇而无谋，经常吃败仗。而且对于人才也是马马虎虎，不具慧眼。张辽一直渴望能够遇一明主，一展抱负。

　　然而，"大江东去浪淘尽，千古风流人物"，在那个战乱频繁的年代，即便是真英雄也是很难立于不败之地的，便何况不是英雄。吕布很快死于曹操之手，张辽随即又成了曹操的部下。曹操的眼光是很敏锐的，他知道张辽是个难得的人才。因此，初到帐下，便封张辽为中郎将、关内侯。到此时，张辽总算结束了无定的生活，有机会施展才能。很快，他就因为屡立战功，升任为裨将军。

　　曹操打败袁绍后，派张辽去平定鲁国各县。有一次，张辽和夏侯渊去东海进攻曾和吕布一起为患的昌豨。两人包围昌豨好几个月，粮草已经用完，但城池却依然没有攻克，许多人都建议撤军，夏侯渊也同意。但敏锐的张辽却坚决反对，他对夏侯渊说："好多天以来，我每次巡行到包围圈的时候，昌豨总是在看着我。而且射箭也越来越少，这肯定是昌豨有心投降。我想试着跟他谈判一下，或许可以把他招降。"主意已定，张辽即刻派人去招降，昌豨果然答应投降。于是张辽只身登上三公山，拜见了昌豨的妻子儿女。同时又对昌豨动之以情，晓之以理，说曹操如何爱才惜才，乃一代明主。昌豨见张辽一片诚意，放下了顾虑，随张辽一起来拜诣曹操。曹操对昌豨抚慰有加，命他仍回原地镇守，同时见张辽智服强敌，也是非常高兴，对他大加赞赏。

　　建安十三年(208)，曹操派张辽屯军长社。在军队将要出发的时候，突然有人在夜里放起火来，军队一片混乱，面对如此巨大的变故，张辽丝毫没有慌，他知道这时候首先需要稳定军心，于是召集部下说："大家不要慌张，这只不过是有人故意制造混乱，想要浑水摸鱼。"接着他又号令军中，让没参加谋反的都静坐待命，而自己则领着亲兵数十人，立在营地中央，清查叛乱分子。由于处置及时，又方法得当，叛乱很快被平定，军中又恢复了平静。

　　由于张辽有胆有识，遇事沉着果断，张辽成了曹操帐下众将中的佼佼者。曹操每每交给他的重大任务，他都能不负所望。

209年，庐江陈兰、梅成等人在安徽起事，曹操派于禁、臧霸等人讨伐梅成；同时又命张辽和张郃、牛盖等人讨伐陈兰。梅成假装投降于禁，可是，等于禁退兵后，他又带着军队投奔陈兰，潜伏到灊山（今安徽省霍山县）。灊山中有座天柱山，山峰险峻，道路险狭，正可凭险据守。面对如此天险，众将都束手无策。只有张辽提出要主动进攻。众人都因地势奇险劝阻，张辽却说："你们就知道这些，难道就不知道两军相争勇者胜的道理吗？"于是在山下安营，向山上的敌军发起猛攻。最后，果然将陈兰、梅成斩首，俘虏了他们的所有部众。战后，曹操论功行赏，夸奖张辽说："登高山，亲身涉险，打败陈兰、梅成，荡平贼寇，张将军实在是功不可没啊！"命令增加张辽的封邑，给予他持节的优待。

威震合肥　恩宠有加

建安十八年（213），曹操征孙权未成，让张辽和乐进、李典等率领7000多人屯守合肥。曹操退兵时又在临行交给他们一个密信，并在信封上写着"吴兵来后再打开"的字样。果然，在建安二十年八月，孙权率10万大军围攻合肥，张辽等将领打开手札，上面写着："如果孙权来到，张辽、李典出去迎战，乐进守城，护军薛悌不要参战。"其实曹操是深知其手下众将之特点，他明白张辽、李典勇锐，所以命他俩领军击敌军；而乐进持重，便令守卫；薛悌是文职官员，所以不令他参与战斗。

当时，孙权10万大军压境，敌我双方力量对比悬殊，众将皆认为不宜出战。而张辽则主张立即出战，他认为吴军新至，必定一切还未就绪，所以必须趁他们在未合围之前，攻其不备，挫其锐气，从而合肥才可守住。乐进等人仍不说话。张辽大怒，喝道："成败之机，在此一举。你们如果还犹疑，我将独率军出，与敌决一死战！"李典本来与张辽有矛盾，此时却受其感动，慷慨而起，说："这是国家大事，从君一言而决！我不能因私憾而忘公义，愿意随您出战！"于是，张辽连夜招募敢死士兵800人，饱餐一顿之后，准备在拂晓时分突袭吴军。

第二天天刚放亮，吴军熟睡之时，张辽身披铠甲、手持长戟，飞奔入吴兵寨之中，大声一吼一连刺死了几十个敌人，斩杀了两员敌将。他越战越勇，一面大呼"张辽在此"，一面闯入敌人营垒深处，直杀到孙权的大旗之下。孙权见状大惊，众人也懵头转向，逃至一个山头上，用长戟围成一圈，张辽不能近前，叱骂孙权，孙权开始惊魂未定，不敢迎战。后来，孙权看清张辽人数不多，这才聚兵将张辽层层包围。张辽左冲右突，击杀敌众，率领几十名部下突围而出。这时，仍被围在中间的士兵高喊："张将军把我们扔下不管了吗？"张辽又转身再次杀入重围之中，救出

魏文帝曹丕

亲兵。张辽所到之处，敌军闻风丧胆，望风而逃。从早上一直杀到中午，吴兵魂惊魄动，士气低落。张辽回城后，紧守城门。部下士气大振，诸将也愈加佩服他了。

孙权又围困合肥十余天，然而终无所获，只能撤退。张辽远远望见，率领部队突然杀来。吴军没有想到张辽会追来，孙权更是惊惧不已，差点几次被张辽抓住，亏得甘宁与吕蒙奋力抵挡，凌统才将孙权救出。

曹操听说合肥大战张辽的威猛勇敢，拜张辽为东征大将军。建安二十一年(216)，曹操复征孙权，至合肥，又增加了张辽的兵马，并多留部队，由张辽总领，迁驻居巢。

曹丕即王位，改任张辽为前将军。孙权这时又率兵攻魏，曹丕再次派张辽屯守合肥，并晋升他为都乡侯，极其恩宠。曹丕即皇帝位后，封张辽为晋阳侯。黄初二年(221)，张辽到洛阳朝见魏文帝曹丕，文帝在建始殿接见了他，亲自问他进攻吴国的情况。听完述说后，文帝深有感触说："这不是古代的召虎吗！"遂命令为张辽建造院宅，厚加赏赐。

孙权称帝以后，张辽还屯继兵，不幸染病。曹丕亲自慰问看护，关怀备至。孙权再次逼进中原，文帝派张辽和曹休临江拒守，孙权听说张辽又来了，心有余悸地对众将说："张辽虽然有病，但仍勇不可当，一定要小心！"果然，张辽和众将一起打败了东吴的将领吕范。

黄初三年，张辽在江都病死。曹丕流泪痛悼，追谥"刚侯"。

徐　晃

徐晃(169－227)，字公明。河东杨郡(今属山西)人。三国初魏国名将，原为东汉末杨奉部将，后归附曹操，领兵打仗，有勇有谋，深得曹操喜爱。

投身明主　随曹灭袁

徐晃最初是河东郡的一个小吏，后跟随车骑将军杨奉因镇压黄巾军起义有功，被拜为骑都尉。195年，董卓旧将李傕、郭汜在长安叛乱，刀兵相见，汉献帝完全被他们摆布，徐晃见到这种情况，就劝说杨奉，建议他护送汉献帝回洛阳。杨奉听从了他的建议，将献帝接至自己营中，并和将军董承等人一起护送献帝回洛阳。在中途的安邑（今山西夏县西北），徐晃因建议有功被封为都亭侯。献帝到达洛阳之后，当时护驾有功者因名利而争斗不休。这时，曹操亲自来迎汉献帝都许。徐晃觉得曹操英明果决，有宏图大志，于是就又劝杨奉去投奔曹操。杨奉起初表示同意，但很快又改变了主意，并且还在曹操接走汉献帝时，出兵袭击加以阻挠。一个月后，曹操回师讨伐杨奉，徐晃果断投奔了曹操。自此，他开始在曹魏统一中原的大业中显威扬名。

曹 操

徐晃归附曹操之后，曹操为测其才，于是派给他一支兵马，让他去攻打卷邑（今河南原阳西北）、原武（今河南原阳）两地的敌兵。徐晃马到成功，曹操看他实属一将才，遂任命他为裨将军。从此，徐晃开始跟随曹操南北转战。他攻城略地，斩将夺旗，屡立战功，因此不断得到升迁。

建安五年（200），徐晃随曹操讨伐袁绍。在这场战争中，他与史涣截获并烧毁了袁绍的数千辆运粮车，断了袁绍军的粮草。战后归来，论功行赏，被曹操封为都亭侯。

建安九年（204），曹操围攻邺城，同时攻克邯郸。易阳县（今河北邯郸东北）县令韩范为求苟全，赶紧向曹操投降，但暗地里仍与袁尚勾结，一起对抗曹操大军。曹操知道后非常恼怒，便令徐晃领兵前去攻打。徐晃建议只要集中力量灭了袁谭、袁尚，其所属州县自然不攻自破，皆能归降。曹操认为很有道理。徐晃来到易阳，并不急于攻打，而是先向城中射去一封箭书，信中为韩范陈述形势利害，分析事态变化，鼓动他投降。韩范看后，才知自己当初多么幼稚、愚蠢，立即心悦诚服地归降了。在整个征讨袁氏兄弟的战争中，徐晃居功至伟，因而被提升为横野将军。

计定西边　解围樊城

建安十六年（211），曹操为取得西边的安定，遂向关西的韩遂、马超开战。为了避免关内闻风响应，曹操先派徐晃到汾阳（今山西静乐西）驻守，以安定黄河以东地区。当曹操兵到潼关时，却因为怕渡河时受到韩遂、马超的袭击，而不敢渡河，于是再召徐晃商议。徐晃再次显示出高超的谋略，他对曹操说："您现在驻兵在这里，敌人也将防守的重心集中在这里，而没有派兵防守另一渡口蒲阪，可知敌人不过是些有勇无谋之辈。希望您派我一支部队，让我从蒲坂津渡河，以截断对方后路。然后您也跟着渡过蒲坂津，这样则一举就可以使敌人就擒。"曹操听后，点头称是。于是就派4000人让徐晃率领，依计而行。

徐晃渡过河后，还没有安营扎寨，敌将梁兴率5000人马杀到，企图趁徐晃立足未稳将其一举歼灭。然徐晃早有准备，他镇定自若指挥士卒从容应战，大败梁兴，在河西站稳脚跟，从而为曹操大部队的渡河做好准备。就这样，曹操的军队从蒲坂津渡河，打垮了马超。得胜班师之后，曹操留徐晃和夏侯渊清剿马超的残余部队。两人胜利完成任务，并招降百姓3000余户。由于战功显赫，徐晃很快被提升为平寇将军。

打败马超后，曹操派出徐晃与夏侯渊镇守阳平，抗拒刘备对汉中的进攻。刘备派陈式率领十多营的人马去截断马鸣阁道，想切断曹军与后方的联系。徐晃识破陈式之意图，他率军进击，将敌人打得被迫自投山谷，伤亡惨重。捷报传来，曹操非常高兴，赐徐晃麾节，并下令嘉奖徐晃说："阁道是汉中险要的咽喉。刘备想要使我军内外断绝，攻取汉中。徐将军一举破坏了敌人的阴谋，实在是太好了。"至此，人人都得知徐晃善用智谋。

建安二十四年(219)，关羽围樊城，以水淹之策，全歼前来援救樊城的于禁、庞德等军。曹操惊惧，只得再次加强兵马，于是命令徐晃统军前往救援。当时关羽在郾城驻有军队。徐晃率兵来到后，又使一计。徐晃在道路上挖掘壕堑，蜀军中计，以为徐晃要截断自己的后路，放火烧掉了营盘，撤离郾城。徐晃由此得以占据堰城，然后继续进兵，直逼关羽在樊城的包围圈。关羽亲自引军出战。徐晃与关羽原本也就交情不错，因此两军对阵后，二人并未交战，而是遥相共语，互道别情。然而，徐晃忽然回头厉声向军中传令："有得关云长头者，赏金千斤。"关羽大惊，慌忙问道："公明怎出此言？"徐晃正色道："如今各为其主，国事为上，不敢以私废公。"于是击鼓助威，魏军大进。关羽无法抵挡，只得领兵撤退。徐晃乘势追击，直杀入蜀军包围圈中。守卫樊城的曹仁见状也出城夹击，里应外合，大获全胜，关羽腹背受敌，不得不撤除了樊城之围，率军退还。

曹操得知徐晃逼退关羽，喜不自胜，称徐晃之功超过了孙武、司马穰苴，亲自去迎接徐晃以及凯旋的将士。徐晃队伍严整，军威不立自显，众将士个个士气高昂，曹操感叹道："公明治军真有亚夫之风。"于是置酒设宴，大赏三军。

曹丕即位，拜徐晃为右将军，先后晋封逮禄乡侯、扬侯。后来徐晃和夏侯尚击败蜀军于上庸(今湖北竹山西南)，徐晃留镇阳平关，又被改封为阳平侯。后来，魏明帝曹睿继位，因徐晃在襄阳力拒东吴名将诸葛瑾，又为他增加食邑200户，使其总共享有3100户封邑。

徐晃戎马一生，谨慎细心。凡遇战事，总是殚精竭虑，计划周详。一生不畏权贵，做事但求无愧于心。魏明帝太和元年(227)，徐晃去世，终年59岁。被谥"壮侯"。

张 郃

张郃(? —231),字俊义。河间鄚县(今河北任丘东北鄚州镇)人。三国时魏国名将,他先随袁绍,后归曹操,屡立战功。尤其在抵挡蜀汉北伐的战争中,更是功勋卓著。

弃袁奔曹　屡建功勋

东汉末年,天下纷争四起,黄巾起义席卷天下,张郃应征参加了征讨黄巾军的冀州牧韩馥的部队,并在韩馥手下做了司马军官。后来北方袁绍势力逐渐强大,张郃又随韩馥一起归附了袁绍,并被任为校尉。张郃在袁绍手下很快锋芒毕露,显露出大将的才华,在攻打公孙瓒的战斗中,他轻松地取得了胜利,被袁绍提升为中郎将。然而,袁绍并非那种具有雄才伟略的开创者,他目光短浅,又不能知人善任,这注定了他不能和曹操这样的一代枭雄共争天下。208年,袁绍与曹操兵马相持于官渡,袁绍将驻守屯粮重地乌巢的重任交给了一名平庸的小官淳于琼。曹操急欲结束战斗,便亲自带精兵迅速地扑向袁绍的粮食基地乌巢,准备断了袁绍的粮草。张郃立刻提出:曹操兵精,攻打淳于琼必胜,一旦乌巢破,那后果可想而知,应该立即引兵救之。袁绍的一名谋士郭图为了表现自己却提出相反意见,认为只要出兵攻打曹操大本营,即可不战而解乌巢之围。张郃深知粮草之重要,他据理力争地说:"曹操亲率兵打乌巢,大本营定有重兵把守,我们若去攻打,很可能久攻不下。如果淳于琼被抓,我军就全成俘虏了,不如派轻骑人马密绝其南,曹军必败。"但袁绍还是听信了郭图的话,用重兵攻打曹营,果然遇到强大的反击,而去救乌巢的人马如同杯水车薪,一同被曹操歼灭,粮食基地没了,袁军军心不稳,曹操又一鼓作气,乘胜攻击,袁军顿时溃不成军。此役大败,郭图自知其责难当,又担心袁绍以后会信任张郃而疏远自己,所以就抢先诬陷张郃,袁绍很生气。张郃闻知此事,担心被袁绍加害,于是连夜带兵投奔曹操,并与曹操反戈一击,袁绍彻底失败。

曹操得到张郃异常高兴,他将张郃的投奔比作微子离商、韩信归汉一般,遂命张郃为偏将军,封都亭侯,并委以大任,指挥众军。

张郃深感遇到明主,为报答曹操的知遇之恩。从此死心塌地跟随曹操,效忠魏国。他先是于进攻鄴城时立功;后兵出渤海,进攻袁谭,又率兵夺取雍奴;曹操兵进柳城，追击袁尚、袁熙，他又和张辽一起冲锋在前，因功被提升为平狄将军。此后张郃又屡建功勋，讨平东莱管承；和张辽共同镇压了陈兰、梅成；曹操和马超、韩遂在渭南大战时，又包围安定，招降杨秋。真可谓身负重任，为曹操平定内乱，统一中原立下了汗马功劳。

215年，曹操平定汉中、收服张鲁之后，留张郃与夏侯渊等人镇守汉中，抗拒刘备。张郃并未只知防守，而是积极主动出击，他率领一部分军队占领了巴东（今四川奉节东）、巴西（今四川阆中）二郡，并将当地的民众迁到汉中。但是进军到了宕渠（今四川渠县东）时，被刘备手下大将张飞击败，领兵退回南郑。

217年，刘备为夺取汉中，亲自领兵驻扎阳平关，张郃领兵在广石与他对抗。刘备率领精锐部队1万多人，分为10部，趁黑夜轮翻疾攻张郃。张郃率领众将士拼死抵抗，最终使得刘备未能前进一步。

219年，刘备在走马谷烧掉夏侯渊营盘周围用来防守的鹿角。夏侯渊率兵救火，双方在路上相遇，于是发生激战，夏侯渊被黄忠杀死，张郃独立难支，才不得不放弃防守，退兵守阳平。夏侯渊本为镇守汉中的强大力量，现在被刘备斩杀，军中一时无主将，众将士们人心惶惶。这时夏侯渊部下的司马郭淮向大家提议说："张将军是国家的名将，刘备也惧怕三分；现在事情紧迫，除了张将军主持大局外是无法安定军心的。"于是推张郃为军中主帅。张郃担任主将之后，立即着手整顿军务，加固城防，有条不紊地安排人员派遣、兵力部置等一切军中事务。众将见他谋划指挥都是那么井然有序，军心很快被稳定下来，防止了进一步的溃败。张郃这次临危勇担大任，胆识着实过人。曹操在长安，专程派人为他送来大帅的麾节。

勇取街亭　身死西蜀

曹丕即王位后，张郃被提升为左将军，晋爵为都乡侯。称帝之后，又进封为鄚侯。曹丕也把张郃看作是不可多得的将才，因此屡委以重任。张郃也确实做到了不辱使命，他与曹真镇压了安定卢水胡人及东羌的叛乱后，曹丕还特意在许宫召见他们。此后，张郃又被派往南方与夏侯尚出击江陵。魏明帝曹叡即位之后，对已是三朝元老的张郃更加的倚重，让他协助司马懿对抗东吴孙权和西蜀诸葛亮。

太和二年（228），诸葛亮出兵祁山进攻魏国。张郃被封为特进，统率军队去抗击诸葛亮的部将马谡。张郃虽已年老，但作战依然不含糊。他见马谡舍街亭城池，而跑到南山上驻扎。就派人截断马谡军队下山取水的汲道，使敌人不战自乱。然后再率军攻打，将马谡杀得大败，诸葛亮也只得黯然退兵。接着，张郃又乘胜追击，平定了南安、天水、安定等郡响应诸葛亮而反叛的军队。曹叡见他功勋卓著，特意下诏进行嘉奖。

就在这一年的冬天，诸葛亮再一次出兵伐魏，兵马已到陈仓。当时，张郃正和司马懿在荆州准备进攻吴国。曹叡急忙派驿马召张郃到京，命他带领3万大军去抗拒诸葛亮，并亲自摆酒为他送行。送行的宴上，曹叡询问张郃："等将军到达前线，诸葛亮会不会已经攻陷了陈仓呢？"张郃深知诸葛亮劳师袭远、粮草必定供应不足，不能久攻，只要陈仓能坚持短期内不被蜀军攻破，诸葛亮自然因粮草不济而撤兵。因此就对曹叡说："臣还没有到达时，恐怕诸葛亮就已经走了；屈指算来诸葛亮已经有10天没有得到新的军粮了。"果然，当张郃昼夜行军，当到达前线时，诸葛亮就已经退兵。曹叡见张郃如此料敌如神，对他愈加亲重，拜为征西车骑将军。

太和五年(231)，诸葛亮又一次兵出祁山。张郃奉诏与司马懿一同去抗击蜀军。当时，两军对峙，蜀军希望速战速决，而魏军坚守不出。旬月之后，蜀军粮草已尽，只好撤退。司马懿令张郃率军追击，张郃认为诸葛亮必定会在中途伏击，所以表示反对。但司马懿不听，张郃只得奉命从后追击。诸葛亮早在木门(祁山东部的谷地)设下了埋伏，待张郃追到，居高临下，乱箭齐发。一代壮士英豪，就这样枉死于木门道中。谥"壮侯"。

太 史 慈

太史慈(166－206)，字子义。东莱郡黄县(今山东黄县)人。东汉末、三国时将领。其智算超人、勇武出众、且笃行信义，注重然诺。

初露锋芒　突围救孔

太史慈自小就非常聪明，且勤奋好学，所以在当地颇有美名，以至于郡守曾"奏报曹史(上级)"。

他21岁那年，郡守与州府之间发生矛盾，按例：上级总是认为先呈上的奏章是有道理的正确的，因此他们争先向朝廷申诉自己的理由。此时，州府奏章已派使者先发出了，郡守为争取先机，在情急之中寻找有勇有谋的人为州府送奏章而选中了太史慈。太史慈立即星夜兼程飞奔洛阳，刚到，看见州府的使者正准备要呈上奏章，他站在公车门口，装作家人道：你是送奏章的吧，拿来我看看奏章题目是否有误。州吏信以为真，便交给了他，太史慈立即用刀将奏章割得四分五裂。

州吏惊恐地大呼叫，太史慈将他拉到一边劝道：现在奏章已毁了，你我都有罪，不如我们一起逃掉吧，这样你我都可活下来，不至于受刑。州吏相信了太史慈，与他一起逃走，出城之后，太史慈又借故与州吏分手，暗中回到洛阳，把郡章交给了朝廷。由于此事，太史慈在当地声名大振。但因怕州官加害，太史慈逃到辽东避难。

大名士孔融任北海相，听说了太史慈在当地的事迹，认定他是难得的奇才，很想与他交结，于是便多次派人去拜访太史慈的母亲，并送上厚礼。

孔 融

东汉末年，黄巾军起义爆发，身为北海相的孔融出兵驻扎于都昌（今山东昌邑西），结果却被黄巾军包围，形势紧迫。孔融想向平原相刘备求援，但城中无人能冲出重围。这时太史慈正好由辽东回家探母，母亲命他去救助孔融。太史慈在家里停留了三天，尽其孝道，然后单人步行，直接到都昌城中拜见了孔融，请求去平原搬救兵。孔融担心敌军包围得太紧密，难以成功。太史慈说："您一直尽心善待我的母亲，所以我遵母命甘愿为您赴汤蹈火，我自有办法冲出重围，请您放心。"孔融将信将疑地同意了他的请求。

太史慈挑选了两个骑兵，让他们各自做了一个箭靶，天一亮就背箭提弓上马，就这样大模大样地打开城门出了城。黄巾军都以为太史慈要突围，个个严阵以待，然只见太史慈骑马来到城外的壕沟旁，立起箭靶，旁若无人地对着靶子射起箭来，然后收起箭靶，上马回城。第二天又是如此这般的出了城。包围的黄巾军见状，有的人站起来，有的人则趴着不理睬，太史慈练完射箭后又返回城中。第三天早晨太史慈仍旧出城射靶，城外的黄巾军对这个根本就见怪不怪了，就当作太史慈压根没出城一样，太史慈见黄巾军已被麻痹，便趁机骑马向起义军冲去。等到起义军醒悟过来，他已冲入阵营，用箭射死几个起义军战士，疾驰而去，起义军见其箭法高超，也不敢追赶。

太史慈到平原后，劝说刘备发兵救援孔融："孔融现在被围困，危在旦夕，他久慕您的大名，钦佩您的仁义品行，派我冒死突出重围，希望您能发兵救他于危难之中。"一番话说得刘备很是激动，遂决意发兵救援。3000精兵随太史慈到了都昌，黄巾军见救兵到，担心腹背受敌，于是解围撤走。

慧眼识英　守诺归吴

孔融获救，对太史慈的机智勇敢更为赞赏，并希望他能到军中做事，竟引以为"少友"。然而，太史慈虽然替孔融解了围，但对在他手下任事并不感兴趣，他觉得孔融实力不够。于是，他托词回家禀告母亲解围情形，离开了孔融。

当时，扬州刺史刘繇是太史慈的同郡乡亲，太史慈从辽东回来，没来得及与他见面。后来，太史慈专程到曲阿去拜访他。按说太史慈名气不小，也是个人才，可刘繇偏偏不识货。手下人纷纷劝他任太史慈为大将军，他只一笑："我要是任太史慈这种轻狡的人为大将，许劭这样的大名士还不知怎么笑话我呢。"所以只派给太史慈侦察职务。

当时孙策在江东大肆开拓，已攻到曲阿，两军对峙。孙策好动，与其父一样喜欢单独出行。有一次，孙策只带了几个将领就上到高处去勘察地形。这一切恰好被太史慈给发现了，太史慈认为机不可失，时不再来，他不顾刘繇禁令，带了几个人就直奔孙策而去。两行人马接触，太史慈直取孙策。他两人功夫相当，斗了不少回合，竟然难分胜负。孙策抢到太史慈背后的手戟，太史慈也抓走了孙策的头盔。将遇良才，棋逢对手，正斗得难解难分之际，两家兵马同时赶来，太史慈不得已撤退，两人这才散开。这一斗，为太史慈将来效命江东埋下了伏笔，英雄惜英雄，识才的孙策对功夫了得的太史慈自此有了招纳之意。

后来，太史慈跟刘繇逃奔豫章，遁入芜湖，自称为丹阳太守，当时，孙策已平定江南大部，唯有泾县以西尚未顺服。太史慈借机攻占了泾县，并在此驻军屯守，山越之人争相归附。于是孙策亲自前往讨伐，太史慈终在神亭被孙策俘获。部下把太史慈带来，孙策急忙上前，亲与松绑，并握着他的手说："还记得神亭时吗？如果当时你抓住我，会怎样处置呢？"太史慈回答："那就不好谈了！"孙策大笑："今天起，我要和你共图大业！"说完，立即任命太史慈署理门下督。孙策向他请教安抚士卒亲众之术，太史慈说："州军新破，士卒人心涣散，倘若一旦分散，难复合聚"，他其实准备自己前去安抚，但又恐孙策不允。后来孙策明白了他的意思，派他前去，当时左右皆疑心太史慈有可能就一去不回了。然而第二天日中时分，太史慈按时归来，众将这才信服。孙策于是任命他为折冲中郎将。

刘繇在豫章去世后，他手下有一万多部众徘徊观望，无所归附。孙策打算派太史慈去征讨，当时左右皆建议说："北方可是太史慈的老家啊，况且还有同堂。"孙策笑着说："子义舍我，当复与谁？"于是亲自在昌门为太史慈送行，握着太史慈的手说："此日一别，不知你何日归来？"太史慈回答："60天之内。"二人依依惜别。

太史慈既去，人们议论纷纷，都认为对太史慈不该过于信任，让他走也是一大失策。孙策不以为然："你们都想错了！他绝不是翻云覆雨之辈，他贵重然诺，一言九鼎，一旦意许知己，即使生死攸关，也不会违信弃义。"后来，太史慈按时返回，众论乃息。孙策对太史慈愈发信任。

孙策死后，太史慈在孙权帐下未得重任，初期因为太史慈能抵御刘表的侄子刘磐，孙权也就将南方的事交托给他管理。到后来，就只是个普通将领了。

建安十一年(206)，太史慈病卒，时年41岁。临死，他仰天叹息道：“大丈夫活在世上，应手提七尺长剑，立不世之功。现在志向未遂，怎么就要死了呢？”这句代表心迹的话，说明他一生奋斗，正是为了成功名、立伟业。

周　　瑜

周瑜(175－210)，字公瑾。庐江舒县(今安徽舒城)人。三国时期吴国名将，其才干非凡，颇有进取精神，富有远见卓识，为东吴政权的巩固立下了不朽之功。

忠诚仕主　　稳定江东

周瑜

周瑜出身士族。他的曾祖、祖父均为东汉显官，父亲周异曾任洛阳令。如此显赫的身世及良好的家庭环境使得周瑜自幼便接受了传统文化的熏陶和良好的家庭教养。周瑜健壮潇洒、风度绝伦、志向远大，且多才多艺，不仅对政治、军事诸学有精深研究，还精通音乐。

当年，孙坚起兵讨伐董卓，将家小全部移至舒县。其子孙策与周瑜同岁，两个人交好日密。后来孙坚去世，孙策继承父志，统率部卒。兴平二年(195)，淮南军阀袁术派孙策率兵千余人攻取江东，进至历阳(今安徽和县)时，周瑜得孙策来信，于是起兵响应孙策。孙、周二人协同作战，先是攻下横江渡、当利口，进而渡江攻击地方势力笮融、薛礼，占领了秣陵。接着又乘胜进军湖孰、江乘二县(均系长江下游重要渡口，在今江苏句容北)，扬州刺史刘繇逃遁，孙军进入曲阿(今江苏丹阳县)。

这时孙策已拥兵数万，实力逐渐增强，并延揽人才，不断兼并扩展。他审时度势，决定脱离袁术，独自向江东发展。他请周瑜渡江北返，回守当涂丹阳(今安徽当涂东北的小丹阳镇)。

周瑜回到丹阳不久，袁术派堂弟袁胤取代他叔父周尚做丹阳太守，他便与叔父一同来到寿春(今安徽寿县)。袁术见周瑜一表人才，又具有一定的军事才能，欲收在自己帐下为其所用。然周瑜却认为袁术鼠目寸光，且凶残暴敛，料定他终究难以成就大业，于是婉言辞却，请求改任居巢(今安徽巢县)长。孙策追求进取，知人善任，使周瑜认定孙策是实现自己政治抱负的可依赖的英明之主。袁术不知周瑜本意，便同意了，而周瑜实际上是借路东归，准备依附孙策。

汉献帝建安三年(198)，周瑜重归孙策。孙策亲往迎接，授予他建威中郎将，当即将士兵2000人，战马50匹拨给他指挥。此外，孙策还赐给周瑜鼓吹乐队，替周瑜修建住所，赏赐之多，无人能与之比肩。当时，周瑜年仅24岁，年青英俊，风流倜傥，却能对兵民施恩惠，对士大夫讲信义，因此吴中人都称他为"周郎"。

周瑜自从归附吴国拜将之后，其声名、威望更是与日俱增。孙策派他坐镇牛渚(今安徽庐江县南)，不久又改派为春谷长，周瑜在此为孙策招募人马、延揽人才，扩充兵力，积聚力量。不久，孙策准备夺取刘表控制的荆州，拜周瑜为中护军，兼任江夏(三国吴时治所，在今湖北鄂城)太守，驻守巴丘。建安四年(199)，随孙策攻克皖城(今安徽潜山县)，获刘勋部卒3万余人。后又进军寻阳(今江西九江市)，打败庐江太守刘勋，再挥戈南取豫章(今江西南昌市)、庐陵(今江西吉水东北)等地，周瑜又奉命御守巴丘(今江西峡江)。在征战的历程中，周瑜为辅助孙策开拓东吴疆域，创立东吴政权，立下了汗马功劳。

建安五年(200)，孙策在曹操与袁绍陈兵官渡之时，被吴郡太守许贡的门客杀死于丹徒(今江苏镇江)。临终，他将军国大事托付给孙权，并命周瑜与长史张昭共同辅助孙权。周瑜奉令连夜率兵返吴(今江苏苏州)赴丧，临危授命，开始参与辅政。

当时，孙权年仅18岁，江东的孙氏政权只是初具规模，并不巩固。因此统治营垒中不少人左瞻右顾，顿时形势紧迫、人心惶惶。加之孙权已占据的江东六郡，还有许多偏远险要的山区为山越人所控制，尚未臣服，北方的曹操、荆州的刘表都对此虎视眈眈，整个江东局势难卜。在这个转折的紧急关口，执事的周瑜和张昭，紧密地团结文臣武将，殚精竭虑，全心扶持，其他人才不敢轻举妄动。

建安七年(202)，曹操打败了袁绍，兵威日盛，志得意满，以为天下可运于掌。于是命令孙权听其节制，并立即将子弟送至许都做人质，欲使孙权集团不战而降服。面对曹操的胁迫，东吴众臣无人敢抗拒曹令，这时周瑜挺身而出，他坚决反对送人质，他认为一旦按曹操的说法来办，必然会受制于人。同时，周瑜通过正确分析曹魏和东吴的战略形势，并以昔日的楚国占据荆、扬二州而延续了数百年的历史为据，劝说孙权不可向曹操降服。建议凭借长江天险，占据江南，抗衡曹操，静观天下大局的变化。孙权接受了周瑜的方略，拒派人质，决心割据江南，成王霸之业。

建安十一年(206)，周瑜奉命督孙瑜等攻灭麻、保二屯(在陆口以东，陆口在今湖北蒲圻西北)的山贼。这次战争十分残酷，周瑜将俘获的部落首领一律斩首示众，同时还把一万多人强徙到江东政权的腹地。同年，江夏太守黄祖派部将邓龙引兵数千人，进攻柴桑(今江西九江西南)，周瑜率兵迎击，生擒邓龙凯旋。建安十三年

（208）春，周瑜被提升为前部大督，孙权领兵欲夺取荆州，以确保江东，然后向江南发展，再相机统一全国。这个战略意图在东吴军队击杀黄祖、占据江夏的胜利基础上得以初步实现。

力主抗曹　火烧赤壁

曹操基本统一北方后，想进而统一全国，建安十三年（208），曹操挥师南下。恰在此时，荆州刘表病死，他的儿子刘琮不战而降。

曹操顺利占领荆州，收降刘琮的8万人马，拥有大军数十万，实力陡增。而依附于刘表的刘备，在樊城得到消息率兵向江陵（今湖北江陵）退兵时，在当阳的长坂为曹军追击，遭大败。曹操占据江陵，准备顺流而下，进兵江东。当时，曹操还写信威胁孙权说："今治水军80万，方与将军会与东吴。"

同年九月，孙权亲临荆州前线，鲁肃力主联合刘备抗曹，孙权采纳了他的主张，鲁肃随至长坂向刘备表明孙权欲结盟之意，刘备本来也有此意，于是派诸葛亮前去商量联合抗曹事宜。十月，鲁肃及诸葛亮返抵柴桑，曹操的威胁信恰好送到，整个东吴顿时十分惊恐。孙权召集群臣商议对策。没想到，以张昭为首的大部分人都认为应该"迎曹"。只有鲁肃等少数人力主"抗曹"，然而不足以扭转局势。鲁肃建议孙权把周瑜从外地召回，共商大计。

周瑜接到孙权的调令，立即赶回柴桑，他完全支持鲁肃的意见，坚决反对张昭的主张。他在向孙权分析两方形势的大会上说："曹操虽托名汉相，其实不过是汉朝的奸贼。将军您神威雄才，兼仗父兄的遗业，称雄江东，地方数千里，兵力精强，资财充足，将士们愿意为国效力，横刀跃马驰骋天下，替汉室去铲除奸贼；况且曹操这次是自来送死，岂有去迎降之理？"并进一步分析曹操违背天时、地利、用兵之患和实际兵力，他说："曹操虽统一了北方，但仍有马超、韩遂割据关西，对他的后方构成威胁；如今舍长就短，放弃骑兵，进行我军善长的水上作战，乃用兵之大忌；现在正值初冬，马乏饲料，北方士卒，南下长江河网地区，战地生疏，水土不服，必然多生疾病。曹军只有十五六万人，且连续征战，早已兵疲师老，加上荆州的降兵七八万人，最多不过20多万军队，其中新降之兵，必定不服，上下难以一心，不足惧。请将军拨我精兵5万，保证击败曹操。"周瑜一番犀利的分析不仅解除了孙权的顾虑，而且更加坚定了抗击曹操的信心和勇气。他拔刀斫案，力阻诸位大臣迎降的主张，统一内部歧见，同心协力，一致迎战。于是孙权调拨精兵3万，任命周瑜、程普为左右都督，鲁肃为

鲁　肃

　　周瑜与刘备到樊口（今湖北鄂城西北）会合后继续前进，至赤壁（今湖北嘉鱼东北）与曹军的先头部队相遇。这时，周瑜的推测已成事实，曹军因为多数是北方人，到南方不服水土，许多官兵患病，加之刘琮的水军久未作战，平时又缺乏训练，基本没有什么战斗力，所以刚一交战，便败退江北，与孙、刘联军隔江对峙。

　　曹操初战失利后，一方面派蔡瑁、张允加紧训练水军，一方面为了解决北军不习水战的缺点，就用大铁环把战船连接起来，首尾相接，行于船上如履平地。周瑜的部将黄盖看到这一情况，便向周瑜献计说："现在敌众我寡，难于与敌军相持很久。曹军战船首尾相连，可以用火攻打败他。"周瑜采纳了黄盖的建议，叫黄盖写信给曹操说要投降，并约定投降时间。然而又命令水军挑选几十艘战船装满柴草，并且把膏油灌注其中，再用红色的布幕遮掩严实，插上旌旗，每艘跟战船一样。大船后面又拴上了一些小快艇，以备点火之后撤退之用。曹操信以为真。建安十三年(208)十一月十三日傍晚，到了约定的投降时间，正好刮起了东南风，周瑜便命令船队立即出发。当周瑜的伪装战船依次向江北进发时，江北的曹兵在船上都伸着脖子观望，指点着说："这是黄盖率军来投降的。"眼看东吴船队接近曹军战船时，东吴的艨艟斗舰一同点起大火来，一时风助火势，火借风威，大火扑向曹军战船。曹军战船首尾相连，分散不开，行动不便，顿时都着火燃烧起来。烈火迅速蔓延到岸上的营寨，烈焰冲天，席卷北岸，曹军人马被烧死和淹死的不计其数，残兵败将退败至南郡（治今湖北荆州）。后在张辽、许褚等将的接应下，到达江陵。这时的部队已伤亡散失大半。曹操不愿在荆州久留，遂让大将曹仁守江陵城，自率余部回邺城去了。周瑜在赤壁之战中，亲临前线指挥，他针对敌众我寡的严峻形势采取先机制敌、速战速决的方针，以吴军之长击曹军之短，采用火攻战术，终于取得了以少胜多，以弱胜强的胜利。

力夺南郡　　英雄早逝

　　赤壁之战以后，周瑜与程普带领几万军队至江陵，与曹仁隔江对峙。但是，江陵城池坚固，粮食充足，曹仁又勇敢善战，周瑜多次发动攻击，都未能攻克，双方在此僵持有一年多的时间。建安十四年(209)十二月，为彻底解决江陵问题，周瑜亲自出马督战，不料被一支流箭射中右肋，只好回营治伤。曹仁得知周瑜受伤，卧床不起，便率兵到吴营外指名叫阵。在这紧要关头，为了安定军心，周瑜忍着伤痛，精神抖擞地到军营巡视。吴军将士见主帅仍能巡视，遂信心倍增。曹仁看见周瑜伤势不重，心中暗自吃惊，慌忙下令发兵。周瑜命令将士出击，乘胜对曹军发动猛攻，经过一年的激烈战斗，曹军伤亡很大，江陵上游的夷陵(今宜昌市东南)已被周瑜分兵攻占，曹仁孤军难守，只好放弃江陵北撤，周瑜挥军夺占了原荆州所属的南郡，孙权于是拜周瑜为偏将军，兼南郡太守。

按周瑜的想法，荆州到手后，下一步是一面稳定荆州，一面继续西进，夺取益州，南取交州。但刘备却让周瑜与孙权、鲁肃产生了分歧。赤壁之战后，刘备前往江东，与孙权结亲，并要求荆州地盘。周瑜认为"刘备寄寓，有似养虎"，让刘备做荆州之主，势必危及江东政权。他提醒孙权预防刘备反噬，主张借机将他滞留江东，同时将关羽、张飞二人分开，各置一方。以这三人为质，收服他们的士众，则长江以南、荆州以西大事可定。周瑜的想法，实质上代表了当时军队将士的普遍意见。照他们的想法，江东军队是足以对付北方曹操大军的，并不需要倚赖刘备的力量。但孙权却希望能够联合刘备，共同抗击北方强大的曹氏集团，对此，周瑜只好服从。

建安十五年(210)，周瑜去京口面见孙权提出攻取益州的计划。这里形势险要，易守难攻，沃野千里，稻香鱼肥，素有天府之国的称号。且当时，益州又局势不稳，正好乘隙进攻，一旦拿下这块地方，就可形成对曹操的包围。这一次，孙权同意他的建议，命他回江陵整军做好出征准备。然周瑜回江陵的途中，刚至巴丘(今湖南岳阳市西南)，就大病骤发，不幸身亡，军队只好退回。这一年，周瑜年仅36岁，正当壮年。

黄　　盖

黄盖(生卒不详)，字公覆。零陵泉陵(今湖南零陵)人。三国时吴国名将，其作战勇猛，且兼精政道，实为东吴重臣。

勇武威严　精于治道

黄盖自幼就是孤儿，没有了父母亲人的照顾，他备尝了人世的辛酸苦楚，亦经历了许多的艰难险境，但这一切并没有使他对生活失去信念，反而更激励他奋发向上，他常常在辛苦劳作之余，学习读书写作，讲习文韬武略。

黄盖最初曾担任郡吏，接着被察举为孝廉，应召到三公府任职。孙坚发动组织义军，黄盖毅然追随。孙坚南破山越，北击董卓，黄盖都在军中。孙坚任命他为别部司马。后来，孙坚在与黄祖作战时被刺杀而死，黄盖又继续追随孙策、孙权。他披坚执锐，纵横疆场，蹈刃屠城，冲锋陷阵，为孙氏集团立下汗马功劳，成为孙氏的宿将。

黄盖不仅作战勇武有力，并且对于治理政事也颇有一套，所以山越地方一发生不驯顺的情况，下属各县一有侵扰事变，孙氏兄弟就任命他去那里做长官，这几乎成了定例。黄盖曾在石城任职，他知道石城县吏不好管理，便安排了两个掾吏分管诸曹事务，并且希望他们忠于职守，督帅统管诸曹吏员；如果有偷奸施诈的行为，则根本不用鞭杖之刑，自有处置。起初，那两名掾吏还不怎么熟悉黄盖的脾气及行事风格，还算恪守职责，办事尽心。时间一长，他们发现黄盖确实不大注意文书簿记之事，便渐生出懈怠之意，悄悄地接受别人的请托，违法弄权。他们没想到黄盖会暗中加以省察，而且发现了他们几件违背律法的事。于是便请来所有官员，酒饭款待，席间举出察得的事情一一诘问。两个掾吏理屈词穷，叩头谢罪。黄盖说："先前我已说过，根本不用鞭杖之刑，我不骗你们！"说完，下令将他们处死。从此，再也没有人敢胡作非为，以身试法了。

后来，黄盖转任春谷县长、寻阳县令等职。前后镇守过九个县，无论到哪里，都能止乱安民。后来，黄盖升任丹阳都尉，在任期间打击豪强势力，扶持贫弱百姓，山越人怀德归附。

诈降曹操　赤壁纵火

建安十三年(208)，曹操占领荆州之后，率20万大军来攻江东，黄盖随周瑜抵抗曹军。当时，曹操北方士兵到了南方，水土不服，军中疾病蔓延，为巩固水寨，曹操下令将战船用铁索连了起来，准备冬天过去，来春再战。周瑜数次挑战，曹操均闭门不出。两军对峙形势非常明显。曹操兵多将广，人力物力占绝对优势。但曹操在江面上摆开架势，要与孙刘联军决战取胜。黄盖作为征战多年的老将，对这一点看得十分清楚。他深知这种状况拖延下去，势必对南岸更加不利。经过两天观察后，他向主帅周瑜正式建议火攻。他分析道，两军长久对峙对己方不利，只有速战速决才有制胜的可能；曹军战船首尾相连，最好的攻击手段是用火；而且连日阴天，风力大，风助火势，火借风威，是击败对手的绝佳之计。周瑜对他的建议深表赞同，但担心无法接近敌人。此时，黄盖自告奋勇，说通过诈降的手段能达到目的，他可以即日修书，跟曹操取得联系。周瑜闻言大喜，命他即刻行动。

黄盖马上给曹操写信。信中他称自己在孙氏兄弟帐下受遇不薄，也知恩图报。

然纵观今日天下之形势，曹操才是霸主的成就者。若以江东六郡的山城之人抵挡曹操的北方骑兵，实在是以卵击石、不自量力。但周瑜、鲁肃不识时务，竟看不清这人人都能明白的结果。自己是个识时务的人，愿意弃暗投明。曹操接到信后，开心不已，他根本没有想到自己会被黄盖给耍得团团转，再加上自身兵力的强大，因此曹操对黄盖的诈降深信不疑。

在派人投书的同时，黄盖积极筹备火攻的船只。他料到，以曹操乃至整个曹营的心理状态，一定不会怀疑他的投降。他准备了几十艘艨艟舰。艨艟舰是一种古代战船，在上面用生牛皮覆盖，两厢留有放置船桨的开口，前后左右各有一些窗口，以便施展弩箭枪矛。黄盖命人将舰内装满易燃的木柴、干草，柴草上灌以大量的膏油，然后再用红色的布幔将船内的易燃物资裹起来，同时又插上旌旗，布置得谁也看不出里面装的是什么。每条大船后带一条小船，装置完毕后，带着小部人马顺风疾下，过江直奔曹营而去。

这边曹军正在观看到黄盖带领的几十艘战船之后，都齐声地呼喊着："来降了，来降了！"谁也不知道这迎面而来的将是熊熊大火。等到距离只有百米左右时，黄盖下令放火，将士一起登上小船，让大船顺势而下，冲往敌阵。完全没有防备的曹营根本来不及阻挡，纷纷后撤。可惜他们自己的船首尾相连，分散不了，要逃跑也不容易。火势一起，立刻大片大片烧了起来。不习水战的北方兵士慌了手脚，烧死、淹死的不计其数。黄盖率队冲击，不幸为流矢射中，落到水中。当时正值冬季，江水寒冷，砭人肌骨。吴国军士救起他时，他早已冻得不能说话，吴军将士又认不出他是己方大将，便将他放在床上。正好韩当从旁经过，黄盖凝集全身力气，奋力喊了一声："韩当！"韩当听见后大吃一惊。赶紧跑过来看个究竟，这才救了黄盖一条性命。

后来，山越人滋扰长沙益阳，黄盖又领兵前去讨伐、镇抚，因功加官偏将军。后死在任上。在他死后，孙权还专门表彰他的能干，对他"事无滞留"的风格大加赞赏。称帝后，更封黄盖长子黄柄为关内侯。

吕　蒙

吕蒙(178－219)，字子明。汝南富坡(今安徽阜阳)人。三国时期吴国名将，其早年果敢有胆、屡建功勋；后来折节读书、识见精博，因能克己让人，有国士器度。

少有大志　战阵有功

　　吕蒙出生于东汉末年，幼年丧父，家中一贫如洗。贫苦的生活，艰苦的环境，为吕蒙造就出坚忍的性格和好斗的脾气。少时好习武，拳脚功夫很是了得，刀、枪、剑、戟样样出众。有了武艺，他的目标就锁定在做一个拼死疆场的战将。到他15岁时，家中实在无以为生，加上中原地区是军阀混战的厮杀战场，他随母亲南渡投靠姐夫邓当。邓当本是孙策帐下将领，常随孙策东征西讨。吕蒙本来就不甘寄人篱下，同时又对军事生活充满了向往，因此他常常偷偷地跟随邓当的部队外出打仗。有一次，邓当奉命讨

吕　蒙

伐山越人，两军对阵之时，邓当发现自己队伍中有个少年随着催战的鼓声拼命向前冲，仔细一看才发现那是吕蒙。战后归来，邓当将此事告诉了岳母，吕蒙母亲很生气，要责罚他，吕蒙抗声道："穷日子过够了，不能再这样下去了，上战场，虽然是危险一些，但是可以直接获取富贵。'不入虎穴，焉得虎子'！"母亲见他小小年纪倒有志气，而且自家的日子确实不好过，只好长叹一声，随他去了。由于吕蒙作战勇敢，武艺出众，孙策对吕蒙非常满意，让他随侍左右。吕蒙年少气盛，看重军人荣誉，不甘受辱而杀人，很合崇尚武力的孙策胃口。

　　几年过去了，邓当去世。张昭推荐吕蒙接替邓当的职务，任别部司马。孙权上台后，为了使部队建置合理化，打算合并一些小的队伍。吕蒙资历不够，力量小，也在被考虑合并之列。为了避免被人吞掉，吕蒙在孙权检阅前，特意筹款为军士置办了一套全新装束，力图使队伍看起来整齐划一，士气旺盛。孙权检阅时，他又让士兵在炎炎烈日下坚持操练，毫不松懈。孙权在此之前见到的队伍还没有这么朝气勃发的，吕蒙的部队让他耳目一新。于是认为吕蒙很有治军才能，不仅没将他的部队撤并掉，反而还增加了吕蒙的兵力。

　　征讨丹杨时，还特意命吕蒙随同作战。骁勇善战的吕蒙岂肯放过表现的机会，战斗中，他的队伍异常英勇，立下卓卓战功。以功行赏，孙权封他为平北都尉，领广德(东汉故障县，治令浙江安吉县；后分置广德县)长。

　　建安十三年(208)，孙权为报杀父之仇，出兵进攻占据夏口的黄祖。吕蒙为前锋，率军攻打黄祖的水军都督陈就。双方一接触，吕蒙即令前锋退后，他亲自冲出，挥刀直取陈就，陈就躲闪不及，命丧当场。都督被杀，水军大乱，吕蒙乘胜追击。黄祖听说陈就已死，无心恋战，弃城而逃。随后吴军水陆并进，黄祖败死，孙权终于报了杀父之仇。这一战，孙权高度评价了吕蒙的作用，他专门赏赐吕蒙钱币

数千万，并升他为横野中郎将。这一升职，使他步入江东重要将领之列。

　　同年，赤壁之战爆发，吕蒙与甘宁、韩当、孙贲、陆逊等人一起，组成东吴前线主力。这一战，孙刘联军胜得干净利落，吕蒙也在黄盖之后率领自己的人马冲杀。后来，周瑜与曹仁对峙于江陵，而甘宁则领军去袭击江陵上游的夷陵（今湖北宜昌），结果被曹仁分兵围困，形势危急，于是甘宁向周瑜求助。然此时曹操虽领兵已回邺城，但长江前线还有变数。众将领都认为兵力少，不宜分散。吕蒙向周瑜建议："留下凌统驻守，我与将军前去救援。解夷陵之围根本不需要太长时间；况且以凌统的能力，坚守十天毫无问题。"在救援路上遇到一个山口，吕蒙观察地形后，认为围困甘宁的曹军被击败后可能从这里逃走，如果在山口用树木挡住道路，必然可夺来不少战马。周瑜对他的建议深表赞同。果然，交战之下，曹仁的军队很快撤退，途中去路被堵，不得不弃马步行。这样一来，速度减慢不少。周瑜追击，大获全胜，不仅救出甘宁，还夺下南郡，抚定荆州大部。至此，吕蒙的才能得到了东吴高层的高度认可，同时也因为他为人友善、沉稳大度而颇受大家的尊重，树立了较高的个人威信。回师之后，吕蒙被授偏将军。

励志就学　　刮目相看

　　吕蒙虽然在实战中展露了过人的才智，为人亦变得比以前更加谦逊，但却腹内空空，没有什么学问，每次向上陈述大事，不愿动笔，只能口说。后来做了将领，有重要大事，常常自己口授，由别人代写。有一次，孙权劝他和蒋钦两人读点书，来增长见识和才干。吕蒙不以为然，又不好断然拒绝，只好推以军中事务太忙，抽不出工夫读书。孙权笑道："我不过是让你们广泛涉猎典籍、了解历史、增长见识罢了。你们说军务繁忙，难道比我还忙吗？光武帝刘秀在戎马倥偬之际，仍然手不释卷，曹操也自称老而好学，你们哪能不自勉向上、勤奋学习呢？"吕蒙听了这番话，深有感触，于是励志就学，始终不懈。凭着他的聪明和毅力，通过广泛学习，不但学问有所长进，察人论事也都更加高明了。

　　建安十五年(210)，周瑜病逝，吴国名臣鲁肃奉命去接替他的职务。赴任途中，鲁肃途经吕蒙的驻地。鲁肃是一代儒将，认为吕蒙乃一介武夫，只是作战勇敢，并无什么才华，所以有点看不起吕蒙，所以根本没有打算去看他。有人说吕将军今非昔比，应该去会见他才是。鲁肃不得已去见吕蒙，吕蒙设酒款待。酒到酣处，吕蒙问鲁肃如何防备关羽，鲁肃思虑未熟，

吴大帝·孙权

以"随机应变"搪塞。吕蒙便说："如今东吴和西蜀虽然暂时结成同盟，但关羽是一个像熊虎一样的危险人物，怎么可以不预先定下对付他的计策呢？"于是，他详尽地分析了当时的利害，研究关羽的为人，然后从实际出发，为鲁肃设计了五种措施，均中肯切要。鲁肃越听越佩服，他不知不觉地离开席位，靠近吕蒙，亲切地拍着他的背，赞叹道："子明老弟，我一直认为你只有武勇，没想到你的学问才略也如此高明，你再也不是从前的吴下阿蒙了！"吕蒙大笑："古人不是说'士别三日，当刮目相看'吗？"从此，鲁肃与吕蒙结为好友，过从甚密。后来就连孙权也常常赞叹吕蒙的进步。

白衣过江　智夺荆州

建安二十四年(219)七月，关羽水淹曹军，一时威震中原。之后，他又率领大部荆州守军，向曹操占领的樊城、襄阳地区发动了大规模的攻势，由于主力已被关羽调往樊城地区，防守南郡的兵力薄弱，这一切都被吕蒙看在眼里，他认为这是一个夺取荆州的极好战机。

于是，他立马写信给孙权，陈述自己的想法。同时，又为了顺利地夺得荆州之地，他想出了一招欲擒故纵之计。他在信中说："关羽北征樊城，却留了不少军队在南郡，这一定是防我军袭击他的后方。我常有病，请您以治病为名，召我带领一部分军队回建业(今南京市)。关羽得知，一定会调走南郡守军去增援襄樊战场。然后，我军乘战船溯江急上，袭其空虚，南郡可以拿下，关羽也可擒获。"发信之后，他便向外宣称病情严重了。

孙权收到信后，立即公开宣召吕蒙返回。吕蒙经过芜湖时，有个名叫陆逊的将领专程拜访，要他假借看病、麻痹关羽，袭取荆州。陆逊的想法同吕蒙不谋而合，这使吕蒙非常高兴。吕蒙当时虽然故意装糊涂没有明确地答复陆逊，但他回到建业后就向孙权极力推荐了陆逊，说他可以托付大任。孙权采纳了吕蒙的建议遂召陆逊，亲自任他为偏将军、右都督，接替吕蒙驻守陆口。陆逊到任后，给关羽写了一封信，把关羽的军功吹捧了一番，故意提醒关羽，说曹操狡猾，不可轻敌。并说自己是个书生，不懂带兵，请关羽多加指教。关羽听说吕蒙生病返回建业，由无名小将陆逊来接替职务，如今这陆逊又对自己大加颂扬，遂放松了警惕，就把防守南郡郡治江陵的部队大量调往樊城前线，使南郡兵力更加薄弱。奇袭荆州的战机成熟了，陆逊飞报孙权，孙权立即以吕蒙为先锋直驱南郡，自己也亲率大军沿江西上。

吕蒙率领先锋部队昼夜兼程、溯江西上，在快进入荆州地界时，又将战船全部伪装成商船，让将士们隐藏在船舱之中，令摇橹的士兵全部穿上白色的衣服，扮作

青瓷狮形水注　三国·吴。
盛水器具，长12.6厘米，高
8.5厘米。1958年出土于江苏
省南京市。

商人模样，向江陵疾进。这样做不仅成功击杀了荆州守军的巡江哨兵和烽火台的了望哨兵，而且也轻松破坏了荆州沿江的警戒联络，使远在樊城的关羽完全不知吴军西进。吕蒙就这样不露痕迹地前进，直到兵临公安（江陵东三十里）城下，关羽的留守部队才发觉吴军已经大军压境。

这次关羽率师北征，留守公安的傅士仁和留守江陵的糜芳，他们曾因玩忽职守，未能保障前线所需的粮草和军资供应，遭到关羽的责骂，他们原本就因关羽对他们的轻视而有所怨恨，这下又因军粮之事要受关羽严惩，所以心中相当害怕。吕蒙依据这种情况，竟很轻松地劝降了此二人。就这样，吕蒙兵不血刃地占领了公安和江陵，接着又进占南郡其他城镇，并令陆逊率军继续西上，攻占了夷陵（今湖北宜昌东南）和秭归，切断了关羽入川的退路，控制了进入益州的通道。

吕蒙不费吹灰之力攻占了关羽的老巢，但关羽的大部分军队还都在襄樊一带，假如关羽回军，必然会有一场恶战。对此，吕蒙采取了“攻心为上”的策略。入城之后，并号令全军不准妄杀一人，禁止侵扰百姓，有擅拿民家财物者，斩首示众。有一天，因下雨，一个巡哨的士兵因为公家发给的铠甲淋湿了雨会生锈，就拿了老百姓一个斗笠盖铠甲，吕蒙知道后，命人将他绑来，一看竟是自己帐下的壮士，而且还是他的同乡，但军法不可破，还是痛心地把他杀了。此事传出，全军人人心中战栗，从此以后碰到掉在路上的东西，也没人敢捡。为了争取民心，吕蒙还对生病的人送医送药，对饥寒的人赐给衣粮，对官府的财物暂予封存，等候孙权到来再处置。

在袭击荆州的同时，孙权写信给曹操，表示此举是帮助曹军解樊城之围，要曹操为之保密。曹操却故意将这个消息透露出去，当时在樊城对抗关羽的士兵闻知，士气大增。而关羽却错误地判断樊城指日可下，自恃江陵、公安防守坚固，因而仍然围城不撤。当江陵失守消息传到樊城前线时，关羽这才感到问题严重，立即率军南撤。曹操为了使吕蒙和关羽互相削弱，采取了不予追击的策略。关羽南撤途中，担心家中安危，多次派使者去见吕蒙。每次使者到来，吕蒙都盛情款待，并让他在江陵城中自由走访和看望家属、捎带家信。使者回军之后，私下里向众将士们通报消息，将士们得知家中平安，军心涣散，脱离关羽的人越来越多。

建安二十四年（219）十一月，关羽自知势孤力弱，不敢回夺江陵，带着剩下的几百名残兵败将向西退守麦城（今湖北当阳东南），后来再退出麦城驻守章乡（今湖北当阳东北）。同年底，孙权派朱然、潘璋截断了他的退路，将关羽父子擒获以后杀死。

吕蒙智夺荆州，使东吴的势力伸展到长江三峡以东，促成了魏、蜀、吴三国鼎立局面的正式形成。孙权为表彰吕蒙之功，任命他为南郡太守，封孱陵侯，赐钱更是无数。然而就在这时，吕蒙突然发病死去，终年42岁。临终，他将所得的所有赏赐全都封到仓库，嘱咐在他死后全部交给公家，并命丧事一切从俭。

陆　　逊

陆逊(183－245)，本名议，字伯言，吴郡华亭(今上海嘉定)人。三国鼎盛时期东吴最杰出的将领。

出身士族　少显英才

陆逊出身于江东大族，自东汉初期的陆闳到汉末的陆康，出了好几个名士达官。陆逊的父亲陆骏曾任东汉九江郡都尉，也就是当地的最高军事长官。但不幸的是，陆逊父母早亡，使这位贵公子并没有享受到幸福的童年。他很小就不得不寄养在叔祖庐江太守陆康家中。尽管陆康对待陆逊视如己出，但那毕竟是一种寄人篱下的日子，这种特殊的经历使陆逊过早的成熟。他对兵法很感兴趣，立志要做一个济世安邦的将才，为此，他更

陆　逊

加努力学习。所以不到20岁时，就已经成为东吴地区小有名气的青年才俊。

陆逊21岁那年，经人举荐得到孙权的赏识，开始任孙权的幕府官，先后做过东西曹令史，又出任海昌(今浙江海宁西南)屯田都尉，并兼管海昌县事。在海昌为政期间，陆逊初步展示了自己在政治、军事上的才华。那时海昌连年大旱，百姓生活困苦，陆逊便开仓放粮救济百姓平民，勉励和督促他们纺耕生产，老百姓得到了很大的实惠。

当时，吴、会稽、丹阳三郡的许多老百姓因躲避赋役而逃亡藏匿，陆逊向孙权陈述有利于国家而又切实可行的建议，请求为国家招募他们。会稽山草寇潘临，长期以来对抗官府，扰乱地方安宁。陆逊到来后，立即组织人马进山讨伐，所向披靡，降伏了潘临。经过一系列战事，陆逊自己的队伍已发展到2000多人，海昌一带也逐渐安宁，老百姓也能专心农事、安居乐业了。当时困扰东吴的有两个内部难题，其一，如何解决兵源不足；其二，如何解决腹地山越人(对古越地土著民族的

称谓）的反抗。陆逊是一个很有战略头脑的人，认识到解决这两个问题对于东吴的重要性。因此陆逊向孙权建议：我们要想克敌治乱，必须拥众自强不可。然而若是不先荡平内部，就难以远图。我们应当征服山越，取其中精锐的部分扩充到军队之中，而使老弱者去开荒种地，这样就能两全其美。孙权采纳了他的建议，任命他做帐下右部督。

陆逊刚刚上任，丹阳匪首费栈接受曹操委任，煽动山越为曹操做内应。孙权派陆逊讨伐费栈。陆逊受命前来征讨，但由于并没有带多少人马，与党羽极多的费栈相比，真的是敌我力量悬殊。陆逊面对敌众我寡的战局，命令多插些旌旗，各处布置鼓角，然后在深夜时分，在费栈的山寨周围同时擂鼓呐喊，虚张声势。费栈不明实情，以为到处都是官兵，便分兵应战，而陆逊则趁机率兵直取山寨，匪兵很快溃散。吴军乘胜又处置了丹阳、新都、会稽三郡的山贼，陆逊对俘虏好言相劝，招降了这些山越人。后来，又有很多的山越人前来投靠，陆逊将其中强壮的当兵，羸弱的补充民户，充实三郡人口。此次征伐得精兵数万，所过之处都被整肃清理，陆逊回兵驻扎芜湖。

荆州之战　名扬天下

建安二十四年(219)，关羽率军北攻樊城。曹操派大将于禁及庞德军去援助曹仁，结果关羽不仅败了于禁，还斩了庞德。负责镇守陆口（今湖北嘉鱼县西南）而与关羽为邻的东吴大将吕蒙，认为此时是难得一逢的收复战略要地荆州的时机。就献谋孙权，请以治病为名将其调回建业（今南京市），迷惑关羽，使其调走留守江陵（当时荆州的治所）的部队，然后乘虚而入，一举夺得荆州。孙权接受了这个建议，遂公开召命吕蒙回建业养病。

当吕蒙乘船途经芜湖时，陆逊前往求见。他向吕蒙问道："陆口是防备关羽的战略要地，将军为什么丢下不管而安然回京呢？"吕蒙一听，觉得此人并非一般武者，而且颇具远见卓识，但又不便说破真情，就应付性地回答说："你说得不错，可我病体沉重，实在不能坚持了呀！"陆逊便建议说："关羽自恃勇猛，看不起别人，目前在军事上又节节胜利，更加骄傲自大，一心只顾致力北伐，对我军未怀戒心。如果他知道您已返京治病，一定会更加放松戒备。我们如果乘此良机，出其不意地袭击，一定可以夺取荆州。请您见到主公时，转达一下我的建议，同他很好地筹划一下。"短短数言，使得陆逊在吕蒙的心中占据了重要的位置，击败关羽夺取荆州的战略构想似乎已经变成了事实。回到建业后，吕蒙立马就向孙权推荐说："陆逊思虑周密，谋略长远，是个将才，可以担任重要职务。况且他现在还年轻，名气也不大，这样，关羽不会对我们过于注意。请派他接替我镇守陆口，让他到任后，暗中观察形势，伺机进击，大功就可告成了。"孙权接受吕蒙的建议，立即召回陆逊，面授机宜，破格任命他为偏将军、右部督，代理吕蒙镇守陆口，密切注视荆州动向，为出兵荆州作好准备。

陆逊一到陆口，就给关羽写了一封非常谦卑的信，信中说："关将军挥军北征，讨伐曹贼，樊城一战，水淹七军，生擒于禁，使曹军闻风丧胆，将军的奇功伟绩，使晋文公大战城濮之师和韩信破赵之略都相形见绌了。近来，因吕蒙将军病重需回建业医治，主公令我代守陆口。我本是个书生，没有能力负此重任，幸而能同将军这样本领强、名望高的人相邻，希望将军多加指教。听说徐晃率骑搬取救兵，曹操为人奸诈狡猾，恐怕不会甘心失败，也许会暗中增兵，以求扭转败局。此外，往往打了胜仗之后，常易出现轻敌情绪。古时兵者有'军胜弥警'之语，望将军能从多方面考虑，从容部署，以获全胜。"关羽看了陆逊的信后，觉得陆逊态度谦虚、友好，心遂安定，不再戒备东吴。于是抽调了大部分荆州守军增援樊城战场。荆州因此更加空虚了。

等到一切准备就绪，立即派人飞报孙权，孙权便以吕蒙为大部督，率军西上，至陆口与陆逊会合，攻克了公安、南郡。取得阶段性胜利后，陆逊继续北进，攻占了宜都(今湖北宜都县西北)、夷陵(今湖北宜昌东南)和秭归，切断了关羽入川之路。这次战役前后消灭和招纳数万之众。孙权加封他为镇西将军，任宜都太守，晋封娄侯。这时，陆逊才36岁。荆州之战，虽主要是吕蒙指挥的，但陆逊的筹划谋略与吕蒙相一致，并积极配合战斗，充分显示了陆逊的将帅之才。

火烧连营　大败蜀军

如果说在荆州之战中，陆逊还只是崭露头脚的话，那么在蜀汉与东吴的夷陵之战中，陆逊的军事才能就充分施展出来了。蜀汉章武元年(221)，刘备为替关羽报仇，不顾众人反对，以倾国之兵东征吴国。先夺得峡口(今湖北宜昌)，直抵吴境的秭归(今湖北秭归)，大军驻扎于长江北岸。孙权求和不成，一面派人向曹操称臣，避免腹背受敌，一面积极备战。

第二年二月，刘备率主力由秭归进抵猇亭(今湖北长阳东，长江北岸)，至夷道(今湖北枝城)的夷陵界，屯兵长江两岸，安营扎寨。东吴大都督陆逊率5万人沿江西上拒敌。刘备远道而来，有利于速决，所以先派将领吴班率数千人到陆逊阵前叫战，东吴诸将看到蜀军得寸进尺，步步紧迫。都摩拳擦掌，想和蜀军大干一场。可是大都督陆逊却不同意。陆逊则说："这是敌军的诡计，应当静观战局的发展，不可贸然应战。"陆逊针对这种情况，采取了诱敌深入、拖延时间、示弱骄敌、后发制人的战略方针。为了达成行动上的一致，陆逊传令三军，有不听命令擅自行动者斩。由于陆逊拒不出战，两军相持达七八个月之久。战事旷日持久，致使蜀军斗志锐减。

这时陆逊对诸将说："刘备刚率大军到来之时，考虑问题专心细致，再加上士气旺盛，我们迎战自然难以取胜。现在他们已经在这里驻扎了七八个月，始终找不到与我军速决的机会，颓废沮丧，无计可施。我军夹击蜀军一举获胜，就在今日！"于是先试攻蜀军一个营寨，虽然进攻失利，但却找到了攻破敌军的办法。于是，决定利用刘备在密林之中扎营，且各营连环相扣的特点，命令士兵每人持一火把，夜里顺风放火，当时正值炎夏，蜀军栅寨极易着火，蜀军见火光冲天，顿时大乱。吴军乘势进攻，连破蜀军栅寨40多座。斩杀蜀将张南、冯习及胡王沙摩诃等，蜀将杜路、刘宁等被迫投降。刘备逃到马鞍山（今湖北宜昌西北），看到追兵甚急，便令人以军需物资弃置道上焚烧，以阻止追兵，船上蜀兵也将船只、器械丢弃。蜀兵为摆脱追击争相渡河，因而淹死甚多。最后，刘备逃往白帝城（今四川奉节），惭愧地说："此战我被陆逊所侮辱，难道不是天意吗？"第二年，刘备便死在了白帝城。自此，陆逊在东吴的威望和名声达到了顶点，孙权对他更加倚重，拜他为辅国大将军，领荆州牧。

攻破曹魏　安民治国

刘备去世后，刘备的儿子刘禅继位，丞相诸葛亮也努力想同孙权联合。这正合东吴之意，因此，孙权委托陆逊全权代表东吴进行会商，并且还专门刻了自己的印章给陆逊，每次给刘禅的书信都要陆逊过目，征求他的意见，有所不当，便让陆逊自行改动，然后加盖印章送去。

当初，刘备举兵伐吴时，曹丕声称帮助东吴伐刘备，其实是另有所图。对此，陆逊早已识破。黄武七年（228），孙权让鄱阳太守周鲂诱骗魏国大司马曹休，曹休中计兴兵进入皖县（今安徽潜山）。孙权立即召见陆逊，授予黄钺，任大都督，迎击曹休。曹休已经觉察实情，深感羞耻，便仗着兵强马壮同吴军交战。陆逊自为中路主力，命令朱桓、全琮为左右两翼，三路一同推进，勇战曹休的伏兵，乘势将他们赶跑，并追击溃逃的魏军，吴军大获全胜。曹休回到魏国后，背上生毒疮而死。

黄龙元年（229），孙权任命陆逊为上大将军、右都护，实际上成为全国最高的军事长官。那一年，孙权东巡建业，将太子、皇子和尚书九官留在武昌，孙权令陆逊辅佐太子，并掌管荆州及豫章、鄱阳、庐陵三郡事务和全国军务。陆逊根据当时的形势，主张鼓励农民从事农业生产和纺织，提倡养育士民，宽缓百姓的租赋，安抚百姓，积蓄力量，以图大业。

嘉禾五年（236），孙权北征，派陆逊和诸葛瑾进攻襄阳。陆逊派亲信韩扁持劝谏书给孙权，回来时在沔中同曹军遭遇，曹军在巡查时抓获韩扁。诸葛瑾听说后有些害怕，写信让陆逊撤军。陆逊并没有答复，而是催促人们种蔓菁和豆子，整天与诸将下棋娱乐，与平常一样。诸葛瑾得知后，急得前来见陆逊，陆逊于是对诸葛瑾说："敌军显然已知道我军的情况。如果现在我们撤军，敌人便会认为我们害怕，一定会集兵来攻，那就必败无疑了。首先，我们要稳住军心，然后再施展计谋，才能安全撤出。"令诸葛瑾统率舟船，自己率领全部兵马，向襄阳城进发。

曹军早被陆逊给打怕了，一听说陆逊到来，马上回城固守。于是诸葛瑾督船队出发，陆逊亦整理兵马、列好阵势，虚张声势一番后也迅速上船，曹军却不敢出战。部队到了白围（今湖北襄樊北），陆逊假托停下打猎，暗中派将军周峻、张梁等袭击魏国江夏郡（今湖北云梦西南）的新市（今湖北沙川西北）、安陆、石阳（今湖北京山西北）。由于陆逊对军事情况的准确判断，吴军大破曹军，斩首、俘获的达1000多人。陆逊对俘虏加以保护，严禁兵士干扰侵侮；带着家属来的，让他们前去照料，至于那些失去妻子儿女的，则给予衣物粮食，发送他们回去。陆逊此举使邻县首领深为感动，江夏功曹赵濯、弋阳备将裴生和夷王梅颐等都率众归附他。

赤乌七年（244），丞相顾雍已死，陆逊为大将军兼丞相职。在任期间，他积极推行富民强国的政策。他认为，国家以民众为根本，国家的强大凭借的是民众的力量，国家的财富来自于民众的生产。民众富足而国家衰弱、民众贫弱而国家富强的情况是从来没有过的。因此，应该十分重视治理国家的根本，那就是安民而得民心。给百姓更多的好处，让他们发挥自己的才能，自愿报效国家。

当时，东吴政权已经开始走下坡路，孙权的两个儿子，即太子孙和与鲁王孙霸各立门户，矛盾重重，宫廷内外的职务多半派官宦子弟担任。陆逊作为武官出身，靠的是战功和正直的品德来服众，对这种宫闱之中的政治斗争了解不深，贸然参与只能是引火烧身。当他听说要废太子的议论后，马上上疏陈述："太子是正统，应该有磐石一样坚固的地位；鲁王是藩臣，应该使他所受的恩荣官秩与太子有等级之分，彼此各得其所，上下得以相安无事。"他就此事上书三四次，还要求当面向孙权论证嫡庶之分，应区别对待的道理，以处理好这个问题。然而，孙权全不采纳，相反，陆逊的外甥顾谭、顾承和姚信都因亲附太子而含冤被流放，太子太傅吾粲因屡次同陆逊通信，也被下狱，并死于狱中。同时，孙权还一再派宦官去责备陆逊。赤乌七年（244），陆逊终因悲愤失望至极而死，终年63岁。

陆　逊

中国将帅传

关　羽

关羽(? －219)，字云长。三国时河东解(今山西临猗西南)人，是蜀汉著名的大将。为人忠义绝伦，勇武非常，同时也孤傲自矜，轻慢浮躁。因大意失荆州，败走麦城，为东吴所杀。

忠心刘备　镇守荆州

关羽少年时就以勇武有力著称，他嫉恶如仇，因此而犯罪逃到涿郡躲避。在涿郡，他结识了刘备、张飞。三人志同道合，结为异姓兄弟。刘备起兵参与镇压黄巾起义，关羽一直跟随左右，历经坎坷，矢志不渝。建安五年(200)春，曹操打败刘备，关羽被曹操擒获。曹操见关羽相貌堂堂，威风凛凛，非常喜爱，封他为偏将军，对他十分优待。曹操发现关羽没有久留曹营的意思，于是就让张辽前去试探，关羽对张辽说："曹公待我好，我心里很清楚。但我受刘将军高天厚地之恩，曾发誓同生共死，不能背叛。等我立了功勋以此报答了曹公，我就要离开这里去找刘将军。"张辽把关羽的话原封不动地报告了曹操，曹操听到后不但没怨恨之心，反而更加钦佩他这种仁义精神。

不久，袁绍派部下骁将颜良攻打东郡太守刘延，双方相遇在白马县。曹操决定派兵援助刘延。荀攸献计，曹操派出一部分人假装渡河攻击袁绍，自己却率张辽、关羽等引兵日夜兼程，奔袭白马。关羽远远望见颜良的麾盖，不由得雄心勃起，奋起神威，直冲过去。关羽在千军万马之中杀死颜良，然后左冲右突，如入无人之境。袁绍诸将无人能敌，不战自乱。曹军趁势进攻，大败袁军，解了白马之围。

白马之战，关羽立下首功，曹操表奏朝廷，封关羽为寿亭侯，且厚加赏赐。关羽把曹操给的赏赐全部封存，留下一封告别信，就跑到袁绍军中找刘备去了。曹操手下大将纷纷请求将其追回，但被曹操阻止住了。

建安十七年(212)，曹操进攻汉中(在今陕西境内)的张鲁，益州牧刘璋害怕曹操击败张鲁后乘胜攻打自己，于是派人请刘备入蜀支援。刘备便留诸葛亮、关羽把守荆

关　羽

州，亲自率1万人马入蜀。第二年，刘备在雒城晋阳，写信给诸葛亮，让他带领张飞和赵云增援雒城，留关羽守荆州。诸葛亮按照刘备的意思，把镇守荆州的重担交给了关羽，命他全权负责荆州一切事务。诸葛亮在临行时，对荆州的安危放心不下，问关羽："如果曹操和孙权同时进攻荆州，你打算怎么办？"关羽回答说分兵抵抗，各个击破。诸葛亮说："那样荆州就危险了，将军应牢记'北拒曹操，东和孙权'八个字，与孙权友好相处，对曹操实行武力对抗，那样荆州可保无忧，请将军务必牢记在心。"诸葛亮向关羽交代完了有关事务，又叮嘱了一番才起程离开。

建安十九年(214)，刘备取得益州，正式将荆州所有事务交给关羽处理，同时也负责对曹、孙两家的防御工作。次年，孙权派使者向刘备索还荆州，刘备借口夺取凉州(今甘肃一带)后再归还。孙权派官吏强行接管长沙、桂阳、零陵三郡，关羽带兵把他们全部赶走。孙权大怒，派吕蒙率军进攻长沙、零陵、桂阳三郡，又命鲁肃率领1万人马进驻益阳(今湖南益阳)，准备用武力夺回荆州。刘备也不甘示弱，亲自率领5万大军进驻公安(今湖北公安南)，又派关羽率3万军队赶往益阳，与鲁肃所率领的军队形成对峙。孙、刘两家军队剑拔弩张，随时都可能爆发一场恶战。鲁肃为了不使孙、刘联盟破裂，主动提出与关羽谈判。在益阳前线，双方在距各自军队百步之外的地方搭建了作为谈判场所的临时帐篷，同时规定双方主将只能带领贴身侍从，携带短兵器参加会谈。关羽只带领侍从周仓一人，身挎单刀参加谈判。鲁肃也完全按照规定会谈，并设酒席招待关羽。这时，刘备得到曹操进军汉中的消息，忙和诸葛亮商议，决定对孙权讲和，以免腹背受敌。孙权也自感兵力不足，没有取胜的把握，于是双方达成协议，以湘水为界，把荆州地区一分为二，长沙、江夏、桂阳以东属吴；南郡、零陵、武陵以西归刘备，孙、刘两家达成和解，使激化的矛盾缓和下来。此后关羽再次回南郡镇守。

水淹七军　败走麦城

建安二十四年(219)，进位汉中王的刘备封关羽为前将军，位居众将之首。七月，吴魏两国开战，孙权进攻合肥，曹操调兵到淮南进攻孙权，关羽利用这个机会，率兵北上进攻襄阳与樊城。曹操也深知这两城地理位置的重要性，他早有防范，预先派其心腹大将曹仁在此把守，以防刘备军队的进攻。听说关羽挥军北上，曹操不敢怠慢，立即派遣左将军于禁和先锋庞德率领七队人马，前往襄阳、樊城帮助曹仁组织防御。于禁和庞德将部队驻扎在樊城之北，与曹仁互为呼应。同时曹操又派镇南将军徐晃率军驻在宛城(今河南南阳)，以便根据战局发展随时驰援襄樊前线。

关羽在进军襄、樊之前对荆州在军事上也作了一番布置。他派糜芳和傅士仁率重兵守卫江陵和公安，并让他们负责供应前线所需粮草。为提防东吴偷袭荆州，关羽下令在沿江地段，每隔20里或30里设立烽火台，一旦出现紧急军情随时报警，以便迅速回师救援。部署完毕，关羽大军很快渡过襄江（汉水的下游）包围樊城。曹仁和于禁两路夹击关羽，但均被关羽所击败，于禁庞德逃回驻地，曹仁则退回樊城，不敢出战。这时正值秋季，樊城地区一连下了十几天的大雨，汉水漫堤，樊城被围困于大水之中。关羽决定用水攻于禁，他下令赶制大小船只和木筏，并派人把水口处堵住。等到水积很深的时候，关羽下令扒开堵口，漫天的洪水将于禁和庞德所统率的七军包围。关羽乘机命令将士乘早已备好的船筏向于禁的军队发起猛攻，曹军惨败，于禁投降了关羽。庞德率部顽强抵抗，英勇作战，但最终兵败被擒。关羽看庞德勇猛过人，想劝降他归服刘备，但庞德坚决不从，关羽只好把他杀掉。

关羽在攻打樊城的同时也将襄阳团团包围。樊城和襄阳已成了两座孤城。这时曹操的荆州刺史胡修、南乡太守傅芳，也投降了关羽。水淹七军的消息传到许都，曹操十分惊恐，甚至产生了迁都的想法，幸亏司马懿等人晓以利害，他才打消了迁都的念头。水淹七军之后，关羽声势大振，华夏皆惊。

此时的东吴，仍在谋划着如何夺取南郡。大将吕蒙上疏孙权："关羽攻打樊城，留在南郡一定的兵力驻守，是防备我军攻取。我身体不好，可以以治病的名义率一部分兵力回建业。使关羽产生我们没有图谋南郡的意向，他就会放心大胆地将公安和南郡的守军调往樊城。那时我军乘南郡兵力空虚，从水路乘船而上，就可轻易地夺取南郡。南郡一到手，关羽的后路截断，就会束手被擒。"孙权认为此计可行，于是就公开将佯称病重的吕蒙召回建业，实际上是为与他进一步商议计策。

关羽得知后，信以为真，戒心消除，便逐渐将驻守南郡的兵力调往樊城前线，加强进攻。南郡的防守十分薄弱。关羽考虑到自己粮草不足，就擅自截取湘江上吴国运输粮草的船只送往樊城。

消息传到建康，孙权大怒，又感觉到取南郡的时机已经成熟，就派吕蒙率军出发。吕蒙到达寻阳（今湖北黄梅西南）后，把精兵埋伏在大船中，让士兵穿上白色的衣服扮做百姓摇橹驾船，将坐在船中的东吴军扮成商人的样子，行船到蜀军守区的江边，神不知鬼不觉地解除了蜀军哨所的武装。到达南郡后，蜀将士仁和南郡太守糜芳望风而降。而关羽对这些仍一无所知。东吴军进而进占江陵城，抓住了关羽及其部下的家眷，加以优待保护。当关羽得知南郡失守，悔之已晚，连忙率军南下，将士们闻知吴军善待其家眷，便丧失了斗志，纷纷降吴。关羽料到蜀军已寡不敌众，就败走麦城（今湖北当阳东南），后又西逃至章乡（今湖北当阳东北），最后仍被东吴军所抓获。孙权招其投降，关羽不从，惨遭杀害。

张　飞

张飞(？ － 221)，三国时期蜀国名将。字益德。涿郡(今河北涿县)人。他性情暴烈，英勇善战，又不乏谋略，但终死于部将之手。

性情刚烈　忠心随兄

张飞小时候性情就十分刚烈，脾气也非常暴躁，先后气走了父亲给他请的好几位老师。后来他舅舅特地推荐了一个叫王养年的老先生来教他。王老先生做过朝廷将官，文武双全，只因不满朝廷腐败才弃官回乡教书的。张飞对这位先生十分敬佩，在其指点下练文习武，13岁时就练出一身好武艺，同时通过读书明白不少道理，同时也产生了拯救天下苍生的志向。王先生还教张飞练书法、画美人，以助于融化他刚烈的性格。三年下来，张飞的书画果然大有长进，尤其是书法受到乡人的称赞。

汉灵帝光和七年，黄巾起义爆发。张飞和关羽一起追随刘备起兵，讨伐黄巾军，二人并称"万人之敌"。刘备和他们两人的感情深厚，他委任关、张二人为别部司马，分别统领部队。

经过多年征战，刘备接替陶谦当上了徐州刺史。汉献帝建安元年(196)，盘踞在南阳的右将军袁术与刘备争夺徐州。刘备命张飞为司马驻守下邳，自己率军到盱眙(安徽盱眙县)、淮阴(江苏淮阴)与袁术周旋。

在下邳，张飞与陶谦的部下曹豹发生了冲突，张飞一怒之下要斩杀曹豹，而曹豹一看形势不对，一方面带本部人马坚守营垒，另一方面命人迎接吕布袭击下邳。最后，张飞与曹豹发生了争战，曹豹被杀，下邳城一片混乱。袁术得到情报，见有机可乘，马上写信通知吕布，要他袭击下邳城，并许诺一旦得手，向他援助20万斛军粮。被曹操击败而投靠刘备的吕布读完袁术的书信后，大喜过望，认为有利可图，于是水陆并进，向下邳进发。刘备的部将、中郎将许耽投降吕布，吕布连夜进击，在许耽的接应下进入城中。吕布派遣步骑兵四处纵火，大破张飞军马，张飞落荒而逃。刘备的妻

桃园结义

中国将帅传

子家眷、军需物资及刘备部下的家属全部被俘。

刘备急忙回军来救，但将士的家属都在吕布手上，军心浮动，当他到达下邳时，只剩下少量人马。无奈之下，刘备回头再与袁术交战，结果又吃了败仗。在军粮耗尽、走投无路之际，刘备和张飞只好暂时向吕布投降。此时，袁术食言，拒绝给吕布援助军粮，吕布为此十分生气，于是接受了刘备的投降。随后吕布把刘备妻小还给了他，刘备收拾了残兵败卒后，驻兵小沛(今江苏沛县)。

刘备驻扎在小沛，立刻招兵买马，积草屯粮，不久就将军队扩充到万余人。然而，吕布把刘备看成是眼中钉，觉得不除掉刘备会不得安宁。于是在建安三年(198)，吕布再次和袁术合作攻击刘备，刘备再一次大败，无奈之下投奔了曹操。曹操亲自率领大军征讨吕布，在下邳城擒杀吕布，然后回师许都，刘备带张飞随同入朝，曹操则任命张飞为中郎将。

屡立战功　刑杀祸身

不久，刘备又离开曹操，依附了袁绍，继而又投靠了刘表。刘表去世，曹操进入荆州，刘备携民渡江。曹操亲率3000精骑昼夜趱行300里，在当阳长坂(今湖北当阳县东北)追上了刘备。刘备命张飞率20名骑兵断后，阻挡追来的曹军，自己扔下妻儿逃跑。张飞等刘备率众过河后，就单人匹马站立桥头等待追兵。曹操追兵潮水般涌来，见张飞圆睁环眼，手操蛇矛，都不敢靠近。张飞见敌兵到来，就厉声大喝："我乃燕人张益德，谁敢与我决一死战？"声若巨雷。曹军闻之，都吓得魂飞天外，无一人敢上前交战，于是退兵了事。

刘备平定江南地区后，任命张飞为宜都太守、征虏将军，封新亭侯。后来，又调任南郡。

建安十九年(214)，诸葛亮留关羽守荆州，带张飞、赵云分兵向西攻打刘璋。张飞一路平定沿途郡县，进军到江州城下。

巴郡太守严颜智勇双全，他依仗险要的地势，并严加守备，对抗张飞。张飞巧运计谋，大败严颜，并将他擒获。张飞大声呵斥严颜为何抵抗大军拒不投降，严颜全无惧色，厉声回叱张飞："你们不讲信义，侵夺我方州郡。我益州只有断头将军，没有投降的将军！"张飞闻言暴跳如雷，喝令左右将严颜推出斩首。严颜面容不改，神色自若。张飞见状不禁佩服严颜的勇气，亲自为他解开绳索，并把他当成座上宾，严颜于是投降了张飞。

张飞降服严颜之后，一路进军顺利，攻无不克，与刘备会师于成都。刘备封其为巴西太守。

215年，曹操大败张鲁后回师。命夏侯渊、张郃留守汉川。张郃率领大军南下巴西，进军宕渠、蒙头、荡石，与张飞对峙50余日。张飞见长期对峙也不是取胜的办法，便率精兵万人，施计将张郃引入山道之中交战，山道狭窄，张郃的军队前后不得相救，被杀得丢盔弃甲。张郃只得弃马，与仅仅10余人从小路而逃，败回南郑。219年，刘备为汉中王，拜张飞为右将军、假节。221年，张飞官拜车骑将军，领司隶校尉，进封西乡侯。

张飞性情暴躁，经常打骂士卒。刘备曾多次告诫张飞，说他这样鞭打士卒，又让他们在左右侍卫，就是在为自己制造祸端。但张飞不听，依然我行我素。

221年六月，刘备为关羽报仇，兵征东吴。让张飞率万人从阆中会于江州。张飞尚未出发，他手下的将军张达、范强就将其杀死，持其首级投奔了东吴。

赵　　云

赵云(? —229)，三国时蜀国名将。字子龙。常山真定(今河北正定)人。赵云正直谨慎，忠心蜀汉，勇猛异常，素有谋略，是三国名将中不可多得的人物。

赵云身长有8尺，姿颜雄伟。黄巾起义爆发后，他率领乡人去投奔了公孙瓒。当时，四世三公、门生故吏遍天下的袁绍在北方势力很大，有很多人都去投奔他，公孙瓒深以此为忧。看到赵云率众来投，不禁有些诧异。他问赵云为什么不与你们州里的人一道去投奔袁绍而来投奔我。赵云不卑不亢地答道："当今天下战乱不已，没有谁是谁非。百姓身处战乱，苦不堪言。我们想要追随的是能解民于水火的人，并没有什么轻此重彼的念头。"这番义正词严、掷地有声的话使公孙瓒称赞不已。

不过，赵云发现公孙瓒也是追逐私利之人，并非心中的明主，于是借口兄长去世，告别公孙瓒还乡。不过，在公孙瓒这里赵云倒也不是一无所获，正是在这里，赵云遇到了当时正寄居于公孙瓒处的刘备，二人一见如故，非常投机。当赵云离去时，刘备知道他将一去不回，便与他握手道别。赵云此时也知道，刘备才是自己最终想要追随的人，而且还对刘备说了自己不会背德忘义的话。他在刘备栖身于袁绍的落魄时刻前去投奔，追随刘备及蜀汉政权，终其一生。

208年，曹操南下取荆州，刘备军中带有大量平民，行军缓慢，所以很快被曹操的轻骑兵追上。在当阳长坂一带，刘备大败，抛弃妻小，亡命南逃。一路狂奔，总算到了一个较安全的地方。停下来休息，清理部属，却发现不见了赵云。有人向刘备报告说赵云向北投降曹操了。但刘备不信，认为赵云会竭尽忠诚追随自己的，于是把这人痛骂了一番。果然，过不多时，赵云前来与众人会合，而且还带来了刘备之子刘禅和刘备之妻甘夫人。原来赵云只是为了救人才来迟的。

后来，刘备与孙权联合在赤壁大败曹军，占领了荆州一带，赵云也升为偏将军，领桂阳太守。这时桂阳的原太守赵范并未离开桂阳，他一心想讨好赵云，就想将他非常美丽的寡嫂嫁给赵云。赵云听后却对赵范说："我与你同姓，你的兄长就是我的兄长，我怎么能娶你的寡嫂呢？"实际上，赵云认为赵范只不过是被迫投降而已，其心很难猜测，自己这么说只不过是托词而已。不久，赵范果然逃走。

赵云不但忠诚，而且有胆有识。刘备率军西征刘璋，将夫人孙氏留在了荆州，孙氏倚仗自己是孙权之妹，身份高人一等，骄纵自大。她手下的兵丁官吏，都是江东人，狐假虎威，也纵横不法。为了整肃纪律，刘备让平时很有威信且受人尊敬的赵云去掌管刘家内事。

这时，孙权听说刘备西征，就派船队到荆州去接妹妹。孙夫人也想带着阿斗回江东。赵云等人深知如果阿斗被孙夫人带走，东吴必定会将其作为人质，于是他和张飞带兵截住孙夫人的船队，逼她交出阿斗后才放行。

219年，刘备与曹操争夺汉中。两军相峙，曹军把大量粮米运到北山之下。黄忠便带兵前去抢夺军粮，但过了约定回师的时间还没回来。于是赵云便带着数十名骑兵出营查探，正好碰上了大队曹军。赵云毫不慌乱，果敢下令迎击，并边战边退。曹军遭到冲击，一时阵势散乱，但不久便集结起来展开追击。赵云身处重围，左冲右突，如入无人之境，破围而出。当他已撤退到靠近蜀军营寨时，突然发现部将张著因伤被敌军包围，便又回身杀入敌阵，成功地救出了张著。曹兵在后追赶蜀军，气势颇盛，一直追到蜀军营寨之前。这时沔阳长张翼想让军士们闭门死守。而赵云却命令大开寨门，让将士偃旗息鼓。曹军追到，见营门大开，既不见旌旗又听不见鼓声，恐有伏兵，所以都不敢近前。正当曹兵气势已沮，转身退去时，赵云一声令下，顿时擂鼓震天，号角齐鸣，蜀军万弩齐发。曹军闻声丧胆，无心应战，只想逃跑，争先恐后地向后退去。先是自相践踏折损了一部分兵力，蜂拥退到汉水边时，自己又把自己人挤到河中淹死不少，蜀军大胜。

223年，刘备在白帝城驾崩，后主刘禅即位，赵云被升为中护军、征南将军，封永昌亭侯，迁镇东将军。228年，诸葛亮街亭之战失利，扼守箕谷的赵云受到曹真优势兵力的猛攻。赵云预料箕谷难以守住，便下令由邓芝集结辎重和部队，有秩序地先行撤退。他自己亲率少量兵力殿后，并烧毁栈道，让曹真无法越过箕谷，确保了汉中的安全。在这次失败的北征中，只有赵云军团全军而退，兵员、装备、辎重损失也很少。诸葛亮询问邓芝为什么诸路军中惟有赵云退兵之时，没有兵将相失的情况。邓芝回答说："箕谷退兵时，赵云将军亲自断后，军资物品，一点也没有丢弃，兵将自然不会溃散。"赵云带回的军资绢帛，诸葛亮让他分赠将士。赵云却认为军队没有取胜，自己也是无功受赏，建议把财物放进府库以备过冬之用。孔明对赵云这种智识兼备，胸襟广阔的精神十分敬佩。

229年，赵云去世，蜀汉政权追谥他为顺平侯。

魏　延

魏延(? －234)，三国时蜀国将领。字文长。义阳(今河南桐柏东)人。他不仅勇武，而且有谋略，但心性高傲，以致因此遭祸，误国丧身。

最初魏延以部曲的身份随刘备西进四川，在入川战斗中，魏延凭借战功，升为牙门将军，有了他的第一个将军头衔。

汉中平定后，刘备自立为汉中王。汉中是蜀汉的咽喉要道，既是蜀汉北攻曹魏，进而平定中原的基地，同时也是魏国出兵蜀汉的必争之地。所以，镇守汉中的将领地位之重要，就不言而喻了。关羽镇守荆州，蜀汉的第二号武将张飞自然就成了镇守汉中的首选。张飞是刘备最早的亲信之一，忠诚、可靠，不仅大家这么认为，张飞自己也是这么想。然而，任命一出，全军皆惊，刘备升魏延为督汉中镇远将军，官封汉中太守，魏延成为独立镇守一方的大将。

刘备也知道提拔魏延太快会使大家不太服气，于是找了个机会大宴群臣。会上，他问魏延说："现在我对你委以重任，你打算说点什么？"魏延回答道："如果是曹操集全部之精兵攻打而来，我就为大王挡住他，如果曹操派一个将军率众10万而来，我就替大王把他干掉。"刘备听后十分高兴，群臣也都纷纷称赞于他。这番话既显示了魏延充分的自信心，又见不到一点骄傲和得到高官后妄自尊大的影子，可谓是不卑不亢，十分得体。

建兴六年(228)诸葛亮将出师伐魏。出征之前，召集将士会集南郑共同商议出征方案。当时，魏延提议率5000精兵经子午谷进军，10天抵达长安。诸葛亮认为魏延此计过于危险，难保万全，没有采用。此后，诸葛亮每次出师的时候，魏延都向诸葛亮提议，要自己带兵万人，与诸葛亮从不同的道路进军，在潼关会师，诸葛亮一律不同意。魏延因此常常心怀不平，一方面怨诸葛亮胆子太小，一方面叹息自己没有用武之地。

建兴八年(230)，诸葛亮命魏延和吴壹率领少量骑兵从河池祁山，西入羌中扰乱敌人后方。魏延等人进入羌中后，在洮水以西辗转数月，招兵买马，连接羌人，势力大增。十一月，魏延率一万骑兵从羌中撤归，并在途中大败魏军。魏延因功升任前将军、征西大将军，授予符节，并晋封南郑侯。

魏延对士卒十分友善，勇猛过人，性情高傲，又常常有抑郁不平之气，因而将领们对他都比较客气，尽量不冒犯；只有杨仪对他毫不忍让，针锋相对。魏延对杨仪怀恨在心，两人最终到了水火不相容的地步。

孔明临终命令，杨仪总负责蜀军的退军事宜，魏延负责断后。并暗中嘱咐如魏延不听指挥，就由杨仪自己带兵回国。魏延当然不甘心去听从杨仪的指挥，更何况魏延十分骄傲，自视极高。费祎去探视他，魏延说："丞相虽然过世了，但我还在呀！还葬是其他官员的事情，率军击贼却是我的事情。怎么能因一人死去便废弃天下大事呢？况且我魏延是何等人物，难道还要去听从杨仪这等人的指挥，为他断后吗？"魏延的一番话，也有一定的道理，但那些平时对魏延有意见的人就认为他有异心。

杨仪当然更是不肯听从魏延的指挥，共同继续作战，于是按照计划退兵。魏延听说杨仪将要引兵而还，大怒，索性抢先率部南归，把所经过的栈道都烧得精光，想拦住杨仪。

魏延和杨仪都向后主上书指责对方反叛。一天之内，两封表章同时都到达了成都的朝堂之上。后主拿不定主意，于是就此事询问侍中董允和留府长史蒋琬。两人是留在成都的重臣，两人都认为魏延谋反的可能性要大。

杨仪在击退司马懿的追兵后，也迅速回师，在南谷口追上了魏延，魏延据谷口而守，并派兵迎击杨仪等人。杨仪派偏将何平攻打魏延，何平本是无名之辈，但他站在高坡，对魏延手下将士喊道："丞相尸骨未寒，你们怎么敢反叛呢？"魏延的部下都知道此事错在魏延，更不想自相残杀，听到喊话后纷纷自行散去。魏延也制止不住，只剩下他的儿子和几名铁杆部下逃奔汉中。

杨仪对逃跑的魏延毫不手软，派马岱追击魏延。马岱追上并杀掉了魏延，把魏延的首级献给了杨仪。至此，杨仪还不肯善罢甘休，把魏延的头放在地上，亲自践踏，边踏边骂道："愚蠢的奴才，你现在还能作恶吗！"然后又将其三族全部杀光。

姜　维

姜维(202－264)，三国时蜀国将领。字伯约。天水冀县(今甘肃甘谷东)人。姜维才兼文武，志立功名，一生辛苦劬劳。但他轻用武力，屡次出师，导致民困兵疲，加上他虽能明断却不尽周密，最后终于败亡。

归附蜀国　身负重任

在姜维很小的时候，父亲就死了，他和母亲一起相依为命。他喜好郑玄的经学，在郡中做上计掾。不久，又被州里拔为从事。

建兴六年(228)，蜀丞相诸葛亮兵出祁山，各县纷纷响应归顺蜀汉，诸葛亮进

中国将帅传

攻天水时，太守马遵正带着姜维等人在外县出巡。当时，天水郡的不少官吏和百姓都投靠了蜀汉。既胆小又素有疑心的马遵害怕姜维等人也有降蜀之意，抛下姜维等随行，独自一人悄悄溜走。这时姜维等人并无降意，在马遵逃跑后，他们还主动去追马遵，可是被马遵拒之城外。他们又回到冀县，冀县也不放他们入内。无路可走的姜维等人只好到蜀军大营投靠了诸葛亮。

姜　维

诸葛亮见姜维来投，很高兴，任命他担任仓曹掾，加奉义将军，封当阳亭侯。当时，姜维才27岁。

诸葛亮在给留府长史张裔、参军蒋琬的信中对姜维赞赏不已，称赞他忠勤时事，思虑精密，才学很深，在凉州是出类拔萃的人物。同时还称赞他军事才能出众，有胆识，有义气，还准备让他先训练步兵，进而上朝见君主。不久，姜维就升任中将军、征西大将军。

从这时开始一直到诸葛亮去世，姜维都在诸葛亮身边充当参军角色。这些年中，诸葛亮用兵不断，姜维随从并参谋军事，想必也学到了许多实战经验。到诸葛亮病逝五丈原，姜维立即身居要职。在诸葛亮的遗命中，担任断后任务的是魏延，同时还考虑到魏延不听从命令，就让姜维来替补。

建兴十二年(234)，诸葛亮去世。姜维回到成都，任右监军、辅汉将军，统率诸军，晋封为平襄侯。此后，姜维因军功先后升任司马、镇西将军、卫将军等，蜀国的军事重任也渐渐落在他的肩上。

北伐中原　劳而无功

238年，大将军蒋琬率大军进驻汉中，姜维率军随行。随后，蒋琬改任大司马，任命姜维为司马，率领小股部队向西北发展，实现诸葛亮的既定战略。姜维自幼在西北长大，对这一带的地理民情十分熟悉，他知道此地为曹魏薄弱环节，又心向蜀汉，所以他广加笼络，得到了一些少数民族首领的支持，为以后"九伐中原"打下了坚实的基础。244年，姜维被任命为凉州刺史。但是，蒋琬认为诸葛亮在西北连年兴兵，并未取得什么成绩，所以一直重视东线与吴军配合，从水路进攻曹魏的计划，在西北并未给姜维太多支持。

245年，蒋琬逝世，他的东线计划也随之停止。但继任为相的费祎打算改变连年用兵的局面，把重点放到内部治理上来。费祎主政，姜维仍没有大举用兵的机会，但他的地位却越来越高。

255年，夏侯渊之子夏侯霸投靠了姜维。虽然他与蜀国有杀父之仇，但由于司马氏在魏国得势，大力清洗曹氏势力，他不得已而降蜀。蜀国对他很器重，这不仅因为他颇知兵略，也因为他熟悉魏国内情。姜维得到这个强力助手之后，立刻出兵第五次伐魏。这次姜维大败魏军，斩首万余。但在实力雄厚的魏国面前，前进仍十分困难，又加上魏国援兵陆续赶到，姜维只好撤退。

延熙十六年(253)春，费祎去世。姜维没有了阻碍，开始举兵北向。这年夏天，姜维就率领几万人北进包围南安，以响应吴将诸葛恪伐魏。魏雍州刺史陈春泰赶来解围，姜维因粮食吃尽，退兵而回。第二年，姜维被任命主持中外军事。同年六月，魏国内乱，姜维再次出军陇西，收降狄道县，攻下襄武好多地方，并把河关、狄道、临洮三县的百姓迁徙入蜀，率军撤回。

256年，姜维升为大将军，第六次伐魏。不过，这次与他交锋的是邓艾。邓艾深知用兵之法，将姜维杀得大败，蜀军死伤甚多。他按孔明街亭失利之例，上书要求自贬为卫将军。

257年，魏将诸葛诞在寿春发动叛乱，姜维于是第七次出征。但魏将邓艾和司马望凭借事先修好的坚固工事坚守，姜维多次挑战，魏军也不出城迎战。双方对峙，直到第二年，诸葛诞兵败身亡，姜维势孤，只好退兵。

受疑朝廷　国破臣降

姜维吸取数次北伐而成效不大的教训，并认真研究蜀中形势，提出了"敛兵聚谷"的新策略。姜维认为以前的营寨只能用来防御敌人，不如改换守卫方式，一听到敌人到来，各个营寨都集结部队，收罗粮食，退入汉城和乐城，使敌人无法进入平地，并且在重要的关隘严加守备。有事之时，就派流动部队一起出动，寻找敌人的薄弱环节进行攻击。这样一来，敌人攻关不下，田野里又没有零散的军粮，全靠千里外往这里运粮，疲乏不堪，也就自然退兵了。待敌人退兵之日，各城将士一起杀出，和流动部队合力博击敌人，定会取胜。蜀汉朝廷也同意了姜维这一做法。

姜维本非蜀人，托身蜀国，加上连年征战，没有建立什么功绩，各种指责非议也随之而来。而当时蜀国宫廷内部宦官黄皓专权，他操纵着庸懦无能的后主刘禅，为所欲为。黄皓想找机会废掉姜维，姜维看出苗头，心里颇为恐惧，于是不再回成都，在沓中以屯田为名驻扎。

262年，魏国国内司马氏对曹氏势力的清洗基本结束，内部稳定，开始准备对蜀国主动出击。

远在沓中的姜维已经觉察到魏国即将南下伐蜀，于是上书

持簸箕陶俑　三国·蜀。高54厘米。1981年出土于四川省忠县。

建议派重兵分守各个军事要地，提早做准备。但是掌握大权的黄皓把姜维的奏章压了下来。魏兵将至的消息在蜀国内部毫无一人知晓！

263年，魏国一切准备就绪，兵分三路，大举伐蜀：第一路，由邓艾率3万人在沓中牵制姜维；第二路，由诸葛绪率3万人攻打祁山，断姜维的后路；第三路是主力部队，由钟会率十几万大军翻越秦岭，直取汉中。此次魏军出击，大有志在必得之势，不仅对蜀国实力进行了分析，将领也尽是精英，粮草兵力也十分充足。钟会战前估计到蜀国兵力只有10万左右，留守成都和其他城市的就有4万，机动兵力少得可怜。

钟会的部队迅速翻过了秦岭，进抵蜀地的咽喉——汉中。汉中的两个军事重地，汉城和乐城仅各有5000人把守。钟会先将二城的人马团团围住，使其不能外出，然后又迅速占领了汉中其他地区。姜维听说汉中失守，大惊失色。他不敢恋战，使计摆脱了邓艾的追击和诸葛绪的阻截，率军回剑阁把守入川要道。镇守阳平关失利的张翼也来到此地驻守。

此时，钟会因担心魏军粮食运输艰难而遭不测，准备撤军回国。就在这时，邓艾却出了奇计，率军从阴平出发，经过景谷偷偷进入蜀地，在绵竹打败了诸葛瞻、逼迫刘禅投降，占领了成都。

姜维等人坚守剑阁，突然传来诸葛瞻战败的消息，大家都很吃惊。由于消息不定，姜维只好引兵从广汉撤退，沿途等待朝廷消息，以决定行止。不久，后主诏书传来，命令全军投降。姜维伤心落泪。但事已至此，只好奉诏，投戈卸甲，到涪城向钟会投降。部下将士不愿投降，就拔出战刀砍着路旁的石头发泄。姜维见到钟会，钟会问他为什么到现在才投降，姜维郑重地对他说这已经够快的了！说罢，泪流满面。

谋划复蜀　兵败被杀

钟会对姜维等一班降将十分厚待，将他们原来的印号节盖也一一发还。钟会和姜维出则同车，坐则同席。一天，他对长史杜预说："如果拿姜维和中原名士相比，恐怕诸葛诞、夏侯立也超不过他呢！"

姜维对钟会心存异志看得十分清楚，便想利用他的野心来使魏国发生内乱，然后伺机恢复蜀国。

姜维想出了一个死中求活的大胆计划：那就是利用邓艾和钟会的不和，及钟会的野心和邓艾的居功自傲这三点要素，实施一个周密的计划。第一步是骗取钟会信任，利用他除掉邓艾；第二步是诱使钟会自立反魏；第三步则是寻机杀掉钟会，重立后主为天子，复兴蜀汉。

钟会想让姜维为先锋，率兵5万出斜谷，自己率领大军随后，前往洛阳争夺天下。为了消除部将的疑心，钟会便声言魏国太后有诏书命自己起兵征讨司马昭，并把假诏书颁示给将领们看。将领们不合作，钟会就把他们都关了起来，另任命亲信执掌军权。

姜维见时机已到，他想先鼓动钟会把魏将都杀光，然后自己再找机会杀死钟会，重新迎后主回宫，恢复汉室。

钟会自立益州牧，但是，他的部下又开始动乱了，他们不愿意反叛魏国，钟会也有点控制不住了。同时魏军中流传谣言，说钟会要将魏军将领全部活埋。谣言愈传愈烈，终于引发了兵变。在10万魏军包围下，姜维自知难以幸免，但还是率众左冲右突，手刃五六人，最终还是被敌军杀死，时年62岁。钟会、邓艾也在兵变中先后被杀。

邓　艾

邓艾(197－264)，三国时魏国名将。字士载。阳郡棘阳(今河南南阳南)人。他深谋远虑，见解超人，在军中又能以身作则，为士兵作出表率。同时他又居功自傲，终被杀害。

才思敏捷　功在屯田

因父亲去世过早，邓艾只好与母亲相依为命。208年，曹操南征荆州，夺南阳，迁一批南阳居民到汝南屯田。当时，年仅12岁的邓艾跟随母亲迁居到汝阳，沦落为屯田民，替官家放牛。

邓艾虽出身贫困家庭，但志向高远。有一次，他见颍川已故太丘长陈寔的碑文上有"文为世范，行为士则"的语句。便将自己的名改为"范"，字定为"士则"。后因宗族中有与其同名者，才又改名为"艾"，改字为"士载"。

邓艾生于乱世，也自然有了指挥军队，驰骋沙场的愿望。年轻时，他曾担任小吏，有机会见些名山大川。邓艾对地理形势非常敏感，每见到高山大泽，便顿时来了精神，窥度描绘，说何处可以屯兵，何处可以积粮，何处可以埋伏。每当邓艾一本正经地高谈自己的军事见解时，旁人都是禁不住地嗤笑一番。但邓艾并不理睬他们，依然我行我素。

邓艾在做典农功曹时，对所分管的屯田事务非常熟悉，因此被派遣入朝，谒见太尉司马懿，当面汇报当地屯田情况。邓艾文风朴实，思路缜密，他汇报的材料不仅事实详尽，数据具体，而且说理透彻，论证清晰，见解独到，深受司马懿的赏识。

邓艾才思惠敏，为人机警。但天生却有口吃的毛病，每奏事常称："艾……艾……"。司马懿故意取笑他说："卿称艾艾，当有几艾？"邓艾应声回答："凤兮，凤兮，自是一凤！"司马懿对他的奇思巧辩不禁称赞不已。

邓艾

司马懿于是把邓艾留在身边做掾吏。后来又因邓艾成绩突出被司马懿封为尚书。

邓艾在屯田积谷、充实军备方面，取得了卓越成效，显示了不凡的才能。邓艾提出的屯田养兵政策，使魏国得到了巨大的收益，减轻了年年征战对农民的影响，发展了魏国经济，为取得统一战争的胜利奠定了坚实的物质基础。

初显帅才　大败叛军

嘉平元年(249)，邓艾和征西将军郭淮一起抵御蜀国偏将军姜维。姜维撤兵，郭淮准备向西，攻打羌人。邓艾认为撤退的敌军还没有走远，还有返回来的可能，建议把军队分开来防备不测，郭淮让邓艾留驻白水北部。三天后，姜维派廖化在白水南岸面对邓艾扎下营垒，却不渡河进击。邓艾马上识出了姜维的计谋，叫廖化来作牵制，蜀国大军则从东面去袭击洮城。洮城在白水之北，跟离邓艾大营60里。邓艾乘夜秘密赶到洮城，姜维果然领兵来渡河。邓艾军队因抢先占领域邑而使姜维的计划落空。邓艾被赐爵关内侯，加讨寇将军，后来又迁升城阳(治所在今诸城东北)太守。

此时在魏国内部正潜伏着一场危机，司马懿父子集军政大权于一身，擅行废立，屠戮政敌，致使一些支持曹魏皇帝的将领不满而起兵反抗。255年，毌丘俭、文钦据扬州起兵，声称奉太后密诏，发布废黜司马师的檄文，率领6万大军渡过淮河，进军项城。毌丘俭据守项城，文钦在外攻城略地。二人派使者送檄文到兖州打算拉拢邓艾一起反对司马氏。邓艾马上斩杀来使，奉司马师之命，发兵万余占了乐嘉。在乐嘉，邓艾故意摆出一副兵困马乏之状，诱敌前来。不知是计的文钦乘夜进攻乐嘉，结果惨败而归。

时隔不久，陇右战事又起。蜀将姜维率军突袭狄道。魏大将陈泰命雍州刺史王经先入狄道，之后与大军会合。但王经大败故关，于是又擅自渡过了洮水。陈泰见王经不坚守狄道，惟恐有失，急忙统率大军支援。这时王经在洮西再次战败，死亡数万人，只剩万余人退保狄道城，被姜维团团围住。陇右危急，朝廷立刻下诏令邓艾暂行安西将军一职，协同陈泰救解狄道之围。在邓艾的全力打击下，姜维只得撤去包围退走。

偷袭阴平　灭蜀身死

景元四年(263年)秋，司马昭认为南下灭蜀的时机已经成熟，于是让魏王下诏，令自己统一指挥18万大军伐蜀。是年八月，魏军主力从洛阳出发，兵分三路大举攻蜀。

当时蜀军9万，魏军18万，虽说魏军占很大的优势，但蜀道艰险，攻取蜀国成都并非易事。司马昭派征西将军邓艾自狄道攻蜀将姜维于沓中，派雍州刺史诸葛绪自祁山进驻武街，以截断姜维的退路，派镇西将军钟会率前将军李辅、征蜀护军胡烈等自骆谷袭击汉中。汉中吃紧的消息传来，姜维十分担心，剑阁如果失守将会使魏军毫无阻力地直逼成都。于是他立即率蜀将张翼、廖化退守入川咽喉剑阁。钟会攻破汉中一线之后急攻剑阁，蜀军与魏军在剑阁形成对峙之势。

景元四年(263)十月，邓艾趁钟会与姜维对峙之机，率军从阴平小路进兵。阴平位于向水南北两条河流之间，山陵重叠，道路险峻，沿途山路700余里，罕无人迹，行军异常困难。邓艾军队攀木缘山而行，每逢险峻之处，都要凿山架桥，开辟栈道，行进速度非常缓慢。同时粮草也接济不上，全军面临覆没的危险。有时遇到险地，士卒都不敢往下攀行。当此危困时刻，邓艾身先士卒，用毛毡裹身，滚转而下。部下见主将临危不惧，也都附葛攀藤缘崖而进。一次，邓艾率魏军前进途中发现有青烟升起，于是他们便潜行往袭，以求夺取食物充饥。到达之后，才知是数千蜀军的临时营地，当即发动袭击。击垮了疏于防范的守军，生擒其将军团章。这时，邓艾抓紧时机劝降了团章，使其成为魏军的开路先锋。邓艾军继续南行，经宝阅山、天柱山等，通过峭岩绝壁的栈道后，便进入开阔的平地。

邓艾率军行至绵竹与蜀军相遇大战，斩杀了诸葛亮之子诸葛瞻，继而进军雒县，直逼成都。成都空虚，蜀主刘禅只得出城投降，蜀国灭亡。而此时还在剑阁与魏军对峙的大将军姜维被迫投降于钟会。

邓艾攻下蜀国，喜不自胜，自满之情溢于言表。他擅自封刘禅为骠骑大将军，又将蜀汉各级官吏或封官，或纳入自己的下属。又派人到绵竹将两军将士的尸体收埋，在上面筑成高台，建成所谓的"京观"以炫耀自己的武功。

司马昭对邓艾私封蜀人为官的行为十分不满，邓艾又上书请留蜀地，以养精蓄锐，再与吴军决一死战。这不由引得司马昭心中生疑。钟会又在一旁煽风点火，说邓艾要谋反。司马昭不禁疑心大发，决定将邓艾以谋反罪逮捕。

264年，朝廷下诏命钟会押送邓艾回京。不料钟会反叛，导致军士发生变乱。邓艾的旧部将他救出。监军卫瓘曾参与陷害邓艾之事，恐日后邓艾报复，于是派人将邓艾杀死在绵竹。

钟　　会

钟会(225－264年)，字士季，颍川郡长社县(在今河南境内)人。父亲为钟繇，官拜魏太傅，家世显赫。钟会天资聪明，又深有谋略。但素有野心，以致招来杀身大祸。

钟会的父亲钟繇在魏文帝曹丕手下为官，一次，曹丕听说钟家有一神童，便让钟繇将两个儿子带到宫廷。当时钟会7岁，其兄毓8岁。毓见曹丕，顿时吓得汗流满面，曹丕故意试试两个小孩的机敏，便对毓说："卿何以汗流满面？"毓答道："战战惶惶，汗出如浆。"曹丕又问钟会："卿何以无汗？"钟会机智地答："战战慄慄，汗不敢出。"文人爱奇，文学修养极高的曹丕自然对钟会十分喜爱，并称赞了一番。

钟繇

254年，司马师平定了反对自己专权的毌丘俭，在班师途中病死。司马昭闻讯赶来继领大军，处理后事。这时，魏帝曹髦想趁机消夺司马家的兵权，遂以东南新定，局势不稳为借口，诏命傅嘏带大军还洛阳，司马昭留镇许昌。正苦于没有机会展现自己的钟会赶紧找傅嘏密谋，由傅嘏上表推辞，同时请司马昭带兵回洛阳，对魏帝施压。魏帝无奈，只好让司马昭继任司马师之职。钟会也因功迁黄门侍郎，受封为东亭侯。

257年，司马昭召诸葛诞入京做司空，借此削夺其兵权。诸葛诞一看司马昭果然将矛头指向了他，便率10万大军据守寿春对抗司马氏。

七月，司马昭挟魏帝，率大军20万东征。正值在家守孝的钟会顾不上丧期未满，也随大军出发了。

大军压境，诸葛诞见没有取胜的把握，便以投降吴国为条件换求支援。吴国立刻派大将全怿、全端、王祚和降将文钦等趁魏军未到之际，突入寿春城。钟会建议，大军到达之后，只围不攻，等城内粮草断尽，再做攻势。就在这时，局势又发生了变化。全怿从子全辉、全仪因在吴国与人争讼，带着家眷和数十家部曲降魏。钟会一看机会来了，就施了一招反间计，以全辉的名义，给全怿写了封信，又派全家亲信送入寿春城。信上说，吴主怪全怿等贻误军机，不能解寿春之围，下令诛杀家属，他们这才逃了出来。不知真伪的全怿立刻开城投降了魏军。后来，寿春城内粮草日渐减少，诸葛诞又因猜忌，杀了文钦，文钦之子也投降了魏军。过了几日，诸葛诞也被乱兵杀死。这样，诸葛诞之乱平定了。

262年，司马昭下令南下灭蜀。钟会、邓艾各领一路兵马南下入川。一路上，钟会过五关斩六将，势如破竹，好不得意。这日，行到剑阁，遭遇西蜀战将姜维的拼死抵抗，大军不得前行一步。邓艾建议险渡阴平，奇袭成都。钟会却凭借兵多将广，粮草充实与姜维在剑阁对峙着。等邓艾历尽艰辛，攻破成都，姜维奉蜀主刘禅之旨投降之后，钟会从从容容挥师而进。司马昭进封他为司徒、县侯，增邑万户，两个儿子也都封为亭侯，各享邑千户。

已经被胜利冲昏头脑的钟会仍认为司马昭对他十分信任，野心也就大了起来，便开始了自己的一番谋划。钟会受降之后，对蜀将格外亲切。姜维也是政坛老将，慢慢觉察到钟会的狼子野心，姜维也想光复蜀汉，两人目的不同，但都想利用对方达到自己的目的，于是两人达成了一致。

此时，司马昭对邓艾的受降措施不满。钟会便上书诬告邓艾有谋反之心。又截获邓艾的上书，模仿邓艾的笔迹对司马昭出言不逊。司马昭大怒，下令钟会将邓艾押送回京，钟会完成了计划的第一步。

他与姜维商定，由姜维率蜀军担任前锋，自己率大军，水陆并进，直捣京师。但是钟会万没有想到自己的想法与行动都在司马昭的预料与掌控之中。司马昭假情假意地送一封书信给钟会，说他怕钟会一人难以对付邓艾，今已派贾充率步骑万人入斜谷，屯在乐城，自己也率10万大军现在长安，马上就可以与钟会重逢了。钟会看完，大惊失色，这才明白司马昭已经对自己采取行动了。走投无路而又不甘心失败的钟会只好提前行事了。

第二天，钟会召集所有蜀、魏牙门、郡守，出示了他伪造的太后诛杀司马昭的遗诏，宣布司马昭的罪行。但他手下的将士大多不愿和他一起叛乱。钟会只好将他们全部关押起来，换上自己的心腹，并严防死守，以待司马昭大军的到来。

不料，军中传出钟会要活埋魏军将领的谣言，引起士兵哗变。一时间，各军先后鼓噪而出，向城门冲去。城破，士兵与城内被关的牙门、郡守会合，将钟会、姜维团团围住，钟会最终被军兵杀死。

羊 祜

羊祜(221—278)，西晋名将。字叔子。泰山南城(今山东费县西南)人。镇守荆州的同时，积极备战，为将来灭东吴奠定了基础。

出身世家　择时而仕

羊祜出生于官宦世家，家族九世高官(享禄二千石以上)，都以清廉有德行而闻名。祖父羊续曾任东汉南阳太守；父亲羊衍为上党太守。其母蔡氏是东汉著名文人蔡邕之女；其姐姐嫁与魏国权臣司马师。羊祜的妻子是魏国大将曹爽的亲信夏侯霸之女。其祖荫亲眷都是汉末、曹魏时期的显贵，社会地位和声望都很高，这些对他的政治前途有重要影响。

父亲早逝，对羊祜的打击很大，但并没有使自己的志向改变。他刻苦求学，积极进取，逐渐养成了一种自学自励的习惯。他喜欢研读《诗经》和《史记》，认真读《左传》等名著，同时对兵法有浓厚的兴趣。羊祜不仅好学，而且勤于思考，每件事情都要问个究竟。在求学的过程中，他还注重研究实际问题，闲暇之时，外出游历山川险阻，增长地理和地形知识。羊祜年少丧父但能够自强自立，刻苦学习又知书达理，因此在当地留下了很好的名声。他更被一些上年纪的有识之士所称赞，认为他一定会成为国家的栋梁之材。

羊祜出身上层社会之家，才华出众，仪表堂堂，因此各级官府都想任用他为官员，但他对做官有自己独到的认识。当时政治环境恶劣，朝廷上层官员集团之间，相互斗争激烈，只要卷入就难免会受到牵连。羊祜敏锐地看到了这种状况，于是对官府的邀请总是坚决地回绝，从不赴任。他曾被举荐为上计吏，州官四次征召他为从事、秀才，五府也请他出来做官，他从未答应。他被太原人郭奕称为当今的颜回。羊祜与王沈一起被曹爽看中，王沈劝羊祜答应曹爽的任命担任官职，但羊祜并不看好曹爽。后来果然不出羊祜所料，司马懿发动军事政变，把曹爽杀掉，许多官员受到牵连，有的被杀头，有的被免职，王沈因为是他的属官而被免职，羊祜却置身事外。王沈认为羊祜有先见之明。羊祜说："这也不是谁预先能够料到的。"司马懿杀掉曹爽以专朝政，但亲曹

羊　祜

势力还不时起来反抗。嘉平三年(251)四月，太尉王凌造反，要废掉魏主曹芳，企图立楚王曹彪为皇帝。司马懿死后，他的儿子司马师掌权，正元二年(255)正月，镇东将军毌丘俭、扬州刺史文钦又在寿春起兵讨伐司马师，司马师派兵镇压，毌丘俭战败而死，文钦与其子文鸯投奔吴国而去。同年二月，司马昭为大将军，录尚书事，也曾召羊祜为幕僚，羊祜仍不从命。羊祜母亲去世后，长兄羊发又死，羊祜服丧守礼十多年。在守丧期间，他依旧恪守自己的本分，对名利依然没有动心。魏正元二年(255)，司马昭任大将军，征召羊祜，羊祜没有应命。后来，朝廷公车征拜，魏主曹髦任命羊祜为中书侍郎，34岁的他才出来做官。此后，羊祜知识渊博、文武兼备，工作认真，这些因素使他无论在曹魏政权还是司马氏政权中，都十分顺利。

晋武重臣　都督荆州

晋武帝泰始元年(265)十二月，司马炎建晋代魏，自称皇帝。历时46年的魏国灭亡。在司马氏与曹氏的权力斗争中，羊祜站在了司马氏一边，得到司马氏的信任。因为辅佐有功，羊祜被授予中军将军。晋武帝泰始五年(269)，晋升为尚书左仆射、卫将军，负责荆州各地的防务。

羊祜到了襄阳以后，经常穿着便服，带着少数部下，到下边视察工作。他不但重视边防的整顿和加强，而且也十分重视当地的农业、渔业生产和地方政权建设。

羊祜刚到荆州时，军队的存粮不足维持百日。为了解决军队的粮食问题，羊祜从发展生产着手，广积军粮。他减少值勤的巡逻戍卒，抽出一部分军队来垦田，结果所种800多顷粮田皆获丰收，用短短几年时间就积存了可供10年食用的军粮。

在政治方面，羊祜注意廉洁地方的吏治，改革旧的习俗，提倡文化教育，对吴人进行政治争取和拉拢工作。当时襄阳一带，存在着前任的地方官死后，接任的地方官要拆毁重盖新官府的旧习俗，这显然是一种劳民伤财的陋习。羊祜下令停止了这种行为。他对吴国的官吏和将士，都尽量作友好和争取工作，以便减少双方的对立情绪。泰始二年(266)，晋与吴通好之后，吴国派张俨使晋，受到当时晋的大臣贾充、荀勖等人不礼貌的接待，羊祜对之很不赞同。他认为分裂双方迟早要统一，对来使要襟怀宽阔，友好对待，所以他与别人不同，和张俨结为好朋友。到了襄阳前线后，他更注意了从政治上争取吴人的工作，收到了很好的效果。

羊祜以统一全国为目标，所以他训练士卒，积极备战，为灭吴作好准备。吴国石城守将经常骚扰晋的边境，羊祜就用离间计让吴国将石城的守将调走，然后攻占了石城以西吴国的5个城，以此作为对吴作战的前沿阵地。羊祜知道水战是吴军的长处，但他认为伐吴的上策是利用晋已占领长江上游的有利形势，以水军自上而下攻吴，所以他积极训练水军，以弥补晋军的短处。当益州刺史王濬被调为大司农时，羊祜认为王濬适宜于修造舟船，训练水军，就秘密向晋武帝建议，把王濬留在益州负责修造舟船，为以后从水路攻吴作准备。当吴国探知王濬在益州训练水军的情况后，就暗中在长江中的要害处，设置了铁锁、铁锥等障碍物，以阻击顺流而下的晋军水军。羊祜了解到吴国这一准备后，就及时通知了王濬，并研究了相应的对策。后来王濬水军顺流而下，及时清除了障碍物，水军得以顺利行进。

以恩于敌　心系平吴

当时，晋国的实力远远大于吴国。但羊祜还是取信于敌，施以恩德。羊祜每次与东吴交战都公开约定日期，从不使用夜攻偷袭之计，部下有人提出用阴谋诡计取胜于敌军的，羊祜则以饮酒为借口，顾左右而言他，使献计的人很扫兴。部下有人捉到东吴的两个俘虏，羊祜就把他们遣送回家。在羊祜恩德的感召下，许多东吴将领都投降了羊祜。东吴的将领陈尚、潘景率军来进犯，羊祜不客气地将他们击溃，并斩杀了陈尚和潘景，但又厚葬了他们，这是对他们作为军人服从命令的气节的肯定。陈尚和潘景的儿子来迎丧，羊祜按照应有的礼节让他们扶着灵柩，把父亲的尸骨迎接回去。东吴的将领邓香进犯夏口，羊祜派人把他捉住捆绑起来。他见到羊祜认了罪，羊祜就宽宥了他。深感羊祜恩德的邓香回去就向羊祜投降了。羊祜进军东吴境界，割稻谷为粮草，折价送布匹作为赔偿分给当地人。羊祜每次同别人一起在长江、沔水一带游猎，当猎物跑到西晋的边界就停止追捕；当猎物被吴人所射中而由晋人所拾取时，便友好地送还吴人。这样，羊祜赢得了东吴人的信任和尊敬，被称为羊公。

东吴大将军陆抗与羊祜对抗时，也时常称赞羊祜的品德和肚量，认为贤人乐毅、诸葛亮也不过如此。陆抗患病，羊祜派人给他送去药，陆抗服用时并无疑心。

咸宁二年(276)，羊祜都督荆州诸军事已有7年，他认为此时吴国前线将领陆抗已死去，自己的准备工作也十分充分，伐吴的时机已经到了，因而上书晋武帝，建议立即派兵伐吴。他在建议中，通过吴、蜀两国的对比，指出现在的吴国比13年前灭蜀时的蜀国还要衰弱；并分析了晋、吴双方的主客观条件，认为伐吴取得胜利是十分有把握的。

晋武帝司马炎

羊祜还提出了多路进军的伐吴作战方针，他认为多路大军中只要有一路突破吴军防线，战线拉得很长的吴军就会迅速瓦解。

尽管晋武帝很支持羊祜的建议，但是朝中有权势的大臣贾充、荀勖等人，一致坚决反对。他们虽然也提出了众多的反对理由，但最根本的是此次伐吴计划不是自己提出的，如果胜利自己将没功劳的考虑。晋武帝在他们的极力反对下，暂时没有接受羊祜的建议。

两年后，羊祜得了重病，从荆州前线回到了京城洛阳。他虽然患病在身，仍念念不忘伐吴之志。他见晋武帝的时候，又面陈了伐吴之计。

羊祜病重不起，觉得自己再也难以完成伐吴的任务了，就向晋武帝推荐杜预顶替自己的职务。晋武帝咸宁四年(278)，58岁的羊祜去世。

杜　　预

杜预(222－284)，西晋名将。字元凯。京兆杜陵(今陕西西安东南)人。杜预通晓兵法，善长谋略，博学善用，多有建树，故有"杜武库"之称。

博学多才　推行教化

杜预小时候不仅聪明、机敏，而且十分好学。虽然出生于官僚富贵家庭，但杜预对社会上流行的游玩享乐之风并不感兴趣，他最大的爱好就是读书。他读书求学如饥似渴，每天从早读到晚都不嫌疲倦。杜预读书内容非常广泛，包括政治、军事、经济、律令等。而且他读书的目的也十分明确，不为功名利禄，不为飞黄腾达，只是为了增长知识。

杜预的父亲和司马懿有矛盾，结果被关进监狱，幽囚而死，这使得杜预久久没有入仕。后来，司马昭承袭了兄长司马师的官位，杜预娶了他的妹妹高陆公主，这才开始了他的仕途，先做尚书郎，并继承祖父丰乐亭侯的爵位，4年后，转官参相府军事。

杜预跟车骑将军贾充等人厘定律令，完成后，杜预作了注解，然后奏进于朝

中国将帅传

廷。皇帝很满意，下诏把这律令颁行于全国。

泰始年间，杜预任河南尹。杜预认为教化应以京师为中心并向四方辐射，由近而远。因此，他所发布的一应政令、喻示，都贯彻着提倡教化这一主要内容。

杜　预

泰始六年（270）六月，晋武帝派杜预协助安古将军石鉴去陇西抗击鲜卑族树机能的进攻。军队开进到塞外，石鉴在没有察明敌军虚实的情况下，想贸然发起进攻。杜预看到敌人兵强马壮，准备十分充分，而自己来时仅带了步兵300人、骑兵100人，即使加上西域的兵马，也丝毫不占优势；而且晋军是远离后方作战，粮食匮乏，补给困难，又是孤军深入，人马疲乏，如果开战很难取胜。杜预于是建议暂缓进攻，抓紧时间增加兵力，筹措运粮，等等到春天粮草齐备，兵力充实之后再展开战斗，并提出了五条不可以出击、四条不必出击的理由。但石鉴对杜预不听自己命令的行为十分恼怒，不仅没有采纳，而且还上奏皇帝，说杜预来到边境以后擅自修饰城门和自己的官邸，克扣地方官员征集上来的军用物资，造成军需匮乏，且消极作战，贻误战机。接着石鉴派人用囚车将杜预押往廷尉处受审。由于杜预与司马炎是亲戚关系，并且平时业绩突出，仅被削去了爵位。但不久，石鉴出击失败，证实了杜预主张的正确，杜预的罪名也就不成立了。后来匈奴刘猛起兵反对西晋，皇帝下诏命杜预以散侯身份在宫中制定计划。不久官拜为度支尚书，提出了50多条对内有利于国家、对外有利于安定边境的建议，都被采纳。石鉴从前线回来，论功行赏不符合实际情况，杜预给予揭发，两人的矛盾激化，互相指责争吵，结果同时被免去了官职，杜预仅留了侯爵的职位。几年后，他又重新就任度支尚书。

都督荆州　伐吴建功

咸宁四年（278），西晋主张伐吴并一直积极备战的大将羊祜病亡，临死极力推荐杜预代替他的位置。于是，杜预被任命为镇南大将军，都督荆州诸军事。

杜预出镇荆州以后，便继承了羊祜的遗志，积极筹措伐吴，使物资和兵力都比较充裕。而此时的东吴政治腐败，国力日衰，将士离心，民怨沸腾，边防松弛。当时，吴主孙皓在战略上重下游、轻上游，加上东吴兵力有限，吴国在西起建平、东至夏口（今湖北武汉市）的沿江重镇，都没有形成统一严格的防御态势。咸宁四年（278）十一月，杜预派出精锐之师袭击濒临长江、出入三峡的战略要地西陵。东吴在西陵的守将张政疏于戒备，布防混乱，在杜预的突然攻击下西陵失守，损失惨重，许多士兵被晋军俘获。张政慑于孙皓的暴虐，隐瞒失败真情，不敢上报。杜预得悉这一消息后，以送还吴军俘虏为名，写了一封揭露吴军惨败实情的书信送给孙皓。孙皓接到杜预的书信，果然大怒，立即调回张政问罪。同时，改派驻武昌的监军刘宪，率领张政所属部队接替西陵防务。吴国在面临晋朝大军来攻之际，更换第一线统帅，削弱了防卫力量，使军队动荡不安，形势十分有利于晋军。

杜预做好准备工作后，就向朝廷请示何日伐吴。武帝说第二年才能大举伐吴。杜预上表陈说利害，认为当下正是伐吴的大好时机。过了十几天，杜预又上表文，杜预表章送到朝廷时，武帝正与张华下棋。张华也是一向主张伐吴，借此机会对武帝进行一番吹捧和游说，使武帝同意了这一计划。

咸宁五年(279)十一月，晋武帝发兵20万，以贾充为大都督，分水陆六路伐吴。杜预率其中一路，自襄阳南下江陵。

太康元年(280)，在晋军的猛烈进攻下，江城被攻破。长江上游一经平定，沅江、湘江以南，直到交州、广州，吴国的州郡纷纷归降。接着，杜预在武昌会集各路晋军，商议如何进攻吴国都城建康。有人提出，东吴已建国百年，根基深厚，不易拔除；如今临近暑季，雨水正多，疾病将起，应该等到来冬，再发起大规模进攻。杜预则认为缓兵势必功亏一篑，指出攻打东吴已经形成破竹之势，应该乘胜进击，不能给敌人以喘息之机。于是，在他的运筹指挥下，各路大军直指秣陵，所过城邑望风而降。使得主张来冬再进军的人佩服不已，扫平吴国凯旋。杜预因功晋爵为当阳县侯，封邑增加到9600户，他的儿子杜耽也被封为亭侯。

功成身退　居安思危

杜预认为自己家庭世代都是文官，在军事方面没有什么功绩，所以在平吴回到朝廷之后，多次上书请求辞去现任的职务，但没有得到皇帝的批准。

天下虽然归于统一，但杜预深谋远虑，认为如果忘记备战，必然会有危险发生，于是他一面强调练兵习武，加强军备，一方面致力于兴建学校、开办水利建设等利民事业，得到了江汉一带百姓的拥护，周围很远的地方都受到了他教化的影响。他进攻并击败了山越，交错地设置驻屯的军营，分别占据要害地区，以巩固安定的形势。他修缮水利设施，灌溉万顷良田，给土地划定界标，这无论于国于民都十分有利。

杜预同时还考虑到现在国家虽然统一，但也要防止割据势力的出现。杜预经考察和研究发现，割据势力之所以能够立足，除了政治的原因之外，还有重要的地理原因。割据者往往凭借山川险阻，据守要害，占地为王。杜预认为，从政治和民心上解决问题是政治家们的事，而消除山川险阻等产生割据的地理条件、铲除割据势力，是自己的责任所在。杜预对地理和工程知识深有研究，他经测量发现，巴丘、沅湘之间的山川地势险要，既是割据势力的屏障，又是水患的根源。他上表朝廷要求开通杨口之峡，使巴陵之水一泻千里而入大海，朝廷给予了批准，从而既除去了荆州、益州、西川等地割据的地理优势，又解决了上游的水患问题，增加了外通桂陵的漕运。

杜预征南归朝，举朝为之庆贺，他却一如平常谦虚和善，毫无居功自傲之意，这种恬淡无欲的超然态度正是一种极好的自我保护。晋朝政权是争权夺利的产物，从该政权确立之日起，就存在着尖锐的内部斗争。杜预政治头脑敏锐，对此也深有了解。因此，他在言行上都采取了行之有效的防范措施。

晋武帝太康五年(284)，62岁的杜预病故，死后被晋武帝追赠为"征南大将军"。

祖　逖

祖逖(226－321)，东晋名将。字士雅，范阳遒县(今河北涞水北)人。祖逖志向远大，闻鸡起舞，力主北伐，积极实现祖国统一。

闻鸡起舞　击楫中流

祖逖家是北方大姓，祖上世代担任两千石的高官。父亲祖武，曾任上谷太守，但在祖逖还未成年的时候就去世了。

祖逖少年时代，正是西晋王朝由盛转衰之时，而且潜伏的内乱随时都有爆发的可能。封建世族豪门置战后民穷财尽于不顾，竞相以淫侈、奢华彼此炫耀，展开了对糜烂生活的无止境追求。面对国家政治的腐败，祖逖深恶痛绝，心急如焚。祖逖性情豁达，轻财好义，没有故意做作、假装斯文之风。由此，结交了许多侠义之士，在乡民邻舍中享有盛名。

祖逖在青年时代读了很多书，内容也相当广泛，并常常去京师，开阔了视野。人们见祖逖才华不凡，皆以为将来必成大器。24岁那年，祖逖侨居阳平。这时，正值当地考举孝廉、秀才，论才学，祖逖完全可以应试而第，但并不想涉足科场的祖逖没有参加过一次考举。后来，祖逖与中山魏昌(今河北安国西南)人刘琨，同到洛阳(今河南洛阳东北)，当了司州主薄。刘琨和祖逖一样，性格豪爽，行侠仗义。所以，他们二人非常要好，情同手足。这时期，祖逖和刘琨常常居住在一起，晚上共

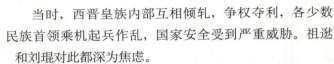

盖一条棉被睡觉。

　　当时，西晋皇族内部互相倾轧，争权夺利，各少数民族首领乘机起兵作乱，国家安全受到严重威胁。祖逖和刘琨对此都深为焦虑。

　　一天半夜，祖逖被远处传来的鸡叫声惊醒，便把刘琨踢醒，说："你听到鸡叫声了吗？"刘琨侧耳细听了一会，说："是啊，是鸡在啼叫。不过，半夜的鸡叫声是恶声啊！"祖逖一边起身，一面反对说："这不是恶声，而是催促我们快起床锻炼的叫声，还是起床吧！"刘琨接受了祖逖的观点，跟着穿衣起床。两人来到院子里，只见满天星斗，月光皎洁，于

闻鸡起舞

是拔出剑来对舞。直到曙光初露，他们才汗流浃浃地收剑回房。

　　后来，祖逖和刘琨都为收复北方竭尽全力，作出了自己的贡献。

　　永嘉五年(311)，匈奴人刘渊起兵，攻陷洛阳，俘虏晋怀帝，居住在北方的汉人纷纷向南逃跑，祖逖也率领宗族数百家向淮泗地区转移。南下避难的人很多，杂乱没有秩序，老弱病残者，大多无所依靠。祖逖本来就性格豪爽，又经过岁月的磨砺，待人更加慈厚。他把乘坐的车马让给年老有病的人，自己步行，并把所带的药物粮食拿出来与大家共用。乱世本来就不太平，途中艰险颇多。祖逖用自己的权略，把难民组织得有条不紊，因此祖逖便被大家推为同行的领导。

　　到达泗口后，祖逖即被司马睿用为徐州刺史，不久，又奉命徙居京口(今江苏镇江)，担任军谘祭酒(军队首席参谋)的重要职务。这时的江南还比较安定，但祖逖不愿安于现状。他心系中原，总是盼望能够收复失地，重兴晋室江山。为此，他着手进行筹备工作，注意招贤纳才。因他抚爱下属，待士众如子弟，因此在他周围汇集了许多有志之士和勇士俊杰，这些奠定了他以后北伐的军事基础。

　　西晋建兴元年(313)，祖逖上书司马睿，对西晋祸乱的起因进行了客观的分析，认识到北伐有深厚的群众基础，请求出兵北伐。

　　司马睿在江南经营多年，实际上建立了自己的小朝廷。他不但不打算北伐，还不断压制打击建议北伐之人，这次，碍于祖逖的声望，只好应允。他授祖逖奋威将军、豫州(今河南东部及安徽西部一带)刺史，但仅给他1000人的口粮和3000匹布，叫他自己制造兵器、招募士卒，进行北伐。司马睿冷淡的态度，并没有使祖逖感到气馁，他从随自己南来的乡族亲友中挑选100多家渡江北进。船到江心的时候，祖逖敲击船桨，当众发誓说："我祖逖若不能清扫中原，就像这东流的大江一去不返"。他的誓言极大地鼓舞了士气，使同行者北伐的信心更加坚定。

　　祖逖渡过长江，先将军队驻扎在江阴(今江苏清江西南)，起炉冶铸兵器，招募士卒，组成了2000余人的队伍，为继续北上作准备。

巧定谯国　智平陈留

东晋建武元年(317)，祖逖进驻芦洲，与坞主张平、樊雅相遇。张平自称豫州(今河南汝南东南)刺史，樊雅自号谯郡(今安徽亳县)太守，各据一城拥兵数千人。祖逖派参军殷乂去张平、樊雅那里劝降。殷乂轻慢张平，说了一些不得体的话，被张平杀死在座席上。后来祖逖攻打张平，并将其杀死，但樊雅仍据守谯郡。祖逖觉得自己的兵力还比较薄弱，便向王含求助，共讨樊雅。王含只派参军杜宣领兵500援助祖逖，祖逖很不满意，但认为杜宣反倒可以帮助自己成就大事，就对杜宣说："您为人很讲信义，又是樊雅的同乡，先前就说服过他。现在您再为我去说服他吧！他如果能投降，不仅可以免于一死，而且可以封官。"

杜宣按计行事，只带了两个随从前往劝说。他对樊雅说："此前殷乂对张平轻慢，并非是祖逖的意思，责任在殷乂。现在如果你归顺朝廷，既可让你做官，还可保你荣华富贵。如果固执顽抗，朝廷则更派猛将大兵压境，你性命也难以保全。希望你能考虑清楚。"樊雅终于被杜宣说服，设酒招待杜宣并结为朋友，然后让他的儿子作为人质随杜宣去见祖逖。过不几天，樊雅亲自登门拜谒祖逖并谢罪。祖逖则放樊雅回去安抚好自己的部下。樊雅的部将因以前辱骂过祖逖而不敢投降，担心遭到报复。樊雅投降的决心发生了动摇，于是又坚守城门，继续抵抗官军。这时祖逖只得率军前往攻打谯郡，同时再派杜宣前去劝降，樊雅被逼无奈，只得斩杀了不愿投降的将领，率部出门投降。祖逖以最小的伤亡代价，平定了豫州。

豫州既平，祖逖便乘势催兵向北推进。陈留郡的蓬陂坞主陈川是当地较大的坞堡势力。他自称宁朔将军、陈留太守，驻据浚仪(今河南开封)，拥兵自立。

祖逖决定攻打陈川，并把陈留当成主要攻击的目标，采取征服陈川，威慑其他坞堡，以平定宪州的方略。祖逖首先发兵一支与川军战于谷水(今河南竹竿河)一带，夺回川军所掠获的人员马匹，迫使对方退回陈留；然后率领主力北上，直逼陈川的老巢蓬关(即蓬陂)。抵挡不住的陈川只好退守浚仪并于不久投降了石勒。当祖逖率队逼近浚仪时，石勒已派石虎率兵5万来救，两军相战于浚仪。由于众寡悬殊，祖逖避开与石虎正面交战，在浚仪一带摆下了许多奇阵。石虎大败而逃，只剩下桃豹率众固守浚仪。

浚仪是陈川经营数年的老据点，向为兵家必争之地，祖逖于是集中兵力准备拔除浚仪。桃豹虽兵力不及石虎，但凭城固守，拒不出战，加有石勒的支持，祖逖久攻不下，两军出现相持局面。

晋元帝大兴三年(320)，祖逖派部将韩潜攻打浚仪，但以失败告终。桃豹驻守城西台，韩潜驻东台，两军各据一台，都无法吞并对方。同一浚仪城，豹军从南门出入，逖军从东门出入。这样一直对峙了40余日，双方均乏粮难于支持。祖逖为了就此挫敌锐气，利用双方粮绝人饥的机会，施用了一个绝妙的计策：他命令士兵将土装入布袋，如同米袋一般，让1000多人送上东台，故意制造运粮的声势，向据守西台的敌军士卒显示。他还命令一些人出城担米，在经南门附近时，假装疲劳休息于道。桃豹派兵往击，担米者故意弃担而走，让他们掠去。桃豹的士兵掠得白米，又见东台祖逖军中搬来搬去，都认为祖逖米粮充足，而自己饥馑已久，不堪支持，于是更加畏惧怯战，营中士气随之大衰。

石勒听说桃豹在浚仪缺粮，便派部将刘夜堂用1000头驴饱驮粮食运往浚仪。密切注意敌军增援的祖逖，很快得到了这一消息。于是，他派出重兵拦击石勒粮队，一直追击刘夜堂至汴水，将所用军粮全部截获。祖逖营中得到军粮补给，士气更盛。而桃豹久不得济，更加恐惶不安，后来看到粮尽援绝，只得放弃浚仪，北撤东燕城等待援助。

祖逖的胜利极大地影响了黄河以南的战事。为了扩大战果，趁机推进，祖逖将部队分为三支：一由韩潜率领，北进封丘（今河南封丘），追击桃豹；一由冯铁率领据守浚仪东西二台，控制这一水陆交通要地，一由祖逖率领镇守雍丘。石勒军队每次来犯，三支部队便前后呼应，相互协同，阻截或夹击之。石勒得不到南下机会，在这一带的势力也就随之逐渐瓦解。就这样，祖逖顺利地收复了原陈川控制下的陈留郡。

元帝大兴三年（320）七月，祖逖以军功被司马睿任命为镇西将军。

在祖逖的威慑下，石勒不敢出兵到河南，他派人在成皋县修祖逖母亲的坟墓，并写信给祖逖，请求互通使节、互市贸易。祖逖虽然没有回信表示同意，但听任双方互市，使自己获得十倍的收获，于是官方和私人都富足起来，兵马也日益强壮。

正当祖逖准备渡河北进、完成统一大业之时，晋元帝听说祖逖在河南深得民心、屡建战功，害怕对自己的统治造成威胁，想派戴若思为都督兖豫雍冀并司六州军事、征西将军予以牵制，致使祖逖心中十分不快。他还听说朝中王敦、刘隗等人矛盾激化，拥兵自重，担心朝廷发生内乱，北伐不能成功，因而忧愤成疾。于是，他把家眷安排在汝南大木山下。当时中原的士大夫都认为祖逖应该进据武牢，纷纷劝阻他不应把家属安置在险要之处，但祖逖都没有听劝。

戴若思限制严格，使得祖逖志不得伸，又忧又愤。恰在这时，他闻听朝中群臣相争，日益激烈，更担心内乱再起，北伐半途而废。不久，便得了重病。在疾病缠绕中，祖逖仍致力于河南地区的防务。他亲自督建了北临黄河，西接成皋，规模巨大的武牢城（今河南荥阳北）；又督令在汝阳、汝南、新蔡等地筑垒设防。遗憾的是，工程还未完工，祖逖便旧病复发。九月间，他怀着满腔忧愤，死于雍丘营中，时年56岁。

刘　　琨

刘琨(270－317)，东晋名将。字越石。中山魏昌(今河北无极)人。汉中山靖王刘胜的后代。刘琨身处乱世，屡建奇功，位极人臣，但终因无法自持，左依右附，死于乱中。

攀附权贵　安定并州

刘琨年轻时俊逸清朗，雄健豪迈，为当地人所称赞。26岁时，任司隶从事。当时，征虏将军石崇在河南金谷洞建造了一座别墅，称为"金谷园"，他招宾客于此，赋诗饮酒，游戏作乐。刘琨是那里的常客之一，文章颇受他人称道。秘书监贾谧其时参预朝政，贾后一派独揽大权，京师人士对贾谧无不争相趋附。石崇、欧阳建、陆机、陆秀、刘琨等人均以文才称世，都对贾谧曲意逢迎，时人号称"二十四友"。刘琨后来被太尉高密王司马泰招为掾属，后迁著作郎、太学博士、尚书郎。

赵王司马伦执政以后，任命刘琨为记室，督转任从事中郎。司马伦之子娶刘琨姐姐之女为妻，司马伦也非常倚重刘氏父子兄弟。永宁元年(120)，赵王司马伦篡位，刘琨为太子詹事。齐王等人起兵反抗司马伦，司马伦派刘琨及权臣孙秀之子孙会迎战，结果兵败而回。后来司马伦被杀，齐王司马冏辅政，不仅宽大处理了刘琨家，还封其为司徒左长史。齐王司马冏后来也失败下台，范阳王司马虓镇守许昌，招请刘琨担任司马。晋惠帝司马衷被劫持到长安，东海王司马越准备发兵迎驾。不料被刘乔率军击败，司马虓出逃，后与从汝南而来的刘琨会合共赴河北。刘琨说服冀州刺史将位置让给司马虓。同时又从幽州王浚处借得800骑兵，再次南下。不久，刘琨率破东平王司马楙，退刘乔，斩石超，降吕朗，然后与众人将晋惠帝司马衷从长安迎回。刘琨以功封广武侯，食邑2000户。

晋怀帝司马炽永嘉元年(307)，刘琨出任并州刺史，加授振威将军，领匈奴中郎将。

刘琨去并州上任途中，不断遇到胡兵阻挡，只得一边抵抗一边前进，他上表朝廷说并州境内百姓困乏，流

持刀陶俑　西晋，明器。左俑高20厘米，右俑高17厘米。出土于湖南省长沙市。

离失所，卖儿卖女，一路上都是携老扶弱，遍地白骨，还不时有胡人军队的出没。并请出朝廷出谷500万斛，绢500万匹，绵500万斤进行救助。朝廷答应了他的要求。当时，东嬴公腾从晋阳移镇邺城，并州土地荒芜，百姓都跟随腾南下，余户不满2万。寇贼纵横，道路阻塞。刘琨招募到千余人，辗转作战至晋阳。见到此处官府、寺庙、房舍都被烧毁，僵尸遍地，剩下的人都饥饿得面无人色。到处是荆棘成林，豺狼满道。刘琨组织人翦除荆棘，收葬枯骸。建造房舍，开辟市场，修整监狱。盗寇来偷袭，经常使城门附近成为战场。百姓耕种时都带着武器，以便随时防寇。没有牛以人代耕。刘琨安抚慰问，很得民心。当时刘渊据守离石，距晋阳才300里左右。刘琨暗中派人离间其属下，有各族人近万投降刘琨，刘渊惧怕，迁都蒲子。刘琨在官不到一年，流人回来不少，鸡犬之声又如以前连绵不绝。刘琨的父亲也从洛阳去投奔他，各地人士到并州的大多归附于刘琨，但刘琨善于怀抚，而短于控制。一日之中，来者虽多，去者也不少。

刘琨生活奢侈，喜好声色，刚到并州时还能暂时控制自己，但情况稍好，就又放纵了。河南徐润善长音乐，刘琨很喜爱他，让他担任晋阳令。徐润后来又干预刘琨的政事。奋威护军令狐盛性正直，经常以此规劝刘琨，并劝刘琨杀徐润，刘琨不听。徐润诬陷令狐盛，刘琨丝毫不加详察就将令狐盛杀死。

令狐盛的儿子令狐泥投奔刘聪，并将刘琨的虚实泄露出去。刘聪大喜，以令狐泥为向导偷袭晋阳，太原太守高乔投降，杀死刘琨父母。刘琨马上联合猗卢回击刘聪并将其击败。猗卢认为刘聪一时还灭不了，便送给刘琨一些牛羊车马，留其将箕澹、段繁等屯戍晋阳协助刘琨。刘琨一心想复仇，但力量不足，遂移居阳邑城，招集亡散士卒，抚慰伤病之人。

兵伐石勒　遭乱身死

313年，晋愍帝即位，拜刘琨为大将军，都督并州诸军事加散骑常侍假节。刘琨上疏言谢，并表示与刘聪势不两立。建兴三年(315)，愍帝拜刘琨为司空，都督并、冀、幽三州诸军事。刘琨推掉司空一职，接受三都督之职，约期与猗卢共讨刘聪。但不久猗卢父子相残，猗卢及其侄猗根都因病逝世，部落四散，刘琨之子刘遵先前作为人质在猗卢处，颇得人心。猗卢部落四散，刘遵与箕澹等帅卢众3万人，马牛羊10万归附刘琨，刘琨威势再次振兴。

不久，石勒攻打乐平(今山西昔阳)，乐平太守韩据向刘琨求救。刘琨认为自己势力已经壮大，准备趁此机会打仗立威，震慑石勒。箕澹认为部众新附难以驾驭，劝其不要出征。同时建议刘琨现在应当收购粮草、抄掠牛羊、发展生产、训练士卒，待条件成熟以后再率兵出战。刘琨拒绝采纳，发动自己的全部士兵，前去与石勒作战。石勒接到报告之后，迅速派兵占领险要地形，以逸待劳，设下伏兵。刘琨自投罗网，全军覆没，自己只率领少数人狼狈逃脱，并州地区震动。兵败势单，天旱人饥，刘琨只好去幽州投奔数次来信相邀的鲜卑首领段匹磾。段匹磾热情接待，与刘琨结为姻亲，约为兄弟，对他非常尊重。

建武元年(317)，段匹磾推举刘琨为大都督，发信邀诸郡守率兵在襄国聚合，共同商讨攻打石勒。段匹磾的从弟末波因接受石勒的贿赂而故意拖延不肯发兵。刘琨与段匹磾感到兵力不足，于是停止了计划。同年，晋元帝任命刘琨为侍中、太尉，其余如旧，并赠名刀。刘琨表示一定亲自执刀杀勒、聪二虏。

段匹磾兄长去世，刘琨派儿子刘群护送段匹磾奔丧，遭到末波袭击，刘群被俘。末波厚待刘群，答应推琨为幽州刺史，共同攻击段匹磾，将刘群所写书信送给刘琨，约刘琨为内应，却被段匹磾截获。当时刘琨另驻扎于故征北府小城，不知道有此事，段匹磾与他见面并把书信给他看。

段匹磾一直敬重琨，最初并无害琨之心，准备让琨还营。其二弟叔军有智谋，平素为段匹磾所信。叔军对段匹磾说："我们胡人所以能使晋人服从者，因为怕我们人多。现在我们骨肉相残，正是晋人图我们的良机。如果有人奉琨以起兵，我们全族都要灭亡。"段匹磾就把刘琨留住。刘琨之子刘遵害怕遭到杀害，便和刘琨左长史杨桥、并州治中如绥，闭门自守。段匹磾向他解释，刘遵不听，段匹磾下令攻打刘遵。刘琨部将龙季猛，因缺粮，就斩杨桥，如绥投降。最初刘琨离开晋阳，也考虑到段匹磾不一定可靠，企图以至诚来感动段匹磾。因此每次和部下见面时，都慷慨陈词，诉说困境，准备随时和部下战死于于疆场，没想到竟为段匹磾所拘。自己知道必死，作五言诗以赠其别驾卢谌。

刘琨一向忠于晋室，素有极高威望。西晋朝野人士对刘琨被拘都表示极为愤慨，但谋救刘琨却遭失败。权臣王敦一向忌惮刘琨，他秘密派人前来，要段匹磾杀掉刘琨。段匹磾缢死刘琨，子侄四人同时遇害。刘琨时年仅48岁。东晋朝廷因段匹磾势力强大，准备借他消灭石勒，因此对刘琨的死未作任何反应。

太兴三年(320)，晋元帝司马睿追赠刘琨为侍中、太尉，赐谥号曰"愍"。

谢　玄

谢玄(343 — 388)，东晋名将。字幼度。陈郡阳夏(今河南太康)人。宰相谢安之侄。谢玄志向远大，试图挽救危亡，重振晋室。他创建"北府兵"，在淝水之战中一举成名。

卫国将才　解围彭城

晋康帝建元元年(343)，谢玄出生。他的祖父、父辈代代身居文武要职；叔父谢安为东晋著名的政治家，位至宰相，建树颇多。谢氏一门本是北方士族中的大族，祖居陈国阳夏(今河南省太康)，西晋末年因避乱南徙，被排在南迁大族的行列之中。

谢玄在很小的时候就死了父亲，由叔父谢安养育成人。谢玄自幼聪颖敏慧，好学善思，在叔父谢安深切关怀和精心调教下，他志向远大，兼备文韬武略，有经国之能，完全不同于一个纨绔子弟。

殷浩、桓温的北伐给青年时代的谢玄留下了深刻的印象，从那时起他开始显露才能，加上又是名门出身，所以很快引起了人们的重视。不断有人请他出来做官，但是，谢玄没有轻易应允，一般都加以拒绝。后来征西大将军桓温征召，他才和王导之孙王珣一起作桓温的部属并受到桓温的优待和尊重。桓温曾预言这两人都很有前途，说谢玄是难得的大将之才。桓温是东晋明帝司马绍的女婿，本来也很有作为，先前曾率领东晋军队消灭割据四川的成汉政权，东晋永和十年(354)领兵北上进攻前秦，进入关中，后来又收复洛阳，一时威信甚高。谢玄于多次拒绝做官后，突然改变态度，偏偏在此时出来供事桓温，可以说是桓温的北伐事业打动了他，吸引了他。

在北方，氐族人符坚已建立秦国，且国势日趋强大，在此基础上，符坚积极向外扩张势力。他多年征战，先后灭掉前燕、代国、前凉等割据政权，初步统一了北方。然后，不断举兵加强对江南的武力扩张，屡败东晋军队。晋朝为图生存，急于征选江北军事主帅，以加强江北防务，抵御前秦。国家危机，东晋丞相谢安不避嫌疑，违众举亲，推荐侄儿谢玄出征。此事曾引起朝中的怀疑、议论和责难，但谢安仍旧坚持自己的立场，向朝廷推荐谢玄。

孝武帝太元二年(377)，谢玄被召还京，受命为建武将军，调任兖州刺史，领广陵相，负责江北的防务与军事。

谢玄就职后，将军队驻扎在广陵。他在当地招募勇士，加紧训练，组建了一支战斗力颇强的新军——"北府兵"。他还注重选拔培养智勇之士，彭城(今江苏徐州)人刘牢之、东海(今江苏东海西北)人何谦、琅玡(今山东临沂北)人诸葛侃、乐安(今山东淄博西北)人高衡、东平(今山东东平西北)人刘轨等，都是经他发现并培养的。谢玄任命刘牢之为参军，战时常领精锐为前锋，攻无不克，战无不胜。由于"北

谢　玄

府兵"将士多系北方流民，他们思乡心切，对秦作战十分坚决，勇猛顽强，纵横在江淮一带，使秦军望而生畏。

孝武帝太元三年(378)，苻坚派其子苻丕，率兵17万，分四路会攻襄阳(今湖北襄樊)；另派大将彭超率兵7万分路进攻彭城、淮阴(今江苏淮阴东南)、盱眙(今江苏盱眙东北)，目的在于两军并进，使晋军首尾不能照应，进而占领江淮地区的战略要点，以此作为将来进攻建康的跳板。但东晋依旧发出两支军队进行援救：一由车骑将军桓冲率领，西上救援襄阳；一由谢玄率领，救援彭城。

最初，围城秦军的戒备十分森严，使晋军无法突破进入城中。谢玄先与城内守军取得联系，进一步作了沟通，以稳定军心。但此时，西线襄阳已陷，彭超借势逞凶，围城愈急。晋军无力与城内守军内外夹攻，挫敌凶锋，于是，谢玄便采用了一个声东击西、逼敌自退的破围之策。他侦察得知：彭超虽然兵围彭城，主力全部在彭城以东泗水沿岸，但粮草等都在彭城北部的留城。于是，他派部将何谦故意扬旗鸣角，绕过彭城，袭击留城；自己则亲率主力作好迎接守军突围的准备。果然，彭超发现晋军抄袭后路，慌了手脚，急忙令围困彭城的部队回撤救援留城。谢玄见敌中计，遂命何谦改道直奔彭城，彭城守军也乘机突出城外，会合何谦，大败秦军于泗口。这样，谢玄采取攻其必救、调虎离山之策，解救了彭城之围。

破敌三阿　　决战淝水

孝武帝太元三年(379)二月间，不死心的彭超又纠合部众进据彭城，南下淮阴。四月间继续南下，与从襄阳东下的毛当、王显所部秦军2万余人，会攻淮南(今安徽淮南市西南)。五月十四日，彭超攻占盱眙，又以6万之众进围三阿(今江苏高邮西北)。秦军的先锋部队曾一度到达距广陵百里的地方。同时，秦将毛当、毛盛等率骑2万袭击堂邑(今江苏六合西北)，将4万晋军击溃。秦军西、北两个方向步步压逼，震惊了在建康城中的满朝文武。孝武帝一面急命征虏将军谢石，率水军北屯滁中(今安徽滁河流域)；一面急命广陵一带的谢玄，向北援救三阿。

接到诏令的谢玄立即把军队向北移到白马塘(湖名，今江苏宝应西北)畔。当时，彭超、俱难等在兵围三阿的同时，西据盱眙、北据淮阴，企图利用三阿、盱眙、淮阴三地鼎足相掎之势，互为支援。在三阿一带，他们则依靠山势，摆下了层层围困阵式，打算一举歼灭三阿的晋军。

谢玄认为若消除盱眙、淮阴对三阿的支援之势，必须速战速决，于是采取了勇猛迅捷、直捣敌营的战法。首先，他集中全部兵力与三阿晋军内外配合，水陆夹击，在白马塘一带击败彭超、俱难6万余秦军。五月十二日，谢玄又乘敌混乱之机突破三阿的重围，迫使彭超退守盱眙。为了不给敌军以喘息机会，谢玄立即会合驻守三阿的幽州刺史田洛所部，合兵5万，一鼓作气，乘势进击，直逼盱眙。六月初七日，再次大败彭超、俱难军，夺回盱眙城，迫使秦军向北退守淮阴。

谢玄为彻底歼灭来犯的秦军，消除祸患，派何谦等率舟师，趁海水倒涨之机，绕道西上，焚毁淮水上游的秦军兵桥，将敌军退路斩断；接着，谢玄率队猛扑淮阴城。彭超率少数部队企图抢渡淮水北逃，又遭谢玄追击，大败于君川（盱眙北）一带。这时，由于刘牢之依计攻破了秦军事先设在淮水的浮桥，李都又破坏了秦军的运船，秦军士卒、将帅拥挤于淮水南岸，既不能向北渡河逃走，又不能向南进攻晋军，慌乱一团。晋军乘势冲杀，很快全歼秦军，敌将彭超、俱难只身脱逃。

谢玄指挥的三阿之战既解除了东晋来自江北的威胁，又改变了自襄阳失守以来江南民心不稳、兵心不振的颓势。此后，谢玄固守江防，威名远扬。晋孝武帝以军功封谢玄为冠军将军，加领徐州刺史，封东兴县侯。

383年，前秦皇帝苻坚纠集了近百万军队大举南下，欲与东晋一决雌雄。东晋都督徐州、兖州、青州等诸州军事的将军谢玄，与其叔父征虏将军谢石、从弟辅国将军谢琰等率军8万以御敌。苻坚军经颍水、洛水一带渡淮水，进驻寿阳（今安徽寿县），列阵于淝水（今安徽东淝河）。苻坚军与晋军隔水相望，不能渡河。谢玄派使者对前秦大将苻坚的弟弟苻融说："贵军远道而来，进抵我国境界，临水列阵与我军对峙，不就是想和我军速战速决么。如果贵军稍作退却，允许我军渡河，让双方将士在开阔地上交战，决一雌雄，我们骑马观战不也是一件快事吗？"苻坚就此事与诸将讨论，诸将都认为秦军远超晋军，应以淝水来阻断晋军而不能使其渡水北来。但自恃兵多而颇为自负的苻坚却说："稍作退却也没什么了不起，让晋军渡河，在晋军半渡之际，我军以数十万铁骑猛攻，逼于水中消灭他们。"苻融也赞同这一决策，于是挥师后移。

苻坚军队庞大，已是尾大不掉之势，而且兵员由各族人纠集而成，目的各有不同，都无心恋战，所以一退即不可止。混在其中于襄阳被俘的晋将朱序也故意大呼："秦军失败啦！"这时谢玄与谢琰等率8000精兵乘机渡过肥水，与苻坚军展开决战。在混战中苻坚被晋军流箭射中。苻坚见秦军败退，溃不成军，便迁怒于苻融，在阵前将其斩杀。前秦军群龙无首，全线崩溃，自相践踏及淹死于水中的不计其数，以致把淝水的河道都堵塞了。剩余的残兵败将，丢盔解甲落荒而逃，听到风声鹤唳都以为是晋军，死伤的人漫山遍野。时值十一月严寒，逃跑士兵风餐露宿，冻馁而死者又有十之八九。

壮志难酬　抑郁而终

淝水之战，前秦军队主力损失殆尽，内部出现混乱，趋于崩溃瓦解的边缘。但一心偏安江南的东晋朝廷丝毫没有乘胜北上的打算。东晋转危为安，它统治集团内部固有的钩心斗角的弊端又开始显露出来。谢氏父子叔侄拒敌有功，但是因此而受朝廷特别是司马氏皇族的猜忌。当时威望、地位仅次于谢安的车骑将军、荆州刺史桓冲病故，谢玄屡有战功，名望很高，很多人认为应该将谢玄加以提拔，继任桓冲的位置，但谢安迟疑顾虑，始终不敢委任。淝水之战后一年，即东晋太元九年(384)八月，东晋朝廷才因谢安进取中原的奏章以谢玄

谢　安

为前锋都督，率师北伐。在这期间，鲜卑族的慕容泓、慕容冲先后起兵，相继称帝，在前秦的腹地关中创建西燕政权。随后，羌族首领姚苌也在关中叛秦，自立后秦政权。与此同时，鲜卑族慕容垂也起兵攻打苻坚庶出长子苻丕镇守的邺城。北方割据政权林立，迅速瓦解了前秦政权，收复中原的有利条件就摆在东晋面前。

谢玄分兵二路北伐前秦，刘牢之等攻克谯城(今安徽亳县)，谢玄则挥军直趋颍水，在以北府兵为首的晋军猛烈攻击之下，一路进军顺利。

谢玄的北伐军在一年之内先后收复了徐、兖、青、司、豫、梁六州，进抵黄河以北地区，形势发展很好。谢玄升任为都督徐、兖、青、司、冀、幽、并七州军事，加封康乐县公。

但是，东晋朝廷对于北伐收复中原的态度一贯消极，他们的目标只满足于收复黄河南岸的几个州，免除北面威胁，确保偏安王朝的继续存在。而且司马氏皇室对于大将立功在外，向来是怀有戒心和嫉妒的。此时，晋皇室会稽王司马道子等逐渐独揽大权，掌握朝政，他妒忌谢氏家族所立的功业，排挤谢安，东晋政局的变化对谢玄的北伐布下了阴影。

谢玄北伐进展顺利，朝廷的加官似乎是支持谢玄继续北进收复三州，但在实际上，却正在寻找撤军的借口。当刘牢之所部即将到达邱城时，受到慕容垂威逼的镇守邺城的前秦苻丕向东晋军求救。刘牢之引兵救援，东晋太元十年(385)四月在邺城击败慕容垂。慕容垂兵败至新城(今河南伊川西南)，东晋军追到新城之北的五泽桥时，因士卒忙于拾取敌人丢下的辎重器械，队伍稍乱，慕容垂趁机调头反击，东晋损失兵员数千。但刘牢之很快采取措施，把队伍重新集合起来，挽回了损失。但是东晋朝廷立即抓住这个把柄，马上把刘牢之及其所部从前线召回，镇守淮阴(今江苏清江西南)。

随后，东晋朝廷借口长年征战，应该撤回军队进行休整，干脆把谢玄也调回淮阴。主将被召回，加上这年八月，支持北伐的谢安已死，北伐之举实际上已半途而废。此后不久，谢玄等苦心奋战收复的失地，又纷纷丢失，原来已经投降东晋的一些将领又相继背叛东晋，黄河以北地区再次陷入混乱之中。

长期苦战和劳累过度，谢玄被征还后不久就病倒了。谢玄晚年，遭遇不幸，精神抑郁。他考虑到自己因病而难以再处理政事，立即上疏朝廷，要求解除职务。朝廷命他移镇东阳城(今山东益都北)。在此前后，他的家庭又连遭灾祸袭击，谢玄的病情日益恶化，尽管身处病榻，谢玄却总是心系国家，他仍然频频上疏，表达他对国家前途、命运时刻悬念之情和解职去官的要求，前后上表疏十多次。

东晋孝武帝太元十三年(388)，一代名将谢玄病故于会稽内史任上，时年46岁。死后晋帝追赠他为车骑将军，谥号"献武"。

陶　　侃

陶侃(259－334)，字士行，东晋名将。祖籍东晋鄱阳郡(今江西波阳县东北)人，后来全家迁往庐江浔阳(今江西九江)。陶侃谦虚恭敬，小心谨慎，而又明谋善断，屡立战功，为吏清正，受到人们的称赞。

以谦待人　屡立战功

陶侃在少年的时候，父母就去世了，成为孤儿，家境清贫。陶侃最初任县吏，后经鄱阳孝廉范逵推荐，被庐江太守张夔任为督邮，领枞阳令。陶侃到任后认真工作，使名气逐渐传扬开来，不久被任为主簿。

陶侃为人既仗义，又谦恭。有一次，张夔的妻子患了重病，陶侃到数百里地之外去请名医。当时正值冬天，天降大雪，众人无不惊叹，他却说："我向来对待君子的礼节就像对待父亲的礼节一样，现在君子之妻患病，就如同自己母亲患病一样，哪有不尽心之理呢？"

尚书乐广想要召集荆、扬一带的士人，武库令黄庆把陶侃推荐给了乐广，黄庆后来做了吏部令吏，举荐陶侃补武冈令。后因和太守吕岳有隔阂，陶侃辞职回郡做了小官。恰好这时刘弘为荆州刺史，他任陶侃为南蛮长史，派他先出发去襄阳讨伐贼军张昌。陶侃一战就将敌军击溃，一举成名。

陈敏作乱，刘弘任陶侃做江夏太守，另封应扬将军。陈敏派弟弟陈恢来侵犯武昌，不久，陶侃派兵抵拒。随郡内史扈环到刘弘处挑拨他和陶侃的关系，刘弘却认为自己十分了解陶侃的忠诚，不会有什么隔阂之事的。陶侃暗中闻知此事后，立即派儿子陶洪和侄子陶臻去见刘弘，陈说情况，以解开刘弘的疑点。刘弘便任他们为参军，又加陶侃为都护，让他和诸军并力抵拒陈恢。陶侃用运输船当作战舰攻打陈恢，所向必破。不久，陶侃母亲去世，陶侃也因而离职。

陶侃

丧期刚过，朝廷便任命陶侃为龙骧将军、武昌太守。皇帝下令让陶侃去攻打杜弢，令振威将军周访、广武将军赵诱受陶侃节度。陶侃令二将做前锋，二将所带军众英勇作战，大破敌军。随之，陶侃又率军日夜兼程，三天后到达荆州，击败敌军，荆州之围于是解除。后来，参军王贡、部将张奕背叛，陶侃兵败，朝廷将其官职全部免去。在王敦的一再上表请求下，朝廷让陶侃戴罪立功。陶侃再整军队带周访等进军湖南，派都尉杨举做前驱，打败了杜弢，屯兵于城西。陶侃因此也得以官复原职。他又劝降了杜弢的将领王贡，攻克长沙，全胜而还。

惜时如金　平乱有功

陶侃在没事的时候有个习惯，就是早晨起来把100块砖从斋里搬运到院中，晚上再把这些砖一块块地搬回屋里。他用这种方法来锻炼身体和意志，受到人们的钦佩。

陶侃生性聪敏，勤于吏职，无论遇到什么事，他都处理得滴水不漏。他常对人讲："大禹是圣人，他都十分珍惜时间，我们凡人，对时间更应珍惜，哪能逸游荒醉，生无益于时，死无益于后，这是自暴自弃的做法。"平时他如发现手下有玩赌博游戏的，当着众人的面把玩具扔到江中，并加以斥责，甚至动用刑罚。有赠送东西的，他必须问明来源，如是用自己的能力所得到的，则欢喜地收下，还要加倍回赠；如是贪污官家所得，则立即退还，而且还要当面批评。

苏峻拥兵自重，叛乱朝廷，向京城进军，因京都没有良将拒守，平南将军温峤邀请陶侃回援京城。陶侃换上军装，登上舟船，昼夜兼程向京城进发，很快在石头城和温峤相会。诸将思战心切，主张立即与敌军决战，而陶侃认为当前贼军势力较强、不可硬拼，应以智计擒捉苏峻。但没能说服众人。二军开战以后，朝廷大军多次败北，诸将请求在查浦筑垒。监军部将李根建议在白石垒驻军筑垒，陶侃听从其建议，天黑时开始修筑，早晨时已经修成。等敌军早上起来，发现突然出现的垒，不禁十分惊讶，于是转攻大业垒。陶侃想派兵去援救，长史殷羡说："如果现在派兵去解救大业，步战必不如苏峻力量强，那样的话可就大势去矣！现在只需急攻石头城，苏峻一定要来解救，大业之围自解。"陶侃于是采纳他的建议攻打石头城，趁苏峻回救之时，将其打败。

将军郭默假造命令袭击平南将军刘胤，自领江州，陶侃听说后便认为此事有诈。于是派遣将军朱夏、陈修带兵据守溢口，陶侃带领大军跟随而进。郭默探知消息，立即派人给他送来艺妓、奴婢和丝绢百匹，连同他伪造的诏书一起呈给陶侃。参佐多谏说："如果没有诏令，郭默是不敢这么干的。如果进军，也应该等到命令传达下来才是啊！"陶侃厉声说道："刘胤一向被朝廷重用，即使真的不胜任职务，也不致会遭到朝廷的讨伐。郭默这个人虽然骁勇，但暴掠成性。他定是想趁着大乱刚刚息定，国家刑纪宽松，便想成就自己的野心罢了。"于是派人上表征讨郭默，结果郭默部将擒获郭默父子来降。不久，陶侃又率军平定了襄阳。战后，陶侃被任为大将军，可以带剑上殿，入朝不拜。

陶侃到了晚年，不想再参与朝事，请求逊位。后来他病重，想回长沙，军资器杖牛马舟船皆有定簿，封印仓库，亲自掌握门钥匙，直到亲手把这些交给继任者王愆期，才登船出发，朝野众人无不以为美谈。

陶侃乘车到临津坐船，第二天，便在樊谿病逝，时年76岁。晋成帝闻知陶侃病逝的消息，十分悲痛，下诏追赠他为大司马，又赐谥曰"桓"，下令祠以太牢。

桓　　温

桓温(312－373)，字元子，穆帝时任征西大将军，封南郡公；海西公简文帝时任大司马；孝武帝追赠丞相，东晋龙亢(今安徽怀远)人。父桓彝，官至宣城太守；母孔氏，赠临贺太夫人。桓温是东晋名将，文武全才，雄豪有威，战功累累，但其心怀异志，有意废立，贻讥后世。

少有雄略　立志北伐

当桓温出生不到1岁的时候，太原温峤见到他说："这个小孩有奇骨，可以试着让他哭一下。"听到他的哭声，温峤说："真是英雄人物呀！"桓彝因温峤欣赏，于是取名为温。温峤笑着说："这样的话，以后改成我的姓吧。"

桓彝被韩晃和江播所害，当时桓温15岁，枕戈泣血，志在复仇。到18岁时，正赶上江播去世，他的3个儿子居丧，桓温诈称吊丧之宾，拿刀进入屋里杀死江播的3个儿子，当时人们都称赞他。

桓温豪爽有风度，姿貌甚佳，面有七星，他娶了明帝的女儿南康长公主，官拜驸马都尉，袭爵万宁男，出任琅玡太守，累迁徐州刺史。

当时，李势的势力微弱，桓温有志于在西蜀立下功勋。穆帝永和二年(346)，他率兵西伐，正是由康献太后临朝的时候。当桓温准备出发、上疏而行时，朝廷认为西蜀险要偏远，而桓温兵力不多，进入敌方，甚为担忧。当部队到彭模时，他命令参军周楚、孙盛守卫辎重，自去率领步兵直接奔赴成都。李势派他的叔父李福及李权等攻打彭模，周楚等进行防御，李福退却，桓温又能进攻李权等，三战三捷，对方兵散，从小路逃跑归往成都。桓温军队越战越猛，乘胜追击，大获全胜。桓温在西蜀停留1个月，举贤旌善，百姓无不称赞。桓温因功进升征西大将军、开府，封临贺郡公。

石季龙死后，桓温想率兵北征。朝廷依靠殷浩等人来制衡桓温，桓温相当愤怒，然而他很了解殷浩，并不怕他。

后来，殷浩到洛阳修复园陵，历经数年，屡战屡败，器械全部用光。桓温进督司州，因朝野怨言叠起，于是他上奏免除殷浩，从此内外大权归属桓温一人。他马上统率步骑兵4万奔赴江陵，水军从襄阳进入均口。到南乡，步兵从淅川(今河南淅川均水)进征关中。所到之地居民都不受侵扰，能够安宁地生活。一路上拿酒宰牛迎接桓温的有十之八九。穆帝也派侍中黄门到襄阳慰劳桓温。

数次北伐　劳而无功

桓温的母亲孔氏去世，桓温上疏解职，准备送葬宛陵。穆帝下诏批准，追赠孔氏以复课贺太夫人印绶，谥曰"敬"，并派侍中前往吊祭，谒者监护丧事，10天之内，使者来往8次，官家车马相望于道。桓温办理完丧事后回到官署。他打算修复园陵，迁都洛阳，表疏上奏10多次，朝廷不准。桓温担任征讨大都督、督司、冀两州诸军事，委以专门征伐的任务。

桓温开始再次北伐，从江陵(今湖北云梦)出发，行经金城时，看见早年为琅玡太守时所栽种的柳树都已经长得粗有十围，感慨万分地说："树已经长成这么大，人是怎么忍受的！"桓温折了柳枝，手拿柳条，不禁泫然流涕。

当时，晋室南渡已经到了第五代皇帝，中原沦落已50年，故老都已死去，极少有人主张北伐。

桓温一路拼杀击败羌族贵族姚襄来到平阳，桓温屯兵在老太极殿前，徒步进入金墉城，拜谒先帝诸陵，命令全部修缮被毁的陵寝，并设置陵令。然后回师京都。升平中(359)，桓温改封南郡公，封其次子桓济为临驾郡公。

桓温返回江南，洛阳和其他已收复的土地又相继失陷。太和四年(369)，桓温开始第三次北伐。他率领步骑5万人大破前燕军，进抵枋头(今河南浚县)。离燕都邺城只有200里路，但他屯兵枋头，不敢直趋邺城。这时，晋军的形势已很不妙，水运不通，粮草不继，退军已经是必然的了。此后，桓温几次与燕军交战都未取胜，又听说前秦军将至，就命令烧掉船只，弃掉辎重从陆路退军。晋军为怕燕军在上游放毒，一路上凿井而饮。慕容垂亲率8000骑兵跟踪于后，又使慕容德率精骑4000埋伏于襄邑(今河南睢县西)东涧中。桓温见燕军未来追赶，十分放心，命令晋军兼程而进。慕容垂命令部下急速追赶，在襄邑追上晋军。慕容垂与慕容德前后夹击，大败桓温，晋军被杀者达3万人之多。此后，前秦救兵苟池又于半路阻击桓温，晋军又死伤1万余人。十月，桓温收拾散卒，驻军于山阳(今山东金乡西北)。桓温的第三次北伐遂以惨败告终。

桓温在北伐的过程中，多次在朝廷进行周旋。当时，朝廷下诏书给桓温，不准他北伐，改授他并、司、冀三州，罢免他的都督。桓温上表不受，又加他侍中、大司马、都督中外诸军事、假黄钺。

久怀异志　意欲篡晋

桓温素有野心，他曾躺在床上对亲信说："为人寂然无所作为，将会被汉文帝、汉景帝所笑"，接着又按着枕头坐起来说："男子汉既然不能流芳百世，也应当遗臭万年！"其部下见桓温出此不臣之言，没有人敢答对。桓温对于叛逆王敦甚为倾慕，有一次经过王敦墓，连声说："可人，可人"，称赞王敦能行非常之举。桓温虽官居大司马之职，还想夺取皇帝宝座。

晋废帝太和六年(371)，桓温逼褚太后下诏废掉皇帝司马奕，并把他事先起草好的诏令交给太后。太后没办法，只好提笔加了一句话："我不幸遭受了这样的种种忧患，想到死去的和活着的，心如刀绞！"桓温召集百官于朝堂，宣读太后诏令，废皇帝为东海王，立会稽王司马昱为新皇帝。桓温改立新帝后，开始陷害一些政见与他不合的皇族和大臣，将殷、庚两大强族的势力削除殆尽。桓温杀掉了东海王司马奕的3个儿子和他们的母亲。

桓温诛杀了殷、庚等人以后，威势显赫至极。简文帝虽然身处帝王的至尊地位，但慑于桓温权势，常惧被废，实际上也仅仅是拱手沉默而已。此前，火星居于太微、南蕃之间，过了一个月，司马奕就被废黜。

简文帝在位不到2年，便忧愤而病。简文帝命其子司马曜继位，是为孝武帝，他又紧急征召大司马桓温入朝辅政，一天一夜接连发出四道诏令，桓温推辞不来。

于是简文帝就让王坦之修改了诏书，说："宗族国家之事，一概听命于大司马桓温，就像诸葛亮、王导辅政时的做法一样。"这一天，简文帝驾崩。桓温希望简文帝临终将皇位禅让给自己，不这样的话，也应当让他摄政。这个愿望没能实现，他非常愤怒，宁康元年(373)二月，大司马桓温来建康(今南京)晋见孝武帝，屯重兵于新亭(今南京南)。孝武帝诏令吏部尚书谢安、侍中王坦之到新亭迎接。这时，都城里人心浮动，有人说桓温要杀掉王坦之、谢安，接着晋王室的天下就要转落他人之手。王坦之非常害怕，谢安则神色不变。桓温抵达朝廷以后，百官夹道叩拜。桓温部署重兵守卫，接待会见朝廷百官，有地位名望的人全都惊慌失色。谢安和王坦之去见桓温，桓温与谢安笑谈良久。

桓温回至姑孰，病渐沉重，但其野心未已，桓温病重的时候，暗示朝廷给他以加九锡的礼遇，多次派人去催促。谢安、王坦之故意拖延此事，让袁宏草拟诏令，前后十多天也没有最后定稿。不久，桓温就死去了。

韩　擒　虎

韩擒虎(538－592)，隋代著名将领。原名擒豹，字子通。河南东坦(今河南新安东)人。韩擒虎身材高大，气力过人，武艺娴熟，同时喜好读书，他军功卓著，为隋朝建立和统一立下汗马功劳。

文武全才　功在北周

韩擒虎出生将门，身材魁梧，容貌伟岸，性情豪放，素有胆略。他自幼酷爱武艺，又有吃苦精神，十八般器械无所不习，练就了一身过硬的武功。除喜好武功外，读书也是他的爱好，诸子百家无所不览，尤其是对史书更是爱不释手，对历代王朝兴衰都能知其大意。由于文武全才，再加上其父亲的关系，周太祖宇文泰就发现了这个青年英雄并给予称赞。北周天和三年(568)，他的父亲去世，他承袭了其父新义郡公的爵位。

575年，北齐政权腐败，周武帝决定借此机会消灭北齐，统一北方。为此，他在战略上北连突厥，南和陈朝，以便形成夹击北齐的态势。第一次伐齐，北周举兵18万，沿黄河两岸，数道并进，目的在于攻取北齐洛阳。进入齐境后，明令禁止砍伐树木，对践踏庄稼者都给予斩首。而北齐的军队却把打仗当成儿戏一般。由于纪律严明，指挥得当，士卒奋勇，北周大军所向披靡，势不可当，不到20日，就攻下了北齐30余座城池。周武帝亲率大军6万，以大将杨素为先锋，在攻取了河阴（今河南孟津县东）后，兵锋直指洛阳。不久，北齐右丞相高阿那肱率大军援救洛阳，又值周武帝染病，北周军队不得不放弃所占城池，退回国内。第二年，北周再次出兵伐齐，而此次进军的目标是晋州。晋州为北齐重镇，是北齐皇族势力兴起之地。周武帝认为，攻击晋州，齐军必来救援，那时集大军在野外消灭救援之敌，再乘胜向东一举拿下北齐京城邺城。按此战略布置，周武帝亲率大军，渡过黄河，先后攻占了晋州、并州（今山西太原），北齐的

韩擒虎

山西属地丢失殆尽。在周武帝率军进攻晋州时，受到率兵3万镇守金塘城的北齐洛州刺史独孤永业所阻。他多次要求出兵同北周军队作战，但是遭到朝廷的拒绝，心中充满怨愤和不平。韩擒虎能言善辩，胆气过人，乘机劝降独孤永业。独孤永业反复权衡后，率部投降了北周。北齐因此丢失了金塘城，京都邺城南面屏障也因而丢失。

平定南陈　威慑突厥

北周灭亡北齐统一了北方。后来北周外戚杨坚代周建隋，改元开皇，韩擒虎又成为杨坚手下重臣。开皇八年（588）十月，经长期准备，隋文帝杨坚出动大军50余万，以杨广为统帅，兵分八路，从长江上游、中游和下游同时出动，准备南下一举灭陈，统一全国。长江下游是主攻方向，有三路大军：杨广出六合，贺若弼出广陵，韩擒虎出庐江，大军锋芒都指向了陈朝都城建康。

开皇九年（589）正月初一半夜，韩擒虎亲率500精兵从长江北岸的横江渡口出发，利用夜色作为掩护，乘轻舟向南岸的采石驶去。采石，是控制长江的战略要点，早在三国时期，周瑜就在此驻扎过。陈军对此地也进行了重点设防，驻有5000人马。但是，防守采石的陈军将士，谁也没有想到隋军会在过年的时候发动攻击。他们照旧按着陈后主欢度春节的圣旨，开怀畅饮年夜美酒，包括巡江哨兵在内都喝得大醉而睡。由于对敌情判断准确，时机选择恰当，韩擒虎的偷袭船队，毫无阻碍地驶达南岸。当韩擒虎率领500精兵进入陈军的采石阵地时，陈朝的守军将士仍一点察觉都没有。韩擒虎以迅雷不及掩耳的方式，收缴武器、控制要点，除守将徐子建脱逃外，大部分陈军士卒还没有清醒过来就成了俘虏。战斗结束，隋军不损一兵一将，胜利占领了江防重地采石。韩擒虎就这样轻而易举地率兵突破了长江天险。

攻占采石后，韩擒虎随即命令主力部队渡过长江。接着，又率领大军向建康进军。由于韩擒虎对俘获的陈军将士全都优待释放，有效地瓦解了陈军斗志，沿江陈

中国将帅传

军大都望风而降。正月初七，韩擒虎占领姑苏（今安徽当涂），前锋抵达新林，距建康仅30余里，与杨广所派遣的杜彦兴一军胜利会师。与此同时，贺若弼一军也从京口渡过长江，溯江而上，将军队驻扎在钟山（今南京紫金山）南边。陈朝的都城建康，已经处于隋军的合围之中。

陈后主

但建康城依山傍水，地势险要，陈朝在建康城内外尚有10万余人马，如果陈军凭险坚守，再调各地陈军援救，胜负也未必能预料。可是，昏愦愚蠢的陈后主，既不采纳大将任忠闭城固守的建议，也不同意大将萧摩诃出兵袭击隋军后路的主张，而是以久围不战令人心烦为由，儿戏似的命令陈军统统出城迎战。各路陈军既无背城一战的决心，又无统一指挥的将领，也无如何作战的计划，迫于圣旨难违，只好领兵出城。这样一来，建康城内就完全空虚了。韩擒虎迅速抓住了陈军的这一致命弱点，果断地决定，乘城内空虚之机，以精兵突入建康，杀进皇宫，捉拿陈后主，促使城外陈军不战自溃。

韩擒虎兵不血刃，迅速进入陈朝的皇宫。在一口枯井中将陈后主和妃子俘获。数万陈军闻知天子已被韩擒虎俘虏，军心顿时瓦解，纷纷放下武器向隋军投降。隋军占领了建康，陈朝宣告灭亡，南北归于一统。

平定南陈后，贺若弼妒忌韩擒虎活捉陈叔宝的功劳，韩擒虎也不谦让，两人因争功还动起了兵刃；回到长安后，在杨坚面前两人又进行了一番争吵。杨坚只好采取和稀泥的办法，说他俩的功劳一般大，拜二将为上勋，晋升韩擒虎为上柱国，赐物8000段。因有人弹劾韩擒虎放纵士卒，淫污陈宫，所以隋文帝杨坚没有加封他的爵位。其实，在攻取建康的战役中，韩擒虎能抓住建康空虚之机，果断地派轻兵攻入敌军心脏，一举擒敌之首，制止了隋军的军事抵抗，因此，隋灭陈的战争只用了不到4个月的时间。这与韩擒虎的出色指挥是分不开的。由此他的功劳也似乎应该高些。但是，韩擒虎在活捉陈叔宝之后纵兵淫掠是应当受到谴责的。

在隋文帝集中力量灭陈和经略南方之时，突厥的势力又有所增长。隋朝灭南陈后，突厥又不时派使者到隋朝打探情况。有一次，突厥使者来到长安，隋文帝问他："你知道江南有一个陈朝吗？"突厥使者回答说："知道。"隋文帝命人把突厥使者引到韩擒虎的面前，告诉他这就是活捉陈朝皇帝的那个人。在隋朝，韩擒虎与贺若弼、杨素、史万岁等号称名将，其中韩擒虎以威猛雄壮而著称。站在突厥使者的面前，韩擒虎威风凛然，双目炯亮威严。惶恐不安的突厥使者竟不敢抬头看他一眼。韩擒虎镇守凉州，对突厥产生了巨大的震慑作用，使其不敢轻易进犯。

592年，韩擒虎因病而逝。

贺 若 弼

贺若弼（544－607），隋代将领。字辅伯，河南洛阳人。父贺若敦，任北周金州（今陕西安康）刺史。贺若弼曾仕北周，后助杨坚夺权称帝，统一天下，位晋上柱国，晋爵宋国公，拜右领军大将军。他治军严谨，善用谋略。但他居功自傲，出言不谨，因之遭罪被杀。

初显锋芒　平陈建功

贺若弼少有大志，为人慷慨。他刻苦练武，骁勇刚健，弓马刀箭非常娴熟。同时，他还博古通今，在当时很有名气。齐王宇文宪闻听了他的事情后，非常敬重他的才华，聘请他到齐王府担任记室一职，管理王府的文书工作。不久，因其才能出众，办事干练，朝廷封他为当亭县公，晋升为小内史。北周武帝时，上柱国乌丸轨对武帝说，太子不具有帝王的气质和能力，因此不能够继承皇位，担负大任，还说曾和贺若弼讨论过这个问题。武帝找来贺若弼，向他询问这件事。贺若弼很清楚，太子的地位是不可动摇的。他怕搅入这件事会祸及自身，连忙说："皇太子品德和才能相当好，而且每天都在进步，我没有看见太子有什么缺点。"武帝听后没说什么，实际上是默认了他的话。

后来周宣帝宇文赟继位，下令诛杀了乌丸轨，而贺若弼躲过了这一劫，没有获罪。

579年，周宣帝让贺若弼随元帅韦孝宽统率大军征讨陈朝。贺若弼善用计谋，他提出的一系列战策谋划尽被采用。由此，周军顺利攻占了陈朝的寿阳（今安徽寿县）、广陵（今江苏扬州）数十个城镇，陈朝江北之地几乎全被占领。战争结束后，贺若弼被提升为寿州刺史，改封襄邑县公，镇守淮南。

后来，杨坚代周建隋称帝，开始着手制定平陈大计，积极准备伐陈。他在朝中寻觅可以担当平陈大任的人，这时，宰相高颎向他推荐贺若弼，认为论文武才干，满朝大臣中没有一个超过贺若弼的。于是，隋文帝任命贺若弼为吴州总管，镇守广陵（今江苏扬州），委以平陈大任。贺若弼非常高兴，欣然受命赴任。

与贺若弼共同担任此任的还有寿州（今安徽寿县）总

贺若弼

管源雄。两人经反复谋划，向杨坚献上平定江南的10条决策，很受杨坚的赞赏。在大举伐陈之前，贺若弼便周密地做各方面的准备，其中之一便是历年在沿江换防时，必在历阳（今安徽和县）集中兵马，大列旗帜，军帐蔽野，十分壮观。误以为隋军将要大举南侵的陈军便调集各路兵马前来抵御。后来得知隋军不过是按例换防而已，于是将调集的兵马解散。而后年年如此，陈军便习以为常，也就不再加以设防。589年，隋军大举伐陈，贺若弼任行军总管。当各路大军云集历阳时，陈朝戍军仍以为是例行换防，所以也仍未加以防备。隋军于是毫不费力地突破陈军的长江防线，直捣陈朝的国都建康（今江苏南京）。贺若弼攻下陈朝南徐州（今江苏镇江），生擒刺史黄恪。大军进城后，军令严整，秋毫无犯。有士卒在民间买酒的，立即被斩首示众。隋军所到之处受到陈国民众的欢迎。

贺若弼进军至蒋山白土冈（今江苏南京东），遭到陈将鲁达、周智安等率军拼死抵抗。贺若弼在首战告捷后，便屡战屡退。他估计陈军骄傲之气已经滋生，士卒怠惰，便立即率军回师，奋力厮杀。于是陈军一败涂地，七零八落。而后贺若弼乘胜攻入建康北掖门，直抵陈朝皇宫。此时，陈朝皇帝陈后主已经被韩擒虎擒获，将其押送到贺若弼面前。陈叔宝吓得汗流浃背，大腿战栗，叩请饶命。于是陈朝宣告灭亡，隋朝终于统一大江南北。贺若弼凯旋京师长安时，隋文帝杨坚赞赏贺若弼，认为在平南之战中，他为头功，贺若弼一时贵盛，位高望重无以复加。

因舌取祸

贺若弼平定南陈，立下首功一件，骄傲之气于是滋长起来。那时，他位高权重，其兄长贺若隆为武都郡公，弟弟贺若东为万荣郡公，并担任刺史、列将等要职。在贺若弼家中，珍玩不可胜数，奴婢仆从数以百计，荣耀、奢侈可以说到了极点。

贺若弼自认为在朝廷大臣中他的功劳最大，所以常常以宰相自居。隋军平陈归来后，隋文帝任用高颎和杨素为宰相，而没有重用贺若弼，只任他为将军。贺若弼对此十分不满。他愤愤不平，抱怨世事不公，常常讥讽杨素和高颎的不足之处。高颎宽厚仁慈，对此一笑了之，但杨素却怀恨在心，借机报复。杨素不断地陷害，隋文帝在开皇十二年（592）将他逮捕下狱，这更激发了贺若弼的愤恨之情，对朝廷大臣甚至皇帝更是抱怨不断。

当时不少大臣对贺若弼的骄横十分不满，他们对皇帝进言，认为贺若弼对朝廷心怀不满，应当将其处死。但隋文帝认为他在灭陈中功勋卓著，特免他一死。

开皇十九年（599），突厥使者来访隋朝，在隋文帝举行的射箭表演中，一箭击

隋文帝杨坚

中目标，显示了娴熟的箭艺武功。隋文帝把左右文武大臣看了一遍，又沉思了半天，认为在诸将中只有贺若弼能够完成此任，于是命令他上场射箭。贺若弼弓拉满月，箭如流星，一发而中。隋文帝非常高兴，对突厥使者说："此公乃天赐我也！"从此，隋文帝对贺若弼的看法也好了起来。然而，就在这一年，宰相高颎得罪了隋文帝和独孤皇后，贺若弼认为高颎冤屈，到处为他说情，隋文帝大怒，再次将贺若弼逮捕入狱。后来，隋文帝觉得过分，才把他放了出来。

大业三年(607)，贺若弼随同隋炀帝到北部边塞巡视。隋炀帝好大喜功，生活极其奢侈，为了向突厥显示朝廷的威风和气派，命令宇文恺修建了富丽豪华的行宫。在那里，隋炀帝大宴突厥启民可汗等北部各族酋长贵族，还赐给启民可汗帛2000万段，其余的首领也各按等级获得了许多财物赏赐。同时，他还下令大兴土木，修建长城。隋炀帝的行为引起了百姓的一片怨声，高颎、贺若弼等众多大臣也纷纷上书表示反对。隋炀帝早就对高颎、贺若弼等人心存不满，所以他听到密奏后，就将高颎、贺若弼逮捕，并用诽谤朝廷的罪名将他们处死。那一年，贺若弼64岁。不仅如此，隋炀帝还把贺若弼的妻子及儿子贺若怀亮打入官奴之列，家中其他人一律流放边疆。不久，又下令诛杀了贺若怀亮。

长 孙 晟

长孙晟(552－609)，字季晟。他曾仕北周、隋两朝。曾被授予上开府仪同三司、右骁卫将军等职。谥号"献"。他有勇有谋，在处理突厥事务上屡见奇功。

离间突厥 安定北疆

长孙晟性情通达，精通武艺，尤其善于驰射。北周时，18岁的长孙晟任司卫上士。人们对他并不在意，只有杨坚赏识他。

579年，北方突厥首领摄图向北周求婚以示友好。周宣帝将赵王宇文招的女儿嫁给了他，令长孙晟护送前往摄图部落。长孙晟擅长骑射，很受摄图的赏识。摄图便命贵人子弟与长孙晟结交，以学骑射，但这也方便了那些反对摄图的人。摄图的弟弟处罗侯，因为受到部众的拥戴而令摄图猜忌与不满。处罗侯便趁此机会频频出入长孙晟的住处，并暗地里与长孙晟结成同盟。长孙晟也借游猎之机了解突厥的山川地理，暗记在心。

581年，隋国公杨坚建立隋朝当了皇帝。摄图觉得身为北周的女婿不能对杨坚代周建隋而坐视不管，于是大举兴师，攻陷临榆镇，还与其他各部相约共同南征。隋文帝杨坚因建国不久，百废待兴，所以难以顾及，只能北修长城，增加设防而已，但总觉是一块心病。此时长孙晟早已回到隋国，因为他在突厥期间，对突厥有很深的了解，知道突厥摄图和其他部落诸如处罗侯、阿波、玷厥之间貌合神离，各揣心腹事，所以显得临危不惧。长孙晟向隋文帝献计说："突厥人兵强马壮，长于骑射，居无定所，形踪不定，如果我朝大举进讨，一时难以奏效，甚至他们去而复来。最根本的办法是利用他们内部的矛盾，使其兵戎相见，自相残杀而无力南侵。"隋文帝听从了长孙晟的话，令长孙晟依计而行。

当时突厥各部中虽然摄图的位置最高，但兵力最多，实力最雄厚的还是玷厥，他位居摄图之下，自然不服摄图的调遣。处罗侯势单力薄，但诡计多端，深受国人拥戴，引起了摄图的猜忌。阿波则首鼠两端，左右观望。据此，隋文帝杨坚派太仆元晖出使突厥，颁赐给玷厥以狼头大旗这种至高无上的荣誉，玷厥使者来朝时又让他位居摄图使者之上。于是引起摄图对玷厥的不满。长孙晟还受杨坚之命进入处罗侯驻地，拉拢他归附隋朝，这也引起摄图的怀疑。结果突厥两次南征隋朝，都因内部不和半途而废，阿波与摄图甚至反目成仇，互相攻击。这样，由于突厥内部的互相牵制，一直未形成对隋朝的严重威胁。

开皇四年(584)，文帝杨坚派遣长孙晟以副使随虞庆则出使摄图。还朝后，授仪同三司、左勋卫车骑将军。

开皇七年(587)，摄图死，朝廷派长孙晟持节拜其弟处罗侯为莫何可汗，拜摄图之子雍闾为叶护可汗，同时还将大义公主许配给他。开皇十三年(593)，流民杨钦到雍闾部，谎称国内刘昶与宇文氏女共谋反隋，特派他来密告大义公主。受其蒙骗，雍闾于是不再向隋朝进贡。长孙晟奉命出使。公主见了长孙晟，出言不逊，且派心腹与杨钦计议，煽动雍闾反隋。长孙晟将此事详细地汇报给了隋文帝。文帝又派长孙晟前往索要杨钦。雍闾以并无此人为由拒不交出。长孙晟便买通其帐下达官，趁夜抓获杨钦，带到雍闾面前质问，结果连同公主密谋策反之事一并暴露。那些向来与隋修好的突厥人得知后深以为耻。雍闾不得已，将公主的心腹等人一齐交给长孙晟带回。文帝大喜，为长孙晟加授开府，并遣之再次入藩，将大义公主处死。

智燃烽火　巧赚染干

随后，雍闾向隋朝上表请婚，长孙晟认为雍闾为人反复无信，不如处罗侯之子染干诚实，就此上表给文帝，还称染干也曾求婚于隋，应该答应他，并加以抚训，让他制衡雍闾，以保边安宁。于是，文帝派长孙晟告知染干许配公主于他。

开皇十七年(597)，染干派500骑随长孙晟来迎娶，隋朝将一宗室之女封为安义公主嫁给了他。染干依长孙晟之说，带领本部落人马向南迁徙到度斤旧镇。

599年，突厥大可汗雍闾大造攻城战具，准备攻打隋朝大同城。隋文帝杨坚令汉王杨谅为统领六军总管，发兵分道出塞征讨突厥。雍闾得知后十分恐惧，认为这是亲隋的突厥大可汗染干从中挑拨所致，于是与另一突厥大可汗达头联合，与染干在长城脚下大战。由于染干力量薄弱，结果被杀得大败，兄弟子侄几乎被斩尽杀绝，部众纷纷逃散。当时有隋朝特使在染干部，染干与隋朝特使长孙晟只带领5名随从在夜间杀出重围向南奔逃。天亮时逃出100多里，遇到100多名部下。染干见处境如此狼狈，便与部众商议，认为如此狼狈逃到大隋会受到冷落。还不如投靠虽然此次参与围攻但无冤仇的玷厥。

此前，长孙晟作为隋朝的特使前来突厥和亲，就是为了拉拢染干归附隋朝的，染干如果投奔玷厥，前面的所有努力都会白费。长孙晟决定在这紧要关头智取染干。他秘密派一使者驰入隋朝边城伏远镇，让当地守军立即点燃四处烽火。染干见边城连起烽火，便问长孙晟：这是什么原因。长孙晟则诈称："这是我朝的军事设施，用以传递军情，城楼高耸，视野开阔，敌军在很远的地方有行动也很容易被发现，然后就在城楼上点燃烽火以报警。按照惯例，如果敌军少就点燃两处烽火，如果敌众就点燃三处烽火，于是下令所有部众全部进城。"染干一听，十分恐惧，突厥大军已至，如何是好？在长孙晟的怂恿下，染干于是下令所有部人全部进城。说完便策马率部众飞奔伏远镇而去。入镇之后，长孙晟亲自带领染干入朝。杨坚见染干来朝，十分高兴。染干归附隋朝，为隋朝征服突厥其他大可汗准备了条件。长孙晟因此受到杨坚的褒奖，授为左勋卫骠骑将军。

仁寿元年(601)，长孙晟因天有异象，上表出兵。文帝诏杨素为行军元帅，长孙晟为受降使者，送启民可汗北伐。第二年，在北河与敌帅思力俟斤相遇。长孙晟与

青瓷武士俑　隋，明器。高63.3厘米、59厘米。1953年出土于湖北省武汉市。

大将军梁默击退敌军，转战60余里，收降了许多部众。长孙晟又教启民分遣使者，往北方铁勒等部招抚归附。第三年，铁勒、思结等十余个部落背离达头前来归顺。达头溃不成军，西奔吐谷浑。长孙晟送启民可汗安置于碛口（今内蒙古呼和浩特北）。

隋文帝驾崩后，隋炀帝拜长孙晟为左领军将军。这时，文帝第五子杨谅起兵反抗炀帝。炀帝命长孙晟为相州刺史，发山东兵马与李雄等一起将叛乱平定。还军后，炀帝加封长孙晟为武卫将军。

大业五年(609)，长孙晟去世，时年58岁。唐贞观年间，长孙晟被追赠司空、上柱国、齐国公。

蒋筱波·编

中国将帅传

【卷二】

陕西新华出版 三秦出版社

杨　素

　　杨素(?－606)，字处道，弘农华阴(今陕西华阴)人。杨素年青时，喜爱钻研学问，擅长书法、文章。他的祖父当过北魏的辅国将军，父亲是北周的刺史。由于他在替父亲上诉时胆识过人，被北周武帝破格封为车骑大将军。后来，他主动向丞相杨坚靠拢，受到杨坚信任。杨坚取代北周、自称为帝后，杨素受到重用。在隋朝统一全国的战争中，他表现出了卓越的军事才能。

大败陈军　因功封爵

　　为了消灭江南的陈朝，进而统一全国，隋文帝进行了长期的多方面的准备工作。在这期间，杨素奉命到永安(今四川奉节县)督造战船，训练水师。经过杨素的积极努力，截至开皇七年(587)，共造出了名叫"五牙"的大战船几十艘，船上起楼5层，高100多尺，前后左右各设拍竿六根，便于接舷水战时用以拍击敌船，每船可容纳士卒800人；还造出了名叫"黄龙"的战船几千艘，每船可容纳士卒100余人；此外又造了几千艘名叫"平乘""舴艋"的小战船。杨素利用这些战船，精心训练了一支准备渡江作战的水军。

　　开皇八年(588)十月，隋文帝出动大军51万8千人，兵分八路，同时从长江上游、中游、下游进攻陈朝。

　　杨素率领水军出永安，过三峡，顺流而下，很快抵达流头滩(今湖北宜昌西约100里处，又名虎头滩)。流头滩以东约10里处有一个险滩，名叫狼尾滩，再往东约2里处还有一个险滩，名叫人滩，两滩附近，怪石林立，夏没冬出，易守难攻，地势十分险峻。陈朝将领戚欣已率领几千人和名叫"青龙"的战船100多艘，驻守狼尾滩，企图阻止杨素水军东下。面对这种情况，有些将领存在畏惧心理。

　　杨素派部将王长袭率领步兵从南岸攻击戚欣的水营栅栏，并令刘仁恩率领骑兵从长江北岸兼程西上，杨素自率几千艘大小战船为主攻。三路人马在约定时间内突然发起攻击，戚欣摸不清隋军虚实，不敢死守，自驾战船，向东逃跑。戚欣一跑，陈军更加乱作一团，最后全被隋军俘虏。

杨　素

袭占狼尾滩后，隋军力量得到加强，杨素继续东下，到达岐亭(今湖北宜昌西北西陵峡口)时，遇到了一股劲敌。陈朝将领吕忠肃已在峡口设防以待，不但扎下了坚固的水陆营寨，而且在两岸岩石中凿眼下桩，横江面设置了3根铁锁链，企图拦住隋军战船。为了守住峡口，吕忠肃把自己的私产全部捐献出来充作军用，因此，他的部队斗志高昂，防御也特别严密。杨素多次侦察，都无隙可乘，乃决定进行强攻。在刘仁恩部陆军的配合下，杨素亲自率领水军攻打吕忠肃的水寨。起初的几次战斗，隋军损失很大，被陈军斩杀5000多人，死者鼻子也被陈军割去报功请赏。但是，杨素毫不气馁，仍然不断地发动进攻，同时采取了攻心战术，凡俘虏的陈军将士，一律以礼相待，然后释放，再捉再放，甚至三捉三放，有效地瓦解了吕忠肃的军心。经过大小40多次的战斗，陈军斗志日渐低落，吕忠肃被迫放弃岐亭，率领残兵退守荆门的延洲(今湖北宜都西北)。隋军占领岐亭后，立即拆毁了3根拦江铁链。接着，杨素派遣巴兵1000，驾"五牙"4艘为先锋，追击吕忠肃残部。两军在延洲接战后，隋军以拍竿击毁了陈军"青龙"战船十余艘。恰好杨素率领后军赶到，乘势发动全面进攻，吕忠肃只身逃脱，残部2000余人全部被歼。这时，防守公安的陈慧纪见势不妙，烧毁物资，率兵3万和战船千艘东撤。此后，巴陵(今湖南岳阳)以东的守江陈军，不敢再与杨素交战。于是，杨素一军，舳舻千里，所向披靡，第二年春天，进达汉口，胜利完成了从侧翼方向进攻陈朝的作战任务。战后，杨素因战功被封为荆州总管和越国公。

平定江南　大败突厥

开皇十年(590)，杨素率领水军从扬子津(今江苏仪征县南)沿长江向东，先攻下京口(今江苏镇江)，乘胜南进，沿路扫平了几股较小的叛军之后，进抵浙江(今钱塘江)西岸。江南叛乱势力中最大的一股，是占据越州(今浙江浦阳江、曹娥江流域及余姚县地区)自称天子的高智慧。他听说杨素率军前来，便自统几万人马在浙江东岸立下营垒，水军沿江扎了水寨，方圆100余里内，旌旗蔽空，营帐林立，声势十分浩大。

当天夜里，杨素令来护儿率领几千精锐士兵，乘几百艘轻便战船，悄悄地渡过浙江，登上东岸，在黎明之前突然攻入高军营中，到处放火。高军将士从睡梦中惊醒，见烟火弥漫，一时惊恐万状。杨素乘机出动大军猛攻。高智慧组织部队仓皇迎战，自清晨到下午，激战了大半天，高军损失惨重，逐渐败溃。高智慧率领余部乘战船沿浙江败逃入海，取海道向南逃窜。于是，杨素兵分两路，一路由部将史万岁率领2000人马自东阳(今浙江金华)进入山区扫荡小股叛乱势力，一路由杨素亲自率领，取捷径，走余姚追截高智慧。杨素追到永嘉(今浙江温州)时，截住了高智慧，

中国将帅传

迫其交战，又大败高军，擒获几千人。高智慧率领余众继续南逃，最后投奔了在泉州（今福州地区）叛乱的王国庆。

正当杨素准备继续进兵、剿灭王国庆之际，隋文帝为关怀杨素军旅辛苦，下旨召他回长安接受赏赐。杨素认为，叛军还没有最后消灭，如不一鼓作气穷追猛打，必将后患无穷，因此请求暂缓回京，继续进兵。奏报送到长安，隋文帝很欣赏杨素这种追穷寇的精神，当即同意了他的请求。王国庆接纳高智慧残部以后，气焰更加嚣张。他自以为海路艰险，隋军不擅航海，杨素短期内难以到达，便放松了戒备。杨素乘王国庆麻痹之机，克服了重重困难，率船队从海道迅速驶抵泉州。王国庆见隋军突至，惊慌万分，立即放弃泉州，向各海岛分散逃窜。杨素分遣诸将，跟踪追击。同时，秘密派人对王国庆说：只要把高智慧交出来，就可以免于治罪。王国庆只好交出高智慧，率领本部人马向杨素投降。至此，江南全部平定。

开皇十九年(599)，东突厥的都蓝可汗与达头可汗结盟，合兵进攻突利可汗，双方大战于长城附近，结果突利可汗战败降隋。这一事件的发生，是隋王朝对突厥实行分化政策的结果。根据既定的远交近攻、离强扶弱、伺机用兵的方略，隋文帝一面封突利可汗为启民可汗，用以牵制突厥中的反隋力量；一面派高颎、杨素率兵出塞，进击都蓝可汗和达头可汗。

以往，隋军将领与突厥作战时，一般都布成方阵。杨素率军出塞后，与达头可汗相遇。为了战胜敌人，杨素同部将们商讨具体作战方案。有的将领提出仍然采用方阵，以守为攻，杨素反对，并亲自教练部队演习骑阵，准备攻敌。达头可汗得知杨素不布方阵，非常高兴，他得意地说："这真是老天爷给我送猎物来了！"为了表示谢意，他还特地下马朝天拜了几拜，然后率领十余万精悍骑兵进攻杨素。两军对阵之后，杨素先派部将周罗喉率领一部分精锐骑兵出战。战斗进行一段时间之后，杨素乘机指挥骑兵主力部队向达头可汗发起突然而猛烈的攻击，把敌军打得七零八落，杀伤、击毙者不计其数，达头可汗也身负重伤，率领败军逃遁。与此同时，都蓝可汗也被高颎一军打败，不久为部下所杀。此后，东突厥逐渐被启民可汗控制。

策划篡位 忧愤而死

文帝晚年，隋宫廷发生了争夺太子之位的斗争。在这场斗争中，杨广夺得了帝位，杨素可谓是起了举足轻重的作用。

当时，文帝的次子杨广觊觎太子之位已久，他见太子失宠，便开始了他的夺位活动。首先他投其所好，在父母面前刻意矫饰自己，表现出节俭且不近女色的样子。同时，他用重金拉拢杨素弟杨约，杨约把杨广之意告诉了杨素，杨素不顾江山社稷，大肆诬陷太子杨勇，并想尽一切办法捏造罪名，加以陷害。

开皇二十年(600)十月，被假相蒙蔽的隋文帝召集百官，废太子杨勇为庶人，削其子女的封号。

仁寿四年(604)七月，隋文帝病重，在仁寿宫养息，杨素、柳述、黄门侍郎元岩入阁侍疾。杨广认为自己登上皇位的时机来了，便迫不及待地写信给杨素，请教如何处理文帝后事。不料送信人误将杨素的回信送至文帝手上。文帝大怒，随即宣杨广入宫，要当面责问他。正在此时，文帝宠妃宣华夫人衣衫不整地跑进来，哭诉杨广对她欲行非礼，文帝听后，拍床大骂。他急忙命人传大臣柳述、元岩草拟诏书，废黜杨广，重立杨勇为太子。

隋炀帝杨广

杨素得知后，火速去见杨广，密谋篡权弑君。他们首先矫诏逮捕了柳述、元岩，又换掉了文帝的侍卫，选30名骁健的宫奴穿着妇人衣服，藏着武器，立于门巷之间，禁人出入。又密授张衡入内侍疾。张衡入室，驱走宣华夫人及全部宫女，然后猛拉文帝，血溅屏风，文帝暴崩。

杨素因其拥立之功而得到了至高无上的权力和地位，他利用自己手中的权势，采取"顺我者昌，逆我者亡"的政策，大肆结党营私，排除异己，进一步稳固自己的地位，其权势也达到了顶峰。

杨广登上皇位，坐稳江山后，感觉杨素对他的作用已经消失。同时，他位极大臣，独揽大权，亲戚、子弟满朝廷，门生遍天下，严重威胁着皇位。更令杨广疑惧的是，政变是杨素与他一手策划的，前因后果，杨素都了如指掌，杨素既可帮助他篡位，自然也可另立帝取而代之。于是，杨广开始对杨素采取明举暗夺之策。杨素深知"鸟尽弓藏，兔死狗烹"的道理，也感觉到了杨广对他的猜忌，久而久之便忧郁成疾。

大业二年(606)七月二十三日，杨素在抑郁中结束了他擅权的一生。

李　　靖

李靖(571－649)，唐初名将。原名药师。雍州三原(今陕西三原东北)人。他为人厚道，谦虚谨慎。隋朝末年，任马邑郡丞。因密告李渊造反不成而被李渊抓获，行将诛杀时被李世民救下，召入幕府。后在建立唐朝、平定割据势力，巩固新的唐政权的战斗中屡立战功。死后陪葬昭陵，谥号"景武"。绘像凌烟阁。

将相之才　效忠李唐

李靖

李靖身材魁梧，容貌清秀，青少年时就受到良好的教育，精通史书，勤练武艺。他对咬文嚼字的书生十分鄙视，认为男子汉大丈夫应该用功名来博取富贵。隋朝名将韩擒虎是李靖的舅父，常与李靖谈论兵法武艺，并在别人面前对李靖赞不绝口，悉心传授他武艺。李靖研习起兵法来十分用功，同时对弓马之术也刻苦演练。

李靖在20岁左右的时候参加军队，以后开始当官，担任地位很低的长安县功曹。30岁时，任驾部员外郎（属兵部）。这期间，李靖的才略得到了吏部尚书牛弘、宰相杨素的赏识。牛弘曾怀着赞赏的心情称李靖有王佐之才。杨素有一次也指着自己的座位对李靖说："阁下终将坐在这个位子上啊。"隋炀帝末年，李靖任马邑（今山西朔县）郡丞。隋义宁元年（617），留守太原的李渊父子正密划起兵谋反。李靖察觉到李渊正密谋起兵，准备把消息送给正在江都巡视的隋炀帝杨广。抵达长安时，因道路受阻而未能及时上告。这时，李渊父子已举兵太原，迅速攻占了长安，李靖被俘。后来，李渊决定处李靖以死刑。临刑前，李靖大声说道："你李渊起兵，本为天下除暴乱，以成大业，为何以私怨斩壮士？"李渊听了，很佩服李靖的胆识，加之李世民屡次说情，李渊最终免去了他的死罪。李世民又将其收入自己的幕府，李靖也开始了他为李唐江山东征西讨的征程。李渊在长安建唐登基后，李靖因跟随李世民征讨王世充立下大功，唐高祖李渊封赏他开置府署，设置官属。

击败萧铣　平定南方

武德二年（619），李靖征讨王世充之后，又启程前往夔州，会合李孝恭，准备征讨萧铣。李靖经过调查研究，向唐高祖提出了十条进击萧铣的方策，主张从夔州直取江陵。唐高祖就任命李靖为行军总管兼李孝恭的行军长史，迅速出兵向江陵进发。

武德四年（621）八月，即将出征江陵的唐军在夔州集结完毕，正准备向东进发。时值秋初，暴雨不断，长江进入了秋汛季节。萧铣判断：江水泛涨，三峡奇险，战船难以行驶，唐军不会在这个时候向东进军的。因此，他将部队分散下去参加秋粮收割，只留了几千人防守城池。准备出征的唐军将领，看到长江水势汹涌，也认为行船将会发生危险，向李靖建议等秋汛过后再进军。而李靖却力排众议，决定以迅雷不及掩耳之势一举将萧铣击败。

　　九月，唐军水师乘两千多艘舰船顺江而下，经过一番艰苦搏斗，船队驶过了长江三峡。由于疏于戒备，萧军禁不住唐军的突然袭击，宜都（今湖北宜昌西北）、夷陵（今宜昌）和荆门（今宜都西北约50里的长江南岸）三城全部被攻陷，接着又攻取了梁军大将文士弘率领几万重兵驻守的清江（今宜都西北清江口），缴获战船三四百艘，击毙梁军10000余人。文士弘率余部东逃，文士弘逃回江陵时，萧铣方知唐军已大兵压境，心中顿时慌乱起来。萧铣一面檄调梁国各地发兵救援，一面率领城内仅有的几千兵力出城迎战。李孝恭见出城梁军兵力薄弱，觉得是个进攻的时机，便决定率军出击。李靖认为文士弘英勇，其士卒也必死战，我军难以取胜，并建议等其士气衰弱时再进攻。李孝恭听不进李靖的意见，以为李靖太过虑了，便分兵一部让他防守大营，自率精锐对梁军发起进攻，结果遭到惨败。

　　得胜的梁兵四散掠夺唐军财物，李靖趁势将其全部击败。同时将所获敌船拗入江中，任其飘流。萧铣看到战船，认为江陵已经被攻克，于是便投降了。萧铣的梁国也就被消灭了。不久，南方宣布平定。

迎击北犯　　大败颉利

　　李世民即位，李靖逐步得到重用，先是任命他为刑部尚书。贞观二年（628），又以刑部尚书兼检校中书令，地位已相当于宰相。贞观三年（629），李靖又改任兵部尚书，掌握军事大权，仍兼任检校中书令。

　　贞观三年（629）八月，一直监视东突厥国内情况的代州（今山西代县）都督张公瑾上书唐太宗，建议立即进军东突厥，并提出了6条理由。唐太宗接此情报，决定讨伐东突厥。唐军兵分四路：兵部尚书李靖为定襄道行军总管，屯兵定襄（今山西定襄）；并州都督李勣为通汉道行军总管，屯兵云中（今山西大同）；华州（今陕西华县）刺史柴绍为金河道行军总管，屯兵金河（今内蒙古清水河县附近）；以营州都督薛万彻为畅武道行军总管，屯兵灵州。四路大军，共10万余人，由李靖统率，并以代州都督张公瑾相辅。

　　贞观四年（630）正月，李靖率本路兵马到达朔州。他探知颉利可汗驻守的北定襄城（即大利城），遭受了严重雪灾，饥寒交迫，军心不稳。李靖认为机会难得，决定实施突然袭击，出奇制胜。

　　留下张公瑾率主力部队继续前行，自率3000精锐骑兵从马邑（今山西朔州东）出发，星夜兼程，奔袭北定襄城。在一天夜晚，李靖率军进至恶阳岭。他立即率骑兵以夜色

李世民

为掩护，向大利城发起猛攻。由于李靖进军迅速，颉利可汗竟毫无察觉，直到李靖开始攻城时，方知唐军已经兵临城下。他十分惊慌地对部下说："唐军如果不是倾国而来，李靖怎敢孤军深入？"颉利可汗看到南面山上唐军旗帜迎风飞舞，并且来回移动，不知道李靖的目的是什么，整日沉浸在惊慌之中，最后不得不携牙帐逃往碛口（今内蒙古呼和浩特北与沙漠交界处）。二月初，颉利残部又在阴山脚下遭到李靖重创，只得带领仅存的几万人马向北铁山（今内蒙古阴山之北）逃去。之后，派亲信执失思力前往长安请降，表示愿意举国归附。唐太宗当即派鸿胪卿唐俭和将军安修仁前去慰抚，又令李靖率部迎接颉利归降。

但是，颉利心怀叵测，企图等到草青马肥之时，再转移到漠北，以图东山再起。李靖率本部兵马到白道与李勣会师，对颉利的企图早有预料，两人认为若等颉利退到沙漠以北，将很难再消灭，不如趁现在使节在突厥营中，颉利宽心之时，突发奇兵袭击，不战就可以生擒颉利。两人将计谋告诉张公瑾，张公瑾却反对说："圣上已经下诏接受他们投降，朝廷的使者也在那里，怎么能发动进攻呢？"李靖进一步解释说："当年汉高祖派郦食其出使齐国时，韩信就是乘其不备，突然袭击而大破齐国的。牺牲几个使者也是值得的！"张公瑾于是无话可说，李靖便令李勣率大军随后，自率1万精兵，连夜出发，直奔铁山。

一切都在李靖意料之中，颉利见唐太宗毫不怀疑他的投降诚意，还派来文官、武将进行抚慰，十分高兴，自以为高枕无忧。李靖率军进至阴山时，遇上突厥1000多营帐，全部俘获令其跟随唐军前进。李靖同时让几个俘虏充当向导，继续进军铁山。

三月，唐军进入铁山，乘着弥天大雾接近颉利的大营。李靖派部将苏定方率200骑兵作为前锋，趁大雾秘密行军，自率主力跟进。当苏定方率兵距突厥营帐只有7里时，晨雾逐渐散去，突厥兵也发现了他们。苏定方当即奋勇冲杀，斩杀数百人。颉利可汗急忙骑上千里马，率部分队伍逃窜。李靖率大军及时赶到，突厥兵纷纷溃散，唐军大获全胜，唐俭等及时脱险。此战唐军斩杀突厥兵万余人，俘虏突厥士卒及部落男女民众共10万余人，缴获各种牲畜数十万头，颉利可汗的妻子隋朝义成公主也被杀死，并活捉其子叠罗施。

颉利率领1万多人想要通过沙漠，但由于李勣率军守住碛口，只得折而向西，投奔驻守灵州附近的沙钵罗设苏尼失，企图由此南下，进入吐谷浑。但是，唐王朝早就派兵在此等待多时了，走投无路的颉利只得逃入荒谷之中，被苏尼失搜获。大同道行军副总管张宝相到苏尼失营寨，将颉利押送京城长安，苏尼失也举兵投降。

从此，唐王朝最终平定了东突厥控制的漠南之地。唐王朝开拓了自阴山至漠南的广大地区，声望也扶摇直上，塞外各部落纷纷俯首称臣，尊称唐太宗为天可汗。

征伐吐谷　得胜还朝

　　贞观八年(634)三月，伏允可汗在其宠臣天柱王的怂恿下，进犯凉州，并扣押了前往交涉的唐朝鸿胪卿赵德楷。唐朝廷多次派使者劝谕，伏允可汗仍拒不放还。唐太宗大为震怒，决定西讨吐谷浑。

　　十二月，唐太宗下诏任命李靖为西海(今青海湖)道行军大总管，统帅西征诸路兵马。以兵部尚书侯君集、刑部尚书任城王李道宗、凉州都督李大亮、岷州(今甘肃岷县)都督李道彦、利州(今四川广元)都督高甑生分别为积石(今甘肃积石山县)道、鄯善(今新疆若羌)道、且末(今新疆且末)道、赤水(今青海共和附近)道、盐泽(今青海茶卡盐湖)道行军总管，联合突厥、契苾兵力，分三路进攻吐谷浑。

　　贞观九年(635)正月，唐朝大军西征的消息传到伏允可汗耳中，他急忙拉拢先前归附朝廷的党项族、羌族部落发动叛乱，为唐军西进设置障碍。结果，党项族全部叛逃到吐谷浑。三月，洮州的羌人又杀死刺史，也叛逃入吐谷浑。唐朝侧翼受到威胁，形势于大军不利。

　　作为主帅的李靖意志坚决，指挥大军继续向吐谷浑国都伏俟城进发。当前锋到达鄯州时，伏允可汗率部向西撤退。

　　李靖让李道宗率骑兵轻装迅速先行，终于在库山(今青海湟源县南)追上了伏允。这里山势险峻，伏允熟悉地形，据险殊死搏斗。李道宗亲率千余骑兵绕到山后，从背后袭击，腹背受敌的伏允只得仓皇逃命。四月下旬，李靖部将薛孤儿在曼头山(今青海东日月山)大败吐谷浑，缴获大量牲畜，充为军粮。紧接着，李靖等人又在牛心堆(今青海湟中西南)和赤水源(今青海东南恰卜恰河上游)击败吐谷浑。五月初，李靖部将薛万均、薛万彻率部到达赤水后，结果误入吐谷浑天柱王的包围圈。薛万均与其弟薛万彻都被长枪刺中落马，只能徒步拼杀，士卒损失十之六七。契苾何力闻讯赶来，率部拼死相救，吐谷浑才被击溃，并缴获杂畜30余万头。

　　李大亮部下凉州南下，在蜀浑山(今恰卜恰河上游)击败吐谷浑一部，与李靖在赤水会合。两路唐军会师后，李靖指挥大军攻克吐谷浑国都伏俟城，伏允可汗北逃至突伦碛(今新疆且末、和田之间)。李靖在伏俟城坐镇指挥，命李大亮、薛万均兄弟及契苾何力率大军北上继续追击伏允可汗，命侯君集和李道宗率部西进柏海剿灭吐谷浑余部。

　　在抵达突伦碛前，契苾何力主张出兵进攻，薛万均兄弟因为赤水之败，心中害怕而不敢前进。契苾何力自选千余名精骑，独自向突伦碛挺进，薛氏兄弟无奈之下只得跟随。唐军进入沙漠(今塔克拉玛干沙漠)以后，由于饮水缺乏，将士们只得刺马血而饮。伏允未料到唐军突然而至，仓促应战，被斩杀数千人。唐军俘获伏允之妻，又缴获杂畜20余万头，伏允只得率千余骑兵逃往沙漠深处。伏允之子、大宁王慕容顺看大势已去，便杀掉天柱王，率全国部众投降了唐朝。十多天以后，逃入沙漠的伏允亦被随从所杀。

侯君集和李道宗从南路库山出发而上，经破逻真谷（今青海共和大非川东）、汉兴山（今青海苦海东），于五月初抵达乌海（今青海冬给措纳湖），大败吐谷浑部军队。随后，唐军又继续西进，在荒无人烟地区行程2000余里，盛夏季节天降大霜，高山积雪，转战经过星宿川（今黄河河源附近星宿海），至柏海后回师，到大非川与李靖部会合。吐谷浑战争结束，以唐军胜利告终。

判断惊人　兵法传世

长期的战争砥砺，使李靖的判断力十分神奇。这种判断力使他很能知人识人。李靖当上宰相后，太宗令他向兵部尚书侯君集传授兵法。在教授过程中，李靖每次讲到精妙之处就不再往下说。侯君集对此甚是不满，就上告太宗说李靖有谋反之心。李靖向太宗解释说："现今天下太平，我教给他的，对安制四夷已经足够了，多教没有什么用处。"并指出，现在侯君集要求尽学我的兵术，倒真是想谋反。太宗当时不相信。接着，一次朝后回尚书省，侯君集骑马越过省门数步都未发觉，李靖见后对人说："君集意不在人，必将造反。"贞观十七年（643），侯君集果然与太子承乾谋反，这足以说明李靖知人识人的能力不凡。

不光如此，这种判断力也使他对战事的把握达到了出神入化的地步。贞观二十年（646），太宗亲征高丽，高丽出动了全国所有的兵力，以致内部十分空虚，李道宗请求率兵5000，奔袭平壤，太宗没有答应。结果，战争以唐军失败告终，太宗向李靖请教其中的原因，李靖指出是由于他没有接受李道宗的建议，一语就道出了问题的要害。

初唐时期，人才辈出，李靖能够从这些人中脱颖而出，所凭借的就是这些超人的能力。

李靖用兵平实、简单，但仍不失为一位杰出的军事家。他认为成功的关键是能造机与乘机，能制造机会、把握机会。后人把李靖的用兵思想概括为12个字："出敌不意，快速奔袭，穷追猛打。"这12个字既是对李靖用兵特点的很好概括，又反映了李靖抓住了以胜至上的用兵灵魂。李靖在兵学上，已经把思想和实践融为了一体，他在长期的战争实践中形成了自己一套科学的军事理论。他曾有多部军事著作，但大多已经失传，今存的仅有《唐太宗李卫公问对》及散见于杜佑《通典·兵典》及《太平御览·兵部》中的《卫公兵法》。

贞观二十三年（649），李靖病情恶化，太宗亲自到病床前进行慰问。这年四月二十三日，李靖溘然长逝，享年79岁。李靖去世后，太宗册赠司徒、并州都督，陪葬昭陵，谥号"景武"，并把他的墓冢修成铁山、积石山的形状，以旌表他北灭东突厥、西征吐谷浑的功勋。

薛 仁 贵

薛仁贵(614－683)，唐代名将。名礼，绛州龙门(今山西河津)人。历唐太宗、高宗两朝。在东征和西征中屡建奇功，后因将帅不和失败削职。晚年复出，又立新功。颇具传奇色彩。

应征从戎　初建功勋

薛仁贵的七世祖是南北朝时期宋朝大将薛安都。薛氏在南北朝时期是当地名门望族，薛安都在多次的军事行动中立有战功，官至平北将军、徐州刺史，封爵南乡县侯。

贞观十八年(644)，唐太宗打着"为中国报子弟之仇，高丽雪君父之耻"的旗号出兵辽东，讨伐高丽。为了弥补府兵力量的不足，在全国各地征募骁勇之士，扩充军队。辽东道行军总管张士贵负责关陇与河东地区的募兵工作，消息传到绛州时，薛仁贵正准备迁移祖坟以兴家业。妻子柳氏对他说："夫君是有抱负的人，应该抓住机遇求得功名，而不能单靠祖上的阴德。如今圣上征伐辽东，正在招募猛将，正是施展武艺的天赐良机，夫君应该借此一显身手，等到功成名就、衣锦还乡之时，再改迁祖坟也不晚。"薛仁贵说："我也有此想法，我只是担心我走后你们母子三人的生活。再说，无人引荐，怎能顺利参军？"柳氏说："大丈夫志在四方，家事我一人承担，你尽管放心。你凭这一身武艺，从军量不成问题的。"薛仁贵感慨万端，挥泪告别妻儿，前往唐军大营应征。张士贵是久经沙场的名将，派部下与薛仁贵略试武艺，就认定他日后必定有所作为，于是高兴地把他留下了。

贞观十九年(645)二月，唐太宗御驾亲征，自洛阳途经定州，留下太子监国，亲率大军向辽东进发。太子詹事、左卫率李勣受命为辽东道行军大总管，江夏王李道宗为副，率大军从陆路进攻；刑部尚书张亮受命为平壤道行军大总

唐太宗李世民

管，率大军从莱州（今山东莱州）渡海进攻。薛仁贵跟随张士贵的辽东道第一军，从陆路奔赴辽东战场。

贞观十九年（645）六月上旬，唐军由白岩城（今辽宁辽阳北）向安市城（今辽宁盖县东北）挺进。行军途中，张士贵所统帅的部队正好与高丽大军相遇，双方激战之时，唐军郎将刘君邛被敌兵重重围困，情况万分危急。在此千钧一发之际，薛仁贵请往救援。张士贵应允。薛仁贵大喝一声，飞身上马，冲向敌阵。敌将迎战，被他一刀斩杀，将首级挂在马鞍上示众，敌军害怕，纷纷后撤退去，刘君邛之围遂解。至此，薛仁贵闻名全军。

六月二十日，唐朝大军抵达安市城北，立即开始攻城。次日，盖苏文派大将高延寿率20万大军救援安市。

高延寿发现唐军在对面布阵，也立即把队伍集合起来，准备与唐军决战。唐太宗登上北山，看见峡谷中尘土飞扬，断定是长孙无忌已率部进入指定地点，当即下令击鼓进军。一时间，唐军兵马四路出击。高延寿见状，急忙分兵抵抗，但是阵脚已乱。这时，风云突变，乌云从四面涌起并夹杂着雷电。张士贵令薛仁贵率一支精兵杀向敌军。薛仁贵自恃勇力过人，欲立奇功，特意身着一袭白色战袍，手握大戟，腰挎强弓，大喊着冲入敌阵，所到之处，无人敢与之交锋，硬是在万军之中杀出一条血路。在薛仁贵的带动下，唐军士气高昂，纷纷紧随其后杀入敌阵，敌军四散溃逃。

在这次战斗中，薛仁贵的勇猛被李世民看到。他特派骑兵到阵地询问，战后又亲自召见薛仁贵，赐御马两匹，绢帛四十匹，提升为游击将军、云泉府果毅。

高延寿等在唐军的四面夹击之下走投无路，率部投降。六山大捷后，唐军继续围攻安市城。由于已近深秋，辽东地区寒霜早降，草枯水冻，加上军粮将尽，大军难以久留，九月十八日，唐太宗下令班师回朝。

十月十一日，唐军东征还师到营州（今辽宁朝阳），唐太宗亲祭阵亡将士。在张士贵的举荐之下，唐太宗再次召见薛仁贵，随后又下诏提升他为右领军中郎将。薛仁贵谢过皇帝后，专程去拜谢张士贵，对他的知遇之恩表示感谢。

薛仁贵回到朝廷后，唐太宗令薛仁贵将妻儿接到京城长安居住，结束了乡村的贫民生活，一家人感激涕零。薛仁贵担任的右领军中郎将职务，从军政指挥系统上讲，属于守卫皇宫的府兵十二卫系统。他也由此成为唐太宗的侍卫军将领，一直守卫皇宫北门玄武门。

雨夜救驾　三箭定边

贞观二十三年（649）五月，唐太宗去世。六月，太子李治即位，是为唐高宗。这时，薛仁贵仍以右领军中郎将的职务戍守宫城。永徽五年（654）闰五月，唐高宗到京西的万年宫避暑，薛仁贵等随行护驾。

正值长安地区连续阴雨，一天晚上，唐高宗正在歇息，大雨突然从天而降，山洪暴发，河水决堤，像脱缰的野马一样，咆哮而来，直冲皇宫北门。雨越下越大，山洪来势凶猛，水位不断上涨，求救之声此起彼伏。北门的值班卫兵早被滔滔洪水吓坏了，一个个抱头鼠窜。此时，薛仁贵正在北门之外，他被涛声惊醒，出门一看，只见山水已漫过膝盖，大街上激流涌动，男女老少纷纷逃命，一些民房轰然倒塌，而宫中却毫无动静。薛仁贵蹚水去找卫兵，结果一个也没有找到，他气愤地说："哪有天子有难，竟然怕死逃跑的？"急忙去拍打城门，但没人应答，原来守卫的士兵早已逃走不在了。眼

彩绘釉陶武官俑　唐，明器。高71.5厘米。1972年出土于陕西省礼泉县郑仁泰墓

看洪水就要穿过北门，很快就会危及到皇帝的寝宫。薛仁贵急中生智，不顾个人安危，爬到了北门的横木上，居高临下，向着皇帝的寝宫方向高声呼喊，终于惊动宫内侍卫。宫院内也积水很深，众人赶紧叫醒高宗，冒雨转移到高处。高宗刚一离开，皇帝寝宫就被洪水冲垮了。高宗惊魂未定，庆幸自己及时离开，否则就葬身宫中了。

显庆五年(660)，契丹酋长窟哥去世，阿卜固继任松漠都督，他一改往日亲唐立场，与奚族联合反叛。唐高宗决定出兵讨伐，薛仁贵和将军辛文陵被委以重任。当辛文陵率军到达土护真水(今老哈河)，即通往契丹大本营的中途站时，遭到敌军突然袭击。薛仁贵率兵及时赶到，击败敌军，解了辛文陵之围。随后，唐军与契丹军在黑山展开激战。薛仁贵和辛文陵大败契丹军，生擒阿卜固及诸酋长，押送到东都洛阳。薛仁贵因功升任左武卫将军，封爵为河东县男。之后薛仁贵又被任命为铁勒道行军总管郑仁泰的副将，率兵讨伐铁勒诸部叛乱。行前，高宗亲自在宫中设宴为将领壮行。酒酣之时，唐高宗亲切地对薛仁贵说："朕听说古代擅长射箭者，可以射穿七层甲，爱卿试射五层甲让朕看看。"年近五十的薛仁贵搭箭拉弓，一箭将五层甲射穿。高宗没想到薛仁贵竟然如此骁勇，欣喜之余，立即命人取来上等铠甲赐予薛仁贵。

龙朔二年(662)二月，九姓铁勒(即九个部落)得知唐军将至，便聚兵10余万人，凭借天山有利地形，阻击唐军。三月，唐军与铁勒在天山交战。薛仁贵大名在铁勒军中早已传扬开来，知其不仅骑术精，而且箭术更佳。在大军开战之前，铁勒选骁骑数十人前来挑战，指名要求薛仁贵上阵。薛仁贵身经百战，完全不理睬敌军的叫骂之声，只见他飞身上马，连发3箭，射杀3人。在薛仁贵神威的威慑下，铁勒兵将纷纷下马请降。薛仁贵的这3箭，极大地震慑了铁勒士卒，唐军长驱直入，铁勒望风披靡，四散溃逃。为了防止发生叛变，薛仁贵全部活埋了降兵。唐军转战漠北，讨伐铁勒余部，并擒获了突厥的伪叶护兄弟3人，凯旋而归，九姓铁勒势力彻

底败落。薛仁贵的威名在唐军中广为流传，甚至还被编为歌谣："将军三箭定天山，壮士长歌入汉关。"

平定高丽　饮恨西北

乾封元年（666）五月，高丽莫离支盖苏文死，其长子泉男生继位。但不久，泉男生之弟泉男建、泉男产将他驱逐出皇宫，泉男建自立为莫离支。泉男生被迫逃到国内城（今吉林集安），并派其子泉献诚入唐求救。六月，唐高宗任命右骁卫大将军契苾何力为辽东道安抚大使，率兵前往救援泉男生；又任命右金吾将军庞同善、营州都督高侃为行军总管，率左武卫将军薛仁贵等一同征讨高丽。

乾封二年（667）九月，李勣率部攻克高丽西部重镇——新城，留下庞同善等守城，自率本部兵力继续出击。这时，泉男建亲率军队，乘夜偷袭庞同善，直接威胁新城的安全。薛仁贵闻风而动，率精兵赶赴新城，斩杀敌军数百人，击败泉男建。庞同善带兵出城追击，在金山（今辽宁本溪东北老秃顶山），与高丽守军遭遇。唐军初战失利，向后撤退。泉男建率军乘胜前进，又逼薛仁贵。薛仁贵不顾行军疲劳，指挥若定，将高丽军拦腰斩断，庞同善等回军夹击，大败高丽军，斩敌5万多人。唐军乘胜攻占南苏（今辽宁抚顺东苏子河与浑河交流处）、木底（今辽宁新宾西木奇镇）、苍岩（今吉林集安西境）三城，完成了与泉男生部的会合。

第二年二月，李勣派薛仁贵率兵2000进攻扶余城（今吉林四平）。诸将认为兵力太少，纷纷劝阻。薛军抵达扶余城下后，敌军倾城出击，薛仁贵奋力迎战，全军拼死冲杀，将敌军击败，万余敌兵被俘或被杀，一举攻克扶余城。扶余川内的40余城，纷纷望风归降。薛仁贵继续进攻，威震四方。在平壤，薛仁贵与李勣会师，高丽宣告平定。

永徽元年（650），吐蕃国松赞干布去世后，由于其嫡子早死，其幼孙继承赞普一位。唐高宗对松赞干布逝世表示哀悼，派使者前往吊唁。两族的友好关系一直维持着。数年之后，随着吐蕃国力的增强，吐蕃的执政宰相禄东赞扩张野心与日俱增，多次派兵向吐谷浑和西域地区进攻。龙朔三年（663），禄东赞大举进攻唐朝的藩属国吐谷浑，叶谷浑可汗、河源郡王诸曷钵抵挡不住，率数万人逃往凉州（今甘肃武威）。唐与吐蕃至此关系破裂。

咸亨元年（670）四月，吐蕃连克西域18州之地，西方告危。唐高宗决定反击吐蕃的侵略行径，任命薛仁贵为逻娑道行军大总管，左卫员外大将军阿史那道真、左卫将军郭待封为副大总管，率兵10万，讨伐吐蕃。郭待封曾任鄯城（今青海西宁）镇守，官职大小与薛仁贵相同。这次出征，位置在薛仁贵之下，深以为耻，所以多次不听从指挥。

薛仁贵受命后，不敢耽搁，日夜兼程，奔赴吐谷浑旧地。唐军到达大非川（今青海兴海大河坝），准备向乌海（又称苦海，即今青海冬给措那湖）进军。薛仁贵首先分析了战场形势，率轻骑先行，抵达河口（今青海兴海东南），大破吐蕃军，乘胜进驻乌海，等待郭待封增援。但是郭待封不听薛仁贵部署，携带全部辎重缓慢跟进，结果在乌海受到吐蕃20余万兵马的沉重打击，唐军大败，军粮及所有辎重物资全部落入敌手。薛仁贵在乌海孤立无援，只得退守大非川。吐蕃又聚兵40万来攻。在敌军四面包围之下，唐军几乎全部战死，薛仁贵只好与吐蕃讲和，吐谷浑全境遂被吐蕃占领。

流放岭南　再立新功

薛仁贵从大非川惨败归来，唐高宗见其已年近花甲，也到了告老还乡、安享天年的时候，于是对他也没加责罚。但是朝中大臣对他的指责越来越多，大臣魏元忠上书指出，薛仁贵兵败大非川与出兵辽东无功而返，处罚太轻，难以服众。因此，薛仁贵再次被贬为象州（今广西象州）刺史，流放岭南。直到后来，朝廷大赦，薛仁贵才回到京城。

开耀元年(681)，唐高宗思旧之情忽生，想起了老将薛仁贵，于是召其进宫。唐高宗任命薛仁贵为瓜州长史，不久又授予他右领军卫将军，检校代州（今山西代县）都督。

此时，在唐北方边境东突厥自从阿史那伏念、阿史德温傅战败被杀后，酋长阿史那骨咄禄与阿史德元珍召集流散余众，扩展势力，于永淳元年(682)十月占据黑沙城（今内蒙古呼和浩特东北）。他们经常劫掠九姓铁勒的牲畜，势力也一天天强大起来。

阿史那骨咄禄自立为颉跌利施可汗，各部落纷纷归附，以致达到几万人之多，他东击契丹，北征铁勒，侵占漠北。阿史那骨咄禄最后又重新建立起一个奴隶制的突厥政权，史称"后突厥汗国"。随后，阿史那骨咄禄派熟知唐朝边塞军情的阿史德元珍率突厥兵马，进攻唐朝边境。阿史德元珍南下，直逼并州（今山西太原南晋源镇）及单于府（原云中都督府，今内蒙古和林格尔西北土城子）北境。唐朝岚州刺史前来镇压，反被他杀死。突厥气焰一天比一天嚣张。

于是，唐高宗又命薛仁贵率兵前往讨伐。薛仁贵抵达云州（今山西大同），与阿史德元珍大军相遇。当时，突厥军还不知道唐军的主帅是谁，于是就在阵前大声喝问唐军的主将是谁。当他们听到是薛仁贵时十分疑惑，又问："听说薛将军流放象州，已经去世，何以复生？"薛仁贵哈哈大笑，脱下头盔，让突厥军看个清楚。突厥将士慑于薛仁贵威名，纷纷大惊失色，有的甚至下马跪拜。阿史德元珍听说薛仁

中国将帅传

一五三

贵又被起用，因其平时最害怕此人，于是率军向北撤去。薛仁贵在城北卧虎湾一带截杀突厥军万余人，俘虏2万余人，缴获牲畜3万多头。时年，薛仁贵已是69岁高龄，又立了一功。

永淳二年(683)二月，薛仁贵病逝，享年70岁。

郭 子 仪

郭子仪(697 — 781)，唐朝华州郑县(今陕西华县)人。父亲郭敬之，曾任刺史。郭子仪身材魁梧，面貌英俊，目光炯炯有神；其为人刚强勇敢，公正无私，不畏权贵。他历玄宗、肃宗、代宗、德宗四朝，多次担任军事要职，屡立战功，挽唐朝江山于危亡。

武举高第　练兵边疆

郭子仪从小就对军事十分感兴趣，不仅喜练武功，还喜欢读书。他对自己要求非常严格，无论是读书或是习武，他都能做到精神集中，一丝不苟，常常废寝忘食。

郭子仪20岁时，在河东(今山西太原)当兵，因过失触犯军法当斩。当他被捆着双手押赴刑场时，竟然昂首阔步，大步向前，一点也不惊慌。正巧，在途中遇上当时著名的诗人李白。李白本来和他并不相识，见他年轻英俊，相貌非凡，临刑不惧，并且早就听说他才干出众，意志坚强，于是就以自己的官职担保，到当地官员那里说情，免除了郭子仪的死罪。于是李白和郭子仪就成为了知己。

唐玄宗开元年间，郭子仪参加了武举考试，因成绩优异被授予左卫长史(皇帝禁军中负责考察军官业绩的六品官)。后来又在今陕西、河南、广西、新疆等地任职，开元中后期担任朔方节度副使、定远城使、东受降城(今内蒙古托克托旗南)使等职。

天宝八年，郭子仪任天德军使(驻地在今内蒙古乌特前旗西)，兼九原(今内蒙古乌拉特前旗北)太守。当时，唐朝正处于太平盛世，一片歌舞升平。在这种外无敌患，内无动乱的环境中，人们开始安于逸乐，贪图物质享受，整日只知吃喝玩乐，唐朝政府更是有过之而无不及。唐玄宗李隆基整日沉湎于酒色之中，把大权交于奸臣李林甫、杨国忠之手，自己则与宠妃杨玉环夜夜笙歌，醉生梦死，昔

郭子仪

日励精图治、重整山河的雄心早已不复存在。郭子仪却居安思危，一面操练兵马，一面守卫祖国的疆土。

自唐高宗中期以后，边疆驻扎的军队不断增加，军需供应的负担也一天天加重。为了减轻军需运输费用，唐朝与前代一样，凡边防驻军，都设置屯田，增加军储。郭子仪在河中(今山西永济)任职时，亲耕百亩，为将士作表率。他到阴山防线之前，已在定远城主持过营田事务。当他负责阴山西部防务期间，自然也是顺应农时，手持农器，亲自下田劳作，与士卒同甘共苦。郭子仪天性淳厚，深知只有元帅爱护士卒，视之为手足，士兵才能在战场上奋勇杀敌。于是他仁爱为怀，深得部下拥戴。在漫漫边防生涯中，郭子仪历经艰辛磨砺，成就了善用骑兵、长于野战的军事指挥才能，也铸就了宽厚持重的大将风度。

转战平叛　　收复两京

天宝十四年(755)十一月，兼任范阳、平卢、河东三镇节度使的安禄山见朝廷日益腐败，武备松弛，便伙同部将史思明，集兵20万，以入朝讨伐杨国忠为名，在范阳起兵反唐，安史之乱爆发。

叛军一路势如破竹，不久便攻下洛阳。天宝十五年(756)正月，安禄山在洛阳称大燕皇帝，唐朝处于危亡之际。在这紧急关头，朝廷命郭子仪为朔方节度使，率本部兵马东讨叛军。

郭子仪首先夺取九门、藁城，然后率兵赶往常山(今河北正定)。史思明立即收整人马，跟踪前进。郭子仪见史思明只是尾随自己前进，于是将计就计，派出500精锐骑兵，引诱叛军急速北进。史思明果然中计，连追三天三夜，人困马乏，当行至行唐(今河北行唐)才知道上当。于是，东退沙河(今河北行唐东)休整。郭子仪以逸待劳，乘机发动猛攻，大获全胜。安禄山得知史思明战败，即派蔡希德从洛阳率步、骑兵2万北上，令牛廷玢从范阳率兵1万南下增援。叛军来势汹汹，不可一世。郭子仪为避敌锋芒，实行疲敌政策，率军从沙河、行唐继续北进，引诱叛军追击。史思明因兵力大增，毫无顾虑地大胆追击。唐军退守恒阳(今河北灵寿)后，一方面深沟高垒，加筑工事，凭险坚守，积极做好反攻准备；一方面采取"贼来则守，贼去则追；昼则耀兵，夜袭其营"的战法，不给敌人喘息机会。几天下来，就把叛军士气打消下去，疲惫沮丧。郭子仪见歼敌时机已到，于是在嘉山与叛军展开大战。战前唐军预设左右翼，夜间诱敌上山取粮，天亮后采用合围，并广设旗鼓以扩大声势。经过激烈战斗，大败敌军，杀敌4万多人，俘虏千余人，缴获战马5000匹。叛军首领史思明中箭坠马，急忙率领狼狈不堪的残兵败将退守博陵，再也不敢出战。

后来，由于唐玄宗在军事决策上的错误，导致潼关守军20万人被叛军击溃，叛军继续西进。天宝十五年(756)夏天，叛军距离长安只有咫尺之遥，唐玄宗仓皇出逃，长安陷落。

玄宗逃往四川，太子李亨在灵武(今宁夏灵武)即位，是为肃宗。肃宗为了收复长安，任命郭子仪为朔方节度使，并把朔方军作为反攻的基本力量。为了加强朔方军的实力，肃宗又指定李光弼协同郭子仪作战。郭子仪和李光弼原来都是安思顺的部将，两人的才能不相上下，职位相同。当郭子仪受命代替安思顺做朔方节度使时，李光弼不服，有意离去。皇帝紧急下诏将他留下。郭子仪分兵一半给李光弼，分别抗击敌军。

不久，郭子仪指挥唐军大败崔乾祐，夺回潼关，给叛军当头一棒，唐军士气大振。唐朝的下级官吏赵复、韩曼、徐吴、李藏锋等与唐军里应外合，配合郭子仪，先后夺取蒲州(今山西蒲县)、安邑(今山西运城)、永丰仓等战略要地，将收复两京的障碍全部扫除。

这时，叛军发生内讧，安禄山被其子安庆绪杀死。四月，郭子仪被任命为关内、河东副元帅，五月，奉旨夺回长安。郭子仪由凤翔东进，途中遭到安太清的埋伏，受到夹击而大败。郭子仪请求处分，被降职。同年九月，唐肃宗派其子广平王李俶率15万大军收取长安，郭子仪为大将。为了鼓励士兵奋勇作战，早日收复京城，皇帝下令犒赏三军，特别恳切地希望郭子仪能全力以赴。郭子仪也表示，誓死消灭叛军。肃宗命令郭子仪率领中军，李嗣业率领前军，王思礼率领后军，并指定郭子仪为统兵副元帅，共领兵15万人。加上向回纥借来的5000骑兵，分三路军昼夜兼程急进，浩浩荡荡开到长安西香积寺附近。连营为阵，横亘30多里。叛军守将安守忠、李归仁率兵10万据险设防，与唐军对垒，又自恃兵精将勇，出城挑战。唐军奋勇迎敌，快逼近敌营时，叛军擂动战鼓，一齐冲杀上来，唐军措手不及，向回败去。叛军乘机追击。李嗣业扬鞭策马，赤膊上阵，拼命杀敌，稳住了唐军阵脚。唐军振奋起来，猛击叛军，战鼓擂动，喊杀声响成一片，唐军将叛军紧紧包围，使他们无法突围。回纥兵出其不意从敌后杀出，配合被围的唐军与叛军展开了白刃战，两军从中午一直厮杀到傍晚，叛军被杀6万多人，生擒2万余人，剩下的逃回了长安。

郭子仪手下战将仆固怀恩感到机不可失，坚决主张连夜进攻，主动请求带200名骑兵杀进长安，生擒贼首，免得他们羽翼丰满，又生后患。肃宗以部队疲劳为由给予拒绝，郭子仪也未主张追击，仆固怀恩一夜之间请战了四五次，也没能如愿。结果唐军坐失良机，叛军将领李归仁、张通儒等连夜逃出了长安。第二天唐军进入长安城，受到老百姓的夹道欢迎。

长安收复后，肃宗便由灵武迁回长安，唐军乘胜向洛阳进军。十月，屯兵洛阳的安庆绪，听说郭子仪来打洛阳，便派严庄、张通儒带领10万大军迎战。

十月十五日，郭子仪大军与叛军在洛阳以西的新店(今河南陕县西)遭遇。新店山高路陡，地势险要，叛军凭借有利地形，居高临下，依山而战。郭子仪几次从正面进攻都失败了。为了变被动为主动，郭子仪暗派1000多名弓箭手埋伏于山下，并命位于新店以南的回纥军袭击叛军侧后，他自率主力再从正面与敌交锋。郭子仪边战边退，佯败而去，不知是计的敌军倾巢出动。战至黄昏，突然杀声震天，唐军埋伏下来的弓箭手万箭齐发，回纥兵也从敌人背后猛冲过来。在唐军与回纥军合力夹击之下，叛军大败。安庆绪自知洛阳难保，便率骑兵300、步兵千人，于十月十六日夜弃洛阳逃向邺城（今河南安阳）。十八日，唐军收复洛阳。

计退吐蕃　单骑见敌

在郭子仪、李光弼及众将的努力下，安史之乱最终被平定下来，但唐朝国力也日渐衰弱。唐代宗宝应元年（762），唐将梁崇义自襄州（今湖北襄阳）、仆固怀恩于汾州（今山西吉县）起兵叛唐，同时还引来回纥、吐蕃之兵进犯河西。凤翔以西、汾州以北之地纷纷落入敌手。不久，奉天、武功也被吐蕃占领，长安屏障尽失，形势严峻。

吐蕃的进攻，引起了朝廷的恐慌。唐廷急任郭子仪为关内副元帅，镇守咸阳。郭子仪旧部都已交李光弼指挥，身边仅有兵数十人。紧急征兵后，他开往咸阳，以1万多人面对吐蕃10万多人，而且有不少敌人已渡过渭水。郭子仪多次请程元振拨兵增援，但都没有得到回应。吐蕃兵很快就打到长安城下，吓得代宗逃往陕州。郭子仪听说痛哭不已，匆忙从咸阳赶到长安，以致随行的马车都散架。进城后他十分焦急，捉生将王献忠劫持了诸王子正欲投敌，便怂恿郭子仪："皇上早已逃跑，现在国家无主，你身为大元帅，皇帝的废立只是您一道命令的事。"郭子仪把他痛斥了一番。几天后，吐蕃兵占领了长安。吐蕃宰相马重英立章怀太子李贤之孙李承宏为帝。当代宗逃往陕州时，唐军多往商州（今陕西商州）逃散，郭子仪派部将王延昌赶到商州去招集他们。逃兵听说郭子仪来了，都欢呼不止，愿听吩咐。不过数日，便招集到4000多人。战将张知节在洛南（今陕西洛南）迎接郭子仪。随后郭子仪将军队屯扎在商州，还进行了一次大规模的阅兵，威震关中。郭子仪分析了形势，决定采用声东击西、虚张声势的疑兵之计。他先派段秀实去劝说邠宁（今陕西彬县和甘肃环江一带）节度使白孝德，请他出兵助战；再派左羽林大将军长孙全绪带200轻骑，到蓝田（今陕西蓝田）城北面，白天擂鼓呐喊，夜晚燃起火把，牵制吐蕃兵力。之后，郭子仪佯装向蓝田城东进军，但却率领主力军奔向蓝田城西。吐蕃兵果然中了郭子仪的计，直向蓝田城东冲杀，但扑了个空。此时，郭子仪迅速集中兵力，奋勇出击，打得吐蕃兵措手不及。吐蕃兵发觉中计，十分惶恐。郭子仪早派张知节、长孙全绪屯兵1万于韩公堆，四处插满旗帜，擂响战鼓，满山遍布篝火。

他还派禁军旧将王甫潜入长安，带人在朱雀街上齐声擂鼓，四处高呼："郭令公（郭子仪）率领大军来啦！"喊声震天，惊骇万分的吐蕃军队不战而逃。唐军顺利地进入长安。郭子仪又斩射生将王抚以明军纪。皇帝任命郭子仪为京城留守。

仆固怀恩派其子仆固瑒率军攻打太原，但被镇守太原的大将辛云击败，失利之后的仆固转而围攻榆次（今山西榆次）。广德二年（764）正月，代宗任命郭子仪兼任河东副元帅、河中（今山西永济）节度使，率军镇守河中。

永泰元年（765）九月，仆固怀恩又招引回纥、吐蕃、吐谷浑、党项等共计30多万大军再次攻唐。不久，就接连攻陷邠州、凤翔、奉天，直逼长安。唐代宗四处调兵遣将，扼守

要冲，自己亲率禁军屯守于长安禁苑中。郭子仪也接到代宗圣旨，急忙率军万人日夜兼程赴泾阳（今陕西咸阳西北）抵御敌军。

十月，郭子仪刚到泾阳，回纥、吐蕃的10万大军就将其围困在城中，形势对郭子仪十分不利。面对十倍于己的强敌，郭子仪镇定自若，毫不惊慌。他一面部署诸将四面防守，一面亲率两千骑兵往来策应。不久，吐蕃因仆固怀恩的暴亡而想做联军的统帅。回纥军的主将，怀仁可汗的弟弟药葛罗，为了防止吐蕃乘机吞并，将兵营从城北移至城西。郭子仪认为，在平定"安史之乱"和收复两京之战中，自己曾率军与回纥军并肩作战，在回纥军中有较高的威望，于是就想利用回纥与吐蕃之间的矛盾，来联合回纥共击吐蕃。于是他派部将李光赞出使回纥军营试探，面见回纥军主将药葛罗。

李光赞见到药葛罗后，转达了郭子仪的问候，劝其不要与唐王朝为敌。药葛罗之前听仆固怀恩说郭子仪已经死了，所以听了这话十分吃惊，为了释去心中疑惑，他让李光赞回去告诉郭子仪，让他亲自来和他们见面。

李光赞回城后向郭子仪作了汇报。郭子仪认为现在敌我兵力悬殊太大，难以武力取胜；况且自己与回纥将士曾有着比较亲密的关系，不如亲自去和他们谈一谈，也许可以以和平方式来解决。多数将领赞同郭子仪的意见，但又为他的安全担心，提出派500精锐骑兵一同前往护卫。郭子仪没有同意，并说这样反而会弄巧成拙，引起对方怀疑而误了大事，遂决定单骑进入回纥军营。郭子仪之子郭晞此时也在军中，他拦住马头，跪在地上请求父亲不要冒险去回纥军营谈判。郭子仪严肃地说："根据目前的形势，如果两军开战，不但我们父子性命难保，就连国家的命运也很危险。如果能以诚意说服回纥，则是天下之大幸。万一谈判不成功，我就以身殉国！"言罢，仅带几名随从，扬鞭驱马直奔敌营。

郭子仪一边向回纥大营前进，一边令随从高喊："郭令公来了！"回纥兵怀疑有诈，立即摆开阵势，弯弓搭箭，严阵以待。郭子仪见此情形，不慌不忙地翻身下

马，摘下头盔，脱去铠甲，放下刀枪，牵着马向回纥军阵前行进。回纥各酋长仔细辨认，见真的是郭子仪，便都接连下马向他施礼。药葛罗也放下弓箭，赶紧走上前跪拜迎接。郭子仪扶起药葛罗，与回纥诸将领一起步入帐内。一阵寒暄过后，郭子仪对药葛罗说："你们回纥为唐朝立过大功，朝廷待你们也不薄，不知道你们为什么违背盟约而进犯我朝。仆固怀恩叛君弃母，世人唾骂，能对你们做什么好事？你们跟着他，抛弃前功而结新仇，背离唐主而助叛臣，这种举动难道不是很愚蠢么？"郭子仪一席话，使得药葛罗非常惭愧，接连谢罪，并说："仆固怀恩欺骗我们说唐朝皇帝已驾崩，令公早已去世，中原无主，所以我们才率兵而来。现在皇帝仍然坐镇京城，令公又统兵在此，我们哪里还敢再同您为敌呢！"

郭子仪见药葛罗已经认罪，便接着说："吐蕃忘恩负义，乘中原内乱，不顾与朝廷的甥舅之亲，屡次兴兵侵犯边境，深入内地，烧杀抢掠，无恶不作。现在吐蕃又想吞并你们，你们为何不反戈一击？这样既能打败吐蕃获其财物，又可以与唐朝继续友好下去，这一举两得的事你为什么不做呢？"药葛罗听后，当即表示赞同。双方当即以酒酹地，并向天发誓两国友好，共同攻打吐蕃。吐蕃国见两国联盟，形势于己不利，于是连夜撤兵了事。

生活简朴　谨慎善终

大历十一年(776)四月一日，杨绾被唐代宗任命为中书侍郎。杨绾生活简朴，在朝在野都享有很高的声誉。郭子仪当时正在宴请宾客，听到任命消息，立刻遣散宴会上绝大多数歌舞女子，以示节俭。大历三年(768)，郭子仪任河东副元帅，曾发布命令：禁止官兵无事时在大营中骑马奔驰。郭子仪之妻南阳夫人的乳娘的儿子偏不在乎这项禁令，被都虞侯用乱棍打死。郭子仪的儿子们不服，向郭子仪哭诉。郭子仪痛斥了他们。第二天，郭子仪谈及此事，向众人叹息说自己的儿子不赏识都虞侯，却爱惜老娘乳母之子，是奴才。

郭子仪8个儿子7个女儿，其中六子郭暧娶的是代宗之女升平公主。平时郭家人丁兴旺，每当拜寿时，子孙几十口人跪了一地。郭子仪也记不住谁是谁，点点头而已。郭子仪70大寿时，家中人都来贺寿，唯升平公主未到。郭暧就此和公主吵了起来。郭暧随口说出："你仗着你爹是皇上，对不对？老实告诉你，我爹不稀罕当皇上。"升平公主听见此话，气愤之极，立刻回宫，禀告父皇。唐代宗李豫安慰女儿说："你丈夫说的是实话，假使你公公真的想当皇上，天下岂是咱们李家的天下呢！"他安慰劝解了公主，送她回去。郭子仪听说此事，立刻把儿子五花大绑送进宫去，请求定罪。唐代宗说："俗话说得好，不痴不聋，不作阿家翁。儿女们闺房里说的气话怎么可以认真呢？"

唐德宗建中二年(781)二月十八日，汾阳王郭子仪患病在家，御史中丞卢杞登门问候。郭子仪一反每次接见宾客时常态，将陪伴自己左右的妻妾、侍女全部打发走，独自一人卧床接待。众人不知其故，待客人走后，郭子仪才说："卢杞脸色青灰，容貌丑陋。女人们一旦见到他肯定会笑出声音来。而他心胸狭窄，为人阴险毒辣，定会怀恨在心。况且他能言善辩，万一将来掌握生杀大权，必定诬陷报复，我怕那时候我家几百口男女老幼一个也保不住。"不久，德宗李适一方面赐郭子仪"尚父"称号，进位太尉、中书令；一方面提升卢杞为御史大夫并兼长安行政长官。10天后卢杞又被提升为门下侍郎、同中书门下平章事。当上宰相的卢杞忌贤嫉能之心开始显露，一点点小事不顺从他，必定置人于死地，杨炎、崔宁、张镒等均受其害。郭子仪由于处事谨慎，预料在先，避免了不必要的祸害。建中二年(781)六月十四日，85岁的郭子仪在长安长乐坊家中去世。

李 光 弼

李光弼(708－764)，唐代名将。营州柳城(今辽宁朝阳)人。祖先是契丹族的酋长。父亲李楷洛，作战勇敢，官至朔方节度副使。李光弼历任兵马使、节度副使、云中太守、范阳长史、户部尚书、侍中、太尉等职，封临淮郡王。谥号"武穆"。李光弼有勇有谋，用兵有方，为唐中兴名将。

坚守常山　退守井陉

李光弼性情刚毅，喜读兵书，而且武艺高强，尤其是在骑射方面；同时又受到儒家正统教育，是个难得的文武全才。他21岁入仕。在西北边疆战功显赫，深受王忠嗣和安思顺等名将的赏识，后来调入长安任职。

天宝十四年，安史之乱爆发。天宝十五年二月，李光弼奉命率蕃、汉步骑兵万余人及3000名太原弩手东出井陉(今河北井陉)。李光弼的到来，极大地鼓舞了当地民众，他们自组团练兵，生擒了安思义以迎接唐军。当时史思明围攻饶阳(今河北饶阳)，李光弼不斩安思义而向他询问如何战胜史思明。安思义深受感动，说："大夫士马远来疲弊，不应轻易出兵；不如移军入城，早为备御，先料胜负，然后出兵。胡骑虽锐，不能持重，苟不获利，气沮心离，于时乃可图矣。思明今在饶阳，离此地不过200里，明早其先锋一定到来，而大军继之，不可不留意也。"李光弼甚以其说为是，即移军常山城。次日，史思明果率2万余骑直抵城下。李光弼派 5000 步卒在东门迎战，并命 500 射手自城上射箭，击退了敌军。稍后，又将 1000 弓弩手分为 4 队，轮出东门，实施密集射击，叛军不支，退据滹沱河北岸。光弼以一部兵力在河南岸与叛军相持，与守城唐军成犄角之势。叛军数次用骑兵进攻，都被唐军以弩兵射退，叛军停攻等待步兵。

李光弼

不久，李光弼得到报告，叛军有来自饶阳的步兵五千人正在常山东的九门休息，李光弼于是派步、骑兵各 2 千，偃旗息鼓、秘密地向九门奔袭并一举消灭了叛军。史思明至此退据九门城。常山郡共 9 县，李光弼已收复了 7 个，仅藁城、九门仍为叛军所据。双方相持 40 余日，安禄山抽各地兵 5 万余人来援史思明，郭子仪亲率朔方兵来援李光弼，两军在嘉山(常山东九门城南)决战。唐军作战英勇，且得到地方军民支持，大败史思明叛军，斩杀 4 万人，俘千余人，史思明率残部退据博陵(今河北定县)。李光弼打算乘胜进军范阳，但得到潼关失守的消息后，只好退守井陉，以求河东地区的安全。

怒斩崔众　固守太原

唐肃宗李亨即位后，调李光弼镇守太原，李光弼率 5000 兵马赶赴太原。当时，王承业任太原节度使，崔众任侍御史主兵太原，崔众时常轻慢王承业，有时还身着盔甲手持刀枪突入王承业理事的厅堂玩笑，十分无礼。军政治理之差由此可知，李光弼对这一情况愤愤不平。

这次，崔众将在河东(今山西永济西南)向李光弼交出兵权。崔众率其部众来到河东，李光弼出城迎接。崔众为显示自己的威风，旌旗相连也不加回避，对李光弼傲慢无礼，而且不立即交出兵权。本来就对崔众非常反感的李光弼，如今见到他如此张狂且拖延交兵时间，怒火中烧，于是下令左右将崔众立即拿下，捆绑起来。正在这时，朝廷所派中使到达河东，改任崔众为御史中丞。中使拿着皇帝的敕书问崔众在哪里，李光弼回答说已经将他问罪了。中使将敕书拿给李光弼看，李光弼说："今天要斩的只是侍御史，如果宣布敕书，那么斩的就是御史中丞，如果任命他为宰相，那么斩的就是宰相。"中使十分震惊，不敢再说敕书的事，第二天便起身回朝廷了。李光弼派兵包围了崔众的人马，然后将崔众推到碑堂之下斩首。从此，李光弼治军严明的名声在河东地区传开了。

至德二年(757)，叛将史思明、蔡希德、高秀岩、牛廷玠率众 10 余万围攻太原。李光弼此时将精兵都调往灵武护卫天子了，城中留守的只有不足万人的老弱兵将，且都是临时调集的。他亲自率领士卒百姓挖掘护城壕，又制作了几十万砖坯，运回城内。当敌人从外面攻城时，李光弼下令用砖坯增垒，哪里被毁就补哪里。

双方对峙一月有余，史思明也没有攻下太原。李光弼为了弥补兵力的不足，在城中张榜招聘各种能工巧匠，以优厚的待遇吸引他们发挥一技之长，其中有3个善于挖地道的人，李光弼就重用他们，开展地道战。与此同时，李光弼所招的巧匠制成发射石头的大炮、强弩，这在对付叛军攻城时发挥了极大的威力，打死了叛军中狂妄的强兵悍将约十分之二三。城里的人无论老幼都佩服李光弼的睿智和勤奋，老弱兵将也都勇气倍增。此时，地道已通到敌人的军营下面，先用木头支住，李光弼派人去叛军中送信，说因城中粮尽准备投降，叛军信以为真。到了约定的日子，李光弼先派出副将带领数千人出城，完全装作像投降的样子。接近叛军的军营时，李光弼又派人抽掉地道中的支持，叛军营区顿时一片混乱，李光弼率敢死队趁机出击，与先出城的将士联合起来涌进敌营。叛军四散逃命，村民也协助官兵追杀，结果斩首7万余级，缴获了叛军所有的军资器械。不久，叛军发生内讧，安禄山之子安庆绪弑父自立，命史思明回范阳镇守，留下蔡希德继续围攻太原。李光弼乘叛军力量削弱，军心不稳，不失时机地进行反攻，大破敌军。

之后，李光弼扩大战果，收回清夷、横野两地，并且擒获叛将李弘义。肃宗为解除太原之围的胜利特下诏书，嘉奖李光弼，授司空兼兵部尚书，晋封魏国公，食邑800户。乾元元年(758)，李光弼与关内节度使王思礼入朝，升职为侍中，改封郑国公。

放弃洛阳　决胜河阳

乾元二年(759)七月，李光弼任天下兵马副元帅，兼朔方节度使。九月，史思明率叛军分四路南下，渡过黄河攻克汴州，乘胜西攻郑州。李光弼当时正巡行河上，闻警即返洛阳，对留守韦陟说："贼乘胜而来，利在按兵，不利速战，你认为我们应如何打算？"韦陟主张留兵一部在陕州(今河南陕县)，主力退据潼关，凭借险要的地势打击敌人。李光弼认为："两敌相当，我们若无敌放弃500里的土地只能助长敌军的气势。不若移军河阳，北连泽潞，利则进取，不利则退守，表里相应，使贼不敢西侵，此猿臂之势也。"有人十分不理解不守洛阳，李光弼解释说守洛阳则其各附近要地都要分兵，兵分力散，这样必败。李光弼乘夜率军2万，进入河阳(今河南孟县)，史思明到洛阳，入空城无所得。遂攻河阳。李光弼命骁将白孝德先斩杀叛军先锋刘龙仙，小挫叛军锐气，然后巧施妙计，使敌军疲惫不堪。河阳分为3城，李光弼派李抱玉守南城，自守中城。当叛军集中力量攻南城时，李抱玉在危急中用诈降赢得时间，加固了城防，次日再战。叛军怒而急攻，李抱玉又出奇兵，内外夹击，杀敌无数。李光弼守中城，城外置栅，栅外筑壕，深广2丈。叛军填壕破寨，李光弼仍按兵不动。等到叛军因填壕、破寨体力耗尽后，突然发动反击，将叛军击退。叛将周挚和安太清见南、中城都难以攻下，乃合力攻北城。李光弼迅速率众入北城，部署各将分守各隅。并严申军令，规定：见令旗摇动缓慢，诸将可相机从事，如见旗急剧3次点地，则必须奋力冲杀，不能后退一步，否则斩之。光弼也以短刃置靴中，对诸将说："战争是残酷的事情，吾国之三公，不可死贼手，万一战不利，诸君前死来陪伴诸位壮士。"将士们听完心情都十分激动。战斗开始后，仆固怀恩方面略有后退，光弼令人去执行军法，仆固怀恩看见使者，立即再次提刀向前冲杀，光弼连点其令旗至地，诸将都奋力击敌，呼声动地，斩叛军千余人，俘500人，叛军溺死者千余人，安太清仅以数骑败走怀州，史思明、周挚也退走。李光弼最终取得了河阳之战的胜利。

兵败北邙　　解围宋州

河阳大捷，李光弼以2万兵力击退了史思明的十几万大军，这一胜利冲昏了肃宗的头脑，也引起了一些人的嫉妒。观军容使宦官鱼朝恩不断向肃宗说叛军无能，可以一举扫平，仆固怀恩心怀叵测，附和鱼朝恩说叛军可灭。于是朝廷官员接连督促李光弼快速进兵，收复东都洛阳。李光弼知道此刻时机尚未成熟，叛军兵锋尚锐，但是由于催促越来越紧，只好硬着头皮出战。结果兵败邙山，李抱玉也不得不放弃河阳。本来已经好转的战局迅速恶化，李光弼从大局出发，上表请罪，结果兵权被剥夺。

宝应元年(762)三月，史朝义率部进扰江淮。肃宗复以李光弼为河南副元帅、太尉兼侍中，都统河南、淮南东、西、山南东、荆南、江南西、浙江东、西八道行营节度，镇守临淮。李光弼首先派兵收复许州(今河南许昌)，又击败史朝义派来的援军。史朝义围攻宋州(今河南商丘)已数月，城中粮食已经吃尽，形势十分危急，唐军将领都认为叛军势力正强，主张置宋州于不顾而去南保扬州。李光弼说："朝廷寄安危于我，今贼虽强，但不知道我军的兵力有多少，若出其不意，当自退矣。"于是马上派部将田神功进击史朝义，并将其击败解了宋州之围。

"安史之乱"平定后，朝廷让李光弼镇守徐州。这时，已经是唐代宗临朝时期，宦官专权，功臣遭忌是当时朝廷的情况。广德元年(763)十月，吐蕃攻长安，代宗逃奔陕州，令李光弼出兵勤王。当时朝中宦官鱼朝恩、程元振专政，才害死山南道节度使来瑱，李光弼害怕被害，借故拖延，没有出军。这引起了他手下部将的不满，同时李光弼又羞又愧，心中苦闷。次年二月，57岁的李光弼去世。

张　巡

　　张巡(709－757)，唐代名将。邓州南阳(今属河南)人。开元末年中进士，曾任御史中丞等职。张巡博览群书，通晓战法，善于用兵。他坚贞不屈的气节流传千古。

雍丘解围　屡败叛军

　　天宝十四年(755)，安禄山起兵反叛唐廷。天宝十五年(756)一月，叛军张通晤攻陷宋、曹等州，谯郡太守杨万石降敌，强令张巡投降安禄山叛军。张巡拒不受命，决定出兵讨伐叛军，响应者有一千多人。与此同时，单父(今山东单县)县尉贾贲，亦起兵讨叛，进攻宋州。张通晤逃襄邑，被顿丘令所杀。张巡遂与贾贲带兵两千余人同去雍丘。此时，雍丘令令狐潮已经投降叛军，奉命东去襄邑支援叛军，被令狐潮关押在城中的淮阳俘虏一百多人，乘令狐潮外出之机，杀死看守迎张巡、贾贲等进入雍丘城。令狐潮调动叛军四万余人围攻雍丘。贾贲出战，被叛军杀死。张巡力战，击退叛军，遂兼领贾贲所部。不久，令狐潮复率叛军四万人攻雍丘，城内人心惊恐，张巡部众都失去固守的信心，张巡认为：“贼知城中虚实，有轻我心。如果能出其不意，一定可以击败敌军。”诸将也同意他的看法。张巡于是留千人守城，自率千人，分数队，开城出击。张巡身先士卒，直冲敌阵，叛军因事出突然，毫无准备而被杀得人仰马翻，大败而逃。次日，叛军复设百炮，环城攻打，城上楼堞皆毁。张巡令守军在城上立栅据守。叛军缘城而上时，张巡令士卒将蒿草灌油脂，点燃下投，叛军无法登城。他还不时出兵袭击，并利用夜里光线不好令守军缒城袭击敌营等，以扰乱敌军，挫其士气。六十几日内，大、小三百余战，部众常是戴甲而食，裹伤后复战。

张　巡

　　为了早日拿下雍丘，叛军又用数百只船送来米、盐等物，到达雍丘城外时，张巡令一部兵力潜出河滨，夺获其盐、粮千余斛，又将剩余之物焚毁。守军箭尽，张巡令部众扎草人千余，着以军服，夜间缒城。叛军以为守军出击，万弓齐射，张巡得箭数万。几次以后，叛军发觉是计，不再射箭。张巡又选敢死队千人缒城杀入令狐潮营，焚其营房。令狐军大溃，张军追杀十余里。以后，叛军再度围城，雍丘粮、水都已经十分缺乏，张巡以诈降欺骗叛军，要求撤退六十里。张巡乘叛军后撤之机，率军出城，扒掉城关所有房屋，取回木料后重入城内加强守备。令狐潮大怒，再度合围雍丘城，张巡复以计对令狐潮说："你如果想得到这座城，先送我马三十匹，我得马就出城投降于你。"结果令狐潮再一次中计，信以为真，果然送了三十匹马，张巡以此分配给各骁将，并商定当叛军来时，每人要捉其一将。次日，令狐潮来责问张巡失信，张巡回答说自己想去，但将士们不同意。令狐潮怒而攻城，阵尚未布好，张巡骑将三十人冲杀而出，擒叛军十四人，斩杀百余人，俘器械牛马甚多。令狐潮退据陈留（今河南开封东南），不敢再犯雍丘。此次战役，叛军围雍丘近四月，兵力达数万人，而张巡军仅二千余人，始终据守，每战常胜。当时雍丘与朝廷已经失去联系，令狐潮写信劝张巡投降，他手下有六名将官也劝他应允，张巡为严明军纪，激发士气，将六人全处死刑。

坚守孤城　不屈而死

至德二年(757)，安禄山之子安庆绪杀死其父，自立为王，派遣部将尹子奇率向罗、突厥等部落军队，与杨朝宗会合，共十万余兵马，猛扑睢阳。张巡率军前去增援，与许远共守睢阳。张巡鼓励将士顽强抗敌，血战二十余日，锐气不衰，接连击败尹子奇。唐肃宗又下诏拜张巡为御史中丞，许远为侍御史。

尹子奇探听到张巡准备出兵袭击陈留，于是再次将睢阳紧紧围困。在一个没有月亮的夜晚，张巡鸣鼓整队，作出准备出击的样子，敌军见状严加警备，列阵待战。不一会儿，城上的鼓停止了敲击，敌兵见城中士兵卸甲休息，于是放松警惕，张巡这时却令骁将南霁云带兵出城突袭，斩将拔旗，得胜而回。

张巡想射杀叛军主将尹子奇，但却并不认识尹子奇，于是命士兵用芦秆为箭射入敌营。敌兵以为张巡城中箭支用尽，高兴地报告了尹子奇。尹子奇亲率部队出击，南霁云认准尹子奇，弯弓搭箭，一箭射中尹子奇的左眼，尹子奇疼痛难忍，伏在马鞍上落荒逃走。张巡趁机率兵从城中杀出，杀败又追击敌军数里。

后来尹子奇又调兵数万，围攻睢阳，云梯、钩车、木驴等攻城器械全部被使用，但都被张巡破毁。尹子奇屡攻无效，便在城外挖壕筑栅，长期围困。不久，城中粮尽，只好吃茶纸树皮，兵士多数病亡，只剩下几百个病弱的士卒。张巡不得已，将爱妾杀死与士兵分食。最后，张巡派南霁云等深夜垂绳下城，突围而出，向贺兰进明等人求助。南霁云所到几处都不肯出援，最后到了宁陵，收罗了廉坦兵三千，破围入城。叛军因南霁云突围外出，日夜加以提防，南霁云拼死冲突，杀开一条血路，只带着近千人进入睢阳城，其余士兵都战死敌阵中。敌军知道睢阳没有了援兵，就加紧攻城。众将士主张突围东奔，张巡说："睢阳为江淮保障，如果此城陷入敌手，他们必将乘胜灭亡江淮，况且我们现在只剩饥羸之士，难以杀出。我想出城是死，不如与城共存亡。"许远也赞成张巡的建议，于是又固守数日。每次与敌作战时，张巡都气冲斗牛，眼睛出血，牙齿都被咬碎。城快陷落时，张巡西向而拜，说："我现在坚守孤城，敌众我寡，不能阻止贼寇，但即使我死后做了鬼，还要与贼寇拼死到底。"

至德二年(757)十月，叛军攻陷了睢阳，张巡、许远、南霁云等均被敌兵生擒。叛军首领尹子奇见到张巡后说："我听说你每次出战，目裂齿碎，这又是什么原因呢？"张巡回答："我想要气吞敌寇，可惜力不从心。"尹子奇用刀撬开张巡的嘴巴，只见张巡的牙齿只剩下三分之一。被俘将士誓不降贼，不久，张巡等人均被斩杀。张巡死后，唐肃宗追赠他为扬州大都督，睢阳人也建祠立庙对他加以祭祀。

李　愬

李愬(773 - 821)，唐代将领。字元直，洮州临潭(今属甘肃)人。父亲李晟是唐德宗时的优秀将领。李愬曾任同中书门下平章事、昭仪节度使等职。善骑射，有谋略。他出奇兵，雪夜入蔡，活捉割据淮西的吴元济，名震一时。

示弱于敌　暗中备战

李愬凭其父亲的功业起家，受封太常寺协律郎，调任卫尉少卿、右庶子、少府监等职。后又任坊(今陕西沮水)、晋(今山西临汾)二州刺史。因治州有功，被加封金紫光禄大夫。

唐朝中后期，朝廷与藩镇之间的矛盾日益尖锐，战争不断发生。淮西镇(镇治为蔡州)是当时藩镇割据的一个顽固堡垒。唐宪宗元和九年(814)十月，淮西节度使吴少阳死去，他的儿子吴元济自立。元和十年，吴元济在蔡州起兵反唐。唐宪宗被迫派兵讨伐，但由于用人不当，致使部队如一盘散沙，军心涣散。在这种情况下，身任太子詹事、宫苑闲厩使等文职的李愬，上表宪宗表示愿意去前线效力。朝廷于是任命他为检校左散骑常侍，兼邓州(今河南邓县)刺史、御史大夫，和随(今湖北随县)、唐(今河南唐河)、邓三州节度使。

元和十二年(817)正月，李愬到达唐州，了解到将士们因总是打败仗而士气低落。经过对敌我情况的分析，为了不使敌人产生警戒之心，他没有急于去整顿军纪，训练军队，而是故意对三军将士宣布说："皇上知道我柔弱，能够忍受屈辱，特派我来休养士卒。在作战方面，我可没什么能力。"将士们听后放了心。

李愬

紧接着，李愬遣散了随军的乐伎，并且自己也不饮酒作乐。他一头扎到士兵之中，问寒问暖，亲自侍候病患。士卒家中有事或父母病故者，他不仅赠送钱粮之物，还准其回家料理。平时和士卒们聊天，他一点也不摆架子，这样李愬和士卒们的关系迅速亲近起来。敌人得知这一情况后，认为李愬的名望地位不值得惧怕，所以也没有加以防范。

然而，在麻痹敌人的同时，李愬也对军队进行了一番整顿，为随时都有可能发生的战争做了一些准备。部队休整完毕后，李愬便上表朝廷请求增兵攻打蔡州，唐廷派出了2000骑兵对他进行了增援。李愬于是便修缮兵械，暗中加紧战争准备。

重用敌将　瓦解敌军

李愬非常重视争取人心，尤其重视争取投诚及被俘敌军官兵的信任，这样既可以从他们那里获得敌情，又可以分化瓦解敌军。当时淮西地区，有大批民众因战祸无法生活而逃至唐军统治地区，李愬都派人加以安抚和保护。同时，亲自慰问投诚和俘获的敌军官兵并给予妥善安排。淮西骁将丁士良为唐军俘虏，部将因屡受其挫，所以都请求将他处死，但李愬却亲自为他松绑，并任命他为捉生将，因而丁士良表示要报答李愬之恩德。他告诉李愬：文成栅守将吴秀琳之所以不能迅速攻破，是因为有陈光洽为他谋划，并主动要求先擒陈光洽。李愬同意他的要求，先擒获了陈光洽，继而又让他说服了吴秀琳投降唐军。李愬任其为牙将，仍统其兵，并将所部家属迁至唐州安置。于是唐军士气复振，而淮西军却兵心不稳，不断有人向唐朝投降。李愬均予以妥善安置，对有父母在淮西者，则给以粟帛，遣其返家，进一步扩大了影响。

兴桥栅守将李佑，是吴元济的骑将，素有胆识与谋略。吴秀琳就向李愬说若破淮西必须先招降李佑。李愬遂设计将李佑俘获，唐军因李佑杀唐军太多，都请求将其处死，李愬不听，待以客礼，并常常单独与其秘谈攻吴方略。部将多有不平，且有情报说李佑将为淮西内应。李愬不得已，暗中向朝廷报告李佑可靠，然后将李佑解送京师，再由朝廷释回，以解群疑。李佑自然感恩零涕，矢志图报，愿为灭吴元济效力。

过去规定：有窝藏淮西间谍人员的人，全家都要被抄斩，李愬废除了这一军令，并厚待谍者，结果间谍反过来向李愬报告军情。此时的李愬，不仅得到人民群众的拥护和支持，而且还争取到了一些淮西军著名将领和士兵的效力，促使敌军士气瓦解，兵心不稳，同时还准确地掌握了敌情。敌我双方的力量亦因此发生了巨大变化，为奇袭蔡州创造了有利的条件。

雪夜入蔡　克敌制胜

816年，吴元济为了对抗从正面进攻的李光颜，将精锐兵马集中部署在洄曲（今河南商水西南），自己则坐镇蔡州（今河南汝南）。李愬见蔡州空虚，有机可乘，便向宰相裴度报告，准备乘虚袭击蔡州。

同年十月的一天夜里，李愬命部将李佑和李忠义率精兵3000人为先锋，自领3000人为中军，部将田进诚率3000人殿后。大军出文城栅（今河南遂平西南），李愬下令让部队一直向东前进。人马便摸黑东进，走出60里，到了张柴村，袭杀了那里的叛军，占领了敌军营之后稍作休整。这时，天下起了大雨雪，天色阴沉昏暗，凛冽的寒风刮倒了军旗，几乎吹裂了人们的皮肤，战马也都冻得发抖，有十分之一二的士兵都被冻死在了途中，但李愬仍准备坚持进军。部将们问前进的方向，李愬回答说："到蔡州去捉拿吴元济！"将士们一听，大惊失色。因为文城栅至蔡州100余里，张柴至蔡州他还有几十里，天气如此恶劣，人困马乏，道路险要难行，能否到达蔡州都是问题，但军令如山，众官兵无人敢违抗，只得冒死前进。

在进军路上李愬分兵一支截断通往洄曲的桥梁，以阻截敌援，再分兵一支断绝通向朗山的道路，以防吴元济撤逃。半夜时分，李愬率主力部队赶到蔡州城下。此时雪下得更大了，雪花漫天飞舞，城下恰好是一片鹅鸭池塘。李愬命士兵赶打鹅鸭，瞬间一阵鹅鸭鸣叫，掩盖了人马的疾驰。叛军本来就没有料到官军会在这样的天气中突袭，听到鹅鸭声也并不在意，仍然酣睡不醒。熟悉蔡州城的李佑等人在城墙上挖坎抢先登上城墙，众将士也跟着一拥而上，一举袭击了守城的卫兵，但留下更夫让他们照旧击打斗，好像什么事情也没发生。李佑打开城门，李愬率大军长驱直入迅速占领蔡州。

黎明时分，雪停了，李愬攻入吴元济的外宅。蔡州官吏慌忙向吴元济报告说蔡州已经被唐军攻陷！吴元济刚从睡梦中醒来，恍恍惚惚地说："哪里，这是驻守洄曲的士兵前来取寒衣。"直到李愬军传来号令："常侍有令！"吴元济这才吃惊地问："哪里会有常侍在这里？"弄清了果然是李愬军至时，这才慌忙率左右卫军登上内宅牙城，田进诚就势将牙城包围猛攻。李愬认为此时吴元济之所以死守顽抗，是因为他仍盼望董重质来救他。于是他便派人找来董重质的家人，安抚他们不要害怕，并让他们捎书信给董重质招他来降。董重质见蔡州已失守，便单枪匹马着白衣前来投降。那边田进诚见吴元济顽固抵抗，便用火焚烧了牙城南门。吴元济见大势已去，只得投降请罪。李愬将吴元济拿下后，将其押送到京城长安。

在这之后，李愬又指挥了讨伐割据淄州、青州等十二州的李师道的战斗，先后打了十几场大仗，擒获叛军将领五十余名，俘斩士兵近万余。为此，李愬被任命为检校左仆射、同中书门下平章事、昭仪节度使、上柱国、凉国公。

宪宗元和十三年(821)，幽州和镇州再次发生叛乱，李愬决定亲去讨伐。准备期间，忽然得了大病，一病不起。不久，年仅49岁的李愬便在洛阳与世长辞。

杨　业

杨业，名重贵，又名继业。原为北汉将领，后归顺北宋，长期驻守北部边境。他生性豪爽，武艺高强，在抗辽斗争中功勋显著。

少年英武　建功北汉

杨业在年少的时候就颇为侠义，为人豪爽不拘，善骑射，好狩猎，勇力过人。每次狩猎，他所猎取的飞禽走兽总比同行的人多出数倍。所以，杨业很小时就成了当地出色的狩猎能手。在行猎过程中，他十分注意模仿军事攻取，习演战阵。有一次，他对徒众说将来他若是成为指挥部队作战的将领，也将如同用鹰犬逐捉山鸡野兔一样，所到必取。

青年时代的杨业怀着巨大抱负，带着一身武艺投在后汉河东节度使刘崇麾下，任保卫指挥使。后来，官至建雄军节度使。他忠勇骁悍，武功盖世，世人无不敬佩。广顺元年(951)，刘崇在晋阳称帝，史称北汉，杨业就是他忠实的追随者。他征战沙场，攻城夺地，抵御强敌，屡建战功。这时期，凡杨业领兵出战，攻无不克，所以人们称他为"杨无敌"。

建隆元年(960)，赵匡胤代周建宋。在北宋消灭各个割据政权、统一南北的过程中，契丹和北汉是其遇到的最强劲的对手。宋几次发兵，都未能实现灭掉北汉的意愿。天会十二年(968)，北汉皇帝刘钧去世，为争夺皇位，北汉统治集团内部发生分裂。赵匡胤决定借机再次发兵，消灭北汉。杨业被任命为侍卫亲军都虞侯，兼统北汉的中央部队，以抵抗北宋的进攻。杨业和将领冯进珂领兵扼守太原城南的团柏谷。战斗中，宋军的先锋何继筠夺下汾河桥，直逼太原城，在杨业率军奋力抗抵之下，宋军被迫退兵。

第二年初，宋太祖亲自率领大军进攻北汉，杨业和将领冯进珂仍驻兵团柏谷。

宋太祖赵匡胤

由于北汉将领陈廷山投降宋军，杨、冯二将苦战，损伤千余人，退入太原城。结果，北汉主刘继元将杨业的兵权解除。三月，赵匡胤亲至太原城东南，在这里扎下四个军寨。杨业率骑兵几百人从城内冲出，直攻宋军东寨。东寨主帅挺身抵挡，北汉兵败，杨业先是躲在壕沟里，最后拽着城墙上垂下来的绳索才进入城中。五月，宋军围攻太原，同时引汾水灌城，太原危急，北汉主令杨业与司空郭无为等领兵千余人乘夜出袭宋军。这天夜里正好下雨，汉军迷路，杨业马足受伤，只好中途返回城里。宋军久攻太原不下，又因多雨天气而使很多将士发生腹泻，这时恰好辽的援军到来，赵匡胤只好下令班师。杨业和诸将乘势追击，获粮三十余万斛，茶绢数以万计。这对北汉来说是一个不小的胜利。宋军退去以后，辽军还在太原城下。一贯抗辽的杨业劝北汉主刘继元说："契丹贪利不讲信用，将来必然会攻破北汉。这次来的援兵盛气凌人，但对我没有防备，我愿去袭击他们，不仅可以缴获几万马匹，还可以把辽军占领的河东之地夺回来，使百姓免遭契丹的骚扰，您也可以从此长享富贵。"然而缺乏战略眼光的北汉主不但没有听从杨业的劝告，反而在辽军北还时，送上了一份厚礼。

广运三年(976年)初，北汉主令杨业攻晋州，结果被宋军将领武守琦打败。此时，赵匡胤已基本上统一南方，再次决定进攻北汉。他派出五路大军围攻太原，同时又派兵分攻北汉其余各州。宋军在这次战争中，各路都取得战果，北汉的太原也即将攻下。但恰在此时，宋太祖赵匡胤突然驾崩，宋军只得再次撤兵。

终归宋室　屡败辽兵

太平兴国四年(979)，宋太宗亲自督师进攻太原，决定一举消灭北汉。从春到夏数月间，连续攻城，最终太原被攻破。北汉主刘继元降宋，太宗命中使召见杨业。杨业进见太宗，太宗大喜，嘉奖一番后，便授以右领军卫大将军之职。

灭汉之后，宋太宗打算乘胜北征辽国，一举收复燕云十六州，以建盖世之功。于是率兵北上，在收复涿州(今河北涿县)后，兵临幽州(今北京)城下。但不幸在高梁河之战中，宋军被辽军大败，退至涿州。辽大将耶律休哥得知太宗在军中，便带兵紧追不舍，又追至涿州。宋军尚未喘息，辽兵又至，更是大乱而逃。慌乱之中，太宗的护卫亲兵也纷纷失散。太宗只身逃奔，不料马陷泥潭，不能动弹。眼看后面辽兵追来，太宗又急又悔。此时杨业恰巧从太原带兵搬运粮草而来，见状立即把太宗救出泥潭，又让出自己的坐骑。太宗说："你马上就要与辽兵作战，不能无马。"于是指着运粮车，让杨业牵一头驴权作自己的坐骑。杨业只好将运粮的驴车腾出一

一七〇

辆，让众兵护卫太宗骑驴先走，自己则带领儿子杨延昭抵御追来的辽兵。后来，在杨业和儿子杨延昭的奋力抵抗下，辽军只好退兵了事。杨业这才带兵至定州与太宗相会。

太平兴国五年(980)三月，辽将耶律沙率军十万再次进入宋朝境内。杨业见此次来的是辽军主力，便下定决心挫其锐气以振奋军心。然而，敌强我弱，双方力量对比悬殊，辽军来势汹汹，号称十万；宋军虽经杨业的培训，颇能征战，但也仅有一二万人。杨业决定避其锋芒，智胜敌军。杨业和他的几个儿子详细地分析了敌情，他认为：应当间道绕出，袭击辽军背后，出其不意，当可制胜。于是，他挑选数千名骑兵，避开辽军正面，由雁门关西口出发，沿小路，直趋雁门关北口，包抄辽军背后，实施侧后攻击。当杨业的三路人马从侧后猛扑过来时，辽军将士因毫无准备，被杀了个措手不及，军队顿时大乱。在战斗中，杨业斩杀了辽国驸马萧咄，生擒敌都指挥使李重海，斩俘的辽军兵士更是不计其数。耶律沙见大势不妙，连忙收束残兵败将，仓皇逃北。杨业一举打垮辽军主力，基本上解除了北部契丹族的威胁，可谓声名远扬，威震雁门。从此以后，辽军每次来犯，只要看见杨业的旗帜便自行撤兵，不敢深入内地进行扰乱。

迁民起炉　悲壮殉国

雍熙三年(986)三月，宋太宗再次向辽发起进攻，此次的兵力多达三十万。宋太宗虽然没有亲临前线，但一切军事行动都由他亲自指挥。宋军兵分三路，东路由曹彬、崔彦进率兵十余万，从地形平坦开阔的雄、霸(今河北雄县、霸州)地区北进，同时又有米信率领的一部兵力经新城(今河北新城东南)并趋涿州；中路则由田重进率兵数万自定州(今河北定州)北趋飞狐(今河北涞源)，攻取蔚州(今河北蔚县)；西路则由潘美和杨业为正副帅，率军自代州(今山西代县)越恒山出雁门关，攻取寰(今山西朔州东北马邑)、朔、应(今山西应县)、云(今山西大同)诸州。

战争开始，三路大军都进军顺利且战果显著。曹彬的东路军取得固安、新城两县，然后攻克涿州，击败辽军。田重进的中路军连克飞狐、灵丘和蔚州。西路军的战果尤为辉煌，杨业率军从西陉北出，先在雁门谷北口击败辽军，然后追击至寰州，镇守寰州的辽将赵彦章举城投降。杨业的儿子杨延昭进围朔州，朔州的辽兵守将赵希赞抵抗，结果战败而降。杨氏父子转攻应州，辽的守将艾正等投降，后又收复云州(今山西大同)。继而，他们又进兵浑源，与田重进在恒山会师。

为了抵抗宋军的进攻，辽国忙从各地集结军队，令耶律休哥抵御宋军主力曹彬的军队，派耶律斜轸抵御潘美、杨业所部。萧太后和辽圣宗亲至南京督战。宋军虽然取得了很大的胜利，但因兵力分散，相互配合不好，加之粮草供应不及时，给辽

曹彬

军的反击提供了条件。四月，曹彬与耶律休哥交战，先是由于粮草供应不上，后来又值辽国援军赶到，两边夹击之下曹彬败退。五月，曹彬和辽军又在涿州西南四十里的歧沟关大战，宋军败退。宋太宗获悉东路军溃败，伐辽的勇气锐减，急忙下令中路、西路兵马撤退，田重进屯驻定州，潘美、杨业退守代州。这时，已占领浑源、应州的宋将弃城而逃。六月底七月初，耶律斜轸乘胜进入寰州，杨业按照宋太宗的命令率兵护卫云、应、寰、朔四州的官吏百姓向内地迁徙。此时，曹彬、田重进的两路宋军都已撤回，辽军便调二十余万兵力集中攻打西路末军。面对辽军的优势兵力，杨业向潘美建议，不要正面同辽军作战，可以领兵出大石路，北奔应州，虚张声势，将辽军的主力引向应州的西边，同时派人密告云州、朔州的守将，待宋军离代州北上时，令云州的官吏、百姓先出来。这样，就不怕辽军前来追击了。而位于寰州的辽军怕被宋军切断后路，就会转向应州，这样在寰州西侧的朔州军民也可乘势南出石碣谷(今朔县城南之上、下石峡谷)，避免了辽军袭击的危险；再在谷口安排三千弓弩手，派骑兵在中路支援。这样既可以保全三州的官吏和百姓，又可使陷入敌后的宋军安全撤离。

监军王侁却不以为然，竭力反对杨业的建议，提出一个不顾客观条件而蛮干的建议。他主张沿雁门大路，大张旗鼓地行军到马邑(寰州城的所在地)，与辽国正面交锋。另一将领刘文裕追随王侁的主张。杨业连忙进行劝阻，王侁嘲笑杨业说："君素号'无敌'，今遇敌军不战，是不是另有什么打算？"杨业知道他的意思是说自己有投靠辽国的嫌疑，气愤地对潘美、王侁等人说道："业何敢贪生怕死，不过因为时机未到，贸然出兵，徒然增加将士的伤亡，有害无益！监军既然怀疑我有二心，我可以为诸公当先锋，看我杨业是不是贪生怕死！"西路军主帅潘美，也要杨业执行王侁的方案。力争无果，杨业哭着对潘美说："这次去必败无疑。我原是北汉的降将，早就当死。太宗没有杀我，而且委为将帅，授予兵权。我并非纵敌不打，只是想等候时机，杀敌立功，报答国家的恩典。今天各位责备我避敌，我当先战而死。"说着，他用手指了指陈家谷口的方向，又说："诸位在谷口两侧埋伏好步兵和弓弩手，等我转战到这里，就以步兵夹击相救，不然的话我所率部队将无一生还。"说完，杨业就率兵行动了。

辽军统帅耶律斜轸听说杨业领兵前来，命先锋萧达揽在路上埋下伏兵。第二天早上，杨业与耶律斜轸在朔州东边相遇，耶律斜轸假装败走，引诱杨业追杀自己。待杨业进入萧达揽的埋伏圈时，伏兵四起，把杨业包围起来。杨业率众苦战到下午，奋力拼杀，终于冲出重围，到达陈家谷口。这时天色已近黄昏，精疲力尽的杨业见两边静悄悄的，连个人影也没有。原来，潘美、王侁在这儿等到上午，不见杨业到来，王侁估计辽兵败了，怕杨业独占功劳，就领兵离开了陈家谷口。潘美也沿

一七二

中国将帅传

经典藏书

交河西南走了二十里。当他得到杨业战败的消息后，不但没有前去救援，反而领兵逃走。杨业气得捶胸大哭，只好率领士卒力战。那时，跟随他的将士只剩下百余人，杨业对他们说："你们各有父母妻子，不能同我一起死，回去后还可以向天子报告情况。"

杨业身为抗辽名将，既严格练兵又爱兵如子，不论平时练兵还是驰骋疆场，他都与士卒同甘共苦，不搞任何特殊。生死离别之际的一番话，让将士们泪流满面，谁也不肯离去。淄州刺史王贵杀死数十个辽兵，终因箭尽力竭被杀，岳州刺史贺怀浦也力战而死，其余士卒全部战死，无一生还，其中也包括杨业的儿子杨延玉。剩下杨业一人时，他已受伤数十处，又用刀砍杀了几百辽兵。杨业的马也受了重伤，行走困难。他躲至树林，被辽将耶律奚达发现，他先用箭射伤杨业，再将其生擒。

杨业被送至辽军统帅耶律斜轸处。耶律斜轸责备杨业说："你同辽交战三十多年，今天有何面目同我相见！"但同时，耶律斜轸对杨业的骁勇也很敬佩，就劝杨业投降，杨业一口回绝了他。萧太后和辽圣宗事先下有密令，要耶律斜轸切勿用暗箭伤害杨业，务必活捉。然辽将耶律奚达虽然捉住了杨业，但因是用暗箭射伤而提住的，加之又没能劝降杨业，因而，不仅没有受到奖赏，还受到了处分。由此可见辽朝统治者对杨业的钦佩与重视。而杨业本来就是好汉一条，自然也不肯降。被俘后，他叹息说："宋太宗待我甚厚，我总盼望打败辽军，捍卫边疆以报国家。没想到却被奸臣嫉妒，使我落个全军覆没、身败被俘的结果，还有何脸面苟活于世？"在辽营绝食三天，杨业壮烈牺牲。

杨　延　昭

杨延昭(958－1014)，北宋抗辽名将杨业长子，原名延朗，多次阻止了辽军的进攻，保卫了宋朝领土的完整和人民生命安全。

英雄少年　抗辽先锋

杨延昭出生在五代十国时期的太原，当时太原是北汉王朝的都城。那时候，他父亲杨业二十七岁，在北汉居官已有六七年，杨延昭在这里度过了他的少年时代。等他父亲杨业归宋时，杨延昭已经二十二岁了。幼年时期的杨延昭沉默寡言，由于受军旅生活的影响，他很喜欢战阵的事，时常和同伴们在一起摆列阵式，做

宋太宗赵光义

打仗的游戏。杨业认为他很像自己，对他十分钟爱，每次出外征战，都要带着延昭随行，让他熟习并且参加实际的战斗，刻意地锻炼和培养他带兵打仗的胆量和本领。

北汉时代，杨业以建雄军节度使驻防代州（今山西代县），担任代北边军统帅的时间很长。太平兴国四年（979）八月归宋后，他又被任命为三交（今太原市北）驻泊兵马都部署（前线司令官），兼知代州，统领屯戍的禁军和代州厢军（地方军），防守雁门、恒山一线。就这样，时间又过了八年。

在这期间，杨延昭一直跟随在父亲左右，和其他将校分任防守任务。他当时经常同辽军作战，由于他勇敢善战，威名传遍辽军，辽兵一听到他的名字就十分惧怕。

宋太宗雍熙三年（986），宋军北伐。在朔州之战中，杨业奉命攻打应、朔二州，杨延昭担任先锋，在朔州城下和辽兵展开了激战。在战斗中，乱箭射中杨延昭的右臂，几乎伤到骨头，但他不仅没有后退，反而拼杀得更加勇猛，终于迫使强悍的辽国骑兵惊慌溃逃。

雍熙三年（986）七月，杨业在掩护宋朝军民撤退时与辽军激战，不幸受伤被俘，后他终因不肯投降绝食而死。八月，杨延昭离开了山西前线，回到郑州守丧。淳化四年（993），宋太宗为防止江淮浙陕的灾民起义，于这年八月，分别派出八个使者巡视灾区，镇抚灾民。杨延昭受任为淮南都巡检使，出巡淮南东西两路各州。在圆满完成任务后，改知定远军。定远军也称永静军，它控制着自河北入山东的通道，是沧州和德州之间的重要军事据点。

咸平二年（999）七月，契丹国主及萧太后驻兵幽州，积极准备南侵宋朝。宋真宗闻报，任命宿将傅潜为镇（今河北正定）、定（今河北定县）、高阳关三路行营都部署，统兵八万，出屯定州（今河北定县）。杨延昭也在这时自定远军改调保州沿边都巡检使，负责警备保州（今保定市东北）、广信（今徐水西）、安肃（今徐水县）三州军。从此，他走上了抗辽的前沿阵地，开始了他的抗辽生涯。

杨延昭受命刚到任所，就遇上辽军大举南侵。他派副手同巡检杨嗣屯保州，魏能屯梁门（今河北徐水县），自己亲赴最前沿的遂城（今河北徐水西北），去迎战辽军的先锋部队。这年九月初，萧太后及辽圣宗耶律隆绪亲率二十万大军，越过易水，攻破遂城西北的宋军前沿据点狼山，然后集中全部兵力进攻遂城。杨延昭急忙写信请求派兵前来增援，可是河北大帅傅潜怯懦无能，不敢发兵出战，遂城被辽军围困。当时只有不到三千人的士兵守卫这小城，辽军势众，攻打甚急，加上萧太后亲临城下督战，城内军民人心惶惶，情势十分危急。杨延昭从容自若，发动城内全体丁壮登城，日夜巡逻防守，指挥部队一次又一次地打退辽军的进攻。这样一直坚持到十月间，适值北方来了一股寒潮，气温骤然下降。杨延昭急中生智，于

中国将帅传

一七四

是乘着夜间，发动全城壮丁浇城，水从城上浇下去，沿着城墙流到城外。由于城小，到了天明，一座小小的遂城已变成一座晶莹明澈的冰城了。辽兵此时不要说爬城攻城，就连走到城边也是非常困难，因此不免手忙脚乱起来。萧太后无计可施，又分兵去攻梁门。梁门也在魏能的坚守下，攻打不下。于是辽军不得不放弃遂城、梁门，向南去攻泰州（今河北满城）。杨延昭乘势领兵开城出击，辽兵丢盔弃甲，大败而逃，宋军获得全胜。这就是历史上著名的遂城之捷。杨延昭从此威震边庭，以功升任莫州（今河北任邱县）刺史，杨嗣、魏能也分别升任保州和郑州刺史。

之后，杨延昭会合泰州守将在廉良村成功地夹击了辽军。杨延昭、杨嗣横击阵中，辽军死伤数千人，撤离泰州东走，又掠宁边军（今河北蠡县）、祁州（今河北安固县），直逼中山（今定州）。当时傅潜统兵八万，屯驻中山，他不但自己怯战还压制部下抗击辽兵的请求，关闭城门以避敌军，辽军前锋因而得以长驱南下石门，东出河间地区。宋军损兵折将，河北震动，宋真宗于是不得不于十二月下诏亲征。这时杨延昭、杨嗣、魏能等正在尾追辽军南下作战，而傅潜仍逗留不出，致使辽军东渡黄河，攻下德州、济南，以至骑兵到达澶渊一带。直到这时，傅潜怯战的劣行才被真宗耳闻，于是大怒，立召傅潜赴冀州，由高琼接替他的职务，高琼把傅潜押缚至大名，群臣纷纷要求将其斩首来谢罪。真宗赦傅潜死罪，把他流放到房州（今湖北房县）。同时召杨延昭、杨嗣至大名，询问防边大计。杨延昭对答如流，真宗很是满意，认为他有其父之风范，在诸王面前大加称赞。由于杨延昭作战有功，真宗厚赏了他，然后让他回到任所，以防备辽军渡过黄河进入河南。

咸平三年（1000）冬，不甘心遂城之败的萧太后，派出轻骑兵数千人掩袭杨延昭，攻打遂城西五十里的羊山。杨延昭采用诱敌深入、合围聚歼的战法，事先把精锐部队埋伏在羊山的西面，然后又亲自带领少数骑兵从北面向契丹兵挑战，且战且退，把敌军吸引到合围地点。宋军伏兵突起，将措手不及的辽军杀得落花流水，使得辽军一个名王也在战斗中丧生。杨延昭以功升任莫州团练使，当地居民为了纪念这一胜利，改羊山为杨山。

咸平六年（1003）正月，萧太后又集结大军于幽州，准备再次大举南侵。宋真宗得到消息，于是命令杨延昭、魏能、田敏、张凝等四将各领兵五千人，分屯于保州、遂城、北平砦（今河北定县）、泰州（今河北满城），以作为抵挡辽军进犯的前锋。一个多月后，杨延昭接替宁边军（今河北蠡县）都部署孙全照的职务，统领八千名骑兵屯蠡县，作为河间地区的前沿。并且，宋真宗还特别下了一道命令：杨延昭自为一军，直接听命朝廷，不受河北大帅的指挥。由此可见宋真宗对杨延昭的倚重。

宋真宗赵恒

力反议和　抱恨以终

　　景德元年(1004)，辽国萧太后和皇帝耶律隆绪趁秋高马肥，领了三十万大军，分两路大举南下。此时，宋朝宰相正是主战派领袖寇准，他全面主持抗辽事宜，命令河北、山西、山东各州县，动员居民实行坚壁清野，以疲辽军。同时派遣杨延昭等宋将分率所部精骑，深入敌境进行牵制作战。杨延昭率部深入房山地区，直逼幽州，迫使幽州辽军不敢南下增援。宋将折惟昌渡过黄河，东出苛岚，于偏关、五寨间杀死辽军数万人，乘胜进入朔州，使得进入山西的辽军被迫全部撤退。西路辽军遭到失利后，萧太后和萧达兰所率辽军，企图绕过宋军防御坚强的州府，东出河间，以便相机渡过黄河，进入德州。这年十一月，辽国骑兵抵达黄河北岸的澶州(今河南濮阳县)城下。宋真宗和大臣闻知辽军已经逼近都城北门，都不禁惊慌失措。妥协派大臣王钦若请求真宗迁都金陵(今南京市)，陈尧叟主张避敌成都，真宗犹豫不决。宰相寇准力排众议，对真宗说："为陛下策划迁都的人，罪当斩首。如果您御驾亲征，敌人自当遁走，万万不能置宗庙社稷不顾而远逃外地。"他坚决请求真宗进驻澶州。真宗被迫接受寇准的主张，于十一月二十六日来到澶州南城。寇准再次坚决请求真宗过河，登上北门城楼。当皇帝伞盖出现在城楼时，士兵们都踊跃欢呼，兴奋不已，士气大振。真宗把抗辽军事完全付托给寇准主持。辽军骑兵数千人攻城，寇准命将迎击，斩杀敌军过半。两军相持十多天，宋将张环又用床子弩将亲自督阵的辽国统军元帅萧达兰射死，使辽军士气再次受挫。

　　萧太后看到宋军实力强大，不能取胜，又怕归路被切断，不得不请求讲和罢兵。寇准提出和议、献出幽州的前提是契丹向宋朝称臣，杨延昭也支持寇准。然而，一味苟安的宋真宗在王钦若等奸人的怂恿下，竟没能采纳寇准和杨延昭这一具有远见的建议。反而在胜利之后，不惜同辽国订立了屈辱的"澶渊之盟"。根据这一盟约，宋朝每年要给契丹绢二十万匹，银十万两；契丹称宋为兄；两国以白沟河、雁门山为界，不相侵扰。

　　辽军在还兵途中再次洗劫了所过城镇，并掠夺数十万居民北去。杨延昭对于辽军的残暴行为，很是气愤，为了实现自己的正确主张，不顾朝廷"勿追契丹"的命令，单独率领所部骑兵一万人追赶敌军到达契丹边界，大破敌军，不仅杀死众多辽兵，还夺回了不少人马和物资。

　　"澶渊之盟"后，杨延昭以功升任莫州防御使。景德二年(1005)，又以莫州防御使出知保州，兼缘边都巡检使。五月，又受命为高阳关路副都部署。此时，朝廷也

寇准

发生很大变化，昏庸的宋真宗畏忌寇準刚直，功高望重，在奸人王钦若及其同党的挑拨诬陷下，把寇準贬出朝廷，而改用投降派王钦若为宰相。这样一来，杨延昭收复燕云、消灭契丹的宿愿就更无法实现了。王钦若等一伙人根本不考虑整顿边防，收复失地，而整天怂恿宋真宗封禅泰山，郊祀汾阳(后土祠)，兴造道观等。在这一期间，契丹国内也发生了变化，萧太后和他的主要助手大丞相韩昌(韩德让)在盟成之后不久于同一年病死，辽国也由强盛走向衰落。第二年，契丹与高丽国发生战争，国内也出现争夺皇权的斗争。这正是宋朝收复失地的大好时机，可是王钦若等一伙投降派根本不以国事为念，不但不想作战，还一再压制爱国将领杨延昭等人反击外来侵犯的主张。景德三年(1006)，杨延昭出知保州兼缘边都巡检使时，王钦若等以朝廷名义命令杨延昭：他的任务只是镇压"群盗"(即人民)，不是对付契丹；其活动地区仅限于保州，巡边的事要由副将去做。不仅如此，王钦若还派去了一些监军对杨延昭进行监视，同时对他的行动也加以控制。

　　从"澶渊之盟"以后的九年间，杨延昭虽然为河北边防最高指挥官，但由于北宋朝廷的一味苟安，他那收复失地的雄心壮志一直都未能得到实现。大中祥符七年(1014)正月，这位威震敌国的北宋名将，满怀忧愤地死在高阳关路副都部署任所上，时年57岁。当他的棺木运送南下的时候，河北人民都悲痛得流下了眼泪。

狄　青

狄青(1008－1057)，字汉臣，汾州西河(今山西汾阳)人。智勇双全，戎马一生，为维护北宋王朝的统一做出了重大贡献。

出身寒门　志向远大

　　狄青出生在一个普通的农民家庭。父亲狄普，靠自耕来勉强维持全家的温饱。母亲侯氏，勤劳贤惠，善持家务。家境的贫困使狄青不能像有钱人家的孩子那样，有先生教其读书、习字，接受传统儒家教育，只能与一些穷人家的孩子摸爬滚打地玩在一起。当时西河一带地势开阔，地形多变，堪称练兵习武的好地方，当地农民对这个行当也很感兴趣。山东出相，山西出将，地形地貌和风俗习惯，为那些立志从武的少年提供了有利的条件。十几岁的狄青，聪明伶俐，苦学苦练，对于骑马射箭之术很快就相当熟练了。二十多岁时，他已经成长为一个有胆有识、武艺出众、

狄 青

体魄健壮、相貌堂堂的青年。

宋仁宗天圣十年(1032),偶然发生的一件事促使他实现了自己的愿望,也改变了他一生的命运。这一年,狄青二十五岁,县里的衙役征收赋税,强行摊派,肆虐乡里。受到欺凌的狄青,一气之下离家出走,只身来到京城,参加了军队,开始了他的军旅生涯。

北宋时期重文轻武,士兵一般被称为"赤老",要像被处刑的罪犯那样,在脸上刺字,以防止逃跑。狄青从戎的那一天,正好是宋朝科举考试发榜的日子,考中进士的人从皇宫中出来时,人们都围上去观看,希望一睹新进士的风采。当时,狄青和几个士卒也正巧在场。看到这种情景,几个士卒不无感慨地说:"人家是状元,我们却当兵,潦倒与富贵,命运的悬殊多大啊!"狄青不以为然地说:"话不能这么说,这要看各人的才能如何。"听了这话,人们纷纷讥笑他大言不惭。然而,狄青自有主见,他决心从自己做起,改变人们那种当了士卒就注定一辈子低贱的成见。

起初,狄青只是一名普通小卒,在"拱圣营"里服役。后来,因身材魁梧、武艺高强得到了上级的青睐,被提升为三班差使。几年后,又由"骑御马直"选升为"骑御散直"。不久,狄青不慎触犯军法,被判死刑,幸而得到范雍的极力营救,才得以面部刺字而免死。

英勇无敌 立功西夏

宋仁宗宝元二年(1039)一月,元昊自立为帝,并奏表宋廷承认其封号。宋朝君臣上下皆大怒,下诏剥夺他的官爵,并发榜悬赏他的首级。于是,元昊便发兵进犯宋军驻地,宋夏战争爆发。

同年十一月,元昊亲自率军向保安进犯。保安是延州西北门户,是北宋通往西夏的交通要道,也是北宋的边防重镇。此前,宋廷曾将招募的西北人马组成"万胜军"以对抗西夏,然"万胜军"并不万胜,且败仗居多,这使得西夏将士对其不屑一顾。然这次的保安保卫战,由狄青指挥的"虎翼军"大败西夏军,沉重地打击了那些不可一世的西夏士兵,取得了宋夏战争中宋军难得一有的胜仗。

从1040年至1044年,西夏曾多次大规模进攻北宋。在几次战争中,西夏始终保持优势,元昊大有长驱南下之势。宋仁宗极为恐慌,急忙选择御前卫士,组建队伍。狄青于危难之间受命,被任命为三班差使、殿侍、延州指挥使,随队伍奔赴西北边陲,成为经略安抚缘边招讨使庞籍的部将。北宋的军队本来战斗力就低,加上新增的士兵都是临时应召,没有经过严格的训练,将不知兵,兵不知将,以致每战即溃。狄青到达边疆后，把重振军威作为自己整军的目标，不但严肃军纪，统一号令，而且每次训练自己都身先士卒以提高士气。

宋仁宗赵祯

狄青的勇猛，在全军堪称第一。在反击西夏兵进攻保安的战斗中，宋军多次被败，兵士们一听说与西夏兵交战都有点害怕。守将卢守勤正在为此犯愁时，狄青主动要求担任先锋，抗击西夏军。卢守勤听后十分高兴，就让他挑选了一些兵卒归他指挥。狄青每逢上阵，总是要先换一身打扮：弄散发髻，披头散发，头戴铜面具，只露出两只炯炯的眼睛。他手拿长枪，带头冲入敌阵，东挑西杀。自进犯大宋以来，西夏兵从来没有遇到过如此强劲的敌手，不禁有些愕然，光是狄青那副打扮，已经使他们胆战心寒了。狄青率部拼杀了一阵，西夏军阵脚大乱，纷纷败退。有一次，西夏军攻入安远（今甘肃通渭），狄青正在治疗。他闻讯后，从床上一跃而起，挥刀上马，带领人马冲杀上去，杀得敌军四散奔逃，无人敢抵抗。狄青身先士卒，士兵们自然也不敢怠慢，纷纷跃入敌阵拼搏，大败西夏军。

在征战边疆的四年中，他八次中过流矢，先后于大理、清化、榆林、归娘岭东女之崖、木厣山、浑州川、白草、南安、安远等地参加了25次战斗，斩杀元昊将士万余人，连破金汤城、略宥州，收复大理、清化、榆林、浑州川、安远等地，征服了岁香、毛奴、尚罗、庆七、家口等部落，生俘5000多人。此外，狄青还带领士兵修筑了招安、丰林、新砦、大郎等要塞。这些军事要塞地处宋廷对抗西夏军的前沿阵地，在防止西夏入侵，保卫宋朝领土方面发挥了重要作用。

正当狄青英勇奋战，在对抗西夏的斗争中取得节节胜利的时候，宋朝与西夏的关系发生了转折。西夏因不断发动战争，导致境内土地荒芜，民不聊生，西夏朝廷感到处境困难，不得不向宋请和。而宋朝方面，由于连年战争，宋军逐步转败为胜，范仲淹等将戍守的边疆虽大有巩固，但也极大地消耗了北宋的人力、物力。宋仁宗一向软弱，一听西夏求和，马上采取妥协政策，命令庞籍赶紧和西夏早日达成和议。宋仁宗庆历四年（1044）十月，议和成功。宋廷封元昊为夏国王，夏仍对宋名义上称臣，宋每年"赐"给夏国银72000两，绢153000匹，茶30000斤。西夏与宋的紧张关系暂时得以缓和。

请缨南征　遭嫉而死

宋仁宗皇祐四年（1052），广源州（今广西与越南交界处）蛮人侬智高出兵大举进攻宋朝南方的两广地区，连续击败宋朝官军。

这时，刚进京不久、任枢密副使之职的狄青得知岭南败事，便上表请缨南征。朝廷答应狄青的请求，狄青率兵南征。狄青认为，如果宋军从开封到岭南长途跋涉后再与敌交战，多有不利，于是采取有驿必停、遇州便息的进军方法，使宋军始终保持充沛旺盛的精力。另外，狄青严明军纪，长途进军不准军兵高声喧哗，骚扰百姓，以至于万余人的队伍行军时寂悄无生息。

狄青到达桂林附近，在路过一座神庙时，便令部队停下。他带几员大将进入庙宇，煞有介事地告诉他们："此庙之神极其灵验，我要请神判断一下这次征战的胜负。"说着，掏出一把铜钱，面向神位祷念："如果此战能胜，我撒出去的钱，应该都是面向上。"众将一听，大惊失色。他们认为，要让这么多的铜钱全部正面朝上是不可能的，一旦不能如狄青所说，士气必定大受挫败。于是，他们立即劝阻狄青。然只见狄青扬手一抛，只听"叮当"乱响，铜钱纷纷落地。众将定睛一看，竟然全都正面朝上。众将欣喜若狂，士气顿时大振。事实上，每个铜钱的两面都是一样的。

广西铃辖陈曙想乘朝廷兵将未到，抢夺头功，于是不听狄青将令，带8000人马与侬寇兵战，结果大败而归。殿直官袁用等也因兵败逃遁。狄青以国事为重，为严肃军纪，处斩了陈曙，使宋军各路人马无人敢掉以轻心，私自为战，保证了宋军内部的统一和战斗力，使战胜侬智高有了保证。

这时，侬智高因围困广州不下而退据邕州（今广西南宁市）。邕州，不仅有良好的防卫设施，并有昆仑关这一天然屏障，侬智高军若据险以守，宋军即使能够攻破，也要付出很大代价。况且狄青劳师远征，不宜久驻，必须设法尽快进入邕州，寻找侬智高主力决战，以求速决取胜。因此，攻克昆仑关成了战争的关键。

为了抢在侬智高之前占领昆仑关，狄青精心策划，决定来个出其不意。狄青以粮运不继为借口，将部队停驻在宾州，声言休兵，士卒卸甲，战马离鞍，下令部队准备十日粮草，做长期作战的准备。为了制造假象，狄青借正月十五元宵节，张灯三日，宴请兵将，佯作按兵不动。侬智高得到这样的消息，以为宋军真的在近期内不会进攻，也做了十天之后决战的准备。狄青见目的达到，于是在一个风雨大作、伸手不见五指的夜晚，开始了秘密行动。

狄青在南征后形成了一个习惯，就是每天黎明时分出帐召集诸将，发布当天行动命令，完成这些后，才吃点东西，然后随队伍出发。这一次秘密行动，他改变了习惯。第二天凌晨，过了往日该到的时辰狄青仍未到位，直至天色大亮。狄青的随从进帐到处找不到狄青人影，都很着急。正在这时，有人来报："宣徽使传语诸官，请过关吃早餐。"这时大家才明白过来，原来狄青已经率先遣队过了昆仑关。等到狄青大军逼近邕州之时，侬智高才知道了宋军的秘密行动。

侬智高见险关已失，仓促之间，率兵数万布阵与狄青对峙。两军对阵于邕州附近的归仁铺。归仁铺一带，驻扎着侬智高的主力，其中包括屡败宋军、使宋军闻之胆寒的"标牌军"。为了对付"标牌军"，狄青在出发前就做了准备：一是随身带来三千善于野战、攻坚的骑兵，以求用迅猛的行动击溃敌阵，使其将士沮丧，最后歼灭敌人；二是根据"标牌军"的武器配备，相应调整了步兵的武器，采用长刀和利斧相配合作战的方式。

狄青根据依军军势很快部署好了自己的兵力。令右班殿直张玉所部为先锋，如京副使贾逵带一部攻敌左翼，西京左藏库副使孙节率一部攻敌右翼，狄青与孙沔、余靖率三千骑兵攻敌正面。狄青进一步严明军纪：一切行动听指挥，凡不听命令擅自进攻或擅自后退者，一律斩首示众。翌日黎明，狄青下令向依智高军发起进攻。起初，敌军以大盾作掩护，宋军用弓箭、石子猛攻，但效果不理想。突然，"标牌军"蜂拥而来，实施反击，击溃了宋军的前锋。继而，攻右翼的孙节军与敌人进行肉搏，损失惨重。攻左翼的贾逵军被敌军层层围住，经一番拼搏才杀出重围，占领附近一座小山。而后又经交战，不分胜负。孙节英勇牺牲，士卒个个奋勇，顽强作战，无一退却。在战斗正激烈之时，狄青挥旗杀出两翼，一翼攻敌中央，一翼攻敌侧背，形成两翼夹击之势，击败其"标牌军"，迫使其退回邕州。宋军乘胜追击五十余里，斩首两千两百人，包括依智高之弟依建中、依智中、侍郎黄师宓等五十七位将领，俘五百余人。是夜，宋军兵临城下，虚张声势，鼓噪大呼，依智高以为宋军欲攻城，便纵火焚城，逃往大理一带。狄青率兵入城，缴获金银绢帛数万，杂畜数千。

狄青不仅英勇善战，为人也很正派，品德更是堪称一流。打败依寇军之后，宋军进入邕州城，依智高已经逃窜，但在打扫清理邕州城时，却发现一具穿着金龙衣的尸体。当时许多人都说这就是依智高的尸体，主张呈报朝廷说贼首已死。狄青不同意，他说："这具尸体已经面目全非，可能是敌人的诡诈之计。我宁可丢掉杀死依智高之功，也不能因为贪功而欺骗朝廷！"

狄青在西北和南方历经沙场多年，屡立战功，因而被提升为枢密使，官职显赫，但其脸上尚有初次投戎时刻刺的字样。宋仁宗曾下敕书让狄青敷药除去脸上的刺字，但狄青不肯。他说："陛下因功劳而提拔臣下，不问出身门第，因此才有了我的今天，也才有了脸上的刺字。我愿意留着刺字，以此激励、鞭策将士为国效力，所以不敢奉诏除字。"

嘉祐年中，京师连降暴雨，以致大水漫延，狄青因避水迁家至相国寺中居住。于是有人诬告他行止可疑，又有奸人说狄青家的狗长了角，乃不祥之兆，请朝廷让他去外任。久而久之，宋仁宗也相信了这些无稽之谈，于是罢狄青枢密使职，出判陈州（今河南淮阳）。他至陈州后，宰相文彦博还派人每月"抚问"两次，名为抚问，实为监视。狄青就在这种被怀疑、被监视的状况下忧愤成疾，于嘉祐二年（1057）郁郁而亡。

宗　泽

宗泽(1060－1128)，北宋末、南宋初著名的抗金将帅。字汝霖，婺州义乌（今浙江义乌）人。早期一直担任地方小官，因不得志而弃官。靖康之际，国家有难，宗泽复出。他治军严明，备战有方，多次有效地抵抗了金兵的南侵。

文武双全　为民做官

宗　泽

宋仁宗嘉祐五年(1060)，宗泽出生在义乌荷叶塘乡新厅村的一个耕读之家。由于豪强的兼并掠夺，宗泽幼年时，家境比较贫寒，十一口人的大家庭，主要的经济来源就是种田。繁重的田税地赋，使一年的耕种所剩无几。宗泽的哥哥宗沃是家庭的主力，家中的一切开支，以及宗泽的读书费用都由他来承担，因此，宗家的日子十分艰难。

宗泽深受当时著名学者叶桐的器重。叶桐学识渊博，不羡慕不义之富贵，认为丰厚的物质生活只可用于养身，而不可用于养心，因而他不愿积金贮银，却喜欢收藏诗书。他依照山势，修建了用于读书的园林，并让宗泽与他的子孙一起学习，亲自教导他们，为他们阐明书中的真理。后来，他的孙子叶义与宗泽都中了进士，叶策、叶筹则成为太学生。

然而，成为一名文士儒生，并不是宗泽的志向。义乌是我国传统的武术之乡，宗泽自幼就跟从乡民学武习艺，其臂力过人，能够拉动一头大水牛，能力挽强弓硬弩。宗泽的外甥中武举进士，被朝廷封为安邱尉，宗泽经常与他切磋武艺和兵法战策。

元祐八年(1093)，宗泽任大名馆陶县尉，著名变法派人物吕惠卿是其上司。冬季，吕惠卿传召宗泽与县令一起视察黄河治理一事，这时正赶上长子病丧，但宗泽仍欣然赴事。民夫多有僵倒在地者，而朝中官吏却鞭督愈急。宗泽于是上书吕惠卿说："严冬之时调民夫修治河堤，民夫不仅感到痛苦，工程的效果也一定不会很好。如若至初春再动工，则工程可顺利完成。"吕惠卿将宗泽之言上报朝廷，朝廷诏准。

在馆陶做官几年后，宗泽调任衢州（今属浙江）龙游令。徽宗政和五年(1115)，宗泽又通判登州（今山东蓬莱）。当时登州境内官田数百顷都是荒芜不毛之地，但每

中国将帅传

年仍要向州官交纳钱币万余缗，致使登州百姓困苦不堪。宗泽到任即上疏朝廷，请免民缗。奏疏上后，虽民缗未得全免，却也适当地减轻了当地人民的一些负担。

后来宗泽弃官归隐，退居东阳（今浙江义乌东），在山谷间搭建房屋居住，与世隔绝。

立志报国　怀才不遇

宣和七年（1125）十二月，金兵分两路大军攻宋。惊慌失措的宋徽宗忙禅位给儿子赵桓。赵桓登帝位，是为钦宗，改年号为靖康。金军围攻开封整整三个月未下，在与宋朝签定了苛刻的和约后，撤军北还。然墨迹未干，这年八月金军东西两路军会合之后，再次大举攻宋，宋朝又面临灭顶之灾。

国难当头，在御史中丞陈过庭等人的举荐下，宗泽怎能还有闲心过隐居生活，遂以六十多岁的高龄出山，准备为国效力。钦宗令宗泽出知磁州（今河北磁县）。

金军南下攻打开封，必先经过磁州。宗泽到任，马上发动兵民修缮城池，开浚城河，打造兵械，招募义勇之士，做固守之计。钦宗对宗泽的调兵遣将很为赞赏，任命宗泽为河北义兵都总管。不久，金兵攻陷真定（今河北正定），引兵南取庆源，害怕宗泽断其后路，于是分派数千金兵攻取磁州。宗泽身穿甲胄亲自登城指挥，他先用神臂弓射击金兵，将其击退后又率军乘胜追击，大胜金兵。宗泽把获得的军马金帛全部犒赏了军士。

靖康二年（1127）一月，宗泽从大名到了开德，一路上连打十几个胜仗。他上书劝康王命令各路宋军到东京会师，又通知附近几位大将合兵入援，但等了一个多月仍没有回信。宗泽无奈，想到京城的危急，毅然率领本部人马继续前进，救援开封。当时，宗泽部下有一个叫陈淬的军官谏阻说敌军士气正旺，不应与敌交战。宗泽听了，非常气愤，要把他斩首。由于其他部将求情，才准许他戴罪立功。宗泽率领部队进到卫河以南，分析形势后他认为，己方将孤兵少，只有深入敌营才有成功的希望。于是，宗泽亲自带兵向敌军大营猛扑，与陈兵相待的金兵展开白刃战。宗泽精神抖擞，操戈直前，转战于敌营之中，金兵大溃。当宋军向东面转战的时候，敌人又开来了生力军，把宋军团团围住。宗泽激励将士们说："今天进也是死，退也是死，只有拼死一战才有成功的希望！"士兵们在宗泽的鼓舞下，奋勇杀敌，个个以一当百，杀死数千名敌人，金兵败退数十里。宗泽认为，敌人在兵力上大大超过自己，一定不会甘心失败，如果倾营夜袭，自己将难以抵御。于是，他决定乘黄昏拔营转移。当夜，

宋钦宗赵桓

金兵果然前来偷营，结果扑了个空。

然而，就在宗泽孤军奋战击退金兵的时候，其他各路人马却都按兵不动，持观望态度，结果终于导致了汴京被金兵攻陷。这年二月，金主下诏废宋徽宗及钦宗为庶人，立宋臣张邦昌为伪楚皇帝。四月一日，徽宗、钦宗及后妃、宗室贵戚等3000多人被掳北去。汴京的所有金帛、宝货、文物、图册等都被金兵洗劫一空。北宋王朝灭亡了，史称这次事件为"靖康之难"。宗泽闻报，急忙筹划追击金兵夺回二帝，但终因缺少援兵，而没能实现这一计划。

临危受命　保卫东京

靖康之变后，宗泽为安定国事，安抚民心，上书请康王赵构即皇帝位。靖康二年(1127)五月，康王赵构在南京(今河南商丘)即帝位，是为高宗，改年号为建炎。宗泽去南京谒见高宗赵构，陈述兴复大计。赵构本打算留宗泽在身边任职，奸相黄潜善从中作梗，于是便任命宗泽为龙图阁学士，出知襄阳(今湖北襄樊)，后又调往前线，改知青州(今山东益都)。后来开封府尹空缺，加上李纲的推荐，皇帝于是将宗泽调往开封，全面负责治管旧都的工作。

整顿开封城内秩序是宗泽上任后着手督办的第一件事情。他先是处死一批勾结金兵抢劫居民的坏人，并且下令严禁盗窃活动。接着，为了安定人民生活，稳定物价是极为重要的，因此，宗泽专门打击那些乘机抬高物价的奸商。同时，他还组织工匠一一修葺了宫室、宗庙和各部衙门，恢复了京城以前的面貌。经过宗泽的努力，仅仅一个多月的时间，开封的市面秩序就基本恢复正常。接着，宗泽着手恢复开封与外地的商业交往，并下令保护前来经商商人的利益。开封的街巷市井又繁荣起来了。

1128年春，金军为了试探宋朝虚实，多次南渡黄河，骚扰沿河各州县及滑州地区。宗泽坐镇开封，从容调兵遣将，多次打退金军的进攻。二月初，金兵再次纠集大队人马，进犯开封。宗泽派统制官李景良等率领万余人，前往郑州迎敌。由于李景良等轻敌大意，最终被金军打败，李景良只身逃归，统领郭俊民投降了金军。宗泽毫不留情地将李景良斩首，以肃军纪。金将宗翰攻打开封不下，便派遣郭俊民带着数百名金国将兵送信给宗泽，劝他投降。宗泽气愤之余痛斥了郭俊民一顿，把郭俊民连同随行的金国将士一起斩首。宗翰见诱降不成，又施一计。二月十日，他出兵攻打开封北面的门户滑州。宗泽派部将张㧑带领五千精兵保卫滑州，当时，开到滑州城下的金兵有数万人，宋金两国兵力悬殊。张㧑毫不畏惧，激励将士说："我们如果贪生怕死，还有何脸面再见宗公！"在张㧑的激励下，宋军无不以一当十，金兵措手不及，受到很大损失。但由于金军势力过于强大，张伪未等到宗泽援军的到来就战死沙场了。随后，宋军大队人马开到，在滑州北门与金兵展开激战，迫使金兵渡河北去。宋将王宣等立即出兵追击，金兵大败。在各地军民团结一心、共同打击之下，其他两路金军也渡河退走了。

当时，东京留守的官吏主张拆去黄河上的浮桥以防金兵渡河。宗泽则派统制刘衍开赴滑州，刘达开赴郑州，各领兵二万，战车二百乘，以牵制敌人。他还告诫诸将不得轻动，要保护桥梁，待敌军过河来犯，相机消灭之。金兵见宗泽戒备森严，乘夜切断桥梁以阻止追兵，仓皇逃跑。

不久，不甘失败的金军又从郑州进军，前军抵达白少镇，离京城只有二十公里左右。宗泽镇定自若，一方面安定京城士庶人心，另一方面派遣精锐力量支援刘衍。正月十五元宵灯节之夜，宋军大败金兵于板桥，并乘胜收复了延津、河阴、胙城等县，一直追到滑州。接着，刘衍又分兵夜袭滑州西十五公里处的金兵营寨，尽得其辎重粮草。最终宋军赢得了东京保卫战的胜利。

丹心抗敌　　壮志难酬

宗泽认为，靖康之变，北宋灭亡，其根本原因在于宋军的军事实力过于孱弱。为了弥补这一缺点，宗泽四处派人联络各地民兵力量，广招四方忠义之士，不断发展和壮大自己的抗金力量。其中许多抗金名将就是因被宗泽发现并重用而知名的，而王善、杨进、李成等也是因他的招抚而走上抗金之路的。

宗泽胸襟宽阔，目光远大，由于他善于安抚，所以联络了众多的人马，为宋朝收复中原做了很好的准备。但这些抗金、收复中原的准备工作却受到宋朝奸相汪伯彦、黄潜善之流的恶意攻击。他们下令宗泽停止这种活动，并称其所招抚的各路民兵为盗贼、流寇，不过是以"勤王"名义啸据山林，故不能任用。宗泽十分气愤，多次上书为其辩白也无济于事。

宗泽任开封府尹留守东京时，登上皇位的高宗赵构仍停留在江北的扬州。广大将士急切盼望赵构能重返汴京，临视中原，收复旧疆。宗泽以满腔的忠君爱国抗敌之心，前后给赵构写了二十余道奏疏，陈述汴京的防备情况，恳请其还驾开封。赵构也下旨要还京，然迟迟却不见动静，实际上只不过是说一句空话而已。后来不仅没有北上，反而向南逃跑了。

宗泽为此忧心不已，以致背上生疽。诸将纷纷问他病情如何，宗泽却闭口不谈这些，只是说："吾以二帝蒙尘，积愤至此。汝等能歼敌，则我死无恨！"诸将皆流泪说："敢不尽力！"待诸将出，宗泽长叹一声自语道："出师未捷身先死，长使英雄泪满襟！"第二天，风雨大作，白日昏暗，宗泽躺在病床上，不说一句家事，只连呼三声"过河"便去世了。终年70岁。

韩 世 忠

韩世忠(1089—1151)，字良臣，陕西延安人(一说绥德人)。贫苦农家出身。其身体魁梧，目光如炬，同时武艺高强，胆大心细。

戍边征辽　平定叛乱

宋徽宗崇宁四年(1105)，西夏派兵进攻北宋西北地区，宋徽宗急忙派兵征讨。17岁的韩世忠应募从军，举身赴敌，来到银州(今陕西米脂县西)。当时，西夏人紧关城门，企图进行顽抗。宋军开始攻城，韩世忠舍身忘死，奋勇杀敌，第一个冲进城内。他挥动大刀左砍右杀，没有几个回合就将守城将领砍翻在地，并把他的脑袋抛到城下，使得西夏军心惊胆战，弃城而逃。韩世忠率兵追杀到篙平镇，不料中敌埋伏。西夏军从涧道杀出，把宋军团团围住。面对强大的敌人，韩世忠毫无惧色，率孤军殊死拼杀，很快转败为胜。由于战斗中英勇作战，韩世忠开始崭露头角。

宋徽宗宣和四年(1122)，辽国新立皇帝耶律淳病死。宋廷认为这是夺回燕京的好机会，便与金国联合起来夹攻燕云地区的辽国残余势力。宋徽宗派宦官童贯率20万大军伐辽，由名将刘延庆统制。来到前线后，刘延庆畏敌，结果被辽军击溃，然金兵却节节胜利。韩世忠看到这种情况，主动提出愿率50余骑兵同偏将苏格与辽军作战，以夺回燕京。在滹沱河，韩世忠突然遭遇2000名辽军。苏格被数百倍于己的敌军吓得不知所措，想拨马逃走。韩世忠从容镇定，他喝住苏格，要他率兵抢占高岗，扼守制高点，同时嘱咐燕山溃退下来的军士集中在靠近河岸的船上，并约好敲响战鼓以助声势，自己则单枪匹马向敌人冲去。他左杀右挡，如入无人之境，很快就将敌军阵脚打乱。后来，敌人派两队兵马从左右两侧向高岗冲杀，妄想夺回制高点。韩世忠见此状况，出其不意，以迅雷不及掩耳的凌厉气势，突袭敌人的两名执旗官，使敌人失去指挥能力。苏格趁势率兵从制高点扑杀下来，舟车鼓噪呐喊，敌阵大乱，被宋军斩杀很多。这一仗凭借着韩世忠的英勇果断、沉着机智取得全面性胜利，返回营垒后，他被提升为武节郎。

韩世忠

靖康之难后，康王赵构即皇帝位，是为高宗。赵构无进取之心，不思收复北方失地，只是一味南退以避金兵，朝中将臣对此事极为不满。高宗移跸临安（今浙江杭州）不久，朝臣苗傅、刘正彦反，逼迫赵构让位，举朝震惊。这时，朝臣以张浚为首，在平江（今江苏苏州）商议平反讨乱。当时手握重兵的张俊、刘光世参与此举。后来，韩世忠也带所部兵马参与此事。

三月，韩世忠至秀州（今浙江嘉兴），对外假称有病，暗中却加紧营造云梯、兵械。不久，韩世忠发兵直指临安。

韩世忠兵至临平（今浙江余杭县东临平山下），苗傅派苗翊、马柔吉依山阻河为阵，并在河道中流设置鹿角。韩世忠带领士兵弃舟登陆以抗叛兵。后来，张俊、刘光世也相继带兵而来，叛兵有些害怕。韩世忠又舍马操戈而前，激励将士以死报国，并宣布若面部不带伤的人全部都要处斩。于是，将士更奋力向前。这时叛兵列神臂弩，都满弓以待。韩世忠怒睁双眼，大声疾呼，挥戈冲锋在前，叛兵不能抵挡，弓矢尚未发出，韩兵已至，叛军遂败逃。苗傅、刘正彦听说前方兵败，急忙带两千精兵开涌金门而逃。

韩世忠带兵进入临安，高宗闻讯步出宫门迎接。高宗紧握韩世忠的手，先是痛哭一番，接着说自己身边有叛军派来看管自己的中军吴湛，希望韩世忠将吴湛除掉。韩世忠慨然应允，于是去见吴湛，握手相语间乘机折断其中指，派人绑缚于市曹斩首。后又捉住此次叛乱的主谋王世修。高宗感动不已，诏授韩世忠为武胜军节度使，御营左军都统制。韩世忠认为叛军未消灭，他们仍拥有精兵，且与京城近在咫尺，请求带兵讨平他们，赵构同意。于是韩世忠又追苗、刘到了渔梁驿，叛兵见韩世忠追来，未战而溃。韩世忠俘获了刘正彦及苗翊，又在建阳擒住苗傅，然后将他们押到临安诛杀。

大败兀术　镇江阻险

宋高宗建炎三年（1129）十月，金军在大将金兀术的率领下再次南下侵宋。建康留守杜充怯敌无能，宋军江防全面崩溃。金兵乘胜又渡过长江，围攻建康，杜充弃城南逃，后投降了金军。

韩世忠原先屯兵镇江，宋军溃败，他也兵退江阴，以前军驻青龙镇，中军驻江湾，后军驻海口。高宗召见韩世忠，希望韩世忠为其护驾南逃。韩世忠给高宗分析战事，认为金军不会在江南停留太久，并请求让自己留在长江，截断金军归路，力挫敌军。赵构同意了。

适逢上元节，韩世忠故意在秀州张灯结彩而会，以迷惑金人，暗中却已引兵突至镇江。此时的金兵由于各方原因在忙着做北还的准备。三月，金军至镇江，但韩

神臂弓

世忠兵已先至，屯金山寺，金军北归受到阻止。金兀术下书约韩世忠决战，韩世忠答应。约定之日，宋军奋勇当先，韩世忠的夫人梁红玉亲自擂鼓催战，金兵败退无法过江。金兀术无计北归，只得表示愿将在江南所掠全部珍宝物品送于韩世忠，请求放一条道路北还，韩世忠不允。金兀术又愿奉献名马求道而还，韩世忠仍不答应。这时有金兵从淮东来救援金兀术，韩世忠用战船将援军阻于江北，使两方不能互相呼应，同时又分兵与两方开战，最后将金军逼至黄天荡（今江苏南京东北）内。

一连二十几天，金兀术在黄天荡中无法突围，由于水蒸日晒、蚊虫叮咬的折磨，使得金军实在无法忍受，金兀术只好再次低声下气派使者恳请借路北归，条件是归还所有被掠财物，并赠予名马5000匹。韩世忠对此嗤之以鼻，回答使者说："只要把乌珠（兀术）留下，就可以走了！"

金兀术无计可施，只好向北岸金兵求救。金军马上从扬州派来一支水军赶来支援，但也被韩世忠的海船截在江北，渡不了江，只好望江兴叹。经过和部下反复商量，金兀术只好重金悬赏以求逃出黄天荡。

在金兀术的重赏之下，一个汉奸挽救了他即将被困死于黄天荡中的命运。原来黄天荡之南有个名叫老鹳嘴的地方，是条旧河道，年久淤塞，无人知晓，眼下正值涨水季节，如果能沿旧河道挖条20余里长的大渠，就可以通到秦淮河，再出长江就到了韩世忠的上游。金兀术听后非常高兴，不仅重赏了他，还让他领路连夜挖通老鹳河。由于金兵个个都想逃命，拼命苦干，不到一夜工夫，就凿成了一条长达30里、连接黄天荡和秦淮河的大渠。金兀术赶紧率部向建康逃命，路过牛头山时遭到了岳飞军队的伏击，损失了不少兵马。岳飞军队乘胜收复了建康城。于是，兀术又由原路退回黄天荡，与江北接应他的金军水师夹击宋军，仍然准备从这里强行渡江北归。

为了彻底消灭敌人，韩世忠让工匠连夜打制铁孪，并在它的一头装上大钩，分别授给壮士，一遇敌船，便用铁钩搭住，把船拖着往水底沉。第二天，天刚蒙蒙亮，敌船果然从远处鼓噪前来。韩世忠命令士兵把海船分作两队，绕到敌船背后，用铁钩把它们一个个钩翻。韩世忠的海船在江中心，而金兵的小船在江两侧，韩世忠又使出老战法，先用铁钩将敌船拖来，然后加以消灭，致使金兵再次大败。

无计可施的金兀术只得再次请求韩世忠放他一条生路，韩世忠回答："只要你肯把掳去的徽、钦二帝送回，同时归还侵占我朝的全部土地，我就放你一条生路。"掠夺成性的兀术自然不会同意这样的条件，可是他又想不出脱身之计，几天后又派人来祈求，韩世忠用箭把来人射了回去。金兀术对部将们说："南人使船好像使马一样，怎么得了！"他望着江中小山似的宋军海船，心急如焚。他深知如果再对峙下去，不仅会使自己陷入矢尽粮绝的境地，更会使宋军赢得增援的时间，到那时，他和他的10万大军将死无葬身之地，而且眼下岳飞军已经追杀至建康，情势万分危急。他只好再次下令在驻地张榜悬赏破敌之计，赏额一再加高，终于有个姓王的福建人为他出了个毒辣的奸计：将小舟填入沙土，上敷木板，以使船平稳，将船帆卸下，把船板拆下做桨，将船改成桨划船，等到无风时再出动，大海船没有风时行动不便，而桨划船则行动自如；另外，用火箭射宋军的船篷，篷帆一射中，火就烧起来，大船若没有了船篷，将无法行驶江中。

金兀术大喜，一方面下令改造战船，一方面下令制造火箭。等到一个无风的日子，金兵乘改装后的船出战。果然，金船没了船板，无处搭着，宋军的铁钩也失去了威力。加上宋军船篷又被火箭射着，战船毕毕剥剥地燃烧起来。韩世忠率部力战，敌军矢下如雨，宋军防不胜防，救不胜救，一时之间，江面上烟焰蔽天，宋军被烧死、淹死很多。韩世忠收集残兵回到镇江，金兀术趁机逃出了被截困48天的黄天荡。韩世忠因军功官拜检校少师、武成威德军节度使、神武左军都统制。

大战淮南　力主抗敌

高宗绍兴四年(1134)，经过精心准备的金兵与扶立的刘豫伪齐军联合分兵向南进犯宋境。这时，韩世忠以建康、镇江、淮东三地宣抚使的身份仍驻守在镇江。高宗亲书手札命他率师渡江，驻守淮南。为了全面反击金军对淮南的进犯，韩世忠将部众分为三支：一由统制解元率领，进驻高邮(今江苏高邮)；一由董旼率领，进扼天长(今江苏天长)；自己则亲率骑兵进驻扬州、大仪镇(今江苏扬州及其西北)。后来，韩世忠巧施反间计，将金将托卜嘉生擒，重创金军。

绍兴六年(1136)，韩世忠受命为京东淮东路宣抚使，驻兵楚州(今江苏淮安)，严守淮河防线。在这里，他与士卒同甘共苦，一起演兵习武，一起屯田生产；其夫人梁红玉亲自为将士织布缝屋；同时，韩世忠积极安抚和激励士卒，招集流散之民定居生产，这使楚州一带的农业和社会秩序得到了一定的恢复和发展。在军事上，韩世忠以楚州为据点，以巧妙灵活的战术与敌周旋，沉重地打击了金军及伪齐部队。

二月，韩世忠率军进趋淮阳军(今江苏邳县西南)，进攻伪齐军。其先锋呼延通成功地阻击了前来增援的金兵，生擒金将叶赫贝勒。可是，就在呼延通与敌奋战之时，在后路督战的韩世忠却被伪齐军围困。对于形势的突然变化，韩世忠沉着镇定。他先是按兵不动，待敌变更队形时，将兵力集中起来突然发动进攻，冲出敌围。然后，乘初战之锐气，全力反击，迫使围敌溃败而逃。随后，韩世忠又乘势进围淮阳军城。淮阳军城位于泗水、沂水汇流处，四面环水，交通便利，东西沿泗水分别可至淮阴、徐州；北上沿沂水可达沂州。该城守敌凭险扼守，同时又有金兀术大队人马的增援，形势十分不利于宋军。韩世忠在求援不得、孤军难支的境况下，决然率师回撤。不料，回撤途中又与金军大队遭遇。面对强敌，韩世忠当务之急是挫敌军锋，懈敌士气，给当面敌军以威慑力量。于是，他督军直前，派人阵前大呼："锦衣骢马立阵前者，韩将军也！"随即毙敌领头者二人。金兵早已闻听韩世忠的威名，畏其用兵已久，故听到呼声惊恐退却。宋军诸将乘势追杀，大败金军而还。此一战，韩世忠虽未攻破淮阳军城，但收纳了近万名南归的淮阳居民，使抗金力量进一步壮大。

绍兴十年(1140)八月，韩世忠再次进攻淮阳。这次，他接受了前次被迫撤兵的教训，把阻止敌军增援，孤立淮阳守敌当成首要任务。他分部众为三：一由解元率领，北上拦击金兵于郯城(今山东郯城西南)；一由刘宝率领，阻击敌军于千秋湖(似今昭阳湖)；韩世忠自将一路，阻击金兵于泇口镇(今江苏邳县碾庄北)。在制止敌军增援的形势下，韩世忠亲率诸将猛攻淮阳，杀死敌人不计其数，取得了淮阳大捷。

绍兴十一年(1141)，金兀术耻于西线顺昌惨败，又调集大军渡淮南下。韩世忠督军转战在淮河沿岸，多次大败金军，迫使金兀术再次北撤。这样，韩世忠先后驻守楚州十年之久，用3万兵士屡次挫败来犯的金兵。他以机动灵活的战术和坚强的意志，成功地保卫了淮河南部地区。

绍兴十一年(1141)，主和派首领、南宋丞相秦桧收回了抗金三大将(韩世忠、张俊、岳飞)的兵权。四月，韩世忠被召回临安，明升暗降拜枢密使。韩世忠把他在外征战所积储的上百万贯军费、90万石米、15个酒库都交还朝廷，但他仍然坚决反对和议。他上书指斥秦桧的误国罪行，不留一点情面，因而被秦桧忌恨。秦桧唆使亲信在皇帝面前弹劾韩世忠，欲置他于死地。一些人劝韩世忠不要与秦桧矛盾过于激化，否则对自己不利。韩世忠义正词严："我今天如果为了个人利益附和奸人，死后岂不要遭受太祖(指赵匡胤)铁杖的责罚吗？"

韩世忠被解职后，闭门谢绝一切客人的来访。经常骑着驴，拿着酒与一两个小童在西湖游乐，就连其往日将佐也很难见其一面。

绍兴二十一年(1151)八月，韩世忠去世，终年63岁。皇帝拜其为太师，追封通义郡王。孝宗即位，追封蕲，谥号"忠武"。

吴 玠

吴玠(1093 – 1139)，南宋初期抗金名将。字晋卿，德顺军(今甘肃静宁)陇干人。吴玠起于步卒，后征战南北，长期驻守川陕，屡败南下金兵，终使金人不敢图谋西南。吴玠善读史，研兵法，懂战略，有名将风范。

戍守泾凤　战和尚原

吴玠小时候就性格沉毅，不仅喜好读书，而且善于骑射，未成年时以良家子投泾原军(今属甘肃)。北宋徽宗年间，西夏兵犯宋境，吴玠随军讨之，以作战有功补进义校尉，后升为队将。徽宗末年，随军下江南参与了平定方腊起义的战争。钦宗靖康初年，西夏兵犯宋怀德军(今宁夏同心南)，吴玠随军再讨之，西夏军败，吴玠率百余骑兵追击，杀死几百敌军，遂因功升为泾原第二将。

高宗建炎二年(1128)，金军南下渡过黄河，从大庆关向泾原进军。当时宋将曲端为泾原都统制。曲端命吴玠进兵占据青溪岭，绕敌背后，然后回兵逆击金兵。吴玠率兵大败金兵于青溪岭，又将金军追赶到30里之外。自此，金兵始有惧意，不敢轻易进犯泾原。建炎三年，吴玠因平贼寇史斌，升忠州(今四川忠县)刺史。

建炎四年(1130)春，吴玠被升任为泾原路马步军副总管，仍隶曲端属下。这年，金帅娄宿、撒离喝率金兵入关南犯。曲端派吴玠拒敌于彭原店。头一战，宋军将金兵打得大败。后金人探知吴玠兵少，于是重新整军，与吴玠再战。金兵拥重兵而来，宋军主帅曲端却坐视不救，孤军奋战的吴玠终因寡不敌众而撤军，曲端也还兵泾原。宋军还兵后，曲端称吴玠违反军纪，不听节制而兵败，遂罢吴玠副总管军职，降为武显大夫。川陕宣抚处置使张浚爱惜吴玠之才，不久复命吴玠为秦凤路副总管，兼治管凤翔府(今陕西凤翔)。

凤翔府乃两军必争之地，因战事频繁，故民不聊生。吴玠采取有力措施，抚恤百姓，安顿民生，使人民很快安定下来。

宋高宗绍兴元年(1131)五月，金兵再次入侵川陕，这次他们经过一番精心谋划，从正面和侧后进攻和尚原。吴玠指挥军队在大散关以南列成阵势，利用有利地形，轮番向金兵出击。经过三天的激战，宋军击退了金兵的四次猛烈进攻，极大地振奋了士气。

吴玠针对敌军全是骑兵的特点，命令诸将专挑山高沟深的地形伏击金兵，使金兵陷入欲战不成、欲退不能的两难境地。和尚原一带尽是山谷，道路窄隘而多石，金兵举步维艰，战马全都失去了作用，只好弃马步战。山地步战是金军的劣势，远不是宋军的对手，疲惫不堪的金兵再也没有了进攻之力，只好向南撤到凤州。

此时，吴玠事先在和尚原以北布置的军队击败了北路金兵。两路大捷之后，吴玠又马上命令一支部队北进，抄小路绕到金军身后，在神岔一带反击金军，包括金军头目在内的二百余名金兵被杀。宋军乘新胜之锐，集中兵力给其以迎头痛击，金军退守黄牛岭，在突然袭来的大雨中苦挨一夜后拔营返回秦州。

但是，金兵并没有因为初战惨败和尚原而放弃进攻川陕地区。当年秋天，金兀术又纠集了十多万兵力，架设浮桥，跨过渭水，自宝鸡结连珠营，垒石为城，与吴玠军队夹涧对峙，准备与宋军一决雌雄。十月九日，金军在渭水上建起浮桥，数万金军由宝鸡渡过渭水，占领益门镇。金军前锋部队则先由益门登山，进入陈仓道的北段故道，并于当天推进到距宝鸡三十六里的故道要隘——神岔。

十月十日中午时分，金军到达和尚原下，以优势兵力向宋军发起猛烈进攻。接着，金军又分出兵力向大散关发动进攻。面对敌军的猛烈攻势，宋军临危不惧，用强弓硬弩轮番发射，将金军的两次大规模进攻挫败。黄昏时，金军撤退，吴玠又派杨政率战锋队随后掩杀，再次重创金军。十一日，金军粮队从宝鸡南下，在神岔一带遭到杨从义奇兵队的伏击，损失了不少驮运粮食的驴子。当天入夜，当激战一天的金军收兵回营，烧火做饭时，吴玠又派出优秀射手，用强弓指着火光射击，吓得金军不敢点火。二更时，吴玠又派战锋队奔袭神岔，向设在附近二里驿以东的金帅兀术大营发起攻击，杀得金军鬼哭狼嚎。四更时，劫寨得胜的宋军撤回和尚原。但将士们斗志正旺，不愿休息，会合派出来替换他们的部队，再接再厉，又袭击了设在大散关附近的金军营寨。白天进攻不能得手，伤亡惨重，夜晚又被宋军袭击，甚至连烧火做饭都成问题，本来就不擅长山地战的金军更是疲惫不堪，没有再战的能力了。十二日凌晨，金军被迫停止攻击，向宝鸡北撤。

吴玠见战机就在眼前，认为反攻的时机已经到来了，于是下令军队追击金军。从和尚原下、大散关前，直到二里驿，宋军一路掩杀，金军大败。近二十里的山路旁，山涧中，金军弃尸累累。金兀术也中了箭矢，负痛而逃。金军在二里驿一带纠集败军，企图占领神岔，利用地形阻击宋军。吴玠深知神岔地理位置的重要，如果让金军通过神岔，那么金军就将进入平坦的地段而死里逃生，所以他早就派杨从义先占领了神岔以待金军。宋金双方在神岔展开激战。金军一面顶住后面宋军的追杀，一面猛攻神岔。双方相斗三十余个回合，鏖战至夜幕降临，从宝鸡赶来的金军援兵到了。他们拼命攻击，最终占领了神岔，而使被围的金兀术及金军得以逃脱出来。

战饶风岭　破仙人关

绍兴三年(1133)正月初四，占领上津后的金军决定进军饶风关。

几天后，金军和伪齐军发动了进攻。撒离喝从金军中挑选出一批最强悍的士兵，组成"敢死队"专打头阵。这批金军身穿重铠，登山攻险。每名重铠士兵身后由两名士兵推助登山，重铠士兵战死，后面的士兵便穿上死者的重铠继续前进，大有志在必得之势。宋军则用大石滚压重铠金兵，用弓弩射杀推助重铠金兵的金兵，使金兵尸体遍布饶风岭。金齐联军已经缺粮，开始杀马为食。战后在饶风岭下遗弃的马皮多达一万七千余张。金齐联军已身陷绝境，进攻十分凶猛。撒离喝身材魁梧，工于心计，智勇双全，金太祖完颜阿骨打很钟爱他，粘罕也十分器重他。撒离喝亲自督阵，将几名怯战的金兵斩首示众。

这时，恰有吴玠军中因罪而投奔金军的小校引导金兵从小路出饶风关登上高岭，以高处的优势攻击地势较低的宋军。宋军不能抵挡，只得退军。

吴玠、刘子羽、王彦尽管兵败饶风岭，但头脑还很冷静。吴玠收拾残部，退守定军山；刘子羽焚烧兴元城内的公私积蓄后，率部退往三泉县(治所在今陕西宁强北)；王彦则率军沿荔枝道向南穿越米仓山，退到达州(治所在今四川达县)。

金齐联军沿米仓道南下，闻报后的王彦立即引军从达州开赴巴州，封锁了米仓道的南端出口。米仓道崎岖陡险，人难并行，野兽出没，人迹罕见。金齐联军在米仓道南端遭到王彦一军的阻击后，已经精疲力竭无力抵抗，只好顺原路返回汉中。

金齐联军攻占汉中盆地后，由于人民配合宋军实施了坚壁清野，使金齐联军无法筹集到粮草，金齐联军受到粮食短缺的威胁。他们开始是杀马而食，马杀光后，金军便杀掉河东、河北的"佥军"，开始吃起人肉来。1133年四月，春瘟大作，不少金齐联军将士死于传染病。撒离喝在汉中盆地实在待不下去了，不得不下达了撤军北返的命令。

撒离喝命令金齐联军的前卫部队推进到金牛镇，进逼潭毒山，而他自己却率金齐联军主力从金牛镇向北折入褒斜道撤退。刘子羽得知金齐联军沿褒斜道北撤后，赶紧派人与吴玠联络，打算在武休关对金军进行阻击。然而，金齐联军撤退的速度很快，等宋军赶到武休关时，金齐联军早已丢弃辎重过关而去了。

按常理，金齐联军在通过武休关后应通过斜谷，继续走褒斜道而到长安。但撒离喝怕在斜谷遭到宋军埋伏，改变了撤退路线，由连云栈道抵凤州，从凤州沿陈仓道北段故道，经大散关、和尚原，便可北撤宝鸡或凤翔了。

郭浩、吴玠、雷仲、杨从义等人十分担心和尚原的安危，先率军迎头痛击保

中国将帅传

安的金齐联军，然后又回师在柏村阻击由凤翔前来的金军，并不断派兵沿途袭击夺路而逃的金齐联军。遭到痛击后，金齐联军已成惊弓之鸟，不敢再有攻占和尚原的念头，夺路向宝鸡逃窜。宋军随后掩击，一直追杀到渭水，收回了汉中盆地和金州。至此，宋金双方的实际控制地区又恢复到了1132年冬季以前的状态。

宋高宗绍兴四年，由于川陕宣抚处置使司处理不当，宋军负责防守洮、岷至阶、成州一线的高级指挥官关师古被迫单骑叛降了伪齐。吴玠接管了其留下的部队。

饶风关战役之后，吴玠考虑到金兵必然再次进犯，便派重兵驻扎在仙人关以东的杀金坪。二月二十日，金军自青泥岭向东攻占了铁山，并凿崖开路，在青泥岭与铁山之间抢修起一条便道，又在铁山建起营寨，准备进攻杀金坪。自攻陷和尚原后，金将毙英一直得意无比，趾高气扬。这天，营寨还未建好，他便贸然点集兵将，想一举拿下杀金坪，立下首功一件。

金兀术闻讯大怒，他粗中有细，深知远道而来不可争锋的兵家戒律。他担心毙英草率进攻所招致的失败影响士气，便火速赶到毙英军前，勒令他停止进攻。毙英杀性大发，不听命令，继续冲锋。金兀术追上前去，拔出佩刀，用刀背猛击毙英的头盔。毙英见金兀术动怒，只好悻悻收兵。金军持重不攻，宋军对此感到压力很大。

二月二十一日，金兀术与皇弟郎君带领万户、千户等部将70余人，指挥金军骑兵缓缓推进，抵近仙人关、杀金坪前，建起连珠营寨数十座，设置了十几座炮台，准备强攻仙人关、杀金坪。金军号称有十万之众，而吴玠麾下的兵力只有3万。单从军队数量上而言，金军完全有进攻的余力。宋军尽管占有地利，但防守兵力仍显得薄弱了一些。为了防止不测，吴玠飞檄将吴璘由七方关调来，集中力量，加强仙人关、杀金坪的防御，并在第二道防线上增设了炮座，积石如山。

五天激战，金军由于一味猛攻，伤亡很大，而且所携带的军粮也所剩无几。其进攻部署也在三月一日的夜战中被打得大乱。前沿进攻阵地也丢失，无力再进攻宋军。第二天，吴璘派出的侦察兵向他禀报，说金军虽然退却数里，但仍没有撤退的迹象，企图另外选择白水关、七方关为进攻目标，以突破宋军的蜀口防线，杀进四川。吴玠得知金军这一动向后立即决定彻底击溃金兵。

入夜时分，宋军侦察兵首先潜入金军营寨，在寨后放火。看到火光，宋军擂鼓呐喊，全线出击。顷刻之间，宋军攻破了皇弟郎君等人的大寨。金营一片混乱，金兵纷纷溃逃，丧失了战斗力。宋军统领张彦的一支部队攻破了横川店的金寨，斩首五百余级，生擒百余人，并缴获了大量的军用物资。

大势已去的金兀术只得下令焚营撤退，宋军随后追击，马不停蹄地掩杀金军。吴玠深知，只有不给金军喘息之机，穷追猛打，才能彻底击溃、消灭金军。金军丢盔弃甲，急忙撤逃，结果在归路上又被吴玠派出的统制王俊领兵伏击。当时王俊见金军逃来，一声令下，伏兵四起。金军无心恋战，只顾拼命夺路而逃。在这场战斗中，王俊的部队又斩首千级，生擒金兵百余人。

王俊无心打扫战场，也无心收缴战利品，只是命令士兵从小路对金军实行平行追击。在凤州，王俊所部又抄了金军的前头。但是，王俊所部人马不多，面对着大群大群溃逃的金军，没有能力将其全部歼灭。宋军只是尽力掩杀，追逐百余里，一直追杀到和尚原方鸣金收兵。至此，宋军取得了仙人关大战的全胜。

仙人关大捷使金军再无南下入蜀的能力，也使得吴玠声威大震，名扬陇蜀。由于吴玠屡败金军勋著功高，朝廷先后晋升他为检校少保、川陕宣抚副使、检校少师，奉宁保定军节度使。宋高宗又以吴玠功高，授特进、开府仪同三司，迁四川宣抚使，陕西阶、成等州受其节制。

宋高宗绍兴九年(1139)六月二十一日，47岁的吴玠病逝于仙人关。七月二十一日，吴玠死讯传到临安，宋高宗辍朝哀悼，并追赠他为少师；后又赐钱3万贯慰恤其家。

岳　飞

岳飞(1103－1142)，著名的军事家，南宋初期杰出的抗金将领。字鹏举，河南汤阴人。他少有大志，武艺高强，在抗金战争中屡立战功，后被奸臣秦桧迫害致死。

应募从军　转战报国

宋徽宗崇宁二年(1103)二月十五日的傍晚，岳飞降生在河南相州汤阴县永和乡的一个农户家中。在他刚降生的那一刻，一只大鸟从他家屋顶上飞鸣而过，父亲岳和见此甚感惊奇，觉得孩子将来肯定大有出息，不由得对孩子许下良好的祝愿，希望他将来能有所作为，就像大鹏展翅高飞那样，能够鹏程万里。于是，就为他取名岳飞，字鹏举。

岳飞的家乡经常受到北方辽军和金军的骚扰。为了抵抗辽金进犯，也为了防身自保，这里习武成风。受这种风气的影响，岳飞很小就开始练习武艺，由于他天资聪明，又勤学苦练，到少年时，已是枪法娴熟，箭法出众，勇力超群，全县没有一个人能与他匹敌。

岳飞在20岁的时候，应募从军，在刘韐手下当了一名"敢战士"小队长，开始了他的军旅生涯，并把报效国家当成自己的志向。

正当岳飞尽心竭力，希冀凭着自己一身精湛武艺建立战功之时，他父亲因病去世。于是，岳飞按照当时的礼教，回到汤阴故里奔丧。就在他守孝期间，整个战争形势发生了急剧的变化。宣和七年(1125)，灭掉辽国之后的金国又把大宋作为下一个征服的目标，从东西两路大规模南犯，从此中原大地上鼓角相闻，战火不断。时已守孝期满的岳飞，眼见大好河山为金军侵占，他的一腔热血又沸腾起来，一心收复失地，拯救万千苦难同胞。于是，他告别

岳 飞

妻儿、老母，义无反顾地再次投身行伍，重新返回那弥漫着战火与硝烟的抗敌战场。此后，因所在部队被打散和"越职上书"力陈抗金，岳飞虽二次离开了部队，但以国事为重的他最终还是重返了军营。

建炎三年(1129)秋，金军再次南侵，建康留守杜充不战而降，导致南宋的长江防线土崩瓦解。金兀术统率的人马长趋直入，接连占领了临安(今杭州)、越州(今绍兴)、明州(今宁波)，宋高宗被迫流亡海上。

皇帝漂流，将帅叛逃，士卒溃散，国家存亡已到了紧急关头，岳飞抱定誓死报国的抗敌决心，率孤军转战，一边行军，一边相机打击金兵。在广德(今安徽广德县)，岳飞6次成功地袭击了金军后卫部队。金军北撤常州，岳飞又率军截击，四战四胜。这些虽说都不是大战役，但是这样一支孤悬在外、人数很少的部队能取得这样的胜利是相当不容易的。也正是从这时起，岳飞开始独立指挥部队，并逐渐显露出他的军事才能和治军本领。

建炎四年(1130)，金兀术在江南遭到当地军民重创，被迫放弃已占领的江南各州县，引兵北还。北撤途中，金兀术10万大军遭到韩世忠部8000水军的阻截，被困黄天荡达48天，后因奸细献策，得以绝地逢生，分水陆两次撤往建康。岳飞得到情报，马上抓住这一有利战机，率部分精兵西指，在建康近郊清水亭追上金兵，拦腰猛击，金兵面对这支突如其来的宋军毫无准备，被杀得大败。岳飞斩杀金兵首级175颗，获战利品3700多件，将金兵赶进了建康城。后金军从建康撤出，渡江迁往江苏宣化镇，岳飞又亲率300骑兵、2000步兵追杀金兵，消灭了来不及渡江的3000多金兵，收复了建康。

平定匪寇　收复襄阳

建康、黄天荡的惨败使金军改变了先取长江下游，尔后顺流东下直逼江南的战略方针。他们开始集中主要兵力，转用于川陕方向，而中原地区，则以伪齐军队牵

制宋军。因此，江苏地区的压力相对减轻。赵构遂调岳飞随张俊讨伐江南那些被金军击溃后逃至江南而不听宋王朝命令、到处流窜抢掠的宋军流散部队。绍兴元年(1131)，岳飞在江西击败了马进、李成，招降了张用。次年又在湖南、广西击败了兵力占优势的曹成，基本上肃清了江南的流寇。岳飞也因此受到新上任的湖广宣抚使李纲的称赞。

绍兴三年(1133)，岳飞又奉命镇压了吉州(今江西吉安)、虔州(今江西赣州)一带的农民起义军，先后攻破几百座山寨，收编了大量农民军战士，被赵构升为江南西路舒蕲州制置使，并赐"精忠岳飞"战旗，将所部改编为中央直辖的神武后军，岳飞任都统制。这时的岳飞已与韩世忠等将齐名。

当年十月，伪齐军先后占领了唐(今河南唐河县)、邓(今河南邓县)、随(今湖北随州)、郢(今湖北钟祥)及襄阳、信阳等六州，控制了江汉地区，切断了川陕与江南的交通，并与位于洞庭湖的杨么军联合，准备配合行动，向南宋军进攻。岳飞当时驻屯于江州(今江西九江)及兴国军(今湖北阳新)地区。岳飞连续上书皇帝陈述襄阳六郡的重要，并献先取六郡，再进兵湖湘的策略，还要求先发制人，立即率军溯江西上，击破伪齐军，收复六州，粉碎其与杨么军配合、南北夹击的计划。赵构看完奏章，马上批准。绍兴四年(1134)五月初，岳飞率军西进。他肃立船头，庄严立誓："飞不擒贼，不涉此江！"岳飞军迅速攻破郢州、随州，迫近襄阳。镇守襄阳的是被岳飞击败的原江南游寇李成，他率军出城迎战，大败溃逃，岳飞军乘胜占领襄阳。接着在新野、邓州又连败李成及来援的金军，攻破邓州、盾州、信阳，完全收复了六州，控制了汉水上游。岳飞这次出击，是南宋立国以来所取得的一次较大的胜利，并第一次收复了大片国土。赵构升岳飞为清远军节度使、湖北路荆襄潭州制置使，移驻鄂州(今湖北武昌)。

绍兴五年(1135)四月，岳飞奉命镇压洞庭湖的杨么农民军。他吸取了此前宋军攻杨么失败的教训，采取了边招捕、以政治诱降为主、以军事进攻为辅的方针，最终将这支持续了三年之久的农民义军镇压下去，收编了精壮战士五六万名，获大小船只几千艘。这时岳飞已有众十万，编为十二军，由神武后军改称为行营后护军，成为南宋五大主力军之一。赵构加封岳飞为检校少保，职荆湖南北、襄阳路招讨使。

坚持抗金　反攻中原

绍兴七年(1137)春，岳飞率军进入豫西虢州卢氏(今河南卢氏)、京西长水(在今河南洛宁西南)及商州(治所在今陕西商县)等地。为了扩大战果，岳飞亲赴临安(今浙江杭州)，向高宗面请反攻中原。这时，金朝正忙于镇压北方义军，以巩固其统治地区，无暇南顾，对南宋则采取了以政治诱降为主的方针，提出以"刘豫之地"归宋作为和议的钓饵，并于绍兴七年（1137）十二月废黜刘豫。宋高宗见有此妥协议和的机会，拒绝了岳飞反攻中原的建议，并再用秦桧当宰相。不久，岳飞再次提出应乘金军废除刘豫，毫无防备之机，挥师北上，以恢复中原等建议。但是宋廷仍然置之不理，同时也不顾张浚、李纲等主战派的意见，向金称臣，降低自己的称号。并且双方还于绍兴九年（1139）一月一日达成了和议：宋向金称臣纳贡，降为金朝的属国地位，金则将河南、陕西地区归还南宋。对此，朝野上下愤慨不平。岳飞再次上书说：金朝、和议皆不可靠！

结果正如岳飞所料，金统治集团本来就是以议和为饵，待其后方稳定后，立即毁约，对南宋再度发起大规模的进攻。绍兴十年（1140）五月三日，金调集大军，分四路向南宋进攻。战争初期，金军渡过黄河，轻取同州（今陕西大荔）、长安、西京洛阳、东京开封、南京商丘，并乘胜继续向淮西进攻。由于宋对金毫无防备，所以在战争初期金军进展顺利。金军挥兵南下时，宋高宗正在庆贺和议成功，大肆封官晋爵。

后来，金军遇到刘锜、岳飞、韩世忠、吴玠等部宋军的顽强抗击，其中以刘锜在顺昌（今安徽阜阳）的保卫战最出色。金军的进攻也受到了抑制。

1140年，岳飞奉命进兵中原。当时各路宋军节节胜利，岳飞打算联合他们一起进取中原。按照其以襄阳为基地，联结河朔，直捣中原，恢复故疆的既定方针，先派河北路统领李宝过黄河，串联河北义军在滑州境内活动，又派梁兴北渡黄河进兵太行，联络太行山义军，相机收复河东、河北失地，以便南北呼应，使金兵首尾难顾。吴琦从正面在陕州中条山掩杀金兵，切断川陕金兵的联系，掩护主力北进，又派遣得力战将张宪等增援顺昌，解除主力的南翼威胁。主力则由中军统制王贵、牛皋、杨再兴等率领，重点突破，分向西京洛阳、汝州、郑州（今河南郑州）、颖昌（今河南许昌）、陈州、蔡州等地展开猛烈攻势。同时分别派兵一部与东、西面的刘锜和郭浩军接应，按原定计划向中原挺进。这个四面进军、重点突破的战略行动，显示了岳飞驾驭战争变幻形势的才能，仅一个多月就连克陈州、颖昌、郑州、洛阳等地，收复了大片土地，形成了东西并进、钳击开封金军主力的态势。此时，韩世忠军在淮阳，张俊军在庐、寿间北进，张浚在福州造海舟千艘，准备由海道北攻山东，吴玠在陕川地区也取得了很大胜利。

但是，一向惧怕金兵的宋高宗在有利的形势面前，竟然认为兵不可轻动，宜班师，决定停止各路军队北进。为此，派司农少卿李若虚于六月二十二日赶抵德安府（今湖北安陆），阻止岳飞进军。然在如此大好形势面前，李若虚对岳飞表示支持，同意了他的主张。同时，高宗也为岳飞连奏陈情所感，于是令岳飞见可而进，从宜措置，所以岳飞仍按原定计划向中原推进。岳飞将主力驻扎在颍昌一带，而自己亲率轻骑进驻郾城，目的在使金兵南下，将金军精锐消灭殆尽。

当时金兀术正驻扎在东京，闻听岳飞挺进中原，惊慌失措，急忙会集诸将商议对策。他们认为：南宋诸路军易对付，独岳飞军将勇而兵精，且有河北忠义响应之援，其锋不可当，欲诱致其师，并力一战。岳飞察知金兀术这一意图，将计就计，立即向金军挑战。七月八日，金兀术率龙虎大王突合速、盖天大王完颜宗贤及昭武大将军韩常等军直趋郾城，并以1500拐子马布列两翼。岳飞令其子岳云率骑军精锐直冲金阵，杨再兴等率骑继之，冲向兀术指挥部，又以步卒对付金军精骑，令步兵以麻札刀大斧专砍马的四足。宋军奋击，自中午战至黄昏，遂破金军，杀伤甚众。兀术以为岳飞孤军而入，遂增兵郾城北五里店再战，岳飞部将王刚带领50骑侦敌，突入敌阵，斩其偏将，战场上已是黄尘蔽天。这时，不少宋将主张将部队撤回营地，岳飞却决意乘势而击，并率先突战阵前，各部继进，士气倍增，再次大败金军。岳飞军经过三天激战，取得了郾城大捷。

郾城之败，并没有打消金兀术进取中原的决心，他又集中了号称12万人的兵力，进到临颍（今河南临颍）。七月十三日，杨再兴等率领骑兵数百，与金军一部于小商桥（临颍南）遭遇。杨再兴奋勇率军作战，歼金军2000余人（内有万户、千户、百户长等），但杨再兴不幸战死。此时，张宪率援军赶到，继续交战，又杀死8000多敌军，迫使金兀术连夜奔逃。

岳飞估计，金军虽屡遭失利，必回军攻打颍昌，便命令儿子岳云急速增援驻于颍昌的王贵。七月十四日，兀术果然率军向颍昌进攻。王贵、岳云分率精锐骑兵与金军在城西大战。金军的气势正盛，岳飞军以骑兵800直前冲锋，步军在左、右翼展开继进。上午，双方展开激战。岳飞军奋勇向前，无一人回顾。正酣战时，守城的踏白军统制董先、选锋军副统制胡清部又相继加入交战。金兵大败，损兵5000多人，金兀术的女婿夏金吾也死于其中。

岳飞乘郾城大捷率军进驻距开封仅45里的朱仙镇。兀术集结汴京兵10万迎战，与宋军对垒。岳飞一面同金军对阵，一面派骁将率兵向黄河渡口进逼，侧击金军。金军溃败，撤回东京开封，岳飞又取得了朱仙镇大捷。

被迫还师　惨遭杀害

郾城、朱仙镇两次大捷，使长期受金兵统治的南宋百姓欢欣鼓舞，岳飞也打算再次进军收复失地。然而以秦桧为首的投降派，却连下十二道金牌催岳飞还京，使北伐大功废于一旦。岳飞也终于认清了朝廷的求和面目，于是，他再三恳请解除其军职，归田而居。对此，赵构并没有同意。

秦 桧

赵构最初限制岳飞是担心其功高盖主，对自己的皇位构成威胁。而秦桧则毫无顾忌地对岳飞进行迫害。他唆使赵构先解除了岳飞、韩世忠的兵权，明升暗降，调至枢密院任职，离开军队。接着，秦桧开始唆使死党、朝臣弹劾岳飞。岳飞看到弹劾奏章的副本后，心中气愤之极，便上疏奏请罢免军职。绍兴十一年八月初八，宋廷下诏，免去岳飞枢密院副使之职，以"万寿观使"闲职休闲。岳飞被免职后，返回江州(今江西九江)庐山旧居赋闲。

之后，秦桧授意张俊利用岳家军内部矛盾，威逼利诱岳飞的手下对岳飞进行诬陷。不久，同样遭诬陷的岳飞部属张宪和岳飞的儿子岳云被捕，被关押在大理寺中。得到赵构同意，十月，秦桧将岳飞骗入临安，也关押到大理寺中。接着，秦桧党羽何铸等人首次审讯岳飞。岳飞心怀坦荡，义正词严，使得何铸等无言以对。最后，岳飞解开衣衫，袒露出背上岳母所刺"精忠报国"四字，使何铸等人也不禁动容。不久，秦桧又派死党万俟卨审讯岳飞。万俟卨拿出张俊等人捏造的物证，要岳飞承认。岳飞说："我一生无半点负国行为，可对天发誓。你们既主持国法，就不该陷害忠良！"万俟卨令狱卒拷打岳飞，仍没有使岳飞屈服。秦桧、万俟卨为置岳飞于死地，罗织编造了三条罪状，上报朝廷，等候处理。

不久，京城的百姓闻知岳飞下狱的消息，纷纷来到大理寺前，要求释放岳飞。朝中一些正义之士也纷纷上书，为岳飞仗义直言。由于朝野反对，岳飞的案子一直拖延未决。

同年腊月二十九日岁暮，万俟卨奉秦桧之命上书，请将岳飞处以斩刑，张宪处以绞刑，岳云处以徒刑。接到奏章的赵构当即下诏："岳飞特赐死，张宪、岳云并依军法施行。"当晚，年仅39岁的岳飞便冤死在风波亭中，同时遇害的还有岳云、张宪。

毕 再 遇

毕再遇(1148－1217)，南宋中期著名抗金将领。字德卿，衮州(今山东曲阜)人。他智勇双全，赤心卫国，屡立战功；他能战善守，治军有方，深受士兵拥护。

兵取泗州　灵壁抗金

毕再遇的父亲毕进在高宗建炎年间曾从岳飞护卫北宋皇陵，后因战功封为武义大夫。毕再遇早年以拳力闻名乡里，入军后武艺超人，能挽弓二石七斗，背挽一石八斗，步射二石，马射一石五斗。毕再遇以恩补官，隶侍卫司马。宋孝宗闻其大名之后特地召见他，见后孝宗大悦，赐毕再遇以战袍、金钱。

宋宁宗开禧二年(1206)，任平章军国事的韩侂胄在征得宁宗同意下，决定北伐。韩侂胄令殿帅郭倪招抚山东、京东，郭倪令毕再遇与统制陈孝庆兵取泗州。金人得知宋军进兵消息，关闭了宋金贸易的市场，并将城门全部堵塞后抵御宋朝军队。毕再遇声西击东，亲率敢死军及麾下兵乘敌不备，率先登上泗州东城，宋大军乘势登上城楼，斩杀金兵数百。已经溃乱的金兵急忙开城门逃跑，宋军收复了泗州，又乘势收复了淮平。

收复泗州以后，郭倪调李汝翼等将攻取宿州，并命陈孝庆、毕再遇带兵后继。后又命毕再遇率领400骑兵作为先锋攻取徐州。毕再遇领骑兵至半道，遇李汝翼等率败军回，得知宿州已失，急忙带兵前往。这时郭倪的班师军令来到，毕再遇又请缨殿后御敌。金兵派出5000骑兵分两路追赶撤退的宋军。毕再遇令敢死兵20人守灵壁北门，自率宋军冲入敌阵。金人望见毕再遇的旗帜急忙撤兵向后退去。毕再遇手舞双刀，冲入敌阵，砍死一金将。金兵溃败而回，毕再遇又领兵追敌30余里。宋诸军从灵壁撤军，毕再遇独留不动，估计宋军已行出20余里，方才火烧灵壁。诸将不理解，纷纷向他询问其中的原因，毕再遇说："昨夜不放火烧灵壁，是因夜间纵火光明如昼，敌人就会弄清我们的虚实。今白日放火烧灵壁，烟尘蔽日，敌军不明虚实，一定不敢追击，我们撤军也不会遇到阻挠了。"

宋军兵还泗州，毕再遇以军功第一，超授武功大夫、左骁卫将军。毕再遇总领泗州兵马，后又改命兼镇江中军统制。

烧粮移兵　大破金兵

毕再遇因战功任左骁卫将军后不久，金兵派出7万人马进军楚州(今江苏淮阴)，分兵3000人在淮阴(今江苏淮阴西南)守护粮草，并有运粮船3000艘泊于大清河。毕再遇刺探到这一军情，分析后认为敌军是我军10倍之多，只能以计取胜，硬拼则只能失败。于是他派统领许俊率军秘密从小路奔赴淮阴，半夜时分到达敌营，然后让士兵们持火种焚烧敌军粮车50余辆。这时，守护敌兵才从梦中惊醒，但看火然而就在毕再遇解楚州之围的同时，濠州（今安徽临淮关）、滁州（今安徽滁县）、安丰（今安徽寿县西南）在金兵的猛烈进攻下相继失守。毕再遇对诸将说："楚州城坚兵多，加之淮阴敌军粮草已空，已不足为虑。敌锋所向在于淮西，要冲则是六合（今江苏六合），敌军必然要合兵攻取。"于是毕再遇率军离楚州赴六合。果然金兵已攻至竹镇（今江苏竹镇集），离六合仅25里。毕再遇登上六合城楼，命令将士偃旗息鼓，设伏兵于南土门，列弓弩手于城墙上。当金兵逼近城濠时，城上旗帜并举，万箭齐发。继而宋军打开城门迎战敌军，将慌乱的金兵杀得溃不成军，伤亡很大。

不久，金兵万户完颜蒲辣都等率10万骑兵攻六合。宋军用弓箭将敌军击退后也面临着箭将用尽的危机。毕再遇便命士兵们举着草靶青盖在城墙上来回走。金兵误以为是宋军主帅，争相怒射，不久射来的箭就像刺猬的毛一样扎满城楼，竟然获箭20万支，这对守备来说已经绰绰有余了。金兵在稍作退却后，增兵来攻，敌营环城30里。毕再遇则临城佯装闲暇作乐，引诱金兵，间或引军突袭，使得围城金兵昼夜不得安宁，只得引兵退去。而后金兵去而复来，毕再遇则出敌不意，分兵插入敌后，打乱金兵阵脚。无计可施的金兵只得从六合撤离。毕再遇乘机追杀至滁州，大胜而还。

宁宗嘉定元年（1208），金宋达成和议。毕再遇年逾花甲，屡次上疏乞归故里。朝廷不许，仍降诏奖谕。嘉定六年，提举太平兴国宫；十年，以武信军节度使致仕。嘉定十年（1217），70岁的毕再遇去世。

辛 弃 疾

辛弃疾（1140－1207），字幼安，号稼轩，早年参加抗金义军，屡立战功。后来因受主和派排挤，抗金之志难酬，抑郁而终。

辛弃疾在很小的时候父母就去世了，所以便跟着祖父辛赞长大。辛赞虽然在金国占领区做了几年地方官，却一直心系宋朝。辛赞经常给幼小的辛弃疾讲北宋灭亡的惨痛历史，带他登上高山，眺望祖国大好河山，培养了他对南宋山河的向往与热爱之情。辛弃疾由于在金人统治下的北方长大，受儒家传统的文化影响较少，所以充满着侠义之气。

由于祖父的悉心培养，加之自身的努力，15岁时辛弃疾就以才气闻名乡里，被金朝的历城官府推荐到燕京参加进士考试。临行时辛赞叮嘱他：在到燕京的路上，多注意沿途的地理形势和金朝的内部情况。这次应试，辛弃疾虽没考取，但对祖父的嘱托他时时不忘。18岁时，辛弃疾再次赴燕京应试。通过这两次进京，他已经十分了解金朝内部的情况了。

辛弃疾塑像

但辛赞未盼到南宋收复中原就去世了。辛弃疾决心继承祖父的遗志。宋高宗绍兴三十一年(1161)，金国海陵王完颜亮大举南下，企图灭亡南宋。这时，济南农民耿京聚众20多万人起义，消息传到辛弃疾的耳中，他异常兴奋，马上也组织了2000多人的队伍前往投奔，那时他21岁。由于他既熟悉金朝情况，又文武双全，在起义军中很快脱颖而出，获得了耿京的赏识和重用。完颜亮南侵失败后，辛弃疾劝耿京与南宋朝廷联系，在军事上配合行动，这样能更有效地打击金军，灭亡金国。耿京采纳了辛弃疾的建议，并派他代表起义军到建康(今南京)去见宋高宗。不料，在辛弃疾从南宋返回的途中，耿京被叛徒张安国谋害了。一部分义军被挟持投降了金军，剩余的起义军因没有领袖，便散去了。

辛弃疾从南方回来，叛徒张安国已经逃到金国的兵营里去了。辛弃疾心里又悲痛又愤怒，他发誓要活捉张安国替耿京报仇。同伴中有人说："张安国躲在敌人的兵营里，那儿驻扎了5万金兵。我们只有几十个人，怎么去捉他呢？"辛弃疾怒而喊道："不管是5万还是50万，我们也要闯进金营杀掉这个叛徒，为耿京报仇！"

当天晚上，辛弃疾亲自挑了50名起义军勇士，每个人都佩上刀剑，骑上快马，向金营奔去。快到金营的时候，天已经黑了，他们下了马，乘黑悄悄地摸进了金营。张安国正在跟两个金将喝酒猜拳，辛弃疾和勇士们拿着刀剑突然闯入，张安国急忙向桌子底下钻去。勇士们一拥而上，把两个金将连人带椅子砍翻了。辛弃疾一个箭步上前，把张安国从桌子底下揪了出来。这时，营帐外面已站了好些金兵，他们看到辛弃疾和勇士们威风凛凛的样子，谁也不敢上前。辛弃疾丝毫没有慌张，他先把张安国绑在马背上，然后上马，向金兵喝道："谁敢上来，我就要他的狗命！"说完就带着勇士们冲了出去。等金国将领派兵来追的时候，他们早就跑得没踪影了。辛弃疾惊人的勇敢和果断，使他名噪一时，就连天子闻听后也称赞不已。第二天，辛弃疾又组织起上万名起义军渡过淮河，向南宋奔去。到了南宋，宋高宗对他的英勇气概非常赞赏，任命他为江阴签判。从此，22岁的辛弃疾开始了他在南宋的仕宦生涯。

辛弃疾南归的第二年，张浚出兵北伐金国却以失败而告终，南宋朝廷又倾向于与金国议和。辛弃疾职位虽低，但时刻不忘灭金大业，坚决主张继续伐金，写成《美芹十论》献给宋孝宗赵昚。在《美芹十论》中，辛弃疾表达了北方人民对女真统治者的怨恨，分析了女真统治者集团内部的尖锐矛盾，对南宋如何充实国力、积极备战、完成统一中国大业等方面提出了具体意见。后来，辛弃疾又给抗战派宰相虞允文写了力主抗金的《九议》。这些建议书，在当时深受人们称赞，广为传诵，但却遭到了一心只求苟安的南宋王朝的冷落。南宋朝廷虽未采纳辛弃疾的建议，但对他爱国之心和才华十分欣赏，于是先后把他派到江西、湖北、湖南等地担任转运使、安抚使一类重要的地方官职，去治理荒政，整顿治安。他虽然在这些职位上干得都非常出色，但依然为不能实现自己的驰骋沙场、收复失地的理想而十分苦闷，随着时光的流逝，这种压抑和痛苦与日俱增。

辛弃疾投归南宋共40多年。在这期间，一直受着南宋统治集团中某些当权人物的排斥，才能不能得以充分发挥。但他每到一个地方任职，总是做些兴利除弊的好事；对于所部官吏中精明强干的，他都及时加以荐举；对贪污无能者，则及时加以弹劾。每到一处，他都鼓励发展农业生产，减轻徭赋，积极备战练兵，可以说在当时是最关心民间疾苦、奋发有为的地方官员。由于他坚决主张抗金，反对朝廷的投降政策，一直受到当时投降派当道的官场的歧视与排挤。从43岁起，先后被闲置近20年。宋孝宗淳熙八年(1181)，辛弃疾为当权者所忌，落职退居信州上饶(今江西上饶)的带湖。他取"人生在勤，当以力田为先"的意义，自号稼轩。在晚年，他又被起用，先后任知绍兴府兼浙东安抚使、知镇江府。但由于他支持宰相韩侂胄北伐，反对轻敌冒进，终于不被信任，再度被罢。

1205年，66岁的辛弃疾来到京口(今镇江市)。他登上北固亭北望处在敌人铁蹄下的中原，回忆起43年前自己南归时豪情万丈、热血沸腾的情景，写下了令人荡气回肠的千古名篇《永遇乐·京口北固亭怀古》，表现出了对南宋统治者投降路线的强烈不满。两年后，辛弃疾逝世。

徐　　达

徐达(1332－1385)，明代开国元勋。字天德，濠州人。元朝末年，随朱元璋起义，在平定四方割据势力、灭亡元朝的战斗中屡立奇功，为明朝建立立下汗马功劳。死后追封为中山王，谥号"武宁"。

投奔明主　计取常州

　　徐达祖上世代务农，他比朱元璋小四岁，经常和同乡朱元璋在一起放牛。元顺帝至正十一年(1351)，刘福通在颍州(今安徽阜阳)发动农民起义，组织红巾军，反抗元朝的黑暗统治。第二年，郭子兴在濠州起义响应。元朝官军腐败透顶，他们不敢与红巾军对阵，整天四处烧杀掳掠，捉拿无辜百姓冒充红巾军俘虏去报功领赏，搞得民无宁日，怨声载道。徐达祖祖辈辈深受官府和地主压迫剥削之苦，如今又目睹官军种种暴行，于是下定决心推翻元朝统治。至正十三年(1353)六月，参加了郭子兴队伍并已担任亲兵九夫长的朱元璋，回到家乡募

徐　达

兵，徐达听到消息，立即前往投奔。由于两人出身、境遇和志向大体相同，所以一见面就十分投机，朱元璋决定把他留在身边，做自己的助手，徐达从此开始了他的军旅生涯。

　　不久，朱元璋带领徐达等二十四名贴心将士南略定远。在定远，他们收编了几支地主武装，并依靠这些力量，迅速攻占了滁州(今安徽滁县)、和州(今安徽和县)等地。徐达在这些战役中，不仅作战勇敢，而且向朱元璋提供了不少计策，开始崭露出他出色的军事才能。在朱元璋的请求下，郭子兴把徐达提拔为镇抚。后来，郭子兴同另一起义首领孙德崖在和州发生冲突，郭子兴在城里拘捕孙德崖，同时，孙德崖的部众也在城外捉住朱元璋。双方决定互相交换俘虏，但都怕对方不守信用不敢先放。为了报答知遇之恩，徐达挺身而出，冒着被杀的危险，到孙德崖的军中去做人质，换回朱元璋。待朱元璋回到城里，郭子兴再放回孙德崖，孙德崖回到营地，才把徐达释放回城。这件事后，朱元璋对徐达更是信任和器重了。

　　至正十五年(1355)三月，郭子兴病逝，朱元璋掌握了义军领导权，决定渡江夺取集庆(今江苏南京)。徐达与常遇春率领前锋部队，乘风举帆，冒着敌人雨点般的利箭，强登牛渚矶，后续部队也乘机渡过长江，攻占采石和太平(今安徽当涂)。不甘心失败的元军打算重新夺回太平，元将蛮子海牙和阿鲁灰等用巨舟横截采石江面。地主武装头目陈埜先及其部将康茂才，又从水陆两路分兵进逼太平城下。朱元璋在城中督兵防守，徐达则与邓愈以奇兵绕到敌后，埋伏在襄阳桥，擒获了前来进攻的陈埜先。蛮子海牙见陈埜先被俘，不敢恋战，忙从采石撤兵，退守裕溪口，太平终于转危为安。接着，徐达独自率领数千精锐，往东攻占溧水、溧阳，从南面包抄集庆，切断集庆守敌与南面敌军的联系。第二年(1356)三月，在诸路水陆大军到齐的情况下，一举攻下了集庆。

朱元璋改集庆路为应天府，并以应天为中心，开始建设他的根据地。

此时，占据姑苏的张士诚正在西扩，为了阻止张士诚的进一步扩张，朱元璋派杨宪到张士诚那里互通友好。朱元璋还亲自写了一封信，希望双方能互相往来，睦邻友好，各守边境，共灭元朝。张士诚收到书信后，不仅没有答复，还扣留杨宪不让他回来。

七月，张士诚率领水军进攻镇江，朱元璋命令徐达迎战，两军在龙潭相遇。徐达手下士兵人数不如敌人，于是命令全部战船集中向张士诚的中军冲杀，将敌人的阵脚打乱，敌军退去。徐达指挥士兵乘势追击，大败张士诚，又请求增加兵力以包围常州。

至正十七年(1357)三月，朱元璋派徐达和汤和率军进攻常州，张士诚调援军前来助阵，结果被徐达打败。张士诚大为恐慌，不敢再战，派人送信讲和，请求每年向朱元璋交纳20石粮食，500两黄金，以及300斤白银。朱元璋回信，责令他放回杨宪，并且要求他每年交纳50万石粮食。张士诚对此却不理不睬。

朱元璋十分生气，命令徐达加紧攻打常州。徐达认为敌人一贯狡猾而且兵锋正盛，强攻恐怕难以取胜，就暗地派人在城外设置了两处埋伏，另派将领王均用率领精锐士兵，向张士诚军发起突然袭击，而自己则指挥军队居中策应。结果将毫无防备的敌军杀得向城外奔逃。当他们经过徐达事先所设伏兵的地方，又遭到迎头痛击，更加慌不择路。徐达的军队乘胜追击，活捉张士诚手下的两位重要将领，随后进军包围常州。等到第二年，徐达终于攻克了常州。

不久，徐达又率军攻克宁国，夺取宜兴，派前锋赵德胜进攻常熟。赵德胜这下竟擒获了张士诚的弟弟张士德。张士德小名叫九六，善于作战并有计谋，深得士兵之心，浙西地盘都是他攻占的。他被徐达大军捉到后，张士诚很是沮丧失落。朱元璋本打算利用张士德来招降张士诚，所以只是把他软禁在营中，看守得并不严密。张士德秘密送信给张士诚，让他投降元朝。张士诚采纳了弟弟的建议，被元廷授为太尉，他手下将吏也都得到了官职。后张士德在金陵绝食而死。

击毙友谅　消灭士诚

至正十八年(1358)四月，另一支起义军首领陈友谅攻陷安庆，又攻破龙兴，徐寿辉想把都城迁到那里，陈友谅没有同意。不久，徐寿辉突然率部从汉阳来到陈友谅的大本营江州城外。陈友谅事先在城外埋伏士兵，然后假惺惺地迎接徐寿辉入城，随即马上命人关闭城门。城外埋伏的士兵包围并杀掉了徐寿辉的部下。于是陈友谅就以江州作为都城，让徐寿辉住在那里，而陈友谅自封为汉王，并设置了大小官吏。

朱元璋派徐达夺取太平后，就与陈友谅的驻军相邻。陈友谅后又攻陷池州，朱元璋派遣常遇春抢夺此地，从此两军战争不断。

十二月，朱元璋亲自率大军进攻婺州，命令徐达留守应天，另外派兵袭击并打败徐寿辉的大将赵普胜，收复池州。徐达升迁为奉国上将军、同知枢密院事。之后，徐达从无为步行，乘夜突袭了浮山寨，打败了驻守在那里的赵普胜部将，攻克了潜山。徐达又返回来镇守池州。

赵普胜擅使双刀，一向勇猛善战，所向无敌，号称"双刀赵"。他最开始时和俞通海等人屯兵巢湖，一同归附了朱元璋，后来又叛离归附了徐寿辉。他为陈友谅守卫安庆，多次率兵争夺池州、太平，不断侵犯边境。徐达一直为此事很是烦心，于是他秘密贿赂了赵普胜的门客，让他潜入陈友谅军中，向陈友谅告发赵普胜飞扬跋扈，不把他放在眼里，以离间这二人的关系。而毫不知情的赵普胜面对陈友谅派来的使者，只是诉说自己的功劳，并且自认为对陈友谅有大恩，态度显得非常傲慢。这使得陈友谅对赵普胜开始由原来的怀疑转为怨恨，于是以会师为名，从江州突然到达安庆。赵普胜接到消息，派人在安庆的雁汊镇摆下宴席，准备用烤羊来热情款待陈友谅，并且还亲自到渡口迎接陈友谅，谁知刚一登船就被陈友谅下令杀死。

陈友谅兼并了赵普胜的军队，虽说势力大增，却从此失去了军心。之后，他派出精锐部队袭击池州，徐达和常遇春在九华山设下埋伏打败了陈友谅的军队，杀死1万人，活捉了3000人。军队凯旋归来后，常遇春建议杀掉这些凶悍无比的俘虏。徐达坚决反对，他一面制止住常遇春，一面又派人快马赶去向朱元璋汇报情况。然而，还没等朱元璋的批示下来，常遇春就抢先在夜里活埋了一大半俘虏。朱元璋得知后大怒，同时命令把剩余的人全都释放。朱元璋又命令徐达统管监督各位将领，不准任意杀戮，以防类似事情再次发生。

至正二十年（1360）五月，徐寿辉在陈友谅的挟持下攻打太平。太平城坚固，陈友谅见久攻不下，于是率军乘大船逼近城的西南部，命令士兵踩着船尾攀登上城墙，攻克了太平城。陈友谅从此更加骄纵，进兵驻扎在采石矶，派手下部将假装到徐寿辉面前报告情况，将他的头用铁锤砸碎。徐寿辉死后，陈友谅以采石矶上的五通庙作为临时宫殿，自称皇帝，建国为汉。

后来，陈友谅又侵犯龙江，结果在南门外被徐达率军打败。逃到慈湖时，被徐军赶上，战船被烧，江州也丢失了。陈友谅逃往武昌，徐达紧追不放。陈友谅穷急无奈，在沔阳陈列战船防御，徐达于是在汉阳沌口安营，对其加以遏制。

至正二十三年（1363），朱元璋率军平定南昌，守将祝宗、康泰投降后重又反叛，徐达率沌口的军队将他们平定。之后，徐达又跟随朱元璋增援安丰，打败张士诚的将领吕珍，于是包围了庐州。恰逢这时陈友谅侵犯南昌，朱元璋急召徐达从庐州前来会师，在鄱阳湖与敌人相遇。陈友谅的军势十分强盛，徐达在众将之中率先奋战，打败敌人的前锋，杀死1500名敌人，缴获一只大船。此时，陈友谅毫无还击之力，只是苟延残喘而已。朱元璋担心张士诚侵犯后方，就连夜调遣徐达回去镇守应天，亲自率领众将激烈奋战，将陈友谅击毙。

陈友谅被消灭，徐达也已平定了淮东诸郡，张士诚的势力已被压制至江南及浙西地区。灭张时机已经成熟，朱元璋便召集重臣商讨作战方案。右丞相李善长认为：张士诚虽然屡次惨败，但兵力还是很强盛，加之土地肥沃，百姓富足，又多有钱粮准备，恐难一时攻破。并建议先按兵不动，等待时机再图进攻。徐达则坚决反对李善长的意见。他认为张士诚毫无大志，手下不是追求升官发财的小人，就是不懂天下之计的迂腐书生，如果此时率兵去攻打，定能消灭。朱元璋大喜，遂采纳了徐达的意见。

至正二十六年(1366)，朱元璋任命徐达为大将军，常遇春为副将军，率军20万讨伐张士诚。此时张士诚以平江(今江苏苏州)为中心，以湖州(今浙江湖州市)、杭州(今浙江杭州市)为其羽翼。朱元璋和徐达一致认为先攻取湖、杭两州，斩断张士诚的左右臂，平江便唾手可得。在此战略考虑下，徐达、常遇春便率主力攻打湖州。湖州守军分三路来拒徐达，徐达亦分兵三路迎敌，并派将断敌归路。不敌徐军的张军只能退守城中以求固守。此时，张士诚派吕珍率军6万来援，屯兵旧馆，牵制徐达。徐达认为，必先除掉援兵才能攻克湖、杭两州。于是，他决定暂停攻城，先派兵夜袭敌援兵营地，然后在城东的姑嫂桥筑起十座堡垒，扼守旧馆与湖州的通道，切断吕珍军粮援。缺乏粮饷的旧馆守敌只好出来投降。不久，湖、杭两州亦相继被攻克。张士诚的左右臂被斩断，平江即成为孤城。徐达遂引兵北上，会合诸将进围平江。徐达采用前人所提的"销城法"攻平江，即在平江城矢石不到的地方，构筑长围，又架筑三层木塔，俯瞰城中，置弓弩火炮于其上，向平江城内射击。张士诚负隅顽抗，企图设法突围，均被徐达击败，只得困守城中，坐以待毙。

元至正二十七年(1367)九月，平江城中粮食缺乏，木石俱尽，张士诚已陷入绝境。徐达见时机已成熟，便亲率将士攻入平江城内。张士诚企图率兵巷战，可手下士兵已无斗志，纷纷投降。张士诚见大势已去，将妻儿焚烧后上吊自杀，但被其部将解救，终成徐达的战利品被押送应天。朱元璋认为在攻克平江中徐达立有大功，封他为信国公，是此次封赏的最高爵位。

直捣大都　平定晋陕

元至正二十七年(1367)，朱元璋任命中书丞相、信国公徐达为征虏大将军、中书平章政事，掌军国重事；常遇春为副将军，率步卒骑兵25万人，由淮河入黄河，北进夺取中原。朱元璋在对众将的告谕中称：带兵稳重而又纪律严明，攻取城池和战争得胜时最有大将风度的，均是徐达。同时又告诉徐达，下一步的军事行动计划，应当从山东开始。十一月，徐达进军山东，经过数次战斗，将山东全部平定。

洪武元年(1368)，朱元璋在应天(今江苏南京)称皇帝，定国号为明，建元洪武，是为明太祖高皇帝。任徐达为右丞相兼太子少傅。不久，明太祖朱元璋又在汴梁设酒宴慰劳徐达，同时做北伐之计划。

明太祖朱元璋

徐达按照朱元璋的部署，与副将军常遇春在河阴会师，分派人马攻占河北各地，接连拿下了卫辉、彰德、广平。部队驻扎在临清，命傅友德修筑陆路，以便骑兵通过，又疏通了河道，以便水师通行。等一切准备就绪之后，挥师北伐元朝。常遇春很快攻克了德州，双方合兵攻占了长芦，控制了直沽，造了大量浮桥让士兵渡过。水陆两军同时进发，先将敌军击败于河西务，进而又夺取了通州。元顺帝仓皇北逃。隔了一天，徐达列兵齐化门，命令人马填平城外壕沟登城。监国的淮王帖木儿不花、左丞相庆童、平章迭而必失、朴赛因不花、右丞张康伯、御史中丞满川等因拒绝投降而被徐达下令处死，其余众人没有杀掉一个。查封仓库，造册登记图籍珍宝文物，命令指挥张胜领兵1000守卫宫殿门，使宦官保护照顾各宫人、妃嫔、公主，禁止士卒无礼侵犯。官吏百姓都得以安居，市内的作坊店铺也都照常营业。朱元璋收到捷报后，下诏将元朝的京城大都改为北平府，设置六个卫，令孙兴祖等留守，徐达、常遇春便向西进取山西、陕西。

明军以常遇春为前锋，徐达殿后，由河北越过太行山进入山西南部。据守太原的扩廓帖木儿，分兵南下争夺泽州(今山西晋城)，以截击徐达，自己则引兵出雁门关，妄图从居庸关偷袭北平。徐达闻讯，召集部将商议，他认为孙兴祖驻守北平，完全可以抵挡扩廓帖木儿的进攻。他说："我们应该乘敌不备，直捣太原，使之进不得战，退无所守。如果扩廓帖木儿回师还救太原，进退失利，必然就擒。"部将一致赞同他的主张。于是，他便引兵北上，直捣太原。扩廓帖木儿领兵进至保安(今河北涿鹿)时，得到消息，立即回兵援救太原。十二月，扩廓帖木儿的前锋万名骑兵匆匆赶到太原城下，被傅友德、薛显率领的几十名骑兵击退。扩廓帖木儿下令在城西扎营，压着明军布阵。徐达的部将郭英登高眺望，见元军虽然兵多但军容不整，营垒虽大但无防备，便提出乘夜袭敌营的建议。这时，刚好扩廓帖木儿的部将豁鼻马暗中派人请降，表示愿作内应，徐达立即采纳。他先派50名骑兵埋伏在城东10里之处，约以举火鸣枪为号。待到半夜，敌军已进入梦乡，偷偷摸入敌营的郭英立举火鸣枪。埋伏的骑兵得到信号，立即冲杀过来，常遇春也率领大队人马赶到，击鼓呐喊，遥相呼应。被惊醒的敌军不知发生了什么事，军心大乱，四散奔逃。正在营帐里秉烛读书的扩廓帖木儿赤脚爬上一匹马，逃往大同。豁鼻马带领4

万名将士和4万多匹马，向徐达投降。常遇春带兵追击扩廓帖木儿，扩廓帖木儿又逃奔甘肃。明军乘势攻占大同，很快平定了山西全境。

　　洪武二年(1369)二月，徐达率领明军渡过黄河，进攻陕西，占领奉元路，改名为西安府。元将李思齐逃奔凤翔，张思道逃往庆阳。四月，徐达统兵攻克凤翔，李思齐又逃至临洮。张思道的军事才干不如李思齐，诸将都主张先攻庆阳。但徐达却认为庆阳城防险固，守敌剽悍，一时很难攻拔。而临洮与黄河、湟水及西方少数民族地区相连，拿下这个地方，可以补充兵力和物资。我们大军压上，李思齐如果向西逃窜，就会束手就擒。临洮一攻克，其他地方便可不战而下。诸将觉得他的看法高人一筹，一致表示同意。明军遂移师西进，连克陇州(今陕西陇县)、秦州(今甘肃天水)、巩昌(今甘肃陇西)，然后分兵两路，攻占了兰州，迫使李思齐投降。张思道听说李思齐投降，异常恐慌，逃奔宁夏，为扩廓帖木儿所执。其弟张良臣守庆阳，见徐达率兵攻陷平凉，就投降了徐达，然不久又再次反叛。徐达派傅友德、俞通源、陈德、顾时分别从东、西、南、北四个方向攻占庆阳的外围地区，切断张良臣与外界的联系，自己则督率诸路大军包围了庆阳。经过3个多月的围攻，张良臣部将姚晖等人开门迎降。徐达领兵自北门入城，擒斩张良臣父子。陕甘地区至此被明军所控制。

再征扩廓　　功高不夸

　　洪武三年(1370)春，因当时副将军常遇春已去世，朱元璋就以徐达为大将军，以李文忠为副将军，分路出兵。徐达从潼关向西进发，直攻定西，捉拿扩廓帖木儿。李文忠从居庸关向东进发，穿过大漠，追击扩廓帖木儿所立的元朝继位皇帝。

　　徐达到了定西，扩廓帖木儿退军驻扎在沈儿峪。双方隔着沟壑修建堡垒，每天都要有几次战斗。扩廓帖木儿派精锐部队从小路攻打明军东南面的堡垒，将仓皇失措且又指挥不力的胡德济杀得惨败。徐达率军支援，才击退了敌军。徐达因胡德济是功臣胡大海之子，就斩了他手下几位部将，然后将胡德济押往京师送交皇帝。第二天，徐达调整军队强渡沟壑，拼死作战，大破扩廓帖木儿的军队，擒获其文武官员1860多人，将士84500多人，马匹骆驼各种牲畜无数。扩廓帖木儿只带着妻子儿女几人向北逃过黄河，奔往和林。

　　徐达打败扩廓帖木儿后，又率领军队，攻克沔州，进入连云栈，夺取兴元。同时，副将军李文忠也攻克应昌，俘获元朝的嫡孙、王妃、公主、将相一干人等。二人先后向朝廷传送捷报，朱元璋诏令班师回京，并亲自到龙江迎接慰劳。朱元璋拜授徐达为开国辅运推诚宣力武臣，特进光禄大夫、左柱国、太傅、中书右丞相参军国事，改封魏国公，每年俸禄5000石，授予世代享受免死特权的铁券。

洪武五年(1372)，朱元璋再次大举征讨扩廓帖木儿。徐达以征虏大将军的身份从中路出发，左副将军李文忠从东路，征西将军冯胜从西路，各率5万人马出塞。徐达派都督蓝玉在土剌河击败扩廓帖木儿。扩廓帖木儿又召集兵力，奋力反击，徐达作战不利，死了数万人。皇帝因为徐达以往功劳卓著，没有问罪。

李文忠以左副将军身份从东路北伐，兵出居庸，进军和林，并留下军械粮草，只带20天干粮，亲率大军追击元军。元太师蛮子哈剌章率全部人马渡河，列阵以待。李文忠率军逼近敌阵，敌军抵挡不住向后撤退，一直追到阿鲁浑河，敌军来支援的越来越多。但李文忠拼死战斗，击破敌军，俘虏数万人。明军追逐逃敌一直到称海，再次大破敌军，后挥师南返。这一仗两军胜负相当，但宣宁侯曹良臣、指挥使周显、常荣、张耀都战死了，因此朝廷没有给他们颁发赏赐。

征西将军冯胜率副将军陈德、傅友德等从西路出发，夺取甘肃。到达兰州后，傅友德用骁勇骑兵做先锋，两次大败元军。冯胜一路顺风，率军到达别笃山，元朝的岐王朵儿只班逃跑，明军追赶活捉其平章长加奴等27人，缴获10万余只马、骆驼、牛、羊。冯胜军队凯旋而回。但因有人状告他私藏驼马，朱元璋也没赏赐于他。

第二年，扩廓帖木儿又进攻雁门，朱元璋只是采取了防守政策，不再出塞。这以后，扩廓帖木儿跟从他的君主迁到会山，死在哈剌那海，他的妻子毛氏也上吊自杀。至此，元朝残余势力再也无力南下了。

徐达生于农家，成长于战争，使他既秉承了农家子弟吃苦耐劳的本性，即作战时每每冲锋在前，同时又有强烈的求知欲望，总是勤奋学习。行军打仗，徐达总是在军营里礼聘博学的儒士，恭恭敬敬地请他们讲解古代兵书，虚心向他们求教，这使徐达成为名副其实的谋略家。除学习兵法之外，对做人之道、为臣之术他也有深刻的领悟，封建传统文化所宣扬的谨慎态度、谦虚精神和忠君意识都在他身上有所体现。

徐达深知自己功高难赏，便尽量在各方面做出推让的姿态。当时朝堂之上，丞相胡惟庸权势熏天，对朝廷大事独断专行，朝廷内外，谁都惧怕他三分，但是徐达鄙视胡惟庸的为人，不肯与他同流合污。胡惟庸讨好徐达不成，便企图陷害他。他收买徐达的守门人福寿，但福寿不为所动，向徐达揭发了胡惟庸的阴谋。徐达对这件事采取了谨慎退让的态度。他对胡惟庸的阴谋不予追问，也不与他正面交锋，只是不断地提示朱元璋，暗示胡惟庸心术不正，为人奸贪，不适合做丞相。后来，胡惟庸罪行暴露，被罢官处死，朱元璋对徐达也更加器重了。

洪武十七年(1384)，徐达在北平生病，背上长疽。第二年二月，徐达病重，不久便去世，享年54岁。

常　遇　春

常遇春(1330－1369)，字伯仁。安徽怀远人。明代开国元勋。历任中翼大元帅、中书平章军国重事、左副将军，封鄂国公。追赠翊运推诚宣德靖运功臣，开府仪同三司、上柱国、太保、中书右丞相，追封为开平王。谥号"忠武"。

绿林出身　勇夺采石

常遇春生于元天历三年(1330)，卒于明洪武二年(1369)，正值元朝末年，是个阶级矛盾和民族矛盾极端尖锐的年代。他身材魁梧，膂力过人。而且善于骑射，有百步穿杨之功，真可谓武艺非凡。但由于政治腐败，他感觉自己毫无用武之地。至正十五年(1355)，他25岁，便跟刘聚做了一名绿林强盗。刘聚见他非常勇敢，便任命他做什夫长，作为自己的心腹骨干。

但是他发现刘聚每日除了打家劫舍，就是吃喝玩乐，而且心胸狭窄，没有建功立业的远大志向。于是他决定离开刘聚。那时候，刘福通领导的农民大起义已经爆发三年了，郭子兴领导的一支红巾军正在怀远附近的濠州(今安徽凤阳)一带活动。常遇春听说，郭子兴手下的朱元璋治军有方，带兵打仗，很讲纪律，深受群众的欢迎，心里非常钦佩。后来又听说郭子兴病死了，朱元璋在和州(今安徽和县)接替郭子兴担任这支起义队伍的统帅。元至正十五年(1355)四月，朱元璋进军至和州(今安徽和县)，常遇春带着十几个伙伴前去投奔。他们风餐露宿，赶了几天的路，到了和州城外，又累又困，在一块庄稼地里歇下，不知不觉地就睡着了。等常遇春从睡梦中惊醒，朱元璋正巧骑马走到跟前，他赶忙招呼同伴向朱元璋迎拜，请求朱元璋收纳。为了表示诚意，他愿入伍后做全军先锋。朱元璋见常遇春相貌非凡，但是又不知他的底细，于是给了他一个婉转的答复，答应常遇春随军渡江等攻取太平后再作考虑。

过了两个月，朱元璋决定横渡长江，攻占集庆(今江苏南京)作为自己的战争根据地，常遇春随军同往。朱元璋一声令下，诸将分率士卒，乘船举帆，顺着强劲的西北风离开和州，顷刻之间就驶近长江南岸的牛

常遇春

渚矶(在今安徽当涂西北)。该地突出江中,背山面水,是渡江南进的江口要地。元军屯矶上,列阵把守,渡江的船队无法靠岸。常遇春不顾生命危险,驾着一条小船强行靠近江岸,操起一把铁戈就往上冲。元兵见他单枪闯阵,因而用手抓他的铁戈,企图搏斗。常遇春却趁机顺势跃上石矶,大呼拼搏。元兵被吓懵了,四散逃窜。朱元璋指挥部队乘机登陆,潮水般地冲上牛渚矶,一举攻占北部的采石,并乘胜攻占了太平。常遇春奋勇闯阵对渡江成败起了重要作用,博得朱元璋的欢喜和诸将称赞,因而,被任命为总管府先锋,不久又提升为总管都督。

攻占太平后,朱元璋分兵略取溧水、溧阳、句容、芜湖等地,准备进攻集庆,但元军江防大将海乐、阿鲁灰等又乘大船回袭采石,封了江口。当时朱元璋的妻子和全军的家属还留在和州,采石一失陷,和州与太平之间的水路交通被切断了。将士们非常着急。至正十六年(1356)正月,朱元璋只好折师回救与敌展开了以争夺江口为目的的水上激战。蛮子海牙拥有数万水军,以舟船联络江上,势焰极其嚣张。朱元璋令常遇春设疑兵以分敌势,自己带领主力部队出战。战斗打响后,常遇春见主攻部队激战不下,便在完成牵制的同时,率一支精兵乘轻舟冒死冲向敌阵,将江中元军水师拦腰冲为两半。朱元璋指挥将士左右纵击,施放火炮,敌船有的中炮起火,有的被打得粉碎。战斗从上午一直持续到中午,蛮子海牙损兵折将,被俘10000人,慌忙向集庆逃窜。战后,常遇春随朱元璋守溧阳,攻集庆,功盖诸将。朱元璋越来越器重这位虎虎有生气的青年指挥官。

保卫应天　英勇善战

至正十六年(1356),朱元璋改集庆路为应天府,从此有了一块立足的根据地。为了确保应天东西的安全,并着手建立一条防御张士诚进攻的东部防线,于是常遇春跟随元帅徐达攻取镇江,常遇春担任先锋,克复镇江。接着,徐达又分兵略取金坛、丹阳,进围常州。不意,参加包围常州的7000名归附的地主武装,中途叛降张士诚,与张士诚合兵进攻城南的徐达营垒。徐达力战不克,处境危急。驻扎任城东南30里的常遇春,忙率领廖永安、胡大海等带兵赴援,与徐达内外夹击,擒获了张士诚的部将张德,余敌逃入常州城里。徐达转危为安,继续围攻常州。常遇春因杀擒敌将,表现得尤为突出,被朱元璋晋升统军大元帅,不久攻下常州,又升任中翼大元帅。

至正十七年(1357)四月,为了保证应天南面的安全,并为主力部队出击皖南和浙东地区夺取一个前哨基地,常遇春又与徐达一起带兵前往南线的战场,攻取宁国

（今安徽宣城）。元军的长枪元帅谢国玺逃走，但朱亮祖等人却凭借坚固的城防，奋勇抵抗，徐达与常遇春指挥士卒多次发动强攻，一直未能破城。常遇春身先士卒，顶着箭雨向前冲刺，不幸被流矢射中，他包扎好伤口，仍然不下火线。后来，朱元璋亲至宁国督战，命令他回应天治疗，他才不得不离开宁国。由于朱元璋亲自率领，士气大增，很快攻克了宁国城。常遇春伤好后，又奉命重返东线与徐达联兵攻取江阴马驮沙。八月，为了确保应天西面的安全，朱元璋又调常遇春前往西部战线，会同廖永安等将领，带兵自铜陵攻取池州，并派李文忠前往策应。常遇春一行急行军，当李文忠带人马走到距池州10里之地，他已统率水师到了池州城下，等李文忠一到，他们水陆两军联攻池州城，很快就占领了池州，并擒斩守将洪元帅，接着又击败陈友谅派来救援的100多艘战舰。朱元璋得到捷报，提升他为行省都督马步水军大元帅，同时命他转战浙东，协助自己攻取婺州（今浙江金华），再转攻衢州（今浙江衢县）。衢州守敌顽强拒守，常遇春连续围攻了两个多月后，以奇兵重点突破敌人的南门，捣毁防御工具，迫使守敌开门迎降，入城擒获了元将宋伯颜不在，再移师围攻杭州。

但是，就在常遇春转战于东南战线之时，陈友谅却与赵普胜联兵袭破安庆，顺长江而下，在枞阳建立水寨，进占了池州。池州是长江南岸的一座重要城市，上可进窥安庆，下可进窥太平，顺流直逼应天。真可谓地理位置显要，战略地位不容忽视。而且，当时朱元璋又在集中精力攻占浙东，所以非常担心陈友谅抄袭了他的后方基地，到时不但粮草不济，而且腹背受敌，就危险了。为此，他急忙命令徐达出兵还击，并调常遇春前往驰援。至正二十年（1360）五月，常遇春从杭州来到西线战场，徐达已收复池州，并自无为登陆，攻占潜山，正向安庆迂回前进。此时据守枞阳水寨的赵普胜因与陈友谅发生矛盾而为陈友谅所杀，这对徐达等言无疑是个好消息，常遇春即与徐达联兵攻占了枞阳水寨。陈友谅见枞阳失陷，安庆危急，亲自带兵赶往池州城，然而却放出风声说自己在直奔安庆。然而他的这一招声东击西之计并没有成功，常遇春识破他的计谋，便同徐达商量，把老弱士卒留在池州守城，而把精锐部队全部调到池州南边的九华山下，准备一番之后，以待陈友谅之兵。第二天，陈友谅果然带领大队人马直扑池州城下。这时候，池州城上扬起了旗帜，接着就响起咚咚的战鼓声，九华山上的伏兵缘山而出，循江而下，城里的守军也奋勇杀出，两面夹击。陈友谅被突然而至的人马打了个措手不及，顿时军队大乱，由于当时归路又被伏兵切断，只得命令士卒拼死冲杀，结果被歼万余人，被俘3000人。眼看败局已定，他慌忙带着残兵败将，夺路而逃。池州终于保住了。

料敌用兵　削平群雄

元至正二十一年(1361)，朱元璋举兵正式开始讨伐汉王陈友谅，他先攻取了乐平，接着，又命徐达、常遇春为先锋，自己乘龙骧巨舰，到达了安庆。徐达等人高树"吊民伐罪，纳顺招降"的大旗，声势浩荡，陈友谅沿江各垒守将，皆望风而逃，徐达很快占领了安庆。

在陈友谅进逼龙湾的时候，常遇春用五支军队设下了埋伏，大败陈友谅的军队，终于又收复了太平府。此次战役，论功常遇春最高。朱元璋占领安庆后，率军进逼陈友谅到其老巢江州时，命令常遇春留守在太平府。常遇春严令三军，不得在城中骚扰百姓，凡有违者，军法处置，于是太平府中一切安然无事，将士守礼，人民守法，因此常遇春被提升为行省参知政事。后来常遇春还守龙湾，支援长兴，俘获、斩杀了张士诚的士兵五千多人，张士诚的部将李伯升撤围逃跑。常遇春受命修筑安庆城。

元至正二十三年(1363)，常遇春随徐达率军平汉。在庐州即将攻下时，陈友谅乘机围攻洪都(今江西南昌)。朱元璋率水师20万人前往支援，与汉王陈友谅在鄱阳湖中的康郎山遭遇，展开了激战。当时，陈军舰船高大，且据上游，占有优势，两军狭路相逢，主要是看将帅的胆略，勇则进，怯则乱。常遇春针对陈军舟大、行动不便的弱点，驾轻舟率先闯入敌阵。在他的带动之下，将士们无不以一当十，以一当百，喊杀声震天动地。鏖战正酣，忽然陈友谅的骁将张定边驾船直冲向朱元璋的坐船，其人骁勇异常，十几个人硬是抵挡不住。在这千钧一发之际，常遇春的船飞驶而至。这时，张定边已经突破重重防线，跃上朱元璋的战船，与朱元璋发生搏斗。常遇春见要划船进去已来不及了，张弓搭箭，照张定边一箭射去，一箭正中张定边后胯。张定边正举刀要砍朱元璋，这一下，"扑通"一声，从船上掉进了水里，朱元璋这才化险为夷。就这样，经过连日激战，朱元璋率领众人终于击毙了陈友谅，取得了俘敌5万人的重大胜利。

元至正二十四年(1364)，朱元璋即吴王位，提升常遇春为平章政事。吴军占领武昌后，常遇春又随即占领了荆、湖各地。他又跟从左相国徐达攻克了庐州，还打下了临江的沙坑、麻岭、牛陂等地，擒获了陈友谅的知州邓克明。然后移师吉安(今江西吉安)，常遇春乘虚攻下了吉安。不久，又去围攻赣州。

赣州的守将熊天瑞坚守抵抗，常遇春久攻不下。朱元璋派遣使者对常遇春说："我们攻城的目的不是杀光那里的人民，如果得到了土地而没有百姓人民，那我们占领了土地又有什么意义呢？"于是常遇春挖壕沟，树木栅，围困赣州城。由于赣州城被围，粮食物资无法运入，六个月后，熊天瑞终因物力财力不济而投降，常遇春不动一刀一枪地攻克了赣州城。接着，常遇春趁兵势正盛的威风去劝谕南雄、韶州的敌人投降，接着又返师平定了安陆、襄阳。

元至正二十六年(1366)八月，常遇春被授为副将军，与徐达率兵平吴。常遇春驻军虎丘。张士诚暗中派部队向常遇春逼近，常遇春在北壕古与对方交战，打败了对方，差一点活捉了张士诚。这时，苏州城外，徐达命大军架木塔，名曰敌楼，共三层，每层可向城中施放弩矢及火枪，又设有襄阳炮击城，城中非常恐慌。相持了一段时间后，常遇春攻破阊门进入了苏州城，张士诚见不敌，于室中自缢，但被救醒，后与被俘的其他人一起送往建康，张士诚仍旧不降，后自缢而死。常遇春此次被晋升为中书平章军国重事，封为鄂国公。

北伐中原　暴病而亡

至正二十七年(1367)十月，常遇春被任命为副将军，和大将军徐达统帅25万大军，进行北伐。临行之前，朱元璋特地叮嘱常遇春说："能当百万之众，奋勇争先，冲锋陷阵，所向披靡的，谁也比不上将军。我不怕你不能奋勇作战，就担心你轻敌。从前在武昌，我曾看见有几名敌骑出来挑战，你就轻易出阵应战。比如陈友谅的部将张定边，小小一个部卒，尚且在城里坐镇指挥。你身为大将，却因几名骑兵犯险，争强逞能，实在有负所望，今后应该引以为戒！"朱元璋语重心长地点出了常遇春的缺点。常遇春决心铭记在心，用实际行动来克服自己的弊病。

他们遵照朱元璋制定的战略方针，由淮河入黄河，北取中原。首先，他们决定攻取山东。就在他们进军山东之时，朱元璋在至正二十八年(1368)正月登上帝位，改元洪武，定都应天，建立了明朝。这使得北伐军士气大振，个个斗志高昂。二月，他们已顺利地攻占了山东，紧接着又进取河南。元将脱因帖木儿领兵五万，在洛水北岸列阵布防，妄图阻击明军。常遇春再次身先士卒，执着弓箭，单骑冲入敌阵，20名敌骑挺槊向常遇春刺杀过来，常遇春一箭射倒冲在前头的一名敌骑，高声呼喊着往前冲杀，徐达指挥将士乘势杀上前去。这时忽然刮起南风，尘埃蔽天，由于明军喊声震天，元军畏惧明军威力，顿时人心涣散，军阵大乱，纷纷弃械而逃。明军追击五十多里，俘获元兵不计其数。据守洛阳的元梁王阿鲁温投降，河南诸地相继被攻克，潼关也被明军占领。闰七月，常遇春与徐达又率领明军自汴梁渡过黄河，攻占临清，会合山东各军，水陆并进，破元兵于河西务(今河北武清东北北运河西岸)，又在通州(今北京通州区)歼敌数千人，进逼大都城下。元顺帝携后妃、太子仓皇出居庸关逃往上都开平(今内蒙古多伦西北)。八月初二，明军进入大都，改名为北平府，元朝的腐朽统治被推翻了。

占领北平后，常遇春又与徐达率领明军按原定计划西进。常遇春想趁太原守将扩廓帖木儿出雁门救援元都之机，挥师直捣太原，当他们奔袭千里，兵抵太原附近时，扩廓帖木儿知道他们奔袭太原的消息，急忙回师来援，与明军在太原附近遭遇。明将郭英登高眺望敌阵，对常遇春说："敌兵虽多但军容不整，敌营虽大但无防备，如果在夜间劫营，一定可以把他们打败。"常遇春认为这个建议很好，就同徐达商议说："我军的骑兵虽然已经集中，但是步兵还未到达，现在如果就和他们交战，一定会有较大的伤亡。不如派遣精锐骑兵夜劫敌营，这样敌军就会乱起来。敌军一乱，他的主将即可就擒。"这时刚好扩廓帖木儿的部将豁鼻马暗中派人约降，并且表示愿为内应。徐达同意，于是挑选了精良骑兵，口中衔枚在夜里前往偷袭。结果夜间劫营成功，一举攻克了太原。扩廓帖木儿逃奔大同，常遇春带领人马一进追到忻州（今山西忻县）才返回。

洪武二年(1369)正月，常遇春率军北攻大同，扩廓帖木儿先已逃奔甘肃，据守大同的元将竹贞弃城出逃。常遇春占领大同后，渡河进攻陕西，与徐达会师，攻下奉元路（今陕西西安），进克凤翔。六月，因元将也速进攻通州，朱元璋命令常遇春率兵自凤翔回守北平，并以平章李文忠辅助他。常遇春与李文忠率领50000步兵和10000骑兵，从北平出发，在锦州打败元将江文清，进至全宁（今内蒙古翁牛特旗）。也速率军迎战，大败而逃，明军乘胜追击，攻克开平。元顺帝先已北逃，常遇春率军追击赶了几百里路，俘虏元宗王庆王及将士万人，缴获车10000辆、马3000匹、牛50000头，百姓和珍宝无数，蓟北之地悉平。随后还师北平，驻扎在柳河川时，常遇春暴病而亡，时年40岁。

于　　谦

于谦(1398－1457)，字廷益。号节庵，钱塘（今杭州）人。明代名将，景泰帝时任兵部侍郎，明京师保卫之战的军事统帅。一生清正廉洁，高风亮节，于国难当头之际，整军备武，安邦定国。谥号"忠肃"。

立志高远　清廉则直

于谦出生于浙江钱塘县的太平里，祖籍河东考城。曾祖时迁居杭州，祖父名文，在洪武初年时做过明朝的宰相。于谦6岁的时候，父母就把他送到私塾去读书，在童年时就已经显露出勤恳好学和随机应变的才智。有个和尚看了他的相

于　谦

貌，惊奇地说："这是将来救世的宰相呀！"15岁那年，于谦考中了钱塘县的秀才。当时他的文学才华，很负声誉，但于谦在学习诗词、制策以外，更留心古人行事大节，他非常敬慕民族英雄。

永乐十九年(1421)，于谦23岁考中了进士。宣德初年，被任命为御史。于谦相貌英俊，谈吐不凡，声音宏亮。每次奏答皇上的问题，都思维敏捷，条理清晰，因此引起了明宣宗的注意。

宣德元年(1426)八月，汉王朱高煦在山东乐安发动叛乱，宣宗御驾亲征。朱高煦兵败被降后，跪在军前，于谦奉宣宗命令，用高亢且铿锵有力的声音，历数朱高煦的罪行。于谦的气势使得朱高煦浑身颤抖，连连叩头，高呼"臣罪该万死！"宣宗对于谦当时的表现十分满意，还给予了丰厚的赏赐。

当时任都察院都御史的顾佐，其廉正自律，对各御史的管理极其严格，是个非常严明的人，然而唯独对于谦极为赏识，甚至认为自己的才能也不及于谦。

后来，由于随宣宗征讨汉王朱高煦有功，宣宗任命他为江西巡抚。宣德五年(1430)，明宣宗亲点于谦为兵部右侍郎，巡抚河南、山西等地。这样，于谦一下升至三品，这也体现了宣宗对于谦的极大信任，而于谦也不负众望，他外出巡按江西，昭雪了被冤枉的几百个囚犯。他每到一地，都十分注意了解人民的疾苦，听取人民的呼声。对一些应该兴办或者需要改革的事情，他都及时具疏向皇帝上奏。由于于谦廉洁奉公，严惩贪官污吏，关心民生疾苦，在人民心中威望极高，被当地人民尊称为"于青天"。

当时，内阁的杨士奇、杨荣、杨溥也都非常重视于谦，对于谦的陈奏给予了很大支持，尽量说服皇上恩准。"三杨"去世后，太监王振掌权，招权纳贿，作威作福。百官大臣争相求媚，每逢朝会期间，进见时都献纳白银。于谦居官清廉，不收馈赠，不拉拢私交，每次从不向王振送礼，更不去拜见。朝中有人劝他也带些土特产应付一下人情，哪怕是线香、干菌、手帕也行。谁料于谦却举直衣袖大笑道："我带着清风。"

于谦清廉刚直，声望很高，太监王振很是嫉恨。正统十一年(1446)，于谦进京奏事，荐举参政王来、孔原贞任山西、河南巡抚，王振就唆使他的走卒弹劾于谦，诬陷他"久不迁怒望　，擅举人自代"。于是，于谦被投进了监狱，判了死刑。河南、山西等地的官员和百姓听说此事后，联名上书请愿，要求释放于谦，王振见众怒难犯，又抓不住什么把柄，只好放了于谦，但把他降职为大理寺少卿。山西、河南的官吏和百姓担心继任的巡抚是个贪官污吏，于是又联名10000人跪谏，请求于谦留任的人数以千计，周王、晋王等藩王也纷纷上书，请让于谦官复原职，于是于谦又被命为巡抚。

土木之变　战守辩论

正统十三年(1448)，于谦被召回京，任兵部左侍郎。

正统十四年(1449)春，瓦剌的也先派2524人到北京贡马，却谎报为3598人，企图按人数冒领回赏。还以"贡马"为聘礼，要求明朝把公主嫁给他的儿子。王振想显示一下自己的威风，一反过去对瓦剌有求必应的常态，下令核实瓦剌的实际贡使人数，不仅拒绝了提亲要求，又削减贡马价的五分之四，结果引起瓦剌的不满。瓦剌的太师淮王也先就在这年七月，分兵四路向大明朝大举进犯。也先率主力进攻大同，大同的守军和明朝派的4万援军战败。

明军连遭失败的消息传到朝廷后，在如何抗击瓦剌的战略决策上发生了严重的分歧。分歧的焦点是慎固坚守，还是御驾亲征。王振乘机鼓动英宗亲征，自己想借机冒滥边功。于谦和朝臣都认为，目前冒险出兵还不是时机，但都不被采纳。王振急于求功，对于这样的出征大事，只准备了两天，就命英宗的弟弟郕王朱祁钰留守北京，于谦代理兵部事，协助郕王卫戍北京，自己随英宗于七月十五日率50万大军和一百多名文武大臣，匆匆从北京出发了。

英宗率军出发后，途中遭遇连日风雨，加上粮草准备不足，还没有到大同，军中就已经绝粮。这样经过半个月的行军，才到达边防重镇大同。由于大同城外明军刚战败，战死的士卒尸体满山遍野，军中上下十分惊恐，而宣府和山海关外失败的战报也在这时陆续到达。英宗和王振看到形势不妙，在大同停了两天，就秘密决定退兵。当时从大同回京，既可走宣府，也可以经由紫荆关。最初王

明英宗朱祁镇

振决经紫荆关回京，因为王振的家乡在蔚州，他想退兵时顺便让皇帝去他家乡的宅第小住，以显示威风，所以退兵向南往紫荆关(今河北易县西北)进行。但军队走了40里后，他突然想到50万大军路过自己的家乡，必然会踏坏他的庄稼，因而又改变主意，令军队向东走，改道宣府回京。这不仅使本已疲惫的大军更加疲劳，还正好使明军的侧背暴露在瓦剌军的攻击之下。

也先率领的瓦剌军，在英宗的军队进入大同时，他为了诱明军深入，主动北撤。当他得知明军由北线撤退时，立即率军突入长城，跟踪追击。当时明军若直接往北京撤退，肯定是有从容的时间，现在王振这么一折腾，在宣府被瓦剌军追上。明军殿后的军队一再力战拒敌，均战败溃散。英宗和王振匆匆逃出宣府，到了离怀来县城20里的土木堡时，因为等候辎重，留驻土木堡狼山上。土木堡周围群峰耸立，地势较高。明军此时已闹水荒，掘地2尺也找不到水源。当时，也先因所率2

万多人强攻明军40万人胜算不大，于是派使者来明诈称议和。王振等人中计，拔营找水，也就在此时，瓦剌军突然袭击，明军阵势大乱，英宗率亲兵突围未成，被瓦剌所俘，王振被痛恨他的明军所杀，明朝的50万大军，在追袭的2万瓦剌军的打击下，全军覆没，二十多万匹骡马和无数的衣甲器械，全部成为瓦剌的战利品。这就是明朝历史上所谓的"土木之变"。

土木堡兵败的消息在第二天夜中传到了皇宫，原来，英宗被俘后，让与他一起被俘的锦衣卫校尉袁彬写了一封信，连夜送至皇宫。信中谈到他被俘的情况，并希望用金钱把他赎回来。皇太后孙氏和皇后钱氏看过信后，秘密把宫中的金宝文绮，装上八匹马的背驮，派太监给瓦剌送去，想赎回英宗。十七日早晨，上朝的大臣们听到皇帝被俘、全军覆没的消息，朝廷立刻陷入一片混乱之中，许多大臣竟然在朝堂上大哭了起来。

当时，北京只剩下不满十万的老弱残兵，更缺少战马盔甲。随着前方溃散的残兵败将陆续逃回北京，对前方的惨败情况已经逐渐有所了解，整个北京城笼罩着一片惶恐的气氛。一些富户士绅，认为北京难守，纷纷携带家珍，向南逃亡。为了稳定政局，皇太后十八日下诏立英宗年仅2岁的长子朱见深为太子，命郕王监国，总理国政。

郕王召集大臣商量战守对策。翰林院侍讲徐珵(后改名有贞)高声说："我夜里观察天象，荧惑星曾入侵南斗，恐怕天神已经不保佑社稷了，只有南迁才能保证国家的安全。"一句话说得众人竟没有一个敢出来反对。这时，于谦挺身而出。他声色俱厉地斥责了徐珵的逃跑主义主张，他说："京师是天下的根本，一动根本就不可收拾了，宋朝的南渡就是一大教训！现在应当立刻调天下四面八方的兵马支援首都，誓死守卫京师。谁要再说南迁的话，就是动摇军心，应立即斩首。"他的话唤醒了满朝文武大臣。同时也得到了皇太后和郕王的支持，太监金英把散布逃跑主义的徐珵哄了出去，朝野上下，决心守卫北京。于谦被任命为兵部尚书，总督各路人马，固守北京。

肃清余党　保卫北京

八月二十三日，朱祁钰摄政朝会时，右都御史陈鉴与诸位大臣要求郕王严惩造成土木惨败的罪魁祸首王振，并要求诛王振九族以安民愤。朱祁钰迟迟不敢答复，只是说："大家说得都对，朝廷自会处置的。"众位大臣一听，都痛哭道："如果不速速严惩王振，怎么安抚民心啊？"这时王振的私党、锦衣卫指挥马顺，当着朱祁钰的面就喝斥百官，使得群臣激愤。这一下激怒了给事中王立宏，他当场率众臣将马顺及王振的心腹、宦官毛贵和王长打死。之后，又逮捕了王振的侄子、锦衣卫指挥王山。将打死的三个人尸体丢弃在东安门后，愤怒的人们仍继续击打。此后朝堂大乱，众人喧哗不止。而朱祁钰惊慌失措，六神无主，不知怎么办好，就准备退朝回宫。这时于谦挺身而出，上前扶住朱祁钰，并劝他当众宣布，马顺等几个人死有余辜，百官无罪。这样才恢复了朝堂的秩序。接着又下令斩首王山，诛王振全家并籍没家产。之后不久，王振的党羽郭敬、彭德清等从大同逃回北京，也都被下狱处斩。于谦的这一处置，打击了王振余党的气焰，平息了众怒，初步稳定了明朝内部。然而，国不可一日无君，此时瓦剌大军又对明朝廷虎视眈眈，而太子又年幼无法理政，大臣们十分担忧，所以请皇太后立郕王为皇帝，郕王害怕，一再推辞，于谦力谏此乃大明江山，郕王才受命，这年(1450)九月，郕王即帝位，是为景帝，改元景泰。

于 谦

十月，也先挟持上皇(英宗)攻破紫荆关长驱直入，进窥京师。于谦召集将领商讨对策。以总兵石亨为代表的一派，主张闭门守城；以于谦为代表的另一派，主张出城迎战，积极抵抗。于谦向众将领说："闭门守城，是示弱的表现，这样做，对保卫京师是非常不利的；我们应该乘敌军主力军未到，把兵力部署在城郊，做好迎战准备。"将领们都赞成出城迎敌。于谦分别调遣诸将领22万兵士，在九门处摆开阵势，自己亲自督战。为了严明纪律，增强斗志，保证战事的顺利，又发布杀敌的军令：将领必须身先士卒，不顾全大局擅自后退者，一律处斩。军令下达后，将领们个个亲自临阵督战，士气非常高昂。

十月中旬，瓦剌军前锋到达北京城郊，于谦立刻命令副总兵高礼、毛福寿，在彰仪门外阻击敌军。由于我军士气旺盛，作战勇猛，再加上将帅们指挥正确，大败瓦剌大军，夺回被掠的大批百姓和牲畜，军威大振。

十三日，瓦剌军乘着狂风暴雪天气，进攻德胜门，于谦冒着风雪指挥战斗。他派石亨率军埋伏在民间的空房内，又派出小股骑兵引诱瓦剌军深入。骑兵与瓦剌军刚一交战，就佯装败退逃跑，直引诱瓦剌军进入明军伏击圈。霎时间，明军神机营火器齐发，伏兵四起，前后夹击。范广率军直击瓦剌军中，把瓦剌军杀得晕头转向，伤亡惨重。

十四日，瓦剌军又在彰仪门组织了进攻，于谦派总兵武兴、都督王敬等，率军迎战。双方战斗十分激烈。京师居民主动配合明军奋勇阻击，纷纷自发登上城顶，向瓦剌军投掷砖石，一时间喊声冲天，大大打击了瓦剌军的进攻。后来，于谦又调重兵加强彰仪门的战斗力量，把瓦剌军打得一败涂地。也先率领残兵败将连夜撤逃，于谦又派孙镗和范广率兵2万追剿。不久，瓦剌军退回塞外。

第二年春、夏，也先对明朝发动了接二连三的进攻，均在明军的奋斗抵抗下以失败告终。这时，瓦剌内部脱脱不花汗等不满也先的攻掠政策，主张与明廷议和，放回英宗。八月，英宗被俘一年，也先见明朝也没有什么事端，派使者前来议和，景帝立刻将英宗迎了回来，称太上皇。

至此，北京保卫战取得全面胜利。于谦立了大功，受到了北京军民的深深爱戴，景帝加授他为少保，仍然掌管兵部，总督军务。

英宗复辟　惨遭杀害

然而，于谦并没有在大家的赞叹声中失去理智，他将这一切的胜利归功于将士们，自己却开始考虑如何加强明朝北部的防备了。同时，也就在于谦专心致力于军务之时，明朝内部正悄悄地进行着一场权力争夺。英宗回到北京后，景泰帝为了提防他复辟，就把他软禁在南宫，不许与外界交往，同时景泰帝还废了太子朱见深（英宗的儿子），立自己的儿子朱见济为太子。但朱见济不久死去，于是再建皇储就又成为斗争的焦点。但是景泰帝只有朱见济一个儿子，他死后再没有儿子可立为太子。于是有人提议再立朱见深为太子，这触犯了景泰帝的心病，遭到了残酷的拷问。景泰八年(1457)正月，石亨、徐有贞勾结太监曹吉祥等，趁景泰帝病重之机在夜里秘密将英宗拥上皇位，早朝时向大臣宣布："太上皇现在已复辟，大家快快祝贺！"英宗复辟成功后，废景泰帝为郕王，没有几天他就死在西宫。

英宗刚刚复辟重登皇帝宝座，徐有贞就唆使谏议官员，以提议迎立襄王嫡生子为皇太子的罪名弹劾大学士王文，并且以此诬陷于谦，把他们二人都下狱治罪。经过有关狱司部门的审讯与调查，并没有发现罪证，因为用来征调京外藩王的金牌和符敕都存在皇帝内宫之中，一件不少。徐有贞说："虽然没有明显的迹象，但是他们已有那样的想法了。"显然是非要把王文、于谦治罪不可。当督御史萧维桢审判定罪，认定是谋反，准备判处死刑时，英宗又有些犹豫，惋惜地说："于谦曾经立有大功啊！"徐有贞急忙上前奏道："皇上如果不杀于谦，那么今日复辟的事可就事出无名了。"昏庸而残暴的英宗因于谦拥立朱祁钰为帝，也一直怀恨在心，听了徐有贞的一番话，终于下了决心。就这样，于谦以"谋反"的罪名被处死于闹市街头。

当年英宗被俘到蒙古时，朝廷大臣中有人主张与也先讲和，于谦说："国家社稷是重要的，与此比较起来，人君皇帝并不很重要。"所以，也先虽然俘房了英宗，但等于是空抱着一个毫无用处的人质罢了，正因为这样，英宗才得以还朝，然也因为这句话于谦最终招来了杀身之祸。

戚 继 光

戚继光(1528－1588)，字元敬，号南塘，祖籍濠州定远(今安微定远)，后移居山东蓬莱，明朝杰出的爱国将领和民族英雄，在戍边抗倭、平乱安民上立下不朽战功。

出生将门　袭职从戎

戚继光的祖辈都是明代将领。其六世祖戚详为避元末战乱迁居安徽定远，后跟随朱元璋起义军，南征北讨，朱元璋建立明朝后，戚祥在攻打云南时阵亡，朝廷为追念其前功，授他的儿子戚斌为明威将军，世袭登州卫(今蓬莱县)指挥佥事。传到戚继光的父亲戚景通时已经是第六代。

戚继光

戚景通节操品行俱佳。为了使儿子成材，他从小就教儿子读书、识字、习武，还经常教导儿子，长大以后为国家尽力。在父亲的影响下，戚继光自幼喜欢读书习武，通晓经史大义。天生性格豪放，具有不平凡的志气。有一次工匠来替戚家修房屋，戚景通交待在两楹之间装4扇雕花门户。但按规定，将门家可装12扇雕花门户，工匠向12岁的戚继光说了此事，戚继光就去找父亲，说可装12个门户。戚景通狠狠地批评了戚继光，并训斥他，要他以后不要有虚荣心，更不应讲排场。又一次，戚继光穿了一双很讲究的丝履，被父亲看到，自然又是一顿训斥，说他小小年纪就穿这么好的鞋，万一养成了骄横奢侈的坏习气，将来当了军官，岂不侵吞士兵粮饷。后来虽然弄清了鞋是外祖父送的，母亲王氏叫他穿的，但戚景通还是命令他脱了。

嘉靖二十三年(1544)，戚景通因病与世长辞了。这样，年仅17岁的戚继光承袭了山东登州卫指挥佥事的世职，负责登州、文登、即墨三营25个卫所，以筹力整个山东的海防，亦从此开始了他长达45年之久的戎马生涯。

嘉靖二十七年(1548)，明王朝为抵御蒙古鞑靼部南袭京城，把蓟州列为边镇，每年由山东、河南抽调官兵戍防。那时的蓟州是指山海关到居庸关一线，曾经一连5年，每年都有一段时间戚继光需要带领本部人马到这一带执行戍边任务。这期间，戚继光曾两次上书朝廷，呈献备敌方略。嘉靖三十一年(1552)，戚继光到北京参加会试。当时正值鞑靼俺答汗率兵攻入密云、顺义、通州，进逼北京城，朝廷临时采取措施，把应试的武举们组织起来，编组为军队，参加防御工作，戚继光积极参加了京城的保卫工作。明廷中一些主持军务的官员对戚继光的胆识很是赞赏。

御倭山东　练兵浙江

正在倭患严重的时刻，嘉靖三十二年(1553)，戚继光被擢升为都指挥佥事一职，成为山东都指挥使司的一名官员，品级为正三品，统辖3营24组卫所，总督山东沿海备倭军务。戚继光凭借防戍蓟州和登州的经验，他到任以后，决定先摸清倭寇的活动规律。当时海船行驶要依仗风力，船只在什么地方靠岸与风向有很大关系。从当地老百姓的口中，他得知一般倭寇最猖狂的时候是在三、四、五月或九、十月间。了解到这些情况后，戚继光开始谋划设防良策。但当时山东防务空虚，兵不满额，纪律松弛，征战不力。戚继光便重新整顿军容，严肃纪律，对营伍、卫所进行认真整肃。有些资格老的军官，对年轻的少将戚继光多有些看不惯，于是不怎么听从指挥。当时，特别是戚继光的舅父，恃长辈身份，不听戚继光号令。戚继光对此很感为难，但如果不能恰当处理，自己就不能在军中树立威信。经过再三考虑，他以上司身份，当众严厉处分了舅父。事后，他又以外甥的身份，把舅父找来，向他赔礼道歉。这位老资格的长辈被戚继光光明磊落的行为所感动，当即以下级军官身份跪了下来，保证今后不再违抗命令。处分了舅父，警戒了那些倚老卖老的军官，他们从此就规矩多了。于是军纪很快得到整肃，山东海防也较过去巩固了。

当时东南沿海倭患以浙江、福建最为严重，倭寇出没无常，横行霸道。在这种形势下，人称"海防之废弛料理有方"的戚继光于嘉靖三十四年(1555)七月被调任浙江都司佥事。第二年四月，倭寇进围桐乡，戚继光随同浙江总督胡宗宪

嘉靖皇帝

抗倭并深得他的赏识。嘉靖三十五年(1556)，在胡宗宪的大力推荐之下，戚继光被提拔为参将，受命镇守浙江沿海的宁波、绍兴、台州三府。这里也是倭患最严重的地带，从此，戚继光开始与倭寇正式交锋。

八月、十月倭寇两次侵犯浙中门户龙山所，明王朝调集万余兵马防守，这两次战斗明朝虽大败倭寇，但戚继光却清楚地认识到了明军的懦弱，不仅军纪废弛，而且军心不齐。因此他给胡宗宪写信，建议另行组建、训练新军以抵御倭寇的进攻。

他两次上书陈述自己的想法。年底，胡宗宪将将兵佥事曹天右所部的3000人交戚继光训练。经他训练之后，这支部队军容整齐且打了几次胜仗。但这支部队士兵多市井无赖，甚至妄杀平民百姓假称是倭寇的首级，且没有勇敢作战、视死如归的气质。

在抗倭的过程中。戚继光了解到浙江金华、义乌民众素有剽悍之称，于是在嘉靖三十八年(1559)，戚继光第三次提出练兵建议，要求重新募兵，训练一支以农民为主体能与倭寇相匹敌的新军。在取得总督胡宗宪的同意后，他亲自前往义乌、永康等地招募了三千农民和矿工，并且他们极富有爱国思想。

戚继光对这支新兵进行了新的编组并制定了一套切实可行的训练方案。首先他用保家卫国思想教育士兵，使每个士兵都具有抗倭的勇气与决心。再次，他重视武艺的练习。他教育士兵要学习实战的真武艺，强调武艺是立功、杀贼、救命的真本领。此外，他重视阵法。他根据每个士兵的年龄和身材，配备他们相应的武器，编组训练，教给他们攻击、刺杀的方法。同时又根据江浙地理环境和倭寇侵扰的特点，创鸳鸯阵、两仪阵、小三才阵和三才阵等阵法。经过戚继光的改革与训练，4000新军组成的戚家军纪律严明，作战勇猛，在抗倭过程中，戚继光身先士卒，与兵士同甘共苦，因此屡建奇功，为打击倭寇的一支劲旅，因而不久"戚家军名闻天下"。

台州大捷　平定浙江

嘉靖四十年(1561)四月，倭寇用几百艘船载着10000余人，大举侵掠浙东沿海的台州府属的圻头、桃渚，以及温州海边等地，他们派出小股兵力侵袭宁海、奉化，而大部队则目标明确，直接逼近台州。戚继光闻警即留足兵力镇守台州，然后亲率主力赶到宁海。戚继光的新兵很有朝气，行兵迅速。主力部队到达宁海时，正在桃渚焚掠的倭寇被扼住去路。戚家军迫使敌人在龙山地方进行一场决战，把倭寇打得大败，戚继光率兵一直追到雁门岭。雁门岭在温州西面，地势险要。五年前明军曾经在这个地方被倭寇打得大败而回，这次他们故伎重施，希望凭借险峻地势打败戚家军。由于戚继光的部队训练有素，而且士气高涨，经过一场激烈的战斗，终于攻下了雁南岭。但是，正在这时，进攻圻头的倭寇又乘戚家军主力进攻雁门岭之际，去进攻台州府城，当时台州守军不多，且城墙不固，处境危急。戚继光闻报后，立回援助。戚家军一到台州城下，先是用火器进攻敌阵，接着以大队人马进击。戚继光亲临火线激励士卒，宣布如能杀倭巨魁者，给予重赏。矿夫出身的战士朱珏，奋勇当先，持铳直冲向前，杀死了倭首及倭寇多人。其他战士一看，均深受感染，皆奋勇拼搏。倭寇诡计多端，就将抢劫来的金银故意散落

戚氏军刀　明·武器。通长89厘米，柄长16厘米

地上，想引诱戚家军前去捡拾，然后杀回马枪。但是，戚家军纪律严明，岂是在战斗之中见钱眼开之人，倭寇的做法使得戚家军愈战愈强，奋勇冲杀，倭寇溃不成军，陈大成、王如龙等乘胜追杀到瓜陵江，悉数歼灭这股倭寇。

当时倭寇在浙江很猖獗，戚家军消灭这股倭寇之后的第四天，又一股倭寇来袭击台州，屯扎在城东的大田。对分扎各地、游动不定、时聚时散的倭群，戚继光进行了认真的分析，于是集合部队，进行了认真部署。其时，戚家军三千余人，一半以上留在卫所，随时作为机动的只有1500人。戚继光率领这些部队进击大田的倭寇。但倭寇坚壁不出，再加天下大雨，两军未能交战。后来，倭寇看到台州有备，加上另一支倭寇刚刚在台州被歼，不敢轻举妄动再去进攻台州，便于戚家军到达后的第三天，抄小路走仙居，准备进攻处州。戚继光早就猜到了倭寇会从上峰岭走，于是暗置伏兵，然后派一支小部队尾随倭寇。戚继光为避免伏兵暴露，令士兵每人手执松枝一束，以作掩护。倭寇行至上峰岭时，派人上岭查看，侦察兵上岭只见四面尽是苍松，不见有兵，便下令过岭。等到倭寇队伍过去一半，炮声一响，戚家军奋勇进击。戚继光令陈大成为前锋，正面进攻，王如龙、陈子銮为左右翼，拼命冲杀，铳声、喊杀声震撼山谷。倭寇措手不及，恐慌万状，死伤不计其数。有一部分倭寇见势不妙，逃上一座小山顽抗。敌人掌握了制高点，戚继光认为此刻如果进攻拿下山头不成问题，然自家损失太大。于是，他把一面白旗竖在山下，然后命令部下向山上的敌人喊话，说凡是被胁从的中国百姓，只要空手投奔旗下，即可免杀，悉数放回家乡。话音一下，众人皆投到白旗之下。剩下的倭寇见势不妙，又逃往上界岭。戚家军一鼓作气，冲了上去，倭寇顿时全线溃退，混乱之中损伤大半。余下少数的倭寇逃到山下，藏在百姓家。当地百姓协助戚家军，群起而攻之，顷刻之间，把这些倭寇也悉数消灭了。

两次大捷，戚继光以灵活多变的战术，欺敌、诱敌、设伏围歼，给了倭寇以沉重打击。此后，他乘胜追击，至嘉靖四十一年(1562)四月，进犯浙江的倭寇相继均被歼灭。

横屿歼敌　大战牛田

嘉靖四十一年(1562)七月，戚继光被任命为上将，率精兵6000，由温州渡海至平阳，再从平阳间道入福建，投入平定福建倭患的战斗。到福建后，戚继光迅速制定了先破横屿，次破福清的牛田，最后攻兴化的剿倭战略。戚继光带兵攻下横屿岛对面的张湾之后，挥师进击倭寇大本营——横屿岛。横屿是个海中的小岛，离岸约10里，和大陆中间隔着一片浅滩。涨潮时一片汪洋，落时尽是泥淖，潮水早落午涨。步兵难涉水往渡，水兵船只又因搁浅不能行。戚继光令士兵以"负草填泥"的办法，涉渡泥滩，强行登岸。由于倭寇对戚家军的骁勇善战估计不足，且没料到戚继光会用陆军来攻岛，见戚家军抢渡滩涂，连忙摆开阵势抵抗。但戚继光部署周密：戚家军士兵进击敌营，部将吴惟忠攻打木城，陈大成包抄敌营背后。戚家军英勇善战，仅用3个小时就大获全胜，克复了被倭寇据有3年之久的横屿，救出被掳男女800余人，戚家军入闽首战告捷，戚继光因平定横屿有功，被提升为都督佥事。戚继光和他的部队稍作休整后，前往牛田。

八月二十九日，戚继光率军开抵福清。牛田在福清城东，是倭寇在福建的最大巢穴，且周围倭营星罗棋布。为了取得抗倭的胜利，戚继光将驻扎在福清的明军将领聚集起来歃血为誓，说"凡不同心戮力，恃势争级取财与观望妒忌者，有如此血"，然后积极部署牛田之战。戚继光一面命令军队积极进行强攻准备，一面却四处张扬说："戚家军远道而来，人马疲乏，加上横屿一战，兵员减少，必须养精蓄锐。休整一番才可作战，否则很难克敌制胜。"倭寇探知这一消息后，信以为真，未加防备。戚继光发现敌人已经中计，遂于当晚率戚家军从锦屏山出发，首先攻打杞店，然后乘胜向牛田之敌发起进攻。当戚家军抵达倭垒附近时，倭寇还沉浸在甜美的梦中，丝毫未曾察觉。当戚家军如天兵般降临时，如梦惊醒，仓促应战，乱作一团，全部被歼。战后，戚继光连夜将队伍带至锦屏山，在这里设伏合击，全歼倭寇七百余人。接着，三路大军成掎角之势一鼓作气，攻占了牛田。这一战戚家军共歼敌千余人，救出被掳男女900多人。而屯据西林、木岭的倭寇见牛田大营溃败，闻风丧胆，纷纷溃逃。九月十二日，戚家军又智歼逃往林墩（今莆田境内）的残敌。倭寇余部逃到兴化，戚家军迅速追赶至倭寇屯聚之地，攻破敌营，杀死淹死倭寇1900余人。

连续的胜利让戚家军声名远播，名闻天下。这年十一月。戚继光为了补充军需，养息士卒，以利再战，遂班师回到了浙江。

平海大捷　解围仙游

然戚继光班师回浙江没多久，倭寇又接踵而至。他们说："戚老虎走了，我们还怕什么。"一时间，福建沿海地区的倭乱又起。

嘉靖四十二年（1563）四月十三日，戚家军再一次抵达福清。这时，总兵俞大猷会合广东总兵刘显所部，已屯兵五侯山（又名五虎山，今福建闽侯东南）一带，等候戚家军多日。于是，巡抚谭纶命令戚家军担任中路冲击，俞大猷攻右路，刘显攻左路，三路大军于平海会合后齐攻倭寇。

第二天深夜，戚继光首先粉碎了2000多倭寇的冲击，然后挥师猛追，共斩敌2200多人，救出百姓3000多人。此役大获全胜，巡抚谭纶上奏报功，戚继光位列首位，刘显、俞大猷次之。戚继光因前面收复横屿的功劳，被提升为都督佥事，这次更晋为都督同知，世荫千户，而且代俞大猷任福建总兵官。

十一月上旬，倭寇集中20000多人围攻位于木兰溪畔的仙游城（今福建仙游）。十二月二十四日，戚继光见明军援军齐集，立即组织反击敌人。二十五日，各路大军分道出发，第二天凌晨，一齐杀向敌营，由于各路大军紧密配合，又在行动时采取了非常隐蔽的方式，出其不意，攻其不备，打敌人一个措手不及，迅速攻克南垒。随后，东西两路协同作战，接连攻克敌东、西、北三垒。至此，仙游之围被解。倭寇的攻城设施、器械，全被焚毁或缴获。

戚继光解除仙游之围后，又对逃敌加以追击。嘉靖四十三年(1564)二月，戚继光又两次在同安县(今福建同安)大败倭寇。至此，福建境内倭患暂告平息。第二年，戚继光开始把戚家军的锋芒指向广东，消灭了与倭寇紧密勾结的山寇吴平近万人，广东的倭患也被消除了。

安定蓟门　谪调广东

嘉靖四十五年(1566)，嘉靖皇帝去世，隆庆帝即位。这时北方边患严重。在隆庆元年(1567)，俺答汗率鞑靼右翼进攻山西，而另一支鞑靼左翼则入寇蓟州。明廷决定调抗倭名将谭纶和戚继光镇守长城一线，以消除边患。十二月，戚继光动身北上蓟州镇守。鞑靼见蓟州设备稳固，兵精将勇，不敢轻易来犯，边境形势一度缓和下来。隆庆六年(1572)，征得明政府的同意，戚继光在汤泉举行一次大规模的军事检阅，兵部右侍郎汪道昆、蓟辽总督刘应节(谭纶此时已升兵部尚书)、顺天巡抚扬兆等官员都来观看，战士行动的迅速，"作战"的勇敢使他们赞叹不已。

万历元年(1573)，戚继光率军击败了前来明境骚扰掠夺的蒙古朵颜部酋长董狐狸和他的侄子长昂。3年后，长昂又和董狐狸逼长秃(董狐狸的弟弟)进攻明军阵地董家口关城，被戚继光所擒。董狐狸和长昂决定率部投降以求换回长秃。经过谈判，双方重开互市，关系缓和下来。又过4年之后，即万历七年(1579)，在辽东的图们汗带兵4万进犯辽东镇，戚继

万历皇帝

光奉命率兵往援，在山海关外的狗儿河、石河墩和图门汗所部进行两次战斗，击败并追赶数百里后才撤回。

万历十一年(1583)，兵科都给事中张鼎思上疏说戚继光闽浙功绩显赫，而蓟州却未见功劳，所以他便于南国而不宜北方。明廷调戚继光为广东总兵官。当时，沿海倭患早已平息，广东太平无事，这对一心想效犬马之劳，报效祖国的戚继光来说，自然打击不小。

万历十二年(1584)春，戚继光因久劳成疾，肺病复发，他上书请退。此时朝廷反张居正之风愈演愈烈，政治更加昏暗。兵科给事中张希皋乘机弹劾戚继光，戚继光于是被罢官归乡。

他归乡后，为了排遣寂寞，就把大部分时间用于修立家庙、整理公文函牍、捐修蓬莱阁等琐事。御史傅光宅上疏推荐戚继光，朝廷不但没有起用，还将其俸禄剥夺。因他为官时慷慨解囊奖赏有功者没留积蓄，剥夺俸禄之后，他无钱请医看病。结发夫人王氏因种种原因也收拾行装回娘家了。万历十五年(1588)十二月二十日，戚继光病逝。

俞　大　猷

俞大猷(1503－1579)，明代的抗倭名将。字志辅，号虚江。晋城江(今福建泉州)人。追赠左都督，谥号"武襄"。俞大猷著有《正气堂集》《剑经》两书。他与戚继光、刘显齐名，在平定倭寇之患中功勋显著。

幼学兵法　以备国用

俞大猷小时候就勤奋好学，喜爱读书。他先从王宣、林福学习《易经》，也得到蔡清真传。又从赵本学将《易经》推广演绎到兵家的阻截、袭击、交锋、应付各种情况的权术。不久，他又跟从李良钦学剑，因剑艺出众，受到李良钦的称赞。家中经常一贫如洗，但他的志向依然豁达自如。后来，他因父亲去世，放弃诸生的身份，继承了世职百户。

嘉靖十四年(1535)，俞大猷在武举会试中考中了武举，以第五名升任为千户，派往金门守御。当地军民常为琐事互相诉讼，很难治理。俞大猷到任后，宣讲儒学，启发民智，倡导礼让，逐渐使民众诉讼纠纷平息。

嘉靖二十一年(1542)，俺答汗大举入侵山西。世宗颁布诏书，在全国选拔武艺高强的勇士。俞大猷到巡按御史那里毛遂自荐，御史将他的名字上报了兵部。当时是毛伯温任兵部尚书，他将俞大猷送到宣大总督翟鹏任所。但翟鹏并不十分器重他。俞大猷见壮志难酬，只好辞别还家，返回金门，毛伯温委任他为汀漳守备。俞大猷来到武平，在那里筑起了一个"读易轩"，与入学的生员一起建立文会，同时每日教习武士击剑。海寇康老率众骚扰，俞大猷率部众抵抗，俘虏斩杀敌方300多人。因此他被提为代理都指挥佥事，分领广东都司事务。

广东新兴、恩平是少数民族的聚居地。谭元清据此而多次起义，总督欧阳必进委派俞大猷前去处理。俞大猷就命令当地的良民自卫防守，而亲自带领几人走遍少数民族聚居峒寨，不仅向他们陈述利害关系，而且教他们击剑，造反者被吓倒征服。反叛的瑶民中有一个人叫苏青蛇，此人力大无比，可以赤手打死猛虎，俞大猷将他骗了出来斩首，对方于是更加惊恐。俞大猷接着来到瑶民何老猫的住地，命令他归还他所侵占的百姓田地，同时还把他手下的几个首领给收降了。这两个地方因此安定了下来。

嘉靖二十八年(1549)，浙江巡抚朱纨受命兼管福建军事，巡视福建御倭情况，推荐俞大猷为备倭都指挥。欧阳必进以安南(今越南)入侵广东边境为由，奏请留下了俞大猷。欧阳必进传檄书命俞大猷去征讨安南，俞大猷飞马来到廉州(今广西合浦)。当时敌人正急着攻打廉州。俞大猷因为水师尚未集合，就派遣了几个骑兵前去劝降，并且声称大部队来了。不明真相的敌军马上放弃进攻，撤围而去。不多久，大队水军到达，俞大猷便在冠头岭设下埋伏。敌人进犯钦州，俞大猷阻击夺得他们的舟船。他继续追击，杀死敌人1200余名，一直追到海东的云屯，取得了抗击外族的胜利。

抗倭浙江　保卫海疆

嘉靖三十一年(1552)，俞大猷受命为宁(波)台(州)参将，前往浙江御倭。从这时起，俞大猷开始了驰骋东南、英勇抗击倭寇的生涯。

这一年，倭寇大举进犯浙东，先后攻破宁波昌国卫、绍兴临山卫，转掠至松阳，他们到处烧杀抢掠，所到之处一片凄惨。俞大猷来到宁波、台州，观察敌情，决定调遣福建舟师，以楼船分布沿海诸岛，布防周备，伺机扬帆入海击倭，一举大获全胜，斩俘敌人数千，这是大规模海战的首次成功。

嘉靖三十三年(1554)，又有2万多名的倭寇屯聚松江柘林，而且人数还不断在增加。朝廷以张经为右都御史兼兵部右侍郎，专门负责讨伐贼寇之事。同时以俞大猷替代汤克宽任苏、松副总兵，联合进剿。张经部署俞大猷、邹继芳、汤克宽分兵三路，屯守金山卫、闵港、乍浦三处，巩固阵地，按兵不动，准备等待永顺、保靖两地增援部队到齐，联合会剿。这时朝廷派赵文华督视海防，赵文华本是朝中权臣严嵩的死党，为求战功，催促张经迅速出兵。张经采纳俞大猷的谋略，决定仍按原计划行事，以便等待有利时机三路同时进剿。

赵文华见张经未听从自己的命令，十分生气，便以"养寇失机"的罪名上报朝廷。不久，永顺、保靖两地兵力到齐，俞大猷立即率领永顺兵趋赴平望，另一名将领卢镗督保靖军迎击由嘉兴突围的倭寇，汤克宽则引舟师由水路出击。三路大军，形成钳形攻势，合战于王江泾，敌人水陆两路同时遭受攻击，全线溃败，焚溺死亡者不计其数，被斩杀1900余众，明军取得了这次大战的胜利。但在赵文华诬陷之词的蒙蔽下，嘉靖皇帝颠倒功罪，将张经一番斥责后逮捕问罪，俞大猷自然得不到论功行赏。

嘉靖三十六年(1557)，在副总兵卢镗的建议下，总督胡宗宪准备派人诱劝通倭海寇汪直前来通市，幻想借此消弭海寇的骚乱。俞大猷认为海疆边防尚未巩固，倭寇、海贼强悍难于驾驭，如果控制不住局势，祸患将无穷。他主张要修造战舰，整饬军备，倭寇来则打击，逃走则追击。他说这才是御倭良策，因之竭力反对诱倭通市。

胡宗宪不听忠告，最终用卢镗计，诱杀汪直，结果事与愿违，反而招致汪贼徒众的不满，以毛海峰等人为首的倭寇，占据舟山，守住险阻的岭港，和明军势不两立。

嘉靖三十七年(1558)七月，倭寇主动撤离岭港，进入柯梅，在那里大造船只，泛海而去。俞大猷虽然从海上追歼，击沉敌舰一艘，但大多数倭寇已经进入了福建、广东地区。胡宗宪计穷，暗中纵其离去，不督促诸将截击。后来御史李瑚知情上书纠劾，胡宗宪畏罪，诬陷俞大猷不听节制而致敌逃遁，将罪名全部推到俞大猷的身上。嘉靖帝不明真相，下诏命逮捕大猷问罪。

俞大猷由于与深得嘉靖帝恩宠、掌握朝廷锦衣卫大权、官至太保的陆炳交情深厚，在陆炳出面向权相严嵩求情下，俞大猷得到宽宥，改判令"立功塞上！"于是俞大猷奉命东出蓟门，西入云中，来到当时边镇重地大同。

巩固边防　扫灭倭寇

俞大猷在大同守卫四年多，福建、广东的倭患日益严重，朝廷再次命俞大猷南下平倭。

嘉靖四十一年(1562)，倭寇大举进犯福建，一路由浙江南下，攻陷寿宁、政和、宁德；另一路由广东南澳而来，进攻福清、长乐、兴化等地。但在戚继光、刘显的抵御下，两路先后被除数消灭。但是，当戚家军调往浙江时，新来的倭寇又聚集作乱，而且设计伪装成明军，混入兴化县城，连夜大开城门，里应外合，攻占兴化，将县城抢掠一番后焚毁。两个月后，他们又攻占附近的平海卫，在那里建立据点固守。明朝政府火急委派俞大猷为福建总兵，戚继光任副职，会同刘显所率部队前往围剿。

嘉靖四十二年(1563)，俞大猷奉命自赣南昼夜兼程来到平海卫附近，刘显军驻扎在离县城三四里地的明山，这里已是抗倭的前沿阵地。当时戚家军尚未赶到，俞大猷估量双方兵力相等，而自己军队刚到，人马疲惫，轻易开战恐怕于己不利，决定布列兵营，划地凿沟，列栅固守，把敌人围困在平海卫弹丸之地，等到浙军到齐后三面合攻敌军。这一"以守为攻"的策略得到巡抚大臣谭纶的赞赏，他力排众议，下令明军不得轻易出战。四月下旬，戚家军赶到，谭纶指挥戚军由中路出击，刘显居左翼，俞大猷居右翼，三路并进，合歼平海顽敌。在明军的猛烈攻击下，倭寇抱头鼠窜，纷纷溃退，打算骑马逃走的，则陷入了布置好的暗坑中。明军一鼓作气，大获全胜，斩敌2200余人，解放被倭寇掳掠的百姓3000多人。嘉靖皇帝得到捷报欣喜异常，特地举行庆典，表彰功勋。

这时，民众的反抗斗争在广东惠、潮两州及福建的延平、汀州，先后爆发，局势相当危急。朝廷想要借助俞大猷在民众中的声誉和"俞家军"的威力，施加影响和镇压，于是在嘉靖四十三年(1564)，俞大猷从赣南前往广东从事清剿和抗倭。俞大猷不负重望，各路民众均被他的威望所折服，纷纷投降，甚至还协助官军来抗击倭寇。当时和倭寇相勾结的吴平，逼于形势，也不得不断绝与倭寇的关系，表示归附，使倭寇陷于孤立。内部平定后，俞大猷挥戈直指倭寇盘踞的巢穴，一日夜连克三处巢穴，又在海丰大败敌寇，余众逃离海上。嘉靖四十四年(1565)，吴平再次反叛，同时还勾引倭寇来进犯福建。但后来被汤克宽所败，再也不敢进犯了。

隆庆二年(1568)，俞大猷联合郭成、李锡军共同清剿了侵犯广州、骚扰福建的吴平余党曾一本。至此，流毒东南沿海二十多年的倭乱基本被荡平，巩固了明朝海防。

万历元年(1573)秋，海寇再起，突袭闽峡澳，俞大猷因作战失利而被免职。万历四年，又任命俞大猷为署都督金事兼右府佥书。俞大猷因年迈体衰，三次上疏乞求辞职，朝廷没有批准。万历八年(1580)，78岁的俞大猷因病逝世，赠左都督，谥号"武襄"，葬泉州郡城北。

王　守　仁

王守仁(1472 – 1529)，生活于明朝中期，以文进士而授武官衔，并在平定叛乱的战斗中显得有勇有谋，屡建功勋。终因郁郁不得志而病死。

文人治兵　镇压起义

王守仁的父亲王华，字德辉，在明宪宗成化十七年(1481)考中进士第一名。后来任学士一职，为皇帝讲解经书。

王华对儿子的教育十分严格，王守仁从小就十分刻苦地习文练武。到十五岁时，出外游学，客居于居庸关、山海关一带。他熟悉兵法，喜欢谈论军事，对射箭也十分擅长。他经常独自一人骑马出塞，放眼观赏塞外山川形胜，流连忘返。王守仁在20岁时参加乡试，并考中举人，后又考中弘治十二年(1499)进士，不久授任兵部主事。当时，总督军务的太监张忠因王守仁以文进士授任兵部的武职，心里很是蔑视。有一次，张忠当着众人面命令王守仁射箭，想借此机会羞辱他一番，哪料到王守仁并不示弱，跨步上前，弯弓搭箭，连发三箭全部射中目标，在场观看的人不禁大声欢呼，一齐为他喝彩。张忠此时早已面色泛红，神情沮丧，不知自己如何收场了。

正德十一年(1516)八月，王守仁任右佥都御史，巡抚南、赣。当时这一带有许多农民起义队伍。王守仁到达任所后，首先与福建、广东两省军队联合，向盘踞在大帽山的詹师富部进军。正德十二年正月，王守仁亲自率领精锐驻屯上杭，连破义军四十余寨，詹师富被俘。七月，进兵大庾，副使杨璋俘虏了起义军首领陈日能。十月，王守仁自驻南康，调度多路部队合击横水、左溪，将起义军首领逼迫到桶冈。后攻破桶冈，谢志山投降。十三年正月，王守仁设计诱杀了池仲容。至此，全境起义基本被平定。王守仁因功晋升为右副都御史。

王守仁

奇计破敌　平定反王

正德十四年 (1519) 六月，朝廷派王守仁去福建察看叛军的情况，王守仁刚走到丰城，就接到宁王朱宸濠在南昌谋反的消息。王守仁急忙前往吉安，与另一位将领伍文定一起征召兵马，调运军粮，准备器械和船只，并传布檄书揭露朱宸濠的罪行，号召各州县官吏各自率领下属同心抗敌，为国家分忧解难。王守仁清醒地认为，叛军如果从长江出兵东下，就会威胁到南京的安全，并建议众人用计拖延住叛军 10 天，阻挠其东下，叛军就不会造成大的祸患。

于是，王守仁派出很多间谍人员，用檄书传令各府县说："都督许泰率领边疆部队，都督刘晖、桂勇率领京城守军各 4 万人，从水陆两路与我军会师。南赣王守仁、湖广秦金、两广杨旦各率部下合计 16 万人，直接攻打南昌。所到之处，有关部门缺乏供给，没有守职的，处以军法，决不宽贷。"接着，他又写了一封蜡封的书信，派人送交朱宸濠的丞相李士实、刘养正，信中讲到朝廷已了解他们想要归顺的诚意，让他们诱使朱宸濠早些发兵东下，以便于官军剿灭。然后，王守仁故意让间谍人员将这封信的内容提要泄露出来，引起朱宸濠的怀疑。朱宸濠急忙找来李士实、刘养正商议，二人都劝他赶快攻取南京，登上帝位，所言正与信中内容相符合。朱宸濠疑心更大，迟迟不肯下达兵发南京的命令。直到十多天后，朱宸濠得知王守仁檄书所宣称的那些兵马并没有赶到时，才知道自己上了王守仁的当。

受了欺骗的朱宸濠恼羞成怒，于是在七月间率领部下 6 万人，偷袭攻陷了九江、南康，然后渡过长江，逼近安庆。

朱宸濠大军出动，南昌留守的兵力很少，王守仁得知后心中十分高兴，急忙前往樟树镇，与临江知府戴德孺、袁州知府徐琏、赣州知府邢璘、都指挥余恩、通判胡尧元、新淦知县李美、泰和知县李楫等人会合了 8 万人马，号称 30 万，准备进军南昌。

王守仁先将部队驻扎在丰城，以伍文定作为前锋，直接前去攻打南昌。王守仁先派奉新知县刘守绪袭击叛军伏兵。到半夜时分，伍文定率兵来到南昌的广润门下，击败了毫无心理准备的守兵。刚近黎明，众军一齐赶到，用梯子攀登上城墙，冲入城内，将留守的朱拱㮦等人全部活擒。

官军进驻南昌城后，也连续发生杀掠、抢劫、烧死宫中之人的事件。王守仁严格军纪，下令斩了十多名违犯军令的官兵，宽恕了那些被胁迫的从犯，并且派人安顿当地的士绅和百姓，安定了城中百姓。

王守仁在南昌城中停留了两天后，又派伍文定、邢璘、徐琏、戴德孺各自率精兵分道进发，而命令胡尧元等将领在贼军必经之道设下埋伏。朱宸濠果然从安庆回军，在黄家渡与官军相遇。伍文定阻挡贼人先锋，贼寇认为伍军人少，纷纷上前冲杀。这时邢璘绕到了贼寇背后，伍文定、余恩掩杀叛贼，徐琏、戴德孺张开两翼以分散叛贼势力，胡尧元等伏兵发起，将叛军杀得大败而逃。朱宸濠吃了败仗，非常恐惧，赶忙调发南康、九江的全部兵力。王守仁得到消息，派抚州知府陈槐、饶州知府林城攻打九江，建昌知府曾玛、广信知府周朝佐攻打南康。朱宸濠军队与官军相厮杀，官军退却。王守仁当即斩杀先退却的人，众军于是拼死搏斗将叛军击退到樵舍，把船只全部连在一起结成方阵，朱宸濠为了能够使手下将士为他卖命，他把全部金银都赏赐给了他们。第二天早晨，朱宸濠正在接见他的文武群臣，官军突然杀到。官军用小船装载柴薪，乘风放火，烧毁了朱宸濠军的副船，他的妃子娄氏等人都投水而死。朱宸濠所乘坐的船搁浅，仓促之间换了一条船逃跑，逃出没有多远，就被王守仁手下的士兵活捉了回去。朱宸濠手下将领李士实、刘养正以及投降叛贼的按察使杨璋等人都被擒获。同时官军也攻克了南康、九江。

奸佞当道　功高不用

武宗朱厚照得知朱宸濠造反，也自称威武大将军，率军南下亲征，副将军许泰、太监张忠等先于武宗一步南下。此时，王守仁已将朱宸濠擒获。朱厚照身边的许多亲信人物，过去大多接受过朱宸濠的贿赂，王守仁也曾经说过请求皇帝贬黜奸佞一类的话。朱宸濠被平定后，奸佞们既企图与王守仁争功，又担心王守仁揭发他们的罪行，于是便先发制人，诬蔑王守仁，说他事先曾与朱宸濠通谋，只是在看到没有成功的希望后才起兵平叛；甚至要求王守仁将朱宸濠释放，以便让朱厚照亲自去擒获朱宸濠。

王守仁趁许泰、张忠尚未到达，就带着朱宸濠离开了南昌。王守仁在钱塘遇上了太监张永，告诉他已经被弄得贫困不堪的江西，实在经不起朝廷大军的骚扰了。张永对他的看法表示认同，王守仁把朱宸濠交给了张永，自己去了京口，准备朝见朱厚照。正在这时，皇帝又下诏任命他为江西巡抚，王守仁便又立即返回到南昌。

嘉靖六年(1527)，思恩、田州土著首领卢苏、王受起兵反抗朝廷，并击败前来镇压的总督姚镆。明世宗于是诏令王守仁以原官兼左都御史，总督两广兼巡抚。黄绾借机上书诉说王守仁的功劳，请求赐予铁券以及每年的俸禄，并且记录讨平朱宸濠的众臣之功予以封赏，正要借助王守仁平叛的皇帝便同意了他的请求。

十二月，王守仁到达浔州，而这时巡按御史石金已定下招抚计策，已经遣散了各路军队，只剩下几千名永顺、保靖的土著士兵。卢苏、王受起初请求接受招抚，但没有获得允准，心中十分惶恐不安，这时又听到王守仁要来，更加恐惧。但他们听到石金的招抚之计时，又高兴起来。王守仁到达南宁，二人派使者来乞求归降，王守仁就命令卢苏、王受自己来军中投降，以表示诚心。两人对王守仁是否真心接受他们投降表示怀疑，为了保险起见，二人于是带领手下士兵来见王守仁。王守仁一一列举他们的罪行，加以杖打后释放。王守仁又亲自进入敌营，抚慰他们手下的7万余人。

王守仁将上述情况报告给朝廷的同时，又陈述用兵的十条坏处，招抚的十条好处。他请求再重新设置地方官，割取田州的一部分地方，另立一州，以当地土著首领岑猛的次子岑邦相代理州事，待日后立功后再提升任知州；在田州设置19个巡检司，分别任用卢苏、王受等人总领，一并受地方知府的约束。他的意见被皇帝全部采纳了。

当地有一个瑶族人聚居的断藤峡，这地方上连八寨，下通仙台、花相等少数民族，盘延300多里，他们经常勾结在一起侵略抢劫，祸害已有数十年之久。王守仁既已到此，便想一并讨伐平定他们，因此留在南宁。他解散遣走了湖广军队，给敌人以不再征伐的假象。不久，王守仁趁着贼寇没有防备，突然进军攻破牛肠、六寺等十多个营寨，平定了在断藤峡的贼人。于是官军顺着横石江向下进发，攻克了仙台、花相、白竹、古陶、罗凤等地方的贼寇。王守仁命令布政使林富率领卢苏、王受手下士兵直接抵达八寨，攻破石门，副将沈希仪拦截斩杀逃跑的贼寇，最终平定了贼人盘踞的八寨。

起初，世宗因为王守仁招抚成功卢苏、王受二人，派宫中太监拿着玺书前去嘉奖表彰他们的功劳。当皇帝见到断藤大捷的奏章时，却下了一道亲笔书询问内阁大臣杨一清等人，说王守仁妄自夸大，虚报功劳，并且还提及了他的生平学术。杨一清等人摸不着皇帝的意思，都不知如何对答。原来王守仁的起用本是张璁、桂萼二人所举荐，桂萼素来和王守仁关系不太好，看在张璁的面子上勉强为之。后来桂萼担任吏部尚书，执掌吏部大权，而张璁也做了内阁大臣，两人在一些事上开始不相谦让，嫌隙也就产生了。桂萼突然显贵当了大官，想在自己的任期内树立功名，就暗示王守仁夺取交趾。但王守仁没有迎合他的意思，以形势不宜加以推托。杨一清向来了解王守仁，而王守仁的弟子黄绾曾上疏想让王守仁入内阁辅佐政务，从中诋毁杨一清，杨一清对此也有不满之意。桂萼借此众怨，明目张胆地诋毁王守仁征伐和招抚的策略皆属于失职，因此赏赐都没有施行。

王守仁在任职期间生病，后来因不得朝廷重用而心情郁郁导致病情加重，他上疏请求退休，并举荐郧阳巡抚林富代替自己，不等待诏命下达就回乡了。刚走到南安地区，57岁的王守仁便去世了。

熊 廷 弼

熊廷弼(1569－1625)，明代末叶著名边将。字飞百，号完冈。江夏(今湖北武昌)人。进士出身，后来经略辽东，驻山海关。他有勇有谋，指挥有方，在处理辽东事务上深有作为，但终被冤杀。

经略辽东　防御边境

熊廷弼自幼膂力过人，能左右开弓射箭。万历二十五年(1597)，熊廷弼参加乡试，名列榜首，第二年，他考中了进士，被授以保定府推官，不久提升为御史。

明朝末年，由于女真的突起，辽东防务的地位也日趋提高。它作为京师左臂，东防女真，西御蒙古，边务特重。万历三十六年(1608)，熊廷弼以巡按御史来到辽左，开始经理辽东。他一走马上任就创议兴屯裕饷。他认为辽东有许多空旷的土地，只要将8万将士的三分之一进行屯种，每年可得粮食130万石。又针对边境好生衅端，主张防边以守为上，缮垣建堡。这两项倡议均得到万历帝的褒美，并诏令在所有边防之地推广实施。

熊廷弼已看出辽东有亡失之势，他上疏指出，辽东已处危急态势，建州女真首领努尔哈赤的目标就是占领辽东，必先占领开原；欲取开原，须先并北关(女真叶赫部)；欲并北关，须先与北虏(蒙古)合势。我朝想不丢失辽东，就必须加大保护叶赫的力度。但因万历帝对李成梁的"眷顾"，对他的奏疏也不加批复。所提辽东亡失问题也没有得到朝廷的重视。

但是，几年后，熊廷弼离开辽东，此地正如他所预料的那样，形势急转直下。明朝统治者无视辽东之得失关系到一朝的生死存亡，以皇帝为首的文武百官，只顾贪财恋权，搜刮民财，不管边境危机日益加深。

万历四十七年，后金军击败明辽东的经略杨镐，神宗皇帝与大臣们商议后，认为熊廷弼熟悉边防事务，任命他为大理寺丞兼河南道御史，前去宣抚、慰劳辽东军民。不久又提升为兵部右侍郎兼右佥都御史，替代杨镐为辽东经略。

熊廷弼到达辽东，以防守为主要策略，监督军士们制造战车，修治火器，疏浚加深护城的壕沟，修缮加固城墙。他号令严明，依法办事，在几个月的时间内，就极大地改善了那里的防御守备。

再度出山　　壮志难酬

明万历四十八年(1620)五月，清兵攻占了花岭，六月攻占五大人屯(今辽宁辽阳北)，八月攻占蒲河(在沈阳北)。给事中姚崇文以此事为题，上书说辽东地域日益缩小，诋毁熊廷弼刚愎自用，一味坚持自己的错误的策略。还攻击他不得军心，刑罚过严，等等。他还鼓动自己的同伙攻击熊廷弼。御史冯三元等于是奏劾他八条无谋略、三条欺君的罪状。当时正值光宗驾崩，熹宗初立，朝廷的事情很多，昏庸的皇帝听信谗言，收缴了他的尚言宝剑，免去他的职务，任命袁应泰代替他。

在治军风格上，袁应泰正好与熊廷弼相反。熊廷弼以严为主，袁应泰以宽为主，袁应泰继任后，大肆更改原来行之有效的军事防御措施。泰昌元年(1620)九月，蒙古诸部发生饥荒，民众纷纷入塞讨食，袁应泰认为不急收之，这些蒙古人就会跑到努尔哈赤那里，如果招抚或许可以利用。就这样，招降数万，把他们安插在辽、沈二城内。所有这些，都给努尔哈赤夺取辽沈创造了有利条件。在明朝方面，熊廷弼的去职，不仅给他个人铸成一起历史冤案，更主要的是辽东防御已经破坏到无法收拾的地步。

天启元年(1621)二月，努尔哈赤便抓住明皇帝更替、辽东经略易人之机，出动全国兵力进攻辽沈。沈阳的屏藩奉集堡和虎皮驿首先被后金军攻陷。三月十二日，后金军队进逼沈阳城下。然后，城中的蒙古人起而内应，这座号称明朝统治下的"坚城"，便被后金军队以里应外合的策略攻破。

努尔哈赤率军在沈阳城休整五天后，于三月十八日进攻辽东首府辽阳城。三月十九日，后金兵与守卫辽阳城的明军展开激战，明军寡不敌众。后金军于三日后攻克辽阳城。在敌楼督战的袁应泰见大势已去，只好自焚而死。辽河以东大小七十余城全为后金所占领，努尔哈赤为了长久占据辽东，把辽阳当作了都城。

明廷得到辽沈失陷的消息，朝野都十分震惊，惊慌失措的朝臣急忙关闭京城九门戒严，同时为防止局势继续恶化，再度起用熊廷弼出山，任命他为兵部尚书兼右副都御史，驻山海关经略辽东军务。这是熊廷弼第三次经理辽东，然而同时，明朝廷又用王化贞为右佥都御史巡抚辽东，驻广宁。

努尔哈赤

朝中兵部尚书张鹤鸣是阉党成员，他与王化贞狼狈为奸。王化贞的一切奏请都得到允许，且不受熊廷弼节度。而熊廷弼所奏请则多数得不到批准。熊廷弼虽名为经略，实权却掌握在王化贞手中。

为了加强防守，熊廷弼要求调集20万兵马和充足的武器、粮草。然而王化贞却与此相反，他部署诸师沿三岔河设营。他主张依靠辽东人反对后金和西部蒙古的援助以及李永芳为内应，打算不通过战争而达到全胜的目的。经抚不和，对于抵御后金军极为不利。而明朝内阁和兵部都支持王化贞，熊廷弼的主张无法贯彻。广宁有兵14万，熊廷弼关上却十分空虚。

熊廷弼认为从延绥来到卫所的士兵都无法在战场上发挥作用，于是请求任用佟卜年，张鹤鸣又上书反对。熊廷弼上奏请求派遣梁之垣出使朝鲜，张鹤鸣又故意拖延他的粮饷加以阻挠。两人互相怨恨，事事意见不合。熊廷弼心胸浅窄又强硬执拗，脾气暴躁又盛气逼人，在朝中很不受人们的欢迎。

兵败广宁　忠良遭戮

此时，在明廷内部，朝臣就如何战守争论不休。同时明朝士兵十分惧怕后金兵，整个明朝都处在惶恐不安之中。后金方面却抓住战机，于天启二年进攻广宁。

此时员外郎徐大化参劾熊廷弼以大话蒙骗世人，嫉能妒功等，不罢免他一定会将辽东的大事弄坏。皇帝将奏疏一并下给六部，张鹤鸣于是召集朝廷大臣议决。还没等讨论出结果，后金军进军西平的消息传来，朝臣于是停止了讨论，仍然同时任用熊廷弼和王化贞，令他们戴罪立功，以功赎罪。

不久，西平围困告急。王化贞听信中军孙得功的建议，将广宁的部队全部发出，交给孙得功和祖大寿前去和祁秉忠会合，然后一起向西平进发作战。熊廷弼也立即下令让刘渠前往增援。二十二日，明军与后金军相遇于平阳桥。两军刚交锋，孙得功和参将鲍承先等就先逃跑，致使明军大败，刘渠、祁秉忠在沙岭战死，祖大寿逃到觉华岛。后金军于是停驻在沙岭。王化贞一向将孙得功看成是自己的心腹，但孙得功已经暗中投降了后金军，想活捉王化贞立功。毫不知情的王化贞关闭大门在衙署中看书。参将江朝栋推门闯入，掖持着王化贞上了马，带了两个仆人放弃广宁而逃。在大凌河和熊廷弼相遇，王化贞失声痛哭，熊廷弼却微笑着说："6万军马能一举荡平，结果如何？"王化贞十分羞愧，建议坚守宁远和前屯，熊廷弼说："嘻，已经晚了，现在只能保护溃乱的百姓入关了。"王化贞逃走两天后，孙得功率领广宁叛军将后金军迎入了广宁城。大败的消息传到朝廷，再次震惊了京师。

同年二月，朝廷将王化贞打入大牢，同时，罢免了熊廷弼，令他听候查处。四月，刑部尚书王纪、左都御史邹元标、大理寺卿周应秋等向皇帝奏上案狱的卷宗，熊廷弼、王化贞一起论死。天启五年(1625)八月，将熊廷弼在闹市处斩，并暴尸街头，将首级递传九边示众。直到崇祯五年(1632)，王化贞才被处死。

袁 崇 焕

袁崇焕(1584—1630)，明末将领。文进士出身，后因辽东屡传败讯而偃文习武。在镇守辽东时屡次大败后金的入侵。后终因皇帝的猜疑而含冤致死。

偃文习武　御敌关外

袁崇焕在小时候十分聪明，胆量非凡，身体矫健，而且喜欢读书且十分刻苦。万历二十五年(1597)补为弟子员。万历三十四年(1606)，袁崇焕在广西桂林丙午科乡试中，考中举人。23岁的袁崇焕中举后，继续读书，参加会试。然而会试很不顺利，屡考不中。直到万历四十七年(1619)，袁崇焕才取得进士的功名。万历四十八年(1620)，朝廷任命37岁的袁崇焕为福建邵武知县。

此时，萨尔浒之战刚刚结束，大获全胜的后金军掌握了关外形势的主动权。此时，一向关心国事的袁崇焕虽身在"八闽"，却心系辽东。他为人慷慨，胆气冲天，喜欢谈兵论战，常常找年老退伍的士卒询问辽东的防务和边塞的情形，以"边才"自许。袁崇焕从此时开始偃文习武，立志报国，为将来的军旅生涯做了充分的准备。

天启二年，后金天命七年(1622)正月，努尔哈赤夺占了辽西重镇广宁(今辽宁省北宁市)，致使明朝关外局势空前严重。此时，袁崇焕到京师朝觐，接受朝廷的政绩考核。御史侯恂因为他熟悉边关战事，于是请朝廷破格录用。不久，袁崇焕为兵部职方主事，这是他登上辽东军事舞台的开始。

袁崇焕初到辽东，顿时感到肩上担子的沉重。明朝军事上已经是几番惨败，士气低落。背后是昏聩糊涂的皇帝和屈杀忠良、嫉功妒能的阉党，手下是一批饥饿羸弱的兵卒和马匹，将官不全，兵器残缺，领不到粮饷。袁崇焕研究了作战各方及地形情况，提出了将防线向北移的战略。当时号称"天下第一关"的山海关集中了明

袁崇焕

军的一切守御设施，成为防守京师的第一大要塞。宁远位于山海关外二百里，在锦州与山海关之间，是辽西走廊的咽喉。袁崇焕认为宁远的战略价值非常大，他的防线北移战略即是在宁远卫修筑坚城，坚守关外，屏障关内，还可作为收复辽东的根据地。

天启四年(1624)，宁远城完工，成为关外一座重镇。到天启五年(1625)，关宁防线初步建成，辽东的危急局面也因此得以扭转。就是这道防线，阻挡了后金努尔哈赤和皇太极进攻，在此后20年间，基本上稳定了辽西走廊的局势。

宁远大捷　大败后金

天启五年(1625)十月，把持明朝朝政的宦官魏忠贤见局势好转，又开始排斥异己，夺了孙承宗的兵权，派他的党羽高第出任山海关外经略使。高第懦弱无能，他认为关外是无法守卫的，擅自下令关外各城将士全部撤回关内。闻讯而气愤不已的袁崇焕据理与高第进行辩论。高第拿他无法，遂强令宁远以北的各城明军先行撤退，十多万石军粮在仓促的行动中被丢弃。

天启六年(1626)正月，努尔哈赤侦知明军撤换了统帅，并且撤除了锦州一带的防线，认为攻明时机成熟，于是亲率13万大军，西渡辽河，兵锋直指宁远。这时，宁远城中的守军只有10000多人，由于高第撤军，士气受到很大影响。为了激励全军斗志，袁崇焕召开了誓师大会。在会上他还刺破手指写了封血书以示死守宁远的决心。

正月二十三日，努尔哈赤亲率大军来到宁远，并于第二天下令攻城。袁崇焕登城指挥。起初，明军用弓箭和石头击毙了不少攻城的后金士兵。努尔哈赤见硬攻伤亡太大，就变换战术，命令一队士兵顶着盾牌，运动到城墙脚下企图挖掘地道以攻入城内。但也被袁崇焕击败。早在开战之前，袁崇焕就下令烧毁了城外的民房，拆迁了其他建筑，宁远城四周已经成了一片空野。袁崇焕于是又下令用大炮猛轰在旷野无处藏身的后金军。后金军溃不成军，努尔哈赤也无法控制部队，只好撤兵了事。

正月二十五日，努尔哈赤调整部署，再次分兵四路重新猛攻宁远。袁崇焕命令设置在城墙四周的大炮全部投入战斗。炮手们都是袁崇焕从福建挑选来的，炮火准确地轰炸在敌军阵地上。在明军的猛烈炮火下，后金损失惨重，四员大将当即阵亡，努尔哈赤本人也被大炮打成重伤。他见大势已去，被迫下令解围退兵。袁崇焕立即率领一部将士从城中杀出，乘胜追击30余里。这次战役，共计歼敌10000余人，是明、金交战以来的第一个大胜仗。

明熹宗闻报下诏提升袁崇焕为右佥都御史，后来又晋为辽东巡抚和兵部右

明熹宗朱由校

侍郎。

兵败的努尔哈赤心情整日忧郁，并由此引发伤痛发作，不久就死了。

宁远保卫战后，袁崇焕乘胜收复了被高第放弃的锦州各城。天启七年(1627)五月，皇太极继努尔哈赤为汗，他率大军进攻锦州和宁远，袁崇焕采取里外夹击的战术，再次发挥大炮的威力，在不到两个月的时间内，粉碎了皇太极的进攻，取得了著名的宁锦大捷。

督师辽东　计杀文龙

宁锦大捷，京城朝廷一片封赏之声，然而功劳最大的前线指挥员袁崇焕却没得到应有的升赏。魏忠贤权倾庙堂，朝廷腐败而又昏庸，他们看不到明军在和谈中争取到了重建锦州防务的最宝贵的时间，愚蠢地认为宁锦被兵即是和谈的失策。这些人只会纸上谈兵，对袁崇焕既诬陷又弹劾。天启七年(1627)七月，袁崇焕只得告病乞休，告别战友，卸职回籍了。

天启七年(1627)八月，熹宗崩，其弟朱由检即位，改元崇祯。朱由检年轻有为，机智果断地清除魏忠贤及其党羽，起复东林诸君入阁。崇祯元年(1628)二月，皇帝任命袁崇焕为兵部尚书兼右副都御史，总督蓟、辽、天津、登莱等处军务，驻关门。并让他即刻启程，赶往京城面见圣上。

崇祯元年(1628)七月十四日，袁崇焕面见皇上，皇上嘱他早日克敌，以解天下万民之苦。袁崇焕为皇上拊髀宵旰的精神所感动，向皇帝承诺了一个考虑不周的保证：五年复辽。皇帝听后十分高兴，赐给他一口尚方宝剑，袁崇焕又提出钱粮、器马、任人、调兵等事必须不受他部干涉。皇帝也准奏了。

崇祯二年(1629)四月，皇帝加封袁崇焕太子太保，赐给蟒衣、银币，荫职锦衣千户。

从一上任开始，袁崇焕就有杀毛文龙之心。毛文龙镇守皮岛，从形势上看虽然足以牵制敌人，但他没有谋略，每次出兵又打败仗，而每年浪费军饷无数。崇祯二年六月，袁崇焕以阅兵为名，来到皮岛面见毛文龙。袁崇焕向毛文龙宣布了他的12项罪名，便取出尚方宝剑，在帐前杀了毛文龙，同时宣布只杀毛文龙而其他人无罪的命令。接着将毛文龙的28000名士兵分为四协，分别由毛文龙的儿子毛承祚、副将陈继盛、参将徐敷奏、游击刘兴祚率领。收缴了毛文龙的官印、尚方宝剑，命令陈继盛代为掌管。犒赏兵士，行文安抚各岛，把毛文龙的暴政全部废除。袁崇焕回到宁远，将诛杀毛文龙的事情上报皇帝，并向朝廷请罪。崇祯皇

中国将帅传

二四二

帝突然听到这个消息，非常震惊，但想到毛文龙已经死了，而且正在倚靠袁崇焕，于是温和地下旨褒奖。事过不久，皇帝又公开宣布毛文龙的罪名，以使袁崇焕安心抗敌。

回救京师　功臣冤死

皇太极见凤敌再督辽东，遂于崇祯二年(1629)十月，亲率大军10余万，以蒙古兵为向导，大举进犯。惮于袁崇焕的威力，他们避开山海关，绕道龙井关、大安口一带，然后回师遵化，向北京进发。事实上，袁崇焕早就考虑到后金军会有这种举动，他在半年前就上疏朝廷，请求皇上严饬地方督抚，加强蓟门一线的防备，以防万一。但朝廷对他一再上书不予理睬。

后金军一路顺利，所过之城很少有抵抗者，大多或降或逃跑，即使抵抗也一触即溃。十一月皇太极率兵越蓟西进，危及京师。袁崇焕闻知京师有险，心急如焚，忙召部将商议对策。有的主张率兵直奔京师，以保根本，有的认为没有圣旨而不可以进入京师，所以只能率兵应敌。袁崇焕断然表示，如果能拯救朝廷，保卫京师，即使死也无憾，于是决定直奔京师。一路上，袁崇焕奋不顾生，士不传餐，马不再秣，经过两昼夜的疾行到达，列兵于广渠门外，比清军早了三天。清军后到，骤遇袁军，都大惊失色，以为袁军从天而降。双方在广渠门外展开了一场恶战。激战中，袁崇焕横刀越马，冲在阵前，与八旗军马颈相交，拼死搏杀。他左驰右突，中箭很多，多亏穿有重甲才未射透。在袁崇焕的精神鼓舞下，明军将士浴血奋战，终于将八旗军击败。袁军乘胜追击，把敌人赶到运河边。皇太极也只得率诸贝勒撤离京师以观其变。

明军获胜，崇祯帝惊喜不已，连忙发饷犒师。袁崇焕担心所部日夜奔驰，马卒疲惫，请求入城休整再战，不料皇帝却拒绝了他的请求，袁崇焕只得驻扎于城外。

广渠门的惨败，使皇太极清醒地认识到，只要不除掉袁崇焕，就很难灭亡明朝。因此，他决定施行反间计，以达到让明朝自己杀掉袁崇焕的目的。为此，他故意引兵撤退，同时让明军降将高鸿中在囚禁两个明朝太监的屋外对看守人员说皇太极与袁崇焕之间有密约，很快就要占领北京云云。然后故意放松监视，让两名太监逃掉。太监回到城中，立即向崇祯帝报告。崇祯帝正对袁崇焕疑虑重重，一听到太监的告发，便深信不疑，马上以召见为名，把袁崇焕逮捕入狱。

袁崇焕手下大将祖大寿闻知袁崇焕被下狱的消息，深恐牵连，率领部队跑出了山海关。崇祯帝害怕这支明军主力背叛，只好请袁崇焕写信相劝。袁崇焕虽身陷囹圄，以大局为重，亲笔写信要全军官兵听从朝廷命令，团结一心，坚持抗金，决不能因为他个人的生死而轻举妄动，千万不要危害抗金大业。祖大寿将袁崇焕的信向全军官兵一宣读，大家都被感动得失声痛哭起来。将士们当天就回师入关，奋勇杀敌，打算以此行动保全他们主帅的生命。

但是，崇祯皇帝一意孤行，对周延儒等朝臣的上疏援救毫不理会，也不为明军将士的呼声所动。崇祯三年（1630年）八月十六日，皇帝以"谋叛"等罪名，用磔刑（分裂肢体）将袁崇焕处死，家产入官，兄弟、妻子流放。

祖　大　寿

祖大寿(? — 1656)，字复宇，辽东人，明末镇守辽东的著名将领。

祖大寿，泰昌元年（1620）任靖东营游击。天启初年熊廷弼经略辽东，将其列入"忠勤"将官，奏请奖励。在以后的岁月里祖大寿屡被提升，成为明朝守御辽东的主要将领。

天启二年（1622），祖大寿被广宁巡抚王化贞升为中军游击。后金兵围困西平堡，祖大寿奉命率军援救，随后退守觉华岛。后金想招降他，但被他断然拒绝。不久应辽东巡按方震儒的招谕，携妻子率众回归，并救回将士10000余人，器甲牛马无数。

天启二年八月，孙承宗奉命经略辽东，九月调整部署，祖大寿受命佐参将金冠仍守觉华岛，负责粮饷与器械。三年（1623），孙承宗采纳袁崇焕的建议，筑宁远城，令祖大寿督修。

天启六年（1626），努尔哈赤率兵进攻宁远，祖大寿全力协助袁崇焕，坚执"塞门死守之议"，表示愿与袁崇焕共命运，指挥防守城南，施放红衣大炮，击伤后金兵数百人，迫使努尔哈赤退兵解围，取得了明与后金作战以来首次重大胜利。事后，朝廷论功行赏，祖大寿被升为副将，并受到天启帝的称赞。

孙承宗

次年，新即位的后金汗皇太极发兵攻锦州，祖大寿受命随满桂率10000明军东援锦州，从正面迎战来犯之兵，当行至笊篱山时，与后金兵遭遇，经过一番激战，斩敌过半。皇太极攻锦州不下转而攻宁远。随着后金目标的转移，祖大寿也采取了相应措施，率4000精兵回援宁远。他绕到后金兵的后面，配合满桂、尤世禄等，与后金兵鏖战于宁远城下，击伤济尔哈朗、萨哈廉、瓦克达等，大败后金兵，取得了"宁锦大捷"。

崇祯二年(1629)十月，皇太极避开防守坚固的宁锦防线，率兵自龙井关、大安口入关，直逼北京城下。为此明朝军队纷纷入卫京师，祖大寿随袁崇焕，奉命驻蓟州遏敌，不久入京，受到崇祯帝的召见。但皇太极用反间计，使袁崇焕蒙冤入狱。祖大寿异常震惊，不相信袁崇焕通敌卖国，一定是遭人陷害，于是他拿着官诰和赠荫去赎袁崇焕，却被拒绝。也就在此时，朝廷擢升满桂为武经略，统率宁远将卒。一向与满桂政见不合的祖大寿为了免遭株连和免受满桂节制，当机立断率兵东走，毁山海关出奔宁远，使"远近大震"。消息传入京城，崇祯帝立即采取措施，一面遣使持袁崇焕亲笔书信前往招抚，一面令大学士孙承宗设法招回祖大寿。在袁崇焕、孙承宗的感召和其妻子、母亲的规劝下，祖大寿重新入关。并表示收复失地，以功为袁崇焕赎罪。崇祯三年皇太极在攻下永平等四城后，率师转攻山海关，祖大寿奋力抵御，再次施放红衣大炮，击伤满清骑兵六七百余骑，接着追击后金兵至燕河，又斩杀无数。

清太宗皇太极

崇祯三年(1630)，孙承宗第二次督师蓟辽，为加强宁锦防线，他积极主张向锦州以东地区推进，决定修筑大凌河城。四年(1631)五月，祖大寿与何可纲等率兵4000进驻大凌河城，一面防守，一面配合征发的班军、工匠昼夜赶修。可是八月初六日皇太极突然兵临城下，当时大凌河城才动工20余天，仅修完了城墙，雉堞只筑了一半。见后金兵来犯，祖大寿被迫撤入城内。为打破包围，祖大寿多次派出小股军队袭击后金军，时而"出城诱战"，时而以"突兵骚扰"。九月皇太极改变围城策略，令一部分将士扮作明兵，悄悄赶到城西十里的地方，"发炮树帜，骤马扬尘"，急切盼望援军到来的祖大寿见到这一情况，以为是锦州援兵赶来，点兵出城，不料遭到后金围城兵与伏兵的夹击，死伤百余人，始知中计，忙撤回城中，闭城固守，再也不敢开门出战。几天后，明朝遣监军兵备道、少詹事张春及总兵吴襄、宋伟等率兵4万前来增援，与后金兵激战于长山口，炮声隆隆不绝，祖大寿以为又是皇太极的计谋，因此也不敢出门接应，致使明援军大败而归，失去了突围的机会，从此大凌河援兵断绝，只好坚守孤城。

继袁崇焕后，辽左诸将中祖大寿的地位和影响渐渐显示出来，皇太极对此看得非常清楚，故一直想招降祖大寿。早在攻占永平时，就访知祖大寿的族属居住在永平三十里村，便派人把他们接进城，妥善安置照顾。祖大寿被围大凌河，真可谓天赐良机。皇太极于是致书祖大寿，态度诚恳、热切，但被祖大寿一口回绝。此后皇太极和明朝降将又多次致书投降，又均被祖大寿拒绝。祖大寿同时表示，"宁可战死，也决不投降！"

但是不久城中形势日益恶化，祖大寿既无法突围，又不能继续坚守，鉴于这种情况，祖大寿便接受了皇太极的招降。十月二十八日他与后金诸贝勒盟誓约降，连夜谒见皇太极，商定取锦州的具体步骤，此间皇太极以极隆重的礼节迎接他的归降。祖大寿对此十分感动，说："皇上如此优待于我，我还有什么可说的呢？我人虽愚笨，但也不至于是木石心肠！"二十九日祖大寿率部下350人径奔锦州，十一月一日回到驻地。返回锦州后不几天祖大寿即派人返回大凌河对皇太极说："前日行仓促，从者少。抚按防御严，客军众，未得即举事。"皇太极乃告诫他"勿要忘记以前的约定"。不久，祖大寿回信表示"不会失信于人"。于是皇太极拆毁大凌河城，将其子侄带回沈阳，优礼相加。

回到锦州，祖大寿对明朝谎称自己是突围而出，辽东巡抚邱禾嘉信以为真，但事后侦知他已投降后金，急忙密报朝廷。但崇祯帝为了笼络祖大寿，不但下诏免罪，反而晋升他为左都督，并让他诛杀战败先奔的蒙古将领桑噶尔塞。但行事不周，走露了风声，为桑噶尔塞觉察，想先揭发祖大寿投降后金一事。祖大寿得知，就向桑噶尔塞解释，说"杀我自然一定会波及到你，杀你也必然会祸及到我"，从而避免了冲突。此后崇祯帝曾三次召其入京，祖大寿都辞而不往。

大凌河之役后祖大寿与皇太极仅来往了几次，就断绝了关系，对皇太极的屡次致书，也不给回音，并对后金军进行抵抗。八年(1635)多铎率军进攻锦州，祖大寿得报，立派副将刘应选、穆禄、吴三桂等率2700人在大凌河西与后金前锋部队阿山、石廷柱等率的400人列阵相峙、激战。十一年(1638)祖大寿又率兵在西十里山冈袭击多铎，击杀清军9人。但这并没使皇太极震怒，因为他的最终目的不在一时之得失，在他看来，祖大寿即使"反叛不归，也是意料不及的事情。但当初如不将祖大寿放回，如果明廷另派他人据守锦州宁远，事情将会更加难办。如今放还祖大寿一人，而厚恩养其子侄及诸将士，作长远打算，一定会有帮助的"。从这一思想出发，他对祖大寿的子侄仍恩养如故。崇祯九年(1636)，清封祖泽润为三等昂邦章京，祖泽洪、祖可法为一等梅勒章京，颁给世袭敕书，都案院、六部成立，授祖可法为都察院承政，祖泽洪为吏部承政，祖泽润为兵部承政。为日后彻底招降祖大寿创造了前提条件。

到崇祯十四年(1641)三月，形势发生了变化，清军步步为营，将锦州团团围住，因此，祖大寿积极筹划守卫锦州。但祖大寿在布置锦州防务时犯了一个错误，这就是他令蒙古兵守外城。结果守卫外城的蒙古兵与清朝巡逻兵对话后，发生动摇，其副总兵诺木齐与吴巴什密谋开东门降清。待祖大寿察觉到此事，要采取紧急措施时，诺木齐与吴巴什已抢先下手，致使外城

崇祯皇帝

失守，祖大寿只好退守内城。

　　清军围锦州，祖大寿在守御的同时，也急切地盼望援兵。不久，洪承畴率援兵开到松山，八月二日出战，祖大寿见此机会，马上组织步兵分三路杀向城外，试图内外夹击，突破重围，可是只突破两重包围，便被严重阻击，只好重新退回内城固守。次年(崇祯十五年，1642)二月，清军攻陷松山，洪承畴被俘。祖大寿突围无望，无计可施，在清朝的政治攻势下，遂于三月十八日率众出降，锦州失守。一见到皇太极，祖大寿即口称死罪，然而皇太极并没有责怪他，反而安慰说："以前的事情朕既往不咎，只要你今后竭尽忠诚为朝廷出力，那就对啦！"仍授予总兵，隶正黄旗汉军，"赏赐颇丰"。

郑　成　功

　　郑成功(1624—1662)，明末清初杰出的爱国名将，收复台湾的民族英雄。原名森，字明俨，又字大木。隆武帝赐姓朱，改名成功，号"国姓爷"。永历帝封其为延平郡王。

天赋之才　背父举兵

　　郑成功，原名郑森，字大木，福建南安(今福建南安东北)人，是我国历史上名震中外的民族英雄。明熹宗天启四年(1624)，郑成功出生于日本平户(今日本长崎县松浦郡)。郑成功的父亲郑芝龙靠从事海外贸易发家，曾流落日本，后来成为海盗集团的首领，常往来于日本、台湾和闽海之间。郑成功的母亲是日本平户人田川氏之女，祖籍也在中国，所以田川氏的中国姓是"翁氏"。郑成功7岁时，从日本回到祖国。这时，郑芝龙归顺明朝，被授予游击将军，后来，又因海上作战有功升为总兵。

　　郑成功自幼聪慧过人，15岁时，郑成功便考中廪生。21岁时入南京(今江苏南京市)国子监，成为太学生。一些名流学者都认为郑成功有着天赋之才，将来必成大器。在南京读书期间，李自成起义军攻入北京，朱由检自杀，明朝灭亡。随之，吴三桂勾引清军入关，发兵南下。清顺治二年(1645)，郑芝龙在福建拥立唐王朱聿键为帝，建都福州(今福建福州)，建元隆武。郑成功被引去见唐王，唐王对他是宠爱优待，赐皇姓"朱"，为他改名为成功，并封他为忠孝伯。

　　顺治三年(1646)七月，清军大举进攻福建，直逼仙霞关(今福建浦城

郑成功

北）。郑成功怀着忠肝义胆向朱聿键呈递了"据险控扼""练将进取""航船合攻""通洋裕国"等具有战略意义的《抗清条陈》。朱聿键为他的耿耿忠心和惊人胆略所感动，遂进封其为御营中军都督，挂招讨大将军印，北上戍守仙霞关。

仙霞关，位于浙、赣、闽三省交界处，这里地形复杂，地势险要，有一夫当关、万夫莫开之势。可是，在这大敌当前，民族危难的紧要关头，善于玩弄政治投机的郑芝龙竟然通敌撤防，断绝郑成功的粮饷供应，迫使郑成功弃守退兵。八月间，清军长驱进逼福州。朱聿键西走汀州（今福建长汀），被敌人抓获，绝食身亡。九月，郑芝龙公开降清。郑成功闻讯，跪哭力阻，郑芝龙对此置之不理，一意孤行，带领500人投降清营。为了免遭父亲和清军的胁迫，郑成功在叔父郑鸿逵的帮助下，悄悄逃往金门海岛。

郑成功僻处一隅，壮志不移。他对父亲的投降变节行为异常气愤，在极端艰苦的条件下，决心背父举兵，拯救明朝故国。于是，他脱掉儒衫，佩剑着甲，走上了抗清复明的武装斗争道路。

转战东南　　抗清复明

顺治三年（1646）十二月初一，郑成功在烈屿（今小金门）誓师起兵，树起"杀父报国"的旗帜，他要凭自己的意气信心重振大明江山。郑成功高举义旗，礼贤下士，得到了各州县百姓的拥护，各地英雄豪杰纷纷投奔而来。很快，郑成功就组织了几千人的队伍。郑成功召集文武将吏设立会盟，仍沿用当年明隆武皇帝的年号，自称"招讨大将军"。

顺治五年（1648）十月，永历帝诏封郑成功为威远侯，郑成功高兴地接受了封号。第二年，永历帝遣使再封郑成功为广平公。

在随后的数年间，郑成功在泉州、漳州等地与清朝展开了艰难的拉锯战。通过几年的征战，郑成功已收复了福建的漳州、泉州沿海地区与广东潮州所属的一些地方，但始终没有找到一块可以依靠的根据地。

顺治七年（1650），郑成功听从了部将施琅的建议，亲自到厦门城内，将只重酒色不谋国事的厦门守将郑联杀死，随即控制了厦门城。

从此，郑成功有了比较稳定的根据地。九月，郑成功隆重祭祀了已经惨死4年的母亲田川氏。不久，又派人将其家眷接到了厦门。在郑成功的经营下，厦门日益繁荣。部队已发展到4万多人。又整编了军队，设立五军（左军、右军、前军、后军、中军），雄踞海上，图谋进取。

正当郑成功大展宏图之时，清军大举进攻广东、广西，永历帝诏令郑成功进援广东。无奈之下，郑成功只好留下族叔郑芝莞守卫厦门，自率大军救援广东。结果，福建巡抚张学圣趁虚而入，占领了厦门。正当郑成功在广东大获全胜，准备乘胜前进时，突然传来厦门失陷的消息，军营内外一片哭声，上兵们担心岛上家眷的命运。军心不稳则难于继续南下勤王，郑成功无奈回师厦门。

顺治九年（1652）正月，郑成功率军包围了长泰。清闽浙总督陈锦于三月间率军来援，郑成功亲率主力在江东山迎战清军主力，他以正面三线梯次配备的大纵深阵地阻击敌军进攻，而在两翼设伏以包围进攻之敌的战术，一举全歼清军，陈锦率少量残兵逃至同安附近，为部属杀死，其部将携其首级投降郑军。

郑成功歼灭陈锦部后，即包围了漳州。清王朝经过江东桥之战，重新估计了郑成功的军事力量，顺治九年（1652）九月，浙、直满汉八旗骑兵万余增援福建。郑成功集中兵力，在漳州外围的古县列阵迎战，未能顶住八旗骑兵的猛烈冲击，败退海澄。海澄是厦门的门户，也是进攻大陆的滩头据点，谁控制了海澄，谁就获得了战争的主动权。郑成功经过古城战败，认识到不宜与八旗骑兵进行野战，遂决心依托城防工事，实行坚守防御。调来大批人力和火器，增修和加强海澄城防。顺治十年（1653）五月间，清军开始进攻，先集中火力连续轰击一昼夜，工事大部摧毁，官兵死伤甚众。次日中午，郑成功挑选精兵组织出击，被清军猛烈的炮火击退。如此连续两昼夜，城防工事几乎被摧毁殆尽，以致兵士竟无处站立，郑军士气开始下降。郑成功为振奋士气，立即进行紧急动员。同时令士兵挖掘单人避弹坑和构筑集体掩蔽部，以减少伤亡。经过思想动员和增修工事，士气复增。

清军连续三昼夜进行火力轰击，郑成功判断其即将发起总攻，遂召集诸将布置任务。将所有火药，全部埋于护城河内，挖暗沟将导火索通至阵地内，待命引火。果然不出郑成功所料，清军当日彻夜实施火力准备，次日拂晓，开始以空炮助威发起冲击。双方第一线部队进行了激烈的肉搏战。黎明时清军后续部队已渡过护城河，进至雷区。郑成功下令点火，过河清军全被消灭，郑军开始反击，终于大败清军，保住了海澄。

清顺治十一年，南明永历八年（1654）十一月，漳州协守清将刘国轩献城降郑，郑成功授刘国轩都督金事。十二月，郑成功令诸镇将分兵进取同安、南安、惠安等县，其余各县俱闻风归降。至此，漳州及漳泉属邑均被郑军克复，郑军遂移师到兴化地方。

顺治十二年（1655），清廷命贝勒世子罗托（即郑亲王

顺治皇帝

世子济度）为定远大将军，统领清军赴闽，以图一举消灭郑军。郑成功采用冯澄世所献良策，将泉漳诸邑城全部拆毁，派郝文兴统其所部坚守海澄，而将全军撤回厦门，坚守各岛，养精蓄锐，以待清军。清顺治十三年，南明永历十年(1656)四月，罗托命韩尚亮为先锋，进攻厦门，郑成功派遣他的将领林顺、陈泽抵御。正遇一场暴风雨，清军士兵大多晕船，无法作战，又不能靠岸，转而进攻金门，遭到郑军水师的阻击，双方会战于泉州湾。清军惨遭大败，死伤无数，韩尚亮首先毙命，其余清兵大多被俘。郑军取得了泉州湾战役的胜利，但在六月发生了海澄守将黄梧据城背叛降清的事件。海澄失守后，郑成功只好改变进攻方向，别图进取。

七月，郑成功乘贝勒世子罗托与总督正提师驻扎漳州，福州省城空虚之际，派水师直抵闽安。闽安告捷后，郑成功又亲率水师前往福州，命大队舟师驻扎南台，进围福州。为防南北清军援兵，又分兵把守乌龙江及连江北岭，然后将东南隅一带房屋拆毁，竖栅安置炮台，日夜轰击福州城。经过激战，郑军曾一度攻入城内，占据了乌楼，后来因中清军伏兵，又在八月中旬撤出福州。罗托得知郑成功攻克闽安包围福州的消息后，急忙派阿格商统领骁骑驰赴救援，并命马得功带兵出云霄八尺门，渡江袭取铜山，以图仿效"击魏救韩"之法。九月初，马得功领兵到八尺门，进攻铜山，但遭到郑军的反击，伤亡很多，被迫撤回。十二月，郑成功又督师进取罗源、宁德等邑。清军援兵阿格商等率马步数千尾追。郑成功令甘辉、周垒斌等断其后，然后节节示弱诱敌。阿格商见郑军退走，放心追赶，至护国岭遭到郑军的伏击，死伤惨重，阿格商当场毙命。

南明永历十三年(1659)，郑成功开始检查军备，储备粮食，操练铁军，布置兵力，进行北伐准备。在做了充分准备之后，清顺治十六年(1659)五月，郑成功自任招讨大元帅，以原麓武宰相张煌言为监军，率17万水陆大军，2300只战船，大举北伐江南。北伐大军五月在崇明岛登陆，六月直捣瓜洲，水师进泊镇江南岸七里港，二十日登岸扎营，与清军咫尺对峙。郑成功见银山逼近镇江府，离清军营地不到3里，便于二十二日下令各路大军迅速迂回到银山脚下，与清军展开激战。郑军奋勇死战，所向披靡，杀得清兵溃不成军，横尸遍野，其余清兵惊惶四散，鼠窜而逃。郑成功一面传令进兵围城，一面派人进城招降。镇江府守将高谦与知府戴可进等献城，赴银山军前投降。二十五日，郑成功巡视镇江城，严令官兵，擅自闯入民家，骚扰百姓者，严惩不贷。在郑成功抚慰政策感召下，附近的仪真、浦口、滁县、六合等处归附者接踵而至。

七月，郑成功率师进围南京城。荆州、扬州、芜湖、丹阳、宁国、池州、安庆等府州县，纷纷投诚归郑。不到半个月时间，北伐军即占据4府3州24县，使清廷大为震惊，顺治帝甚至准备亲自带兵镇压。但是，郑成功未能接受张煌言等人建立据点、断清粮运、集中兵力攻打南京的建议，加上兵力分散而又轻敌，最后遭到清将梁化凤的突然偷袭，惨败于南京城下。郑成功不得不率兵撤出长江，返回金、厦。清军尾随而下，企图一鼓作气彻底消灭郑军。

清廷任命达素为安南大将军，率领四五万八旗军入闽，同时又命明安达理率军自南京出发，由海道会攻厦门。郑成功经过半年的休整和补充，集中全部兵力于厦门海面，决心同清军作殊死战。清顺治十七年，南明永历十四年(1660)五月初十日凌晨，两军会战于漳州海门港。清军利用有利的风向，向郑军发起猛攻，郑军战船多半被击毁，但郑成功一直站在他的船头，神色自若地指挥作战，将士深受鼓舞，奋勇击杀。中午，风向骤改，波涛顿起，郑成功即刻命令全军发炮反攻，清军乱作一团，郑军将士踏浪如飞，乘势猛击，俘获大批清军船只和官兵，达素狼狈逃窜，羞愤自杀于福州。

驱逐荷夷　收复台湾

永历十三年(1659)九月，郑成功率大军进攻南京失败后返回厦门，郑成功的反清复明大业也由兴转衰，军事上陷入了困境，与此同时，清朝对郑成功加大了攻势，又调集浙江、福建、广东等省诸多兵力，向厦门压来；并后对厦门与其他各地的贸易也进行极力的阻挠。

郑成功清楚地认识到清军的实力和自己在整个局势中所处的不利地位。他一方面加紧备战，调整部署，修整船只，备造军器，休养训练，先后打败了几次清军的进攻行动。而另一方面，随着清军的包围和贸易的受阻，郑成功开始陷入兵困饷乏地步。通过数次失败的突战北伐，郑成功感到需要有更为安全可靠的地方以供郑军长期坚持抗战。然而，厦门、金门都是弹丸之地，实在难以持久地立足，于是，他早早便先期派了知心大将潜入台湾，打平障碍，安顿将领官兵家眷，以为长久之计。

郑成功经过精心筹划，决定出敌不意地通过鹿耳门港湾，在台南抢滩登陆，突袭敌赤嵌城。永历十五年(1661)二月十三日，郑成功率大军自金门出发。他将出征舰队编为两个梯队，自己亲率第一梯队2500人，战舰20艘，向澎湖挺进。因天气恶劣，郑军被困数日。在面临粮绝的险境下，郑成功当机立断号令进军，冒着暴风骤雨直赴台湾。四月一日拂晓，大军抵达鹿耳门港，利用涨潮时间，通过荷兰守军认为不能通过的航道，一举击败了荷军的拦截，胜利登岸。

台湾人民看到祖国的大军，个个欢欣鼓舞，争相协助郑军捕获敌人。郑成功在台湾人民的大力支援下，很快切断了赤嵌楼与赤嵌城之间的联系。但是，侵略军不肯就此罢休。他们在据堡垒顽抗的同时，又出动四艘战舰向鹿门一带郑军的侧翼反击；在陆上，荷兰军队兵分两支，向北线尾一带郑军反扑。郑成功随即督军还击。

海战中，击毁击伤敌舰3艘，仅有1艘逃脱；陆战中，郑成功以大部队正面还击，另出奇兵七八百人，迂回敌侧后夹击，全歼进攻之敌。随后，郑成功联络当地人民25000人，一举拔除赤嵌楼敌军据点。五月二日，郑军第二批部队在黄安等人的率领下抵达台湾，郑军的粮食危机暂得缓解，兵力也得到加强。郑成功一面部署围城，一面加强政治和经济建设，整顿军队，进一步改善军民关系，颁布各种法令和条例，为经营台湾打下基础。

远在巴达维亚的荷兰殖民者在得悉郑成功进抵台湾后，即派遣一支增援部队约700百人，由雅科布·考乌率领赴台。七月，援台荷军舰队向郑军发起进攻，郑成功指挥水师奋起反击，予来犯荷军以重创，对峙数月后，考乌见势孤力穷，于十月率舰队逃离台湾。

困守台湾城的荷军由于救援无望，粮药缺乏，疾病传染，战死病亡已达1600余人，仅存100余名官兵，士气低落，但荷兰殖民者驻台长官揆一仍作困兽之斗。

与此同时，郑军也面临大军乏粮，坚城久攻不下而军心不稳的困难，同时清廷又厉行海禁，欲置郑军于死地，士兵逃亡事件不断发生。面对重重困难，郑成功以无比坚强的意志和毅力，继续指挥驱逐荷兰殖民者的正义之战。

十二月(1662年1月)，郑成功认为进攻台湾城、彻底打败荷兰侵略军的时机已经成熟。郑成功率军与荷兰军再次大战，大败荷军，首先夺取了战略要地乌特利支堡，使得对台湾城的包围圈一点点儿缩小。城中荷军见大势已去，乱作一团，揆一多次召开紧急会议商讨对策，最后决定放弃抵抗，献城投降。

十二月十三日，荷兰侵略者终于被迫在投降书上签字，然后带领残兵败将逃回了荷兰。至此，沦为荷属殖民地达38年之久的台湾，又重新回到祖国的怀抱。

郑成功进入台湾，采取了一系列发展生产、密切民族关系的措施，推动了台湾社会经济的发展。他颁布了垦荒条款，不仅解决了军粮问题，而且对台湾的开发做出了重大贡献。但不幸的是，郑成功在他收复台湾后不久就因病逝世，年仅39岁。

多 尔 衮

多尔衮(1612－1650)，清代开国元勋。姓爱新觉罗，清太祖努尔哈赤第十四子。多尔衮是清初声势显赫、举足轻重的人物，为清王朝的建立做出过突出的贡献。清太宗皇太极死后，多尔衮曾做过摄政王，实际主持朝政达六七年，直到去世。

平定蒙古　统一东北

多尔衮生于明万历四十年(1612)十月二十五日，卒于清顺治七年(1650)十二月初九日。是清太祖努尔哈赤的第十四子，其母为大妃乌拉纳喇氏，同母兄阿济格，弟多铎。

后金天命十一年(1626)，努尔哈赤死于沈阳附近的瑷鸡堡，多尔衮的生母被逼殉葬。接着，努尔哈赤的第八子皇太极即位，即清太宗。当时多尔衮年仅15岁，被封为贝勒(贵族封爵)。因按年龄排列第九，故称九贝勒或九王。

天聪二年(1628)二月，17岁的多尔衮随同皇太极进军蒙古察哈尔多罗特部，获敖穆楞大捷。因其作战身先士卒，英勇果敢，深得皇太极赏识，被赐以美号墨尔根戴青，意为聪明王。从此，机智勇敢、善于谋略的多尔衮，逐渐成为后金军的主要统帅之一。

天聪三年(1629)十月，多尔衮跟随皇太极从龙井关攻入明朝边境，他与三贝勒莽古尔泰南攻汉儿庄，迫使汉儿庄的明朝守军弃城投降。十一月，多尔衮先驱到达通州，伺机渡河抓捕哨兵。随从皇太极攻打明北京城，在广渠门外，打败了明朝宁远巡抚袁崇焕、锦州总兵祖大寿的援兵。十二月，多尔衮的军队在蓟州与明朝山海关援兵相遇，歼灭了明朝的援军。天聪四年二月，皇太极从湾河回宫，多尔衮与莽古尔泰先行。攻破明军大营，斩杀了60余人，俘获战马8匹。

天聪五年(1631)七月，清人始设六部，命多尔衮掌管吏部。八月，多尔衮随从皇太极围攻大凌河城，明军出城诱战，多尔衮偕同诸将冲入明阵，直抵城下，奋勇攻战，明兵来不及全部入城，致使100多人掉进壕沟溺水而亡。十月，明朝将领祖大寿献锦州城投降。

天聪六年(1632)五月，多尔衮随从皇太极攻打察哈尔。他与贝勒济尔哈朗在归化城西南黄河岸俘获其部众1000多人。

天聪七年(1633)，皇太极下诏征求诸贝勒及大臣的意见，攻打明朝、察哈尔，应先攻打哪个。多尔衮力主应以攻打明朝为先，置明于死地，然后夺取全国政权。为此，他向皇太极献良策说，"应该乘春天整练军队，等到我方耕割完毕、明朝谷物将熟的时候，攻入明朝边境，进逼燕京，断截其援兵，摧毁屯堡，借粮于敌，以便长久驻扎，可以坐待其毙"。

天聪八年(1634)五月，多尔衮又随从皇太极攻打明朝，从龙门口攻人，打败了明兵，攻克了保安州，直到五台山而后返回。

拥立幼主　定都北京

清崇德八年(1643，即明崇祯十六年)八月初九日，清太宗皇太极暴卒。围绕着皇位继承问题，清皇族统治集团内部发生了激烈的斗争。当时可能接替皇太极做皇帝的首选人员有两个，一是多尔衮，一是豪格。

多尔衮是皇太极的弟弟，兄死弟继，自然合理合法。况且当年皇太极即皇帝位时，清太祖努尔哈赤就曾有意传位给多尔衮，因为多尔衮"聪慧多智，谋略过人"。但当时，多尔衮年仅15岁。现在多尔衮不仅战功赫赫，而且背后有相当的势力支持他做皇帝——两白旗坚决反对立豪格为帝，而拥戴多尔衮做皇帝。正红旗旗主贝勒代善虽然倾向于立豪格，但也不反对立多尔衮为帝，而代善的儿子硕托和孙子阿达礼是支持立多尔衮为帝的。

豪格与多尔衮相比，继承帝位的优势在于，他是皇太极的长子。而且豪格背后支持他继位的势力也更雄厚——两黄旗坚决支持豪格，而豪格本人又是正蓝旗的旗主贝勒，这样就有八旗中的三旗支持立豪格为帝。

八月十四日，即皇太极死后的第五天，多尔衮召集诸王大臣议立嗣君之事。当天天刚亮，两黄旗大臣在大清门会盟，令两旗精锐内兵(即护军)张弓矢，环立宫殿，准备发动政变，以武力夺取政权。

而对危急的局势，多尔衮明智地采取了折中的办法，立皇太极6岁的儿子福临(即后来的顺治皇帝)为帝，而又由他和济尔哈朗辅政，福临年长之后归政。这一折中方案终于为双方所接受，剑拔弩张的形势这才结束。

两天以后，不识时务的代善之子硕托、孙子阿达礼，又图谋推翻成议，拥立多尔衮为帝。多尔衮非常果断地将硕托、阿达礼立刻处死，而且杀死了阿达礼的母亲和硕托的妻子。

辅政不久，多尔衮先是与济尔哈朗一同宣布罢诸王贝勒管理六部事务，把权力高度集中在自己手中，而凡重大政事，应先告知自己，这样，济尔哈朗实已退居多尔衮之下，多尔衮成了实际上享有皇帝一切权力的摄政王、太上皇。

崇祯十七年(1644)三月，李自成领导的大顺军攻占北京，崇祯皇帝自缢，明朝灭亡。

多尔衮此时还不知道农民军已经攻占北京，他在沈阳作了伐明的紧急军事动员，征调了三分之二的满洲蒙古军，以及全部汉军。四月九日，他被任命为"奉命大将军"，以"便宜行事"的大权，率领阿济格、多铎以及归降的明将孔有德、耿仲明、尚

八旗甲胄正白旗

可喜等，向山海关进击。四月十三日，清军抵达辽河。明山
海关总兵平西伯吴三桂遣人至清军，报告农民军攻陷北京的
消息，并向清军乞援。面对突变的形势，多尔衮显示了惊
人的应变能力。他没有丝毫迟疑，而是立刻改变策略，接
受了临行前大学士范文程的建议，把农民军当成主要敌
人。他又征询洪承畴的意见，洪承畴除同意范文程的建
议之外，还着重指出，应派先遣官宣布，这次进军的目
的，就是为了扫除逆乱，消灭农民军，有做内应及立大
功者，将破格封赏。为了争取时间，应计算里程，精兵
在前，辎重在后，限以时日，直趋北京。十九日，吴三桂

吴三桂

再次派遣副将杨坤致书多尔衮。多尔衮正式复信吴三桂，表示对"崇祯
帝惨亡，不胜发指"；声称这次出兵的目的是，"率仁义之师，沉舟破釜，
誓必灭贼，出民水火"，并且一定要做到"唯底定中原，与民休息而已"，明确表示要统一中国才肯罢
休。同时又拉拢吴三桂说："伯（吴的爵位）思报主恩，与流贼不共戴天，诚忠臣之
义，勿因向守辽东与我为敌，尚复怀疑。……伯若率众来归，必封以故土，晋为藩
王。国仇可报，身家可保，世世子孙，长享富贵。"俨然反客为主，以全国最高的
统治者自居。以这封信为标志，清政权彻底改变了打击目标，最终完成了政治上、
军事上的战略转变。

　　四月二十一日，清军一昼夜行军200里，至傍晚时分，距山海关15里驻营。是
日，李自成亲率20余万大军到达山海关，将吴三桂部包围于关城之内，并即刻开
始了夺关激战。吴三桂自知不敌，屡屡遣使向清军告急，但多尔衮与多铎、阿济格
计议后，仍不敢轻信吴三桂，故当夜清军"披甲戒严，夜半移阵"。李自成与吴三
桂激战的隆隆炮声，彻夜不止。二十二日凌晨，清军进迫关门5里许，吴三桂见清
军至，遂炮轰大顺军，率诸将十余员、甲数百骑突围，直驰清营，拜见多尔衮，剃
发称臣。多尔衮在军前将吴三桂晋爵为平西王，树立了一个给明朝降将加官晋爵的
榜样。多尔衮令吴三桂先行，开关迎降，多铎与阿济格分率劲兵一支驰入关门，竖
白旗于城上，多尔衮自统大军继入。复以吴三桂军作右翼先发，出关敌李自成。李
自成自知边兵强劲，成败在此一举，挥军与吴三桂死战。山海关城内闻炮声如雷，
箭如雨下，清军蓄锐不发。中午时分，多尔衮见吴三桂不支，乃命三吹角，三呐
喊，始派多铎、阿济格率铁骑数万从吴三桂阵右出直扑大顺军阵，农民军败溃。是
役，刘宗敏负伤，李自成收残卒急退北京。

　　清兵每日奔行一百余里，未遇任何抵抗，五月初一日便到了通州。在这前一
天，李自成已满载辎重，放弃北京，向西撤退。

　　五月二日，明朝的故将旧吏出北京朝阳门外5里，以帝王之礼，迎接多尔衮。
多尔衮乘辇入城，升座武英殿，正式接受明朝降官降将的拜谒。

九月，福临入山海关，多尔衮率诸王群臣迎于通州。福临到北京后，马上封多尔衮为"叔父摄政王"，并为他"建碑纪绩"。多尔衮的同母兄阿济格、弟多铎也都升为亲王。济尔哈朗则仅被封为"信义辅政叔王"。至此，摄政王只有多尔衮一人。

十月一日，福临在北京登基即位，是为顺治皇帝。

统一南方　专政拓新

顺治元年(1644)十二月，多尔衮命多铎率军攻打李自成。多铎的军队在潼关与李自成的军队激战近一个月，终于重创李自成的军队。顺治二年正月十八日，清军攻占西安。此时李自成的军队已不是主要威胁，多尔衮马上果断地让多铎转往南京，而让阿济格率吴三桂等追击李自成。正月底，阿济格在湖北省通山县追击李自成军队，李自成在九宫山被杀。同年多尔衮派豪格率领清军攻打四川的张献忠。四月，在四川凤凰山，张献忠与豪格的清军相遇，战败而死。

伴随着李自成、张献忠相继战败被杀，农民起义军的实力大大削减。虽仍有余部继续抗清，已不能对清军构成重大威胁。于是，多尔衮决定集中兵力攻打江淮。多尔衮致书扬州守帅史可法，劝其降清，但史可法义正词严，予以反驳，拒不投降。顺治二年四月十五日，豫亲王多铎率大军抵达扬州。史可法死守扬州。二十五日，清军攻破扬州城，史可法浴血奋战，以至殉国。清军大肆屠戮，史称"扬州十日"。五月六日，清军渡江，南明王朝军队不战而溃。十四日，清军攻克南京，南明小皇帝福王出逃，不久被清军俘虏，南明王朝大批文武官员以及20余万军队投降。清军乘胜南进，攻打南方各省。至此，满人在军事上获得决定性的胜利，清政权逐渐巩固。

多尔衮位宠功高，擅权专断。豪格虽然镇压张献忠有功于清室，但因在继嗣问题上和他发生过争斗，在功成返京后，就被他罗织罪名，置之死地。济尔哈朗原和多尔衮同居辅政，被多尔衮逐渐排挤，终被罢其辅政。在排除异己的同时，则任人唯亲。他的同母兄弟阿济格、多铎，都得到重用。尤其对多铎，待之甚厚，顺治四年，封多铎为"辅政叔德豫亲王"，取代了济尔哈朗。

多尔衮身材细瘦，一直患有中风病，入关后病情日重，常常"头昏目胀，体中时复不快"。刚到北京时，病情曾一度加重，顺治四年以后，由于风疾加重，跪拜不便，使他时感政务繁多，疲于应付，因而烦躁愤懑，易于动怒。上上下下都怕他，据说就是达官显贵往往也不能直接同他说话，要趁他

史可法

外出过路时借便谒见。但他始终以饱满的精神经营清王朝的"大业"，牢牢控制着军国重务。为此他一再令臣下，"章疏都须择切要者以闻"，要求文字简明扼要，不允许有浮泛无据之辞，以免徒费精神。

顺治七年十一月，多尔衮出猎古北口外，从马上坠落，膝盖严重受伤，由于错用药物，于十二月初九日死于喀喇城，年仅39岁。丧还，顺治帝率诸王大臣迎奠东直门外，追尊为"诚敬义皇帝"，庙号"成宗"。

鳌　拜

鳌拜(？－1669)，清前期将领。姓瓜尔佳氏，满洲镶黄旗人。鳌拜出身将门，祖父索尔果为苏完部首长，后率所部五百余户投归清太祖努尔哈赤。父卫齐，清太宗皇太极时，任盛京八门提督。兄卓布泰，顺治帝时任镶黄旗固山额真，曾授征南将军。弟巴哈，顺治帝时为领侍卫内大臣。鳌拜一门显赫。他自青年时即驰骋疆场，在清朝开国过程中屡立大功，成为一代骁将。后为四辅政大臣之一。但他擅权自专，招致死罪。

满洲勇士　战功卓著

鳌拜崇尚武力，自幼便练习骑射，长大后更是弓马娴熟，力大无比，武艺超群。初任护军校尉，因功授甲喇章京世职、参领等职。崇德元年(1636)十二月，鳌拜任职护卫，随侍皇太极左右。皇太极命贝子硕托与孔有德、耿仲明、尚可喜攻取明军占有的皮岛。硕托军久攻不下。二月，皇太极命武英郡王阿济格率军往代硕托，鳌拜从征。由于鳌拜率部队占据了滩头阵地，所以其余清军蜂拥而上，一举攻克皮岛。太宗皇太极认为皮岛的作用和地位相当于一座大城市，应当从优安抚，作长远打算。对三军将士褒奖有加，论功行赏。鳌拜作为第一功臣，得到了丰厚的赏赐，由牛录章京超擢为三等梅勒章京，赐予巴图鲁称号，不久升任镶黄旗护军统领，位列大臣。

崇德六年(1641)三月，济尔哈朗率清军将锦州团团围住，然后筑起高墙挖掘深沟，切断城中明军与外界的一切联系。混入城中的蒙古军队与清军约定献城东关为内

鳌　拜

洪承畴

应，被发觉后与明军祖大寿等搏战，清军自城外接应，克锦州外城。当时多尔衮、豪格、阿巴泰等驻营远离锦州，经常允许军士回家送所掠财物，因此没有取得显著战果。鳌拜追随济尔哈朗苦战克锦州外城，受到清太宗晋爵一等男的奖励。

崇德六年(1641)八月，明总督洪承畴率13万明军驰援锦州，在松山到乳峰山之间安营扎寨，列步军七营，骑兵环松山城东西北三面，布置了坚固的防线。太宗皇太极亲率清军在乌欣河、南山至大海布阵，横截大路，切断了明军饷道，又命诸将严阵以待，分路设伏。明军粮饷短缺，吴三桂等六位总兵趁夜色率领军队突围逃奔。鳌拜率军在海滨设伏，迫使明军只得沿海岸线逃走。鳌拜身先士卒，冲锋在前，明兵溃败，互相践踏，死者不计其数。鳌拜等率军进攻松山，打击援军，没有得到命令，就一马当先冲锋陷阵，五战皆捷，使洪承畴龟缩松山城内陷入重重包围。崇德七年(1642年)二月，明副将夏承德以儿子作人质请求做清军的内应，豪格等以云梯登城攻克松山，洪承畴被俘。三月。清军攻克锦州，祖大寿投降。鳌拜在锦州、松山战役中立下大功，被提升为巴牙喇纛章京(太宗皇帝亲军最高指挥官，后为护军统领)。

崇德八年(1643)，鳌拜随奉命大将军阿巴泰讨伐明朝，屡次战败明守关将领，他的世职也由一等梅勒章京(后为一等男)升为三等昂邦章京(后为三等子)。

稳定皇权　几经沉浮

崇德八年(1643)八月初九，清太宗皇太极暴逝。满洲贵族内部因皇位继承问题，出现了尖锐矛盾。睿亲王多尔衮与皇太极长子肃亲王豪格是皇位的主要争夺者。

崇德八年(1643)八月十四日，皇太极死后第六天，王公大臣在盛京皇宫崇政殿召开会议，讨论皇位的继承问题。当天黎明，两黄旗大臣鳌拜、索尼、图赖、谭泰等在大清门盟誓立皇子为帝，而且命令两黄旗巴牙喇兵张弓挟矢环围宫殿，保卫、控制了讨论皇位继承的王、大臣会议。会上，索尼、鳌拜首先提出，只有太宗的儿子才能拥有继承权。多尔衮表示先由王、贝勒研究，大臣暂时退下。代善作为举足轻重的长者提出，豪格是太宗长子，应当继承皇位。但是豪格显然认识到反对势力的强大，除了以多尔衮为首的两白旗，还有太宗在崇德元年(1636)所尊崇的"崇德五宫"中博尔济吉特氏后妃势力。由于孝端、孝庄文皇后的活动，两黄旗大臣索尼、鳌拜等的态度发生重要变化。豪格一怒之下，放弃皇位的竞争，并提前退出会议。这也使得豪格永久地失去了继承皇位的资格。这时，两黄旗大臣索尼、鳌拜、图赖、谭泰等佩剑而前，坚持要求立皇太极之子继承皇位，实际上是明确提出立嫡子福临继位的要求，表示了宁死不屈甚至不惜武力解决问题的决心和气概。面对此情此景，多尔衮也只得无奈地响应两黄旗、大臣索尼、鳌拜立太宗嫡子福临继承皇位的意见。但不甘心丧失权力的多尔衮提出福临年幼，暂由自己和济尔哈朗辅政的要求。这样，福临继位，多尔衮、济尔哈朗辅政，就为王、大臣会议所接受了。其中，福临的嫡母、生母、崇德五宫中的博尔济吉特氏孝端、孝庄文皇后对多尔衮施加的影响，也是显然可见的。在福临继承皇位的诸因素中，索尼、鳌拜、图赖、谭泰等两黄旗大臣所控制的两黄旗武装力量显然是基本的，他们在决定皇位继承的关键时刻做出了重要贡献。

辅政大臣　位高权重

顺治十八年（1661）正月初八，福临去世，遗诏以八岁的第三子玄烨嗣位，由大臣索尼、苏克萨哈、遏必隆、鳌拜为辅政大臣。四位辅政大臣之中，索尼位居前位，但已年迈多病，几乎不理朝政。苏克萨哈虽与鳌拜是姻亲，但二人经常政见不合。由于苏克萨哈隶属正白旗，使得隶属正黄旗的索尼也与之不合。遏必隆则是昏庸懦弱，遇事没有主见。所以鳌拜虽居四辅政之末，却因以上种种原因得以擅权。当时鳌拜与内大臣费扬古有过节，其子侍卫倭赫故而不礼敬鳌拜，鳌拜设计治罪惩除他们。康熙三年（1664）四月，倭赫在景山、瀛台擅骑御马，又用御弓射鹿，鳌拜论罪将倭赫斩首，并罪及其父费扬古，定费扬古"怨望"罪名，将其子尼侃、萨哈连处以绞刑，籍没其家产给予鳌拜弟都统穆里玛。从此鳌拜专权妄为，网罗羽翼，结党营私，如敢有违反其心意或不加礼敬的都会大加惩除，置之死地而后快。

顺治定圈地时，八旗土地各按左右翼次序分给。多尔衮专权时欲移驻永平，故将原属镶黄旗地给予正白旗，而给镶黄旗地于右翼之末，即保定、涿州等处，虽然因地有肥沃与贫瘠之分，但两旗之人20余年来各安生业，并不计较。康熙五年（1666）正月，鳌拜因与辅政大臣正白旗人苏克萨哈矛盾日深，以原镶黄旗地为正白旗所占，故立意更换。索尼因与苏克萨哈一向不合而支持鳌拜；无主见的遏必隆随声附和。鳌拜遂命户部及直隶总督、巡抚主持其更换事宜。直隶、山东、河南总督朱昌祚会同直隶巡抚王登联，实地勘测，旗人与民人皆不愿换。王登联、朱昌祚相继上疏，奏请停止圈换两旗土地一事。户部尚书苏纳海也以"候旨"为由，对圈地事不行办理。鳌拜知后大怒，认为三人阻挠圈换，是有意违抗其命令。为此兴起大狱，杀三大臣以立威。康熙感到为这样一件事情杀三大臣太过分，因此就亲自召集四辅政大臣询问，但鳌拜在康熙帝面前，大声咆哮，甚至攘臂挽袖地威吓，坚持将三人必置重典。但康熙坚持原则，始终未允所奏。谁知鳌拜胆大包天，竟假传圣旨将三大臣处以绞刑，又追论已死之苏克萨哈族人额附英武尔代罪，以泄其忿。

结党营私　受囚而终

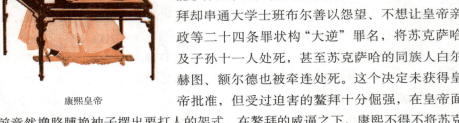

康熙六年(1667)六月，索尼去世，鳌拜一跃而位居辅政大臣之首。七月，康熙帝据索尼临终前的请求亲政，升鳌拜一等公爵，其子纳穆福二等公爵。由于鳌拜更加专横恣肆，迫于鳌拜的淫威，苏克萨哈在孤立烦闷中奏请康熙皇帝，要求去守顺治帝陵寝，声称这或许能够保全余生。就在康熙针对此事质问鳌拜时，鳌拜却串通大学士班布尔善以怨望、不想让皇帝亲政等二十四条罪状构"大逆"罪名，将苏克萨哈及子孙十一人处死，甚至苏克萨哈的同族人白尔赫图、额尔德也被牵连处死。这个决定未获得皇帝批准，但受过迫害的鳌拜十分倔强，在皇帝面

康熙皇帝

前竟然撸胳膊挽袖子摆出要打人的架式，在鳌拜的威逼之下，康熙不得不将苏克萨哈及其子孙诛杀。

康熙七年(1668)正月，康熙帝又加升鳌拜、遏必隆为太师，使鳌拜更加得意忘形。鳌拜整天与其弟穆里玛、侄塞本特、讷莫以及班布尔善、阿思哈、噶褚哈、玛尔赛、泰必图、济世、吴格塞等结党营私，甚至在家中私自讨论决定朝政大事，然后施行。

鳌拜专擅朝政，倒行逆施，已成为君主专制的障碍。康熙八年(1669)，康熙皇帝以自己培养的一批满族贵族青年谋士和勇士智擒鳌拜。随后，康熙帝列举了鳌拜等结党专权、不尊君上、行私纳贿等30条罪状。根据鳌拜的罪状应该以极刑处死，但康熙帝考虑他多年为皇室效力，赦免了他的死罪，将其永远圈禁。康熙帝又乘胜追击一举剿灭了鳌拜的党羽。不久，鳌拜在监禁中死去。

年 羹 尧

年羹尧(1679－1726)，清前期著名军事将领。字亮工。清汉军镶黄旗人。雍正帝时曾任定西将军，晋封为一等公爵。父亲遐龄，曾任湖广巡抚。年羹尧先后任四川巡抚、四川总督，兼理陕西总督。被封一等阿思哈尼哈番，世袭。年羹尧多次平叛，抚定边疆，战功卓著，却因骄横放纵招致死罪。

整军备战　平定西藏

年羹尧进士及第后，初选为庶吉士，授检讨职务。随即充当四川、广东的乡试考官，经过多次调迁后升为内阁学士。康熙四十八年(1709)，年羹尧提为四川巡抚。第二年，斡伟生、番罗都等人聚众劫掠宁番卫，杀死了游击将军周玉麟。康熙皇帝命令年羹尧和提督岳升龙前往征剿安抚。岳升龙率兵前去，擒获了罗都，年羹尧带军行至平番卫时，听到已擒捉罗都的消息，便率兵返回。川陕总督音泰为此上奏弹劾年羹尧，府部大臣讨论认为当撤职罢官，但康熙帝下令留任。

1717年三月，康熙决定进攻盘踞在吐鲁番的策旺阿拉布坦。策旺阿拉布坦一方面组织力量在吐鲁番地区迎战清军，一方面派他的弟弟策零敦多布率领一支人马进兵西藏。由于清军全力关注吐鲁番的战事，没有发觉他们的这一行动，结果，策零敦多布领兵6000杀入西藏，拉藏汗组织力量迎战，因力量悬殊而战败，策零敦多布率兵攻拉萨，杀死了拉藏汗。策零敦多布占领西藏的消息传入京城，朝野为之四震，康熙皇帝决定立即对西藏用兵，平息叛军。

四川提督康泰授命领兵由四川经青海进军西藏，前去征剿，但是军队由松潘出发刚到不远处的黄胜关，便发生哗变，只得引军退回。此时，已担任10年四川巡抚的年羹尧，一面派人前往安抚慰恤，一面向康熙密奏，称康泰已失军心，不能再予以任用，并请求由他亲自到松潘办理军务。皇帝对他主动请战的行为大加赞赏，不仅应允了他的请求，还派遣都统法喇率兵前往四川协助他进兵西藏征剿叛军的行动。年羹尧受命后，立即来到松潘，整顿军队，将策动哗变的主要组织者绳之以法，稳定了军心。年羹尧也因此被提升为四川总督兼巡抚，指挥四川所有军队进军西藏的行动。

年羹尧得到康熙的重用和信任后，更加积极地在四川组织进军西藏的行动。他认真分析了形势，认为，必须首先搞清楚叛军的情况。做到有的放矢，才能有把握夺取平定叛乱的胜利。针对这种情况，年羹尧派出大批侦探，对敌情进行了深入的侦察，并对进出西藏的各条道路进行了详细的勘查，最终获取到了比较详细和准确的叛军占领下的西藏内部情况，并掌握了西藏内各通道的情况。与此同时，年羹尧加紧训练四川的八旗官兵和绿营，策划指挥军队自康定西进理塘、巴塘，而后进军西藏的行动。

1720年正月，皇帝命令平逆将军延信(康熙的侄子)率领清军大队人马，从青海进入西藏。同时任命年羹尧为定西将军，率领云南、四川两省的军队从云南和四川进入西藏。

两支人马分别从北和东进入西藏后，策零敦多布亲自率领主要兵力迎战自青海方向而来的延信，分兵2600人迎战南路的噶尔弼。噶尔弼率军沿途招降各地的喇嘛和吐蕃的首领，并打败了策零敦多布叛军，于八月攻占了拉萨。几乎同时，策零敦多布与延信军连续交战三次，均遭失败，率残兵败将逃往伊犁，清军顺利地获得全胜。而后，派军队4000驻守西藏，由策旺诺布为将军，额驸(驸马)阿宝参赞军务。

在大军进入西藏后，年羹尧在后方积极筹措粮食等军用物资，源源不断地运入西藏，保障入藏清军的物资供应。还组织军队防守四川与西藏交界的各个通道关口，防止叛军东窜，并护卫作战凯旋的各路军队。

在西藏与青海、四川交界的索罗木之西的郭罗克，居住着三个唐古特种人的部族，他们烧杀抢掠，无恶不作，严重威胁了这一地区的安定。不仅如此，他们还公开对抗清朝。此时，升任川、陕总督的年羹尧得到报告后，立即派人前去侦察，根据侦察得到的情报，结合当地的地理条件，年羹尧做出以吐蕃攻吐蕃的平乱计划，也就是以当地人攻打当地人的办法。进入郭罗克有三个必经的隘口，这三个隘口都十分险峻，只能用步兵攻打而不宜用骑兵，如果派大批清军去攻打，声势浩大，占领隘口的唐古特种人得到消息，就会提前做好防备。他们凭借险要的地势，严防死守，进攻肯定难以取胜。年羹尧通过侦察还得知，当地瓦斯、杂谷等地的很多土司都痛恨郭罗克部的肆意恶行，都愿意出兵帮助清军征剿，于是，他便派岳钟琪率步兵前往，支持瓦斯、杂谷等地的土司率本吐蕃武装攻打郭罗克，同时指挥清军协助他们。不久，岳钟琪按照这一方法，很快便打败了郭罗克的唐古特种人，攻下了寨子40多座，抓获了他们的首领，余众全部投降，叛乱被平定。

有胆有识　青海平叛

雍正元年(1723)，青海台吉罗卜藏丹津劫持亲王察罕丹津背叛作乱，并劫掠青海的各部落。雍正皇帝命令年羹尧率大军进讨，诏谕抚远大将军延信和主管边防、管理粮饷的所有大臣，以及四川、陕西、云南三省的总督、巡抚、提督、镇守，凡有关军事的事宜，都向年羹尧报告。

十月，雍正皇帝授年羹尧为抚远大将军，统领各路清军，全权指挥平定青海的叛乱行动。年羹尧受命后，任命前锋统领素丹、提督岳钟琪为参赞大臣，指挥各路人马迅速向西宁集结。因军情紧急，自己仅率部分随从率先赶到西宁，制定平叛计划。

雍正皇帝

年羹尧刚到西宁时，清军大部队还没有跟上来，罗卜藏丹津探知这一情况后便率军攻打西宁，想乘虚攻占西宁，活捉年羹尧，给清军的围剿行动一个下马威。他率领叛军首先攻破了西宁城附近的几个城堡，打开了通向西宁的大门，然后率军攻打西宁城。此时，西宁城内只有2000多名清军，形势非常严峻。面对优势叛军的猛烈进攻，年羹尧处乱不惊，从容不迫，他一方面指挥清军利用坚固的城墙固守，发挥大炮的威力猛烈轰击攻城的叛军；一方面他却效仿三国时期的诸葛亮摆起了空城计，带了十几名护卫和侍从端坐在城楼，神态自若，毫不动容。罗卜藏丹津见此情景，不知虚实，便引军稍稍后退，包围了西宁城的南堡。为解南堡之围，年羹尧采取以攻为守的方法，命令士兵直捣叛军后方的营垒。但狡猾的罗卜藏丹津识破了年羹尧"围魏救赵"的计谋，并没有撤兵回救，他知道清兵数量不多，更是加紧了对南堡的围攻。他驱逼桌子山的吐蕃武装当前锋，一次次发动猛攻，防守南堡的清军用大炮猛烈反击，吐蕃兵被炸死者不计其数。正在双方战斗进入白热化的时候，岳钟琪率军赶到，年羹尧命令他率军直接攻打叛军大本营，叛军见清军援兵赶到，后路被抄，立即败逃，官兵在后紧追不舍，叛军全面崩溃，最后，罗卜藏丹津带领几百名残兵逃跑，西宁转危为安。

1724年正月，雍正皇帝以罗卜藏丹津背叛国家，罪不可赦为由，命抚远大将军年羹尧起兵征讨。年羹尧接到命令，迅速展开平叛行动，他首先将陆续到达的6000名清军分作三路：总兵武正安率军由北路进军，总兵黄嘉林和副将宋可率军由中路进军，奋威将军岳钟琪和侍卫达鼐率军由南路进军，准备二月进兵。同时，对出兵前的各项工作进行了充分的准备。就在这时，西宁东北郭隆寺喇嘛忽然齐聚操演，又传令东山一带藏民于正月十一日叛乱。年羹尧得到消息后立即派岳钟琪和前锋统领苏丹率军征剿。10000余名叛军在哈拉直沟一带与清军展开激战，清军奋勇冲杀，连续攻占了三座山岭，捣毁叛军10座营寨。随后乘胜向郭隆寺方向进军，沿途又捣毁叛军7座营寨。抵达郭隆寺，发现千余名叛军埋伏在寺后的山谷之中，负隅顽抗，于是，清军将叛军包围，采取以枪炮射杀、堆柴火攻、近战拼杀等方法，最终将这千余名叛军全部消灭。这一仗，清军共消灭叛军6000

年羹尧

余人，其余全部投降。

二月，年羹尧采纳了奋威将军岳钟琪"乘春草未发""捣其不备"的建议，按照兵分三路的安排，立即发起对叛军的征讨。此时，自西宁附近败走后的罗卜藏丹津，拥兵10万，退踞于距西宁2000余里、青海柴达木以东的敖拉木胡卢（青海北部大小柴旦地区），其大头目阿尔布坦温布、吹拉克诺木齐分别率兵驻守在周围的要隘关口。岳钟琪率领精兵5000，战马万匹，马不停蹄地直扑叛军的大本营。当时罗卜藏丹津为了掌握清军的行踪，曾经派出不少侦察骑兵四处活动，不想这些侦察骑兵与岳钟琪的快速骑兵相遇，被清军迅速歼灭，致使罗卜藏丹津失去了耳目。岳钟琪率军进至哈喇乌苏，这是叛军一个要隘关口，由阿尔布坦温布率军防守。黎明时分，清军突然发起攻击，打叛军一个措手不及。斩叛军千余人，其余败逃，岳钟琪率军追逐一昼夜至伊克喀尔吉，将阿尔布坦温布擒获，并直逼罗卜藏丹津在柴达木的大营。罗卜藏丹津闻讯向西逃走，岳钟琪率军乘胜追击，在投降叛军小头目彭错、吹因的引导下，昼夜驰行300里，于黎明时到达青海、西藏交界的桑驼海罗卜藏丹津大营。此时，叛军分散于水草边，正在酣睡，他们做梦也没有想到，相距几百里远的清军会在一夜间出现在跟前。清军杀入叛军营中，从梦中惊醒的叛军，大部分被杀或做了俘虏，只有少部分仓皇逃跑，丧魂落魄的罗卜藏丹津男扮女装才侥幸逃走，投奔了伊犁策旺阿拉布坦。这一仗，清军共用了15天，斩杀叛军8万余人，招降数万人，彻底平息了叛乱。战后，清政府对青海地区的行政建置作了重大改革，改西宁卫为西宁府，对蒙古族各部采取编旗并设佐领负责管理，同时派驻西宁办事大臣，管理青海一切政务，使青海完全置于清朝中央政府直接管辖之下。

骄横放纵　敕令自尽

年羹尧仗恃雍正帝对他的器重和恩遇，以及多次出师屡建战功的资本，又加之曾参与帮助雍正谋取帝位，骄横放纵，不可一世。他给各地总督、巡抚直接下达公文，在信函上都直呼这些官员的姓名。他向雍正帝要求调配给他侍卫、随从军士，让他们在前面开导引路，在后面护卫压阵，并且享受驾双马车、挽扶下马的待遇。他进京觐见雍正帝，总要叫总督李维钧、巡抚范时捷跪在道旁送往、迎接。到了京城，他经过的地方都要为他清道，禁止百姓和普通官员行走通过。亲王大臣到郊外去迎接他，他从不礼谢。在边境时，蒙古族的所有亲王、公爵见他都必须下跪，连额驸（驸马）阿宝请见他也如此。年羹尧曾经荐举陕西布政使吴期恒及景灏，说他们可委以重用，随即弹劾揭发四川巡抚蔡珽，将他们逮捕下狱。雍正帝随即任命景灏为四川巡抚，吴期恒为甘肃巡抚。年羹尧朝觐回去后，马上题奏要求劾罢驿道金南瑛等人，同时奏请任命跟他从军的主事丁松代理掌管粮道事务。雍正皇帝指责年羹尧上章题奏中有错误，命令吴期恒率领所有被年羹尧奏劾的官员前来京城。雍正三年（1725）正月，蔡珽被押送到北京，雍正皇帝召他进宫觐见，蔡珽详细诉说了年羹尧暴戾贪婪、诬陷忠良的种种罪状，雍正皇帝特地下令赦免蔡珽的罪行。

雍正三年二月庚午日，太阳和月亮同时升起，水星、金星、火星、木星、土星五星联珠。年羹尧为此进疏庆贺，但他在奏章中用了"夕惕朝乾"一语，雍正大怒，斥责年羹尧故意将词用颠倒。这时正逢吴期恒来到京师，进谒皇帝。吴期恒在当面回答雍正帝的提问时谬误百出，不合事理，当即被雍正帝罢免了官职。四月，雍正皇帝下谕旨说："年羹尧举荐用人、弹劾官员处理不得当。"又指出他许多欺瞒之事，而将其改授为杭州将军。并令年羹尧交回抚远大将军的官印，由岳钟琪代理年羹尧的总督职务。年羹尧被替代之后又上疏说："我不敢长期住在陕西，也不敢马上就前往杭州，现在我在水陆交通交汇之处的仪征等您的圣旨。"雍正帝见疏后更加生气，下令他立即赴任。这时许多巡抚、总督、都统等官吏纷纷上章揭发年羹尧的种种罪状，并有滥杀无辜的事实。雍正皇帝下旨分案定罪，罢免年羹尧将军的职务，并将他的二等公的爵位递降，拜他喇布勒哈番，这样就削除了年羹尧全部职务。

雍正三年十二月，年羹尧被逮捕押送到京师。会审结果，年羹尧犯有92条罪行，雍正皇帝迫令年羹尧自杀。年羹尧的父亲年遐龄和哥哥年希尧被削除官职；除年羹尧的儿子年富被处斩外，其余的儿子凡年在15岁以上的都发配到最远的地方去戍守边境。

岳　钟　琪

岳钟琪（1686－1754），清前期将领。字东美，号容斋。成都（今属四川）人。父岳升龙，官至提督。历任四川提督、兼甘肃提督、巡抚、川陕总督、宁远大将军等职。谥号"襄勤"。岳钟琪深沉坚毅，多智谋才略。雍正帝多次赞赏他的忠诚，命他专门从事征讨。

平定西藏　抚定青海

　　岳钟琪是以捐资任同知而步入仕途的，身为文官的他在投身军队之后，请求改为武职。康熙命他以游击将军身份进发四川，很快被授予松潘镇中军游击。不久，又升为四川永宁协副将。康熙五十八年(1719)，准噶尔的将领策零敦多布袭击西藏，清军都统法喇督兵出打箭炉，请岳钟琪为先锋，抚定理塘、巴塘。康熙五十九年，清定西将军噶尔弼军自拉里(今西藏嘉黎)入藏，仍命岳钟琪为前锋。岳钟琪进驻察木多，挑选军中精通藏语的士兵30人，换上藏服，悄悄地行军到洛隆宗，斩杀了准噶尔的使者，叛军大惊，请求投降。噶尔弼到军中，用岳钟琪的计策，招抚西藏公布部落，该部以2000人出来投降。岳钟琪率领降兵渡江，直逼拉萨，大破西藏军，擒获为内应的400多个喇嘛。策零敦多布败逃，西藏叛乱于是被平定。康熙六十年(1721)，清军班师回朝，岳钟琪被授予左都督，晋升为四川提督，赐孔雀翎。随后，朝廷又命令岳钟琪领兵征讨郭罗克番部，郭罗克三部全都平定，朝廷授拜他喇布勒哈番世职。

　　雍正二年(1724)初，郭隆寺喇嘛纠集万余人，追随罗卜藏丹津发起叛乱，企图夺回西宁。岳钟琪率领清军3000前往征讨。西宁地区的郭隆寺地处通途，为边陲一古刹，凡自西藏来的喇嘛必取道于此。这里地势险峻，山下五堡环峙。清军到达后，寨内万籁俱寂，鸦雀无声。岳钟琪预计里面必有伏兵，便分兵1000先行，其余列阵山前，相机进剿。不一会，果然伏兵四起，清军奋勇冲杀，攻占了一个堡垒。不料，山后叛军一万多人闻声一齐涌出，妄图阻遏清军。岳钟琪下令分兵三路，攻夺山梁。清军很快攻入寺内，但发现寺内空无一人，原来叛军早已溃散逃窜。清军紧追不舍，来到一座大山前面，见有危楼高峙。岳钟琪派兵前去侦察，埋伏在高楼中的叛军突然发射矢石，使清军难于靠近。看到此种情况，岳钟琪命令20名精兵，手持盾牌，携带火种及易燃物品，在炮火的掩护之下，从两旁迂回逼近，举火焚烧高楼。此时山风正猛，浓烟冲天，叛军被烧得焦头烂额，死伤无数。清军乘胜发起总攻，将叛军一举歼灭。岳钟琪只用了两天的工夫，即以3000军队击破万余敌众。二月，岳钟琪奉命出师，披星戴月，连夜驰至哈喇乌苏。叛军正在

箭炉

睡梦之中，清军出其不意地杀入帐篷，歼敌1000余人。叛军狼狈逃窜，岳钟琪率精兵乘胜追击，于黎明前到达天城插哈达。叛军据哈达河南北扎营据守，清军在哈达河南歼敌数百，抢渡哈达河。北岸叛军负隅顽抗，被歼千余人。叛军抵挡不住，狼狈向西逃窜。途

中，贝勒彭错等被迫率所部千余人投诚。

岳钟琪从贝勒彭错口中得知，罗卜藏丹津正率众数万屯扎在150里外的木兰大呼儿。他立即下令部队在天黑时分起行，趁夜色以迅雷不及掩耳之势直捣罗卜藏丹津的大本营。第二天黎明之前，清军迅速赶到木兰大呼儿，兵分四路，向敌营发动突然袭击。正在睡梦中的叛军，听说岳钟琪的大军已到，个个吓得魂不附体，四散而逃。藏巴布六台吉及罗卜藏丹津之母阿尔太哈与其妹阿宝，都被当场抓获。作恶多端的罗卜藏丹津男扮女装，携带妻妾，狼狈逃奔准噶尔，投靠策旺阿拉布坦。这一仗，清军彻底摧毁了罗卜藏丹津的巢穴，共歼灭叛军80000余人，俘获男女数万口，缴得军械、驼马无数。平定青海叛乱，岳钟琪功不可没。

治理边疆　一心为国

雍正三年(1725)，岳钟琪被任命兼甘肃巡抚。是年四月，年羹尧被勒令上交抚远大将军官印，改任杭州将军，岳钟琪也上交了奋威将军之印，代理川陕总督。

不久，朝廷正式任命岳钟琪为川陕总督。岳钟琪督领三省全国最强兵众，如此一来，遭到很多的妒忌和猜疑。成都传出岳钟琪要谋反的谣言，岳钟琪获知后立即上疏报告朝廷，雍正劝谕他说："数年以来，以谗言中伤岳钟琪的谤书已不止一箱，更厉害的是有人说岳钟琪是岳飞后裔，意欲报宋、金之仇。岳钟琪功劳卓著，我因此要安置他在西陲要地，付与他重兵。川、陕的军民，受圣祖六十多年的广裕恩泽，尊君亲上，这是大家所共闻共知的。如今这造谣的人，不只是诽谤了大臣，同时还以大逆不道来诬陷川陕军民。"命令巡抚黄炳、提督黄廷桂会同严审。不久地方上奏报，这些流言蜚语出自寄居于四川的湖广人卢宗之口，于是将卢宗判处死刑。

雍正四年(1726)，清廷为了维护中央集权，加强对边疆地区的统治，逐步推行"改土归流"政策，废除少数民族的土司世袭制度，改由中央政府委派可以随时调换的流官进行管辖。在实行"改土归流"之前，岳钟琪针对当地的情况，采取相应措施，妥善地处理土司间的矛盾，革除地方弊政，以维护社会的安定。如四川大小金川、沃日等地的土司，为争夺地界而相互仇杀，纷争不止。岳钟琪经过调查了解到，年羹尧在任时，曾命令金川土司将美同等寨割给沃日土司，这是造成他们相互仇杀的主要原因。岳钟琪奏请中央批准，将美同等寨归还金川，而将龙堡三歌等地划给沃日。如此一来各土司都心悦诚服，多年积下的矛盾也由此而消除。此外，这些地方的官员经常在土司官员病故之后，封存官印，向承袭人索取财物，财物到手后，又往往多年不给官印，许多部族首领为了抢夺官印，便互相仇杀，纷争不已。面对此种情况，岳钟琪严令：凡土官病故，应袭人必须按照规定的手续在六个月内申报承袭。在没有得到批准正式承袭之前，仍按照代理官员的身份，掌管印信，处理有关事务，地方官不得勒封印信。待土司嫡长子孙承袭后，可以允许本土官详报督抚请旨，酌情给予职衔，分割其地。这样，既避免了事端，也使各土司"势相维，情相安"，对巩固边区安宁，收到了显著效果。

身遭疑忌　平定叛乱

卢宗造谣惑众一案，朝廷虽然作了严肃的处理，但对岳钟琪说来，却由此埋下了无穷的隐患。所谓岳钟琪系岳飞后裔的传闻，在雍正帝心中留下了深刻的印象，从此他对岳钟琪便疑虑重重。这从雍正七年(1729)三月，雍正皇帝对曾静、张熙叛逆一案迥然不同的处理，便可略见端倪。曾静系湖南靖州生员，因考试落榜而萌生谋叛之念。他暗中唆使徒弟张熙诡名投书于岳钟琪，劝说岳钟琪一起谋反。岳钟琪立即将张熙拘捕审讯，要他供出幕后主使，但张熙却闭口不谈，只字未提。岳钟琪改便策略，把他带入密室，假装与之盟誓，答应迎聘他的老师一起共谋举事。张熙信以为真，将曾静图谋叛逆之事都一一从实说出。于是曾静等皆被捉拿归案。侍郎杭奕禄等奉旨赶至湖南会审，诸王大臣等合词奏请将曾静、张熙按大逆不道罪，予以正法。而雍正皇帝却下诏宽宥其罪，这两名犯有叛逆罪的人，竟然被无罪开释，免于刀下一死。

雍正五年(1727)，准噶尔汗策旺阿拉布坦死去，其子噶尔丹策零继位。噶尔丹策零在沙俄的支持下继续进行叛乱，数次往东深入外蒙古地区，扰掠喀尔喀诸部。清廷命傅尔丹为靖边大将军，屯驻阿尔泰山，出师北路；岳钟琪为宁远大将军，屯驻巴里坤，出师西路，对噶尔丹策零进行讨伐。面对清朝的大军压境，噶尔丹策零声称愿意交出逃匿其部的青海叛乱头目罗卜藏丹津，作为缓兵之计，暗中却加紧部署兵力，准备孤注一掷，作殊死一搏。清廷在识破其阴谋诡计之后，立即下令岳钟琪等赴京研讨方略，筹办军务，以期征讨。噶尔丹策零乘岳钟琪等赴京之隙，率2万余人突袭科舍图。科舍图在巴密、巴里坤之间，岳钟琪在此设有牧场。噶尔丹策零突袭后，把牧场驼马全部掳掠而去。岳钟琪的军务参赞纪成斌曾派副参领查廪率领1万清军保护牧场，因力量悬殊，没有能抵挡住叛军的进攻。后来，总兵樊廷及副将治大雄等率领清军2000人，与总兵张元佐所部联合夹击，才将大部分驼马夺回。这件事，后来又成了朝臣攻击岳钟琪的一个把柄。

雍正九年(1731)春，岳钟琪为直捣噶尔丹策零巢穴，奏请移师吐鲁番、巴尔库尔，但遭到了雍正帝的回绝。三月，噶尔丹策零的叛军屡次进犯吐鲁番等地，岳钟琪相机派兵应援，将叛军击退。雍正皇帝却认为，岳钟琪应援吐鲁番，乃不得已之举。雍正帝同时强调，只有等到入秋以后再出兵袭击叛军才是上上之策。如果仅筹划应援，而不计划如何袭击，则是舍本逐末的做法。对岳钟琪的军事行动，又表现出一种烦忧的情绪。

七月，准噶尔部倾巢大举进犯北路，靖边大将军傅尔丹在和通泊（又作和通脑儿或和通呼尔哈诺尔）惨遭失败。岳钟琪奏请乘虚统兵袭击乌鲁木齐，以分散和牵制敌人的兵力。雍正皇帝虽然表示同意，但对岳钟琪仍心存疑虑，岳钟琪由巴里坤越木垒渡阿察河，直抵厄尔穆河，然后兵分三路奋勇击敌，夺取叛军所占据的山梁，歼敌无数。消息传来，乌鲁木齐周围的叛军也随之溃散而逃。岳钟琪出师告捷，便遵照御旨班师回营。雍正皇帝认为岳钟琪的这次进军"进退迟速俱合机宜"，下令予以嘉奖。然而，雍正皇帝在奸臣们的谗言包围之下，对他的疑虑并没有消除。十二月，雍正皇帝又突然追究起一年半前科舍图之役的责任，斥责纪成斌"怠忽"，把他降为沙洲副将。

雍正十年(1732)正月，岳钟琪终于"大祸"临头。当时，驻防镜儿泉的副将马顺派巡逻兵远出巡哨，突然遭遇叛军，两人被杀，一人被掳。岳钟琪上奏朝廷，建议以不遵军令之罪，对马顺严加惩处。不料，雍正皇帝却下令将岳钟琪与马顺一并交兵部审讯。

一些朝臣显贵见岳钟琪受到雍正皇帝的指责，便不断递送奏折对岳钟琪历数"罪状"，横加弹劾。十月，雍正皇帝下令还军于巴尔库尔，并再颁谕旨，历数岳钟琪的种种罪过，岳钟琪被革职削爵，投入牢房。雍正十二年(1734)，朝臣显贵仍不肯罢休，一再上奏，要求将岳钟琪立即处斩。雍正帝念岳钟琪功劳卓著，威著海内，担心将他立即处斩，会引起朝野舆论的反对，下令待秋审之后再行裁定。

受职复出　再立新功

雍正皇帝死后，乾隆皇帝继位。乾隆二年(1737)，乾隆皇帝下令释放了岳钟琪。身陷4年多牢狱之灾的岳钟琪回到了四川老家，在成都郊外百花潭北筑室闲住。

乾隆十三年(1748)，清军征讨大金川叛乱，兴师动众，劳民伤财，却徒劳无功。乾隆皇帝命令重新起用岳钟琪，给予总兵衔。岳钟琪到军中，立即被授予四川提督，赐孔雀翎。

岳钟琪赴任后，与张广泗商定，由他自党坝带兵攻取莎罗奔盘踞的勒乌围。张广泗却一再坚持由昔岭、卡撒进兵的主张。岳钟琪向他指出，昔岭、卡撒中间隔着刮耳崖，距离勒乌围的叛军巢穴尚有百余里之地，不如改由党坝进兵，因为党坝距离勒乌围只有五六十里，只要攻破这个关隘，即可直捣敌巢。但张广泗固执己见，没有采纳岳钟琪的建议。

结果清军自五月进兵，到八月，仍然毫无建树。乾隆皇帝十分震怒，下诏斥责岳钟琪，说他被重新起用后，"未闻发一谋，出一策"。无奈之下，岳钟琪只好上奏揭露张广泗专主由昔岭、卡撒进兵的错误策略，检举他信用良尔吉和王秋的种种罪状，同时提出了由党坝进兵的建议。讷亲也上疏弹劾张广泗"劳师糜饷"。乾隆皇帝下诏将张广泗逮捕治罪，不久又将讷亲免职，改派大学士傅恒经略，代为督师。

乾隆皇帝

乾隆十四年(1749)春，傅恒统领由各地调集的劲旅开赴盈川，立即整顿营垒，明号令，使军容焕然改观。接着傅恒下令将与莎罗奔勾结的小金川土司良尔吉和内奸王秋等斩首问罪，使莎罗奔等为之惊骇不已。岳钟琪经过周密考虑，向朝廷提出了一个进剿方略：派兵10000出党坝及泸河，水陆并进；10000自甲索攻马牙冈、乃当两沟，与党坝军会合，直攻勒乌围；在卡撒留兵8000，堵御敌军，待攻克勒乌围后，前后夹攻刮耳崖；再于党坝留兵2000保护粮站，正地留兵1000防守泸河；另用4000兵力以为机动力量，随机接应。

乾隆十五年(1750)九月，傅恒调集精兵35000人，按照岳钟琪的进攻方略，分兵两路向叛军发动进攻。岳钟琪统领精兵自党坝进攻康八达山梁，大败贼众；十二月，又挥军攻进战塔高山梁，随后连连告捷，受到了乾隆皇帝的嘉奖。康八达山梁被攻破后，清军已兵临寨下，准备直捣勒乌围的敌巢。莎罗奔弹尽粮绝，惶惶不可终日。岳钟琪一方面下令大军准备总攻，一方面向莎罗奔展开招抚攻势。过去在岳钟琪平定西藏叛乱时，莎罗奔也是个土司头目；岳钟琪为川陕总督时，处理金川和沃日各土司的地界纠纷，办事公平，将原先的金川属寨割还给莎罗奔并奏请还给土司印信，莎罗奔认为岳钟琪是有德之人。此时，在清军强大攻势面前，莎罗奔便派使者到岳钟琪军前请降。岳钟琪请示傅恒后，亲自带领13名骑兵，前往勒乌围的叛军营寨，与莎罗奔进行长谈，晓之以理，动之以情。莎罗奔头顶佛经立誓，表示愿听约束。第二天，莎罗奔率郎卡等随岳钟琪乘皮船来到清军军营投降。至此，持续了两年多的大金川叛乱被平定了。

岳钟琪平叛有功，受到了乾隆皇帝的大力嘉奖，加太子少保衔，再封三等公，赐号为威信。岳钟琪入见皇帝，乾隆命他在紫禁城骑马，取消西征中的70万两追偿银，给他儿子岳濬、岳濠加官侍卫，又赐诗褒扬他。不久命岳钟琪回师。乾隆十五年(1750)，西藏珠尔默特叛乱，岳钟琪奉命前往征讨。乾隆十九年(1754)，重庆以陈琨为首的民众发生暴乱，岳钟琪抱病前往，还亲自前去镇压，还师途中，在资州病故。

关 天 培

关天培(1781 — 1841)，清代爱国名将。字仲因，号滋圃。江苏山阳（今江苏淮安）人。在鸦片战争中，关天培曾镇守虎门，多次沉重打击英国侵略军。他的浩然正气、英勇无畏不仅使英军胆战心惊，也让无数中国人敬佩不已。

投身军队　建设海防

关天培自幼天资聪慧，在家乡读书，成绩一直名列前茅。并且在那时他就立下志愿，要通过科举考试，来做一个为百姓谋福利的官员。后因常见国家遭受外来海盗的侵犯，深为国家安危担忧，于是弃文习武，刻苦攻读《孙子兵法》，认真研究军火制造。也就在关天培准备投笔从戎的前夕，他的母亲语重心长地对他讲述了岳飞"精忠报国"的故事，并

孙子兵法

再三嘱咐关天培一心为国为民，做岳飞那样的民族英雄。嘉庆八年(1803)，关天培考中武生，授漕营右营把总。由于深得上司的信赖，被迅速破格提升，先后任千总、守备、都司、游击、参将及太湖营水师副将。道光五年(1825)，首次执行海运任务的关天培督护140多艘船只安全到达天津，受到赞誉，第二年被提升为江南苏松镇总兵。道光十三年(1833)，代理江南提督。道光十四年(1834)，调任广东水师提督。

关天培任广东水师提督之前，广东海关和水师腐败不堪，炮台长期失修，武备废弛，贪污贿赂成风。帝国主义见有机可乘，纷纷将魔爪伸向中国，进行可耻的鸦片贸易，企图分得一杯羹。更有甚的是英国军舰竟然明目张胆地闯入内河，直抵黄埔。

为了整顿和加强海防，关天培亲自到海防前哨虎门察看地形。虎门两岸峰峦对峙，水中岛屿突起，地势十分险要，是珠江的咽喉要隘。从这里顺流而下，过穿鼻湾经伶仃洋可出南海；溯游而上，经狮子洋进黄埔可直入广州，素有"南天门"之称。通过一番地形勘查，关天培决定在虎门重点设防。为把虎门要塞建设好，他自己动手，在虎门测量海口宽度和海水深度，试演大炮射程及连发情况，并在调查研究的基础上制定了增建、改造炮台、调整炮位、铸造大炮等新的海防措施。道光十

五年(1835)，关天培相继整顿了旧有的大角、沙角、镇远、南山（即威远）、横档、大虎、新涌、蕉门等八座炮台，增建了永安、巩固两座炮台，并称为"虎门十台"。规定"以沙角、大角两炮台为第一道门户，南山、镇远、横档三处炮台为第二道门户，大虎炮台为第三道门户"，严防主航道；其他炮台分守叉道。同一年，关天培还督铸6000斤和8000斤大炮各20门，加强了主要炮台的火力。道光十六年(1836)，他又督铸3000斤大炮9门配给永安、蕉门、巩固等炮台，并在横档至南山海面安装一道木排铁链，在横档至巩固水下钉插暗桩，以便战时有效地拦阻和打击闯入内河的敌舰。

与此同时，关天培还对水师进行了整编，如整顿军纪，打击走私贩私，严禁贿赂、吸毒，清除军事防区内的贩毒场所；选拔思想好、技术精、身体壮的士兵坚守炮台；选贤任能，对有特长的将士，尽可能地做到人尽其才，各显其能。他还编印了《筹海初集》一书，发给属下将士学习，并按照实战要求督率水师经常操练和演习。

激战虎门　英勇抗敌

道光十九年(1939)，清政府任命林则徐为钦差大臣，赴广东禁烟，关天培作为林则徐的助手陪同前往。

道光十九年三月十日，林则徐到达广州，立即发布禁烟和缉私法令，传谕外国商贩：限三天内将现存鸦片实数呈报缴交，并呈交"以后永远不敢运来鸦片，否则一经查出，货物充公，人即处死，甘愿伏罪"的保证书。作为林则徐的助手的关天培全力协助林则徐查获和销毁鸦片237万余斤。同年夏天，虎门销烟的消息传到伦敦，英国统治阶级一片哗然，狂热地准备发动侵华战争。此时，美国为了从中获利，借口保护侨民，也派遣舰队到中国海面，为英国助威，妄图趁火打劫。

道光二十年(1840)六月下旬，英国集中"远征军"各种舰船40多艘，载炮500门，士兵4000多人，封锁珠江，攻打虎门。第一次鸦片战争爆发了。

此时，关天培和林则徐认为，此次战争中国是进行自卫，目的在于戍守海防，因此，决定采取"以守为战，以逸待劳"的策略。英军见虎门森严壁垒，众志成城，很难啃动，即调动31艘舰船驶向北部沿海，其余舰船留下封锁广东沿海海面。

道光二十年七月，沿海北上的英军攻陷定海，八月窜进天津海口，向腐败的清廷投函照会。本无禁烟决心

道光皇帝

林则徐

的道光皇帝，在洋人的胁迫下奴颜婢膝地放弃禁烟打算，派"弛禁派"头子、直隶总督琦善去同英国侵略军进行谈判。经过一番不可告人的会谈之后，道光皇帝竟连下两旨：林则徐"误国病民，办理不善"，革职查办。九月中旬，英舰调头南下，新任钦差大臣的琦善也接踵到广州就职。

琦善一到广州，就竭力讨好英国人，处处顺迎洋人，为洋人办事说话。随后琦善又下令拆毁虎门的木排链等所有的海防设施，裁减三分之二兵船，驱散全部水勇、船工，并允许英国人察看地形，探测内河。关天培对琦善的这种投降卖国行动，气愤至极。关天培多次向琦善据理力争，反对撤销广州防务，要求重建海防，增兵虎门，但琦善根本不加理睬。

琦善到广州的第6天，又在英国侵略者的威逼下，擅自口头答应了包括赔偿烟价、割让香港、开放广州等条件的《穿鼻草约》。英军为了满足其更大的欲望，于道光二十一年(1841)一月七日，调集炮舰20多艘、陆战队2000多人，突然向虎门发起进攻。由于海防废弛，加之寡不敌众，虎门外沙角、大角两炮台的守军虽浴血奋战，最终炮台还是失守了。二月二十五日，英军继续进攻虎门其余炮台。虎门守军仅有400余人，形势十分危急。关天培多次请求琦善增派援军，琦善坐视不救。二月二十六日，英军进攻关天培坐镇的靖远炮台，62岁的关天培在阵地上来回奔跑，激励士卒，保家卫国奋勇杀敌。全体将士在关天培的鼓舞下，奋勇歼敌，使敌尸布满滩头。战至下午二时，弹尽援绝，士兵伤亡大半。关天培带伤指挥，血染衣甲。他还派人送走调兵的军印，决心与阵地共存亡。炮兵牺牲了，他就自己点火打炮。大雨降临，火门透水，炮不能发，他就拔出佩刀，挺立台上，把爬上来的英军一个一个地劈下去。最后，不幸被英舰的一发炮弹击中，以身殉国。

左 宗 棠

左宗棠(1812－1885)，清末名将。字季高。湖南湘阴人。历经清咸丰、同治、光绪三朝。他是清末湘军首领之一，洋务派中坚人物。最初与太平军作战。光绪帝时督办新疆军务，率兵讨伐阿古柏，收复乌鲁木齐、和阗、伊犁等地，阻遏了俄、英对新疆的侵略，维护了国土完整。

镇压起义　屡建战功

　　左宗棠从小就聪明过人，15岁童子试，第二年赴府度，中得第二名。但此时他的父母不幸逝世，无依无靠的他只好居住在他岳父周家。道光十二年，他参加本省乡试，却名落孙山，在以后的二次乡试中，同样失败了。左宗棠尽管此时处境困难，依然十分关心国家大事，也开始从事地图绘制的研究，尤其是对新疆地理最感兴趣。此时的左宗棠还受到林则徐的赏识。

　　咸丰元年(1851)，洪秀全等领导的太平天国起义爆发。咸丰二年春，太平军进军湖南，势如破竹，于七月直抵长沙城下，震动湖南全省。

　　这时，湖南巡抚骆秉章奉调赴京，清廷命原云南巡抚张亮基任湖南巡抚。在严峻的局势面前，张亮基感到责任重大，他极力寻找人才来帮助他处理军政要务。时任贵州黎平知府的胡林翼便向他推荐了左宗棠。

　　左宗棠任张亮基幕僚不久，张亮基就被调任山东巡抚，经多方劝说，左宗棠又任新湖南巡抚骆秉章的幕僚。他在骆秉章幕府6年，6年中，他深得骆秉章倚重，使其学识才干得到充分的发挥，从而在清统治集团中获得了很高的声誉。

　　在这期间，左宗棠大力帮助曾国藩巩固和扩大湘军，使之成为一支与太平军相抗衡的武装力量。

　　为挽救危局，清朝廷任命曾国藩为两江总督。曾国藩自宿松移军皖南祁门，并命左宗棠在长沙募练5000兵勇，另立一军，进援安徽。

　　咸丰十年五月，左宗棠在长沙树起了"楚军"旗号。他挑了崔大光、罗近秋、黄少春等一批勇敢朴实的湘军旧将，令其回各县招募，很快就成立了一支5000人的队伍。

曾国藩

　　同年八月，左宗棠率楚军由长沙出征，经过醴陵，进入江西，原拟去祁门与曾国藩部会合，半路中获知太平军已占领皖南重镇徽州，左宗棠于是率军由南昌进驻景德镇，以防止太平军进入江西。

　　左宗棠刚到景德镇不久，就击退了一支前来进攻的太平军，又令人从半途截出，再次大败太平军，乘胜占领德兴，又昼夜追赶，占领婺源。楚军出师首战告捷，在江西站稳了脚跟。

　　十一月，太平军李世贤部包围祁门，黄文金部数万人攻打楚军。左宗棠以黄少春从后绕击，将黄文金击退。其后又与曾国藩派来的猛将鲍超配合，伏击黄文金，攻占建德，解了祁门之围。楚军先后二捷，曾国藩奏准清廷，左宗棠升以三品京堂后补。

左宗棠

咸丰十一年六月，清廷又授予左宗棠太常寺卿，同时让他援救浙江。奉旨以后，左宗棠着手谋划援浙军务。此时左宗棠手下的人马已有14000人，他提出整顿浙江军事的措施：申明赏罚，汰弱挑强，保证饷需；在作战上他决定采取缓进不轻退的的方针。

同治元年(1862)正月，左宗棠统率楚军进入浙江，首先攻占开化，二月下遂安，由西而东，步步进击。太平军在浙人数众多，李世贤、汪海洋等将领英勇善战，势力仍很强大。两军进行了长达一二年的反复争夺战。

十一月，楚军攻占严州。同治二年春，汤溪、金华、武义、绍兴等城被楚军占领，太平军范围日益缩小。四月，清廷命左宗棠任闽浙总督，仍兼浙江巡抚，所统楚军也扩充到3万余人。八月，左宗棠攻破富阳城，随后进攻杭州。

同治三年(1864)二月，左宗棠下令加紧攻城，楚军水陆配合，首先攻破城外堡垒，而后分兵攻击五门。太平军经多次激战，已无力再守，乃于半夜从北门突围。楚军立即从其他各门涌进，攻占杭州。同日，据守余杭的汪海洋也弃城而逃。清廷闻报大喜，立即下诏嘉奖，予左宗棠加太子太保衔，赏穿黄马褂。

太平天国失败后，太平军余部还有十几万人马活动于长江南北。长江以北为赖文光部，后与北方捻军合一，成为捻军之一部。江南主要为李世贤、汪海洋部，合计10余万众。随后，他们进入江西，又南下进入福建。清廷急忙命左宗棠为闽浙总督前往福州，负责镇压这支进入福建的太平军余部。

十月，左宗棠由杭州起行进入福建。李世贤、汪海洋等受楚军追击，于同治四年(1865)春分部退入广东境内，沿途因多次战斗，遭受严重损失。左宗棠率各军紧追不舍，随即追入广东。七月，李世贤被汪海洋残杀，势力更孤。十二月，汪海洋占据嘉应州作最后的挣扎。同月左宗棠指挥各军发起总攻，击毙汪海洋，消灭了其全军。至此，湘军与太平军长达14年的战争宣告结束。

创办船厂　开设学堂

太平天国起义虽然被镇压下去，但中国仍面临帝国主义列强侵略的危机。左宗棠受林则徐、魏源促进国防近代化思想的影响，更加深刻地认识到，国家要打败侵略者，不仅要有民族气节，而且还要引进西方先进的科学技术，兴办近代军事工业。他提出，只有建立自己的水师，才能有效地抵御来自海上的侵略，而要建立水

左宗棠手迹

师，应必须建立造船厂打造兵船。

1866年，左宗棠在任闽浙总督时，在福州马尾创办了福州造船厂，即福州船政局，这可以说是中国海军的萌芽。

他计划在福州船政局建立之后，建成一艘船，就训练一船军兵，使该船有战斗力，用五年的时间，就可以造出数条船，建立一支可以与帝国主义抗争的船队。还把造船和发展经济联系起来，所造船只可以在海上运输货物，促进沿海各省的贸易，既可使百姓富裕，也可使国家富强。

左宗棠不光重视引进西方科学技术，建造中国自己的兵船，对近代军事人才的培养他也十分重视。他深刻地认识到，造船要配套，造船的同时要培养自己的驾驶和检修机器的人员，这样才不会受制于人。要培养自己的制造、驾驶、检修一整套人员，就要办学校。于是，1866年，左宗棠在筹建福州船政局时，一面派人赴西方购置造船所用机器、部件，一面在福建马尾山上，开设了福建船政学堂，这是我国近代第一所海军军官学堂，免费招收学生，请外国教师来教，学生既学外语(包括英语、法语)，又学自然科学和理工学，学习有关造船技术及工艺，学习近代海军战术和驾驶等方法。当时船政大臣沈葆桢说出了福州船政局的目的，不重在造成，而重在学习。从这点看，左宗棠是有战略眼光的，只要有自己的技术人员，造船就不会有困难了。

当时，大多数军舰都出自福州船政局。中法战争以前，中国有北洋水师、闽江水师和南洋水师。闽江水师十一艘兵舰除两艘是从美国购进外，其余九艘均为福州船政局制造。北洋水师的康济、威远、眉方、泰安、镇海等也出自福州船政局，占全部北洋水师舰只的五分之二。南洋水师的澄庆、横海、镜清、开济、靖远等也出自福州船政局，占全部南洋水师舰只的三分之一。左宗棠在建立水师，巩固国家海防，抵御列强海上入侵上功劳巨大。

收复伊犁　效死疆场

19世纪70年代，沙俄吞并了浩罕国，浩罕国的一些亡命之徒在流亡军官阿古柏的带领下进入我国新疆，占据了喀什噶尔，后来慢慢占了南部的八个城池，又攻败盘踞在乌鲁木齐的回族人妥明，并在英国人的支持下打算另立一个国家。正在这时，俄国以回民多次扰乱其边境为由，突然发兵驱逐回民，占领了伊犁，致使新疆局势十分危急。

消息传到朝廷，不少大臣认为连年征战，耗费巨大，主张准许阿古柏自立为国，李鸿章也支持这种看法。但左宗棠认为这不仅会使国家版图缩小，而且会留下后患，万万不可。最终，朝廷授左宗棠为钦差大臣，办理新疆事务。光绪二年(1876)三月，左宗棠统军西进，首先攻占了乌鲁木齐附近的古牧地，从俘虏的一封告急信中知道乌鲁木齐城中空虚，于是果断下令攻打乌鲁木齐，不久即攻克。

李鸿章

光绪四年(1878)正月，左宗棠陈述有关在新疆建行省的事宜，同时请与俄国谈判有关归还伊犁和交换战俘这两件事。崇厚作为朝廷的代表出使俄国。俄国用通商、划分国界和索要赔款三件事相要挟。崇厚轻率地签订了条约，但因受朝廷中有识之士的反对而讨论好久没有决定。左宗棠上书认为俄国人包藏祸心，当今之计应当先和俄国人谈判，同时要准备在战场上决一高低。光绪帝觉得左宗棠的话很有志气，命令将崇厚逮捕治罪，命曾纪泽出使俄国，更改前面的和约。这时左宗棠请求亲自出兵驻防哈密，做好收复伊犁的准备。

光绪六年(1880)四月，左宗棠为表示自己收复伊犁的决心，命人抬着棺材从肃州出发，五月抵达哈密。俄国人听说清军大兵出动，也在伊犁、纳林河增加了士兵，另外派兵舰在海上巡弋，以震撼京师，天津、奉天、山东等地也同时告警。七月，朝廷下诏让左宗棠回京城任顾问，让刘锦棠代替他。俄国人也害怕中方官军的威武，担心事态发展后会引起决裂而挑起战端。第二年正月，清政府在赔款上做出了让步，沙俄于是与清廷签订了条约，伊犁的大部分地区也回归了中国。

左宗棠从新疆返回京城后，朝廷升调左宗棠为军机大臣。入朝觐见后，皇上赐其可在紫禁城内骑马，可由内侍二人搀扶上金銮殿。许多人对左宗棠在京师任职兴奋不已。许多士人都把振兴朝廷的希望寄托在他身上。外国人也渐渐传说他的战功。左宗棠刚入京师时，内城有教堂高楼，在楼上可以俯瞰宫殿。民间老百姓都传言左宗棠一到京就会捣毁教堂高楼。外国人也人心惶惶。为此，左宗棠不得不公开贴出告示，喧哗才停止。但左宗棠在军机处当值，因长年在外并不熟悉朝中的礼节、掌故，故屡屡受窘，又为人耿直，受到许多同僚的厌烦和埋怨。左宗棠自己也不乐意居住京城，因此进京不久便称病乞求引退。不久，清廷命他出任两江总督、南洋通商大臣。左宗棠上任后出巡吴淞，路过上海时，洋人为左宗棠树龙旗，鸣礼炮，对他十分尊重。

此后，左宗棠为国计民生，尤其在抗击法国入侵上，做出了许多积极的事情。中法战争爆发时，左宗棠任两江总督。为防止法国侵略者的进犯，他认真部署了长江口的防务，并决心身先士卒，与阵地共存亡。1884年十二月，年已古稀的左宗棠以钦差大臣的身份奔赴福州，督办福建军务，加强福州前线的防务，组织援助台湾抗击法国的事宜。但不幸的是，次年九月五日，74岁的左宗棠病死在福州前线上，在口述的遗折中，仍不忘中法一战之事。

冯 子 材

冯子材(1818－1903)，清末爱国名将。字南干，号萃号(一作翠亭)。广西钦州(今广西钦县)人。行伍出身。年近古稀仍驰骋疆场，奋勇杀敌，打得法国侵略者丢盔弃甲，狼狈逃窜，在中国近代史上留下光辉的一页。

临危受命　抗击法军

冯子材早年参加过广东天地会起义，咸丰元年(1851)参加清军，曾随向荣、张国栋镇压过太平军，从一名普通士兵逐步擢升至提督。同治元年(1862)任广西提督，光绪元年(1875)调任贵州提督，光绪七年(1881)回任广西。在两次鸦片战争中，冯子材亲身体验了帝国主义侵略者给中国人民带来的深重苦难，因此他竭力主张保卫疆土，抵御外敌，但屡次遭到清政府中投降派的排斥和打击。一气之下，年已65岁的冯子材于光绪九年以年迈多病为由解甲归田，回到原籍钦州。

光绪十一年(1885)二月，法国侵略者大举进攻中国的南大门镇南关(今友谊关)。当时，广西巡抚、清军前线统帅潘鼎新，积极执行李鸿章的投降政策。面对法军进攻，他不但不予抵抗还击，反而临阵脱逃，致使人心动荡，全军溃败，法军轻而易举地占领了镇南关。

光绪皇帝

经新任两广总督张之洞奏准，冯子材毅然临危受命，出任广西军务帮办。冯子材接到任命，立即召旧部，募新兵，扩编部队，赶赴前线。出征前，冯子材对家人说，"万一军有不利，百粤非复我有，亟率我眷属，奉香火驰归南江祖籍，永为中国人，免奴外族也"。并带了两个儿子同行，准备将自己的尸体运回家乡，以此来表达与敌人血战到底的决心。

冯子材抵达前线后，发现人心不稳，士兵低落，加之局势混乱，指挥不力，导致军纪涣散。面对此种情况，冯子材果断地采取了一系列有力的措施。首先是整肃军纪，约法三章，不准欺压百姓；其次是整顿溃散之军和扩编新军，加紧军事训练，努力提高军队的战斗力；再是把湘、淮、粤、桂各支军队的指挥关系统一起来，组建作战指挥中心。迫于中国军民的强大声势，法国侵略军烧掉镇南关，退到镇南关外30里的文渊城。

随后，冯子材会同王孝琪等诸将到镇南关前视察地形。鉴于镇南关已被法军烧毁，他们决定选择距镇南关10里的关前隘作为决战的战场。关前隘两侧都是崇山峻岭，中间只有一条狭窄的通道，地势险要，易守难攻。战场选定后，接着冯子材又组织军民在隘口处突击修筑起一道三里半长的高墙，横跨东西两岭，墙外还挖了一条很深的壕沟，以利坚守。此外，又在东西两岭的山顶上构筑了炮台，以便居高临下，打击来犯之敌。

法军得知镇南关防守森严，正面进攻难以取胜，就准备偷袭艽封，企图绕过镇南关，夺取龙州，从北面对镇南关守军形成合围之势。冯子材得到越南人民的密报后，针对敌人的诡计，急调部将魏刚率大军秘密进驻艽封，又派一支部队埋伏在敌人的必经之地，待敌败退时，再予以痛击。三月十三日，法军果然进犯艽封，当即遭到魏刚军迎头痛击。敌军被迫后撤，回军途中遭到冯子材伏兵一阵猛杀。法军伤亡惨重，狼狈败逃。这一仗的巨大胜利，极大地提高了中国军民的战斗信心。

收复谅山　挥泪班师

法军偷袭艽封失败的消息传来，司令尼格里恼羞成怒，扬言要在三月二十四、二十五两日向镇南关发动总攻，与冯子材决一死战。根据以往法军的活动规律，冯子材敏锐地识破这是敌人的阴谋，他估计敌人可能会提前发起进攻。为了打乱敌人的战斗部署，冯子材一面督令部队加强防守，一面抽调一部兵马主动出击，先发制人，出其不意，攻其不备。三月二十一日晚，冯子材和王孝琪率军出关，突袭法军前哨据点文渊城，一度冲进了文渊城街心，敌军三座山头炮台被毁坏两座，激战一直持续到第二天傍晚。这次主动出击，打了敌人一个措手不及，使敌的如意算盘落了空。同时也迫使法军慌忙于二月二十三日凌晨，发起了进攻。

法军兵分三路，配属三支炮队，向我东、西岭和关前隘长墙同时发动强攻。他们发现东岭五座炮台是仓促修成的，不够坚固，便在开花大炮的掩护下，凶猛地进行攻击，五座炮台被敌攻占了三座。这时，法军利用东岭炮台，居高临下，掩护其主力向关前隘长墙猛扑。冯子材披挂佩剑，振臂对将士们说："如果法军再度入关，我还有什么脸面去面对粤地的黎民百姓？还有何面目活在这个世上！"在他的爱国热忱激励下，将士们誓与长墙共存亡，个个奋勇杀敌。恰在此时，从法军背后杀出一支清军，牵制了正面进攻关前隘长墙的敌人。原来，这是王孝琪在反击进攻西岭之敌的同时，派出的一支部队。这支部队从小路迂回到敌人背后，解了关前之危。傍晚，苏元春军也从幕府赶到，登上东岭，巩固了尚未被敌夺去的两座炮台，与敌展开了拉锯战。这一天，驻在油隘的王德榜军按照预定计划，穿插到法军的老巢文渊，切断了敌人的补给线，使敌顿陷困境。入夜后，法军被迫停止进攻。冯子材预计到第二天将会更是一场恶战，便抓紧时间整顿军队，抢修工事，并派出300名敢死队员，趁夜暗越出长墙，潜伏在长墙外的沟渠杂草丛中，待机歼敌。

三月二十四日，法军仍分三路进攻，每路约2000余人。他们还是在开花大炮的掩护下，以主力猛扑中路长墙。激战中，法军利用被炮火轰塌的缺口冲上了长墙。冯子材手持长矛，大呼一声，跃身出墙。他的两个儿子相华、相荣紧紧跟在冯子材身后，一同冲进敌阵。看到主帅身先士卒冲锋在前，全军群情激奋，潜伏的300名勇士突然跃起，在敌群中拼杀；守墙的士兵也大开栅门，以排山倒海之势向敌人冲去。两军短兵相接，展开了肉搏战，一时间，"肉雨扑征衣"，"血花飞满面"，杀得敌人尸横遍野，致使法军缴枪投降，并除去帽子作叩首的样子，可谓狼狈至极。

与此同时，东岭也发生了激烈的争夺战。为夺回被法军占领的三座炮台，清军七上七下，不少将士受伤不下火线。王孝琪军击败西路法军，由西岭包抄敌后，王德榜部消灭敌人运输队后，也从关外赶来夹击东岭的敌人。清军齐心合力，一举夺回被敌占领的东岭三座炮台。以此为转机，清军逐渐掌握了战役的主动权。清军援兵从四面八方涌来，1000多名越南义勇军也奋勇投入战斗。经两天激战，法军增援被截，弹尽粮绝，被清军重重包围。

镇南关战役，使法军已成惊弓之鸟。冯子材决定，乘胜率军挥戈南下，跟踪追击，帮助越南人民收复谅山等失地。

冯子材和王孝琪、苏元春、王德榜等将领率部进军。一路上，人不解甲马不卸鞍，在越南人民的支持下，一路势如破竹，连战连捷。二十六日，攻克文渊。二十九日，攻克军事重镇谅山，重伤法军司令尼格里。三十一日，又收复谷松和屯梅，接着猛向郎甲、船头进军，准备攻打北宁。清军攻势如潮，所向披靡，法军和被法军裹胁的越南伪军，已土崩瓦解。

越南人民由于痛恨法国侵略者，皆纷纷和冯子材联络。越南北宁总督黄延金集合各地义民20000余人，打着冯子材的旗号。河内、太原等地人民也揭竿而起，反抗法军。他们为清军筹措粮食，担任向导，或直接参加作战。

　　此时，西线的滇军、黑旗军和越南人民义勇军，在临洮大败法军，接连攻克了越南几十个州县。中路的唐景崧部和越南人民联合攻下了太原。趁此大好形势，冯子材即约黑旗军进攻北宁、河内两省，准备一鼓作气把法国侵略军赶出越南。

　　中越人民抗法斗争的伟大胜利，迫使法国茹费理内阁下台，将法军驱逐出越南已势在必成。但是，由于清政府的腐败无能和英、美、俄等国的讹诈，清政府不但与法国政府很快签订了《巴黎停战协定》，宣布停战，而且于六月九日又在天津签订了不平等的《中法新约》。结果，中国"不败而败"，法国"不胜而胜"。

　　停战命令传到前线，全军将士无不愤慨，冯子材挥泪班师回国。

　　中法战争后，冯子材相继调任云南、贵州提督等职。光绪二十八年(1902)因病去职，次年(1903)七月病逝，享年85岁。